AF452420

ÉDITION
complètement refondue

CATALOGUE
DESCRIPTIF ILLUSTRÉ
DE TOUS LES

TIMBRES - POSTE

ET

TIMBRES-TÉLÉGRAPHE
Parus depuis leur invention

AVEC LEURS DATES D'ÉMISSION, LEURS VALEURS
ET LEURS COULEURS

AINSI QUE LEURS PRIX DE VENTE

POUR LES COLLECTIONS
PAR

ARTHUR MAURY
6, Boulevard Montmartre, 6
PARIS

Prix : 2 Francs

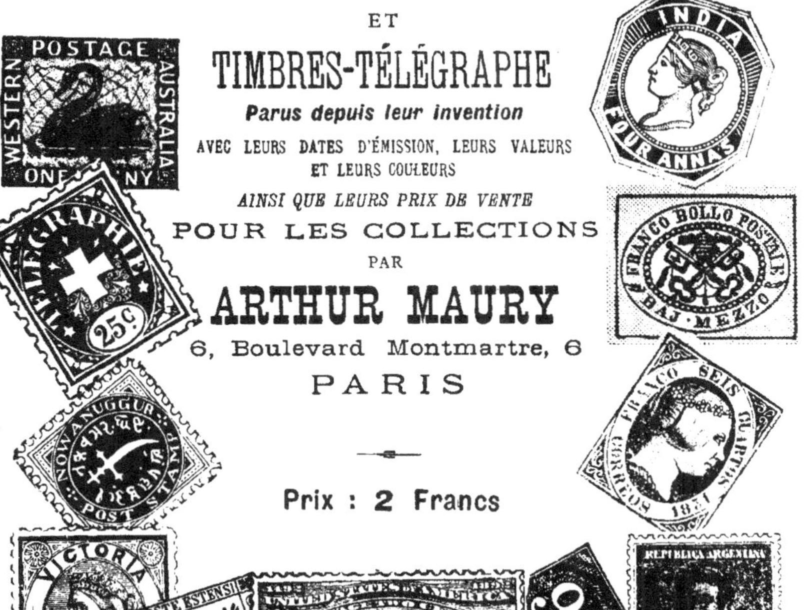

ATTENTION

CONTREFAÇON DE NOTRE CATALOGUE

A la fin de l'année 1893, un Catalogue de timbres-poste, imité servilement du nôtre, fut mis en vente à Paris; son éditeur ne s'est donné d'autre peine que de découper et de coller bout à bout, notre Catalogue de 1889 et les suppléments de 1890 à 1893, puis de faire composer sans même changer le type des caractères et leur disposition, si bien qu'en ouvrant certaines pages, on les trouve identiques dans les deux brochures.

Le public collectionneur ne se laissera pas prendre à cette contrefaçon que du reste nous poursuivons devant les tribunaux.

Un autre catalogue, paru récemment en Belgique, a cherché également à imiter le nôtre, au moins comme ensemble, en employant des caractères analogues, les mêmes dispositions, nos désignations géographiques sommaires qui sont typiques, etc. Mais il a eu le soin d'apporter assez de variantes dans la rédaction pour qu'on ne puisse le poursuivre, c'est plus habile sinon plus loyal.

CONTREFAÇON
de nos feuilles d'Armoiries et de Drapeaux

Nos armoiries et drapeaux ont été calqués identiquement, mais imprimés grossièrement en couleurs, par un contrefacteur étranger qui les fait vendre par un dépositaire en France.

Nous prévenons les commerçants qui mettraient en vente ces contrefaçons, qu'ils s'exposent à payer tous les frais d'un procès.

Usurpation de notre nom

Notre Maison n'a pas de succursale en province ni à l'étranger, et nous n'autorisons personne à se dire notre dépositaire ou notre représentant.

Enfin, nous mettons les collectionneurs en garde contre des *Paquets* de timbres, faux en partie, qui sont vendus dans des enveloppes portant notre nom.

CATALOGUE DESCRIPTIF

DE

TIMBRES-POSTE

ET

TIMBRES-TÉLÉGRAPHE

LE COLLECTIONNEUR

DE

TIMBRES-POSTE

Journal mensuel illustré

INDIQUANT LES ÉMISSIONS NOUVELLES DE TIMBRES-POSTE, D'ENVELOPPES
DE CARTES-POSTE ET DE TIMBRES-TÉLÉGRAPHE

Causerie — Renseignements divers
Réponses aux questions des Collectionneurs
Anecdotes

PRIX-COURANT DES NOUVEAUTÉS
LA HAUSSE ET LA BAISSE DES TIMBRES CATALOGUÉS
OCCASIONS

Abonnement : UN AN, **1** fr. **50** pour tous les pays faisant partie
de l'Union postale.

LES ABONNEMENTS PARTENT DU MOIS DE JANVIER

Un Numéro, **15** cent. (franco).

Tous les abonnés reçoivent fin décembre, en *prime gratuite*, le catalogue
illustré des timbres parus dans le courant de l'année

Adresser les demandes et communications à

ARTHUR MAURY

6, BOULEVARD MONTMARTRE, 6

PARIS

TRENTE-DEUXIÈME EDITION

CATALOGUE

DESCRIPTIF

DE TOUS LES

TIMBRES-POSTE

ET TIMBRES-TÉLÉGRAPHE

PARUS DEPUIS LEUR INVENTION

JUSQU'EN **1894**

AVEC LEURS DATES D'ÉMISSION

leurs valeurs et leurs couleurs

AINSI QUE LEURS PRIX DE VENTE POUR LES

COLLECTIONS

PAR

ARTHUR MAURY

6, BOULEVARD MONTMARTRE, 6

PARIS

INDEX

(Les chiffres indiquent les pages du Catalogue)

AVIS

Notre catalogue est divisé en trois parties formant chacune un volume séparé :

1o Les timbres-poste, timbres-taxe et timbres-télégraphe ;
2o Les enveloppes et bandes timbrées ;
3o Les cartes-poste et cartes-lettres.

Les collectionneurs qui, classant leurs timbres à l'aide de notre catalogue, voudront reconstituer l'ordre chronologique que nous préconisons toujours pour les albums, n'auront qu'à suivre la série des numéros placés devant chaque timbre, enveloppe ou carte.

Nous avons ajouté à notre ouvrage un grand nombre de nouvelles gravures et apporté des améliorations qui montreront à notre clientèle que nous tenons compte, dans la mesure du possible, des observations et des conseils qu'elle veut bien nous adresser.

Voici la définition succincte des termes spéciaux employés dans ce catalogue :

TIMBRES (le mot POSTE est sous-entendu). Vignettes de petite dimension, généralement gommées derrière, et destinées à l'affranchissement préalable des lettres, journaux, imprimés, échantillons, etc., confiés par le public aux administrations de poste.

TIMBRES pour IMPRIMÉS. Petites valeurs employées spécialement pour l'affranchissement des journaux et imprimés.

TIMBRES de CONTROLE. Fortes valeurs, pour affranchir les paquets et envois d'argent ; ne sont d'ordinaire utilisés que par les employés des postes.

TIMBRES-TAXE. Désignés dans l'Administration sous le nom de *chiffres-taxe*. Ces timbres, au contraire des timbres-poste, lorsqu'ils sont appliqués sur une lettre, indiquent une taxe à percevoir par le facteur ; c'est un contrôle administratif.

TIMBRES-TAXE FISCALE. Ces timbres, qui pourraient ne pas être acceptés dans une collection de timbres-poste, sont mis sur les journaux étrangers entrant dans certains pays (la Hongrie, par exemple), et le destinataire doit en acquitter le montant entre les mains du facteur.

TIMBRES de RETOUR. Employés par quelques administrations de poste pour refermer les lettres qui n'ont pu trouver leur destinataire et qu'un bureau spécial a dû ouvrir afin de chercher l'adresse de l'envoyeur.

TIMBRES DE SERVICE (OFFICIEL). La franchise postale est accordée à certains fonctionnaires, à certaines administrations, dont les lettres et paquets sont à cet effet frappés d'un timbre à main ; cette franchise a souvent entraîné des abus fort graves, et plusieurs gouvernements ont émis des timbres-poste, enveloppes et cartes, destinés spécialement à établir un contrôle sur le service de chaque administration.

Timbres - télégraphe. Ils ont une telle analogie avec les timbres-poste qu'il nous a paru inutile de les en séparer ; dans presque tous les pays, la poste et le télégraphe ne forment qu'une seule administration et souvent certains timbres servent indifféremment pour les lettres et les dépêches.

Réimpressions. On appelle ainsi les tirages *officiels* des timbres anciens faits à nouveau avec les gravures authentiques ; il ne faut donc pas confondre *réimpresion* et *imitation.*

Oblitération. C'est la marque quelconque dont les timbres sont annulés : griffe à l'encre grasse, traits à la plume, trous à l'emporte-pièce, etc.

Malgré le soin apporté à notre travail, il est probable qu'il s'y trouve quelques erreurs ou omissions, nous recevrons avec plaisir toute communication à ce sujet. Sauf quelques rares exceptions, nous n'avons pas signalé les variétés de nuances d'un même timbre, cela n'empêche pas que nous les ayons à la disposition des amateurs qui s'y intéressent; même observation pour les variétés de filigranes et de dentelures.

Nous donnons les prix de tous les timbres que nous avons en vente au moment de l'impression du catalogue, mais on comprendra facilement qu'il se produit dans nos provisions des vides de plus en plus difficiles à combler; aussi prions-nous les personnes qui nous adressent des commandes de toujours indiquer, à part, un certain nombre de timbres supplémentaires pour servir à remplacer ceux qui viendraient à nous manquer.

Pour rédiger les listes de timbres demandés il suffit de mentionner le nom du pays, le numéro d'ordre et le *prix de vente ;* les autres indications sont inutiles.

Nous insistons vivement pour que le client inscrive après chaque n° d'ordre le prix de vente comme ceci :

France, n° 3. . . . . **0^f,15**
— **n° 4**. . . . . **0 ,05**
— **n° 39**. . . . . **0 ,10**

et non le prix total de plusieurs n°^s ; cela est indispensable pour la bonne et prompte exécution des commandes.

Nous prions ceux de nos clients qui ont de grandes collections de nous retourner un de nos catalogues après y avoir effacé d'un trait de crayon tous les timbres qu'ils possèdent, nous pourrons alors, à coup sûr, leur proposer ce qui leur manque, et de notre côté, nous noterons sur ce même catalogue, ce qu'ils conserveront de nos envois, ainsi nous nous tiendrons à peu près au courant de leurs collections.

Tous nos timbres sont garantis authentiques.

Gratis et Franco, nous envoyons aux personnes qui en font la demande des formules de commandes qu'il ne reste plus qu'à remplir, ainsi que des enveloppes imprimées à notre adresse.

Nous prions instamment nos correspondants de vouloir bien répéter très lisiblement leur nom et leur adresse à chaque commande.

Toutes les demandes doivent être accompagnées de leur payement en papier-monnaie, coupons échus, timbres-poste francais neufs, mais de préférence en mandats de poste qui laissent un reçu entre les mains de l'envoyeur.

Les lettres non affranchies seront rigoureusement refusées.

Les demandes de renseignements, propositions d'échanges, doivent être accompagnées d'un timbre pour l'affranchissement de la réponse.

Complément du Catalogue descriptif des timbres-poste

Catalogue descriptif des enveloppes et bandes timbrées, illustré d'un grand nombre de gravures.

Prix : **1** fr. — Port : 10 c.

Catalogue descriptif des cartes-poste, cartes-lettres, etc., illustré d'un grand nombre de gravures. *(En préparation.)*

Journal « Le Collectionneur de timbres-poste » qui, mensuellement tient les collectionneurs au courant des émissions nouvelles.

Abonnement : **1** fr. **50** par an.

CATALOGUE DESCRIPTIF

DES

TIMBRES-POSTE

AVEC LEURS PRIX DE VENTE, NEUFS OU OBLITÉRÉS

POUR LES COLLECTIONS

Les commandes doivent être accompagnées de leur paiement en papier monnaie, mandats de poste, timbres français neufs.

AÇORES

POSSESSION PORTUGAISE

Afrique Nord

1868. *Timbres du Portugal : effigie à gauche (Don Luis I), relief et couleur,* AÇORES, *grandes lettres en surcharge noire.*

Nᵒˢ			Neufs.		Oblitérés.	
1.	5 reis	noir	»	»	»	»
2.	10 »	jaune	»	»	»	»
3.	20 »	bistre	»	»	»	»
4.	50 »	vert	»	»	»	»
5.	80 »	orange	»	»	»	»
6.	100 »	violet	»	»	»	»

1868-69. *Idem, dentelés,* AÇORES *en rose sur le 5 r. et en noir sur les autres valeurs.*

7.	5 reis	noir	5ᶠ	»	»	»
8.	10 »	jaune	»	»	»	»
9.	20 »	bistre	»	»	»	»
10.	25 »	rose	4ᶠ	»	1ᶠ	»
11.	50 »	vert	»	»	»	»
12.	80 »	orange	»	»	»	»
13.	100 »	violet	»	»	»	»
14.	120 »	bleu	»	»	»	»
15.	240 »	violet	»	»	»	»
16.	100 »	violet pâle	»	»	»	»

1871-75. *Même genre, dentelés.*

Nᵒˢ			Neufs.		Oblitérés.	
17.	5 reis	noir	» 75		»	»
18.	10 »	jaune	1ᶠ50		»	»
19.	20 »	bistre	1ᶠ50		»	»
20.	25 »	rose	1ᶠ	»	» 25	
21.	50 »	vert	2ᶠ50		2ᶠ	»
22.	80 »	orange	»	»	»	»
23.	100 »	violet pâle	3ᶠ	»	2ᶠ	»
24.	120 »	bleu	»	»	»	»
25.	240 »	violet	»	»	»	»

1875-76. *Idem.*

26.	15 reis	brun	1ᶠ50		»	»
27.	150 »	bleu	»	»	»	»
28.	300 »	lilas	6ᶠ	»	»	»

1876. *Chiffre, même surcharge, dentelé (pour imprimés).*

29.	2½ reis	verdâtre	» 20	» 15	

Pour ménager l'espace, tout en maintenant les gravures dans le texte, nous mettons quelquefois deux types sur une même ligne ; dans ce cas, le premier se rapporte à la description qui précède, le second à celle qui suit.

1879-80. *Type 1871, dentelés.*

N°ˢ		Neufs.	Oblitérés.
38.	10 reis vert.....	» »	» »
39.	50 » bleu....	» »	» »
43.	150 » jaune pâle..	» »	» »

1880-82. *Effigie à gauche (Don Luis I), sans relief, types divers, même surcharge (grande), dentelés.*

45.	5 r. noir *surch. rose*.	» »	» »
40.	25 » bleu gris....	» »	» 60
42.	25 » violet 2ᵉ *type*..	» »	» 35
44.	50 » bleu *surch. noire*.	» »	2f »
46.	5 » noir *id. petite*.	» 75	» »

1882-85. *Type 1871 (relief), et 76, petite surcharge noire, dentelés.*

51.	2½ r. verdâtre....	» 15	» 10
52.	10 » vert jaune...	» 75	» »
56.	15 » brun......	» 50	» »
53.	20 » bistre.....	» »	» »
53a.	50 » bleu......	» »	» »
57.	80 » orange.....	1f »	» 50
54.	100 » lilas......	1f25	» 50
58.	150 » bleu......	» »	» »
60.	300 » lilas......	3f25	» »
68.	1000 » noir *surch. rouge*	11f »	» »
65.	20 » carmin.....	» »	» »
59.	150 » jaune pâle....	2f50	» »

1882. *Timbre du Portugal, sans relief, grande surcharge, dentelé.*

48.	25 reis brun.....	1f25	» 50

1882-85. *Timbres du Portugal, sans relief, chiffre ou effigie, petite surcharge, dentelés.*

67.	2 r. gris, *surch. noire*.	» 25	» »
67a.	2 » gris, *surch. rouge*.	» 10	» .
61.	5 » gris, *surch. noire*.	» 35	» 25
61a.	5 » gris, *surch. rouge*.	» 15	» 10
62.	10 » vert, *surch. noire*.	» 25	» 20
49.	25 » brun, *id*.....	» 40	» 15
50.	50 » bleu, *id*......	» 75	» 30
66.	500 » noir, *surch. rouge*	» »	» »

1887. *Les mêmes, surcharge noire.*

N°ˢ		Neufs.	Oblitérés.
72.	20 reis rose......	» 30	» 25
73.	25 » violet.....	» 35	» 10
74.	500 » violet.....	6f »	» »

ANGRA

1892-93. *Effigie de 3/4 à gauche (Don Carlos Iᵉʳ), dentelés.*

1.	5 r. jaune.....	» 15	» »
2.	10 » lilas......	» 20	» »
3.	15 » brun rouge..	» 25	» »
4.	20 » violet clair...	» 30	» »
5.	25 » vert......	» 35	» »
6.	50 » bleu ciel....	» 60	» »
7.	75 » carmin.....	» 90	» »
8.	80 » vert clair....	1f »	» »
11.	100 » brun sur jaune.	1f25	» »
12.	150 » rose sur rose.	2f »	» »
13.	200 » bleu sur bleu.	2f50	» »
14.	300 » bleu s. chamois.	3f25	» »

HORTA

1892-93. *Effigie de 3/4 à gauche (Don Carlos Iᵉʳ), dentelés.*

1.	5 r. jaune.....	» 15	» »
2.	10 » lilas......	» 20	» »
3.	15 » brun rouge..	» 25	» »
4.	20 » violet clair..	» 30	» »
5.	25 » vert......	» 35	» »
6.	50 » bleu ciel....	» 60	» »
7.	75 » carmin....	» 90	» »
8.	80 » vert clair...	1f »	» »
11.	100 » brun sur jaune.	1f25	» »
12.	150 » rose sur rose..	2f »	» »
13.	200 » bleu sur bleu..	2f50	» »
14.	300 » bleu s. chamois	3f25	» »

PONTA-DELGADA

1892-93. *Effigie de 3/4 à gauche (Don Carlos Ier), dentelés.*

N^os			Neufs.	Oblitérés.
1.	5 r.	jaune	» 15	» »
2.	10 »	lilas	» 20	» »
3.	15 »	brun rouge	» 25	» »
4.	20 »	violet clair	» 30	» »
5.	25 »	vert	» 35	» »
6.	50 »	bleu	» 60	» »
7.	75 »	carmin	» 90	» »
8.	80 »	vert clair	1f »	» »
11.	100 »	brun sur jaune.	1f 25	» »
12.	150 »	rose sur rose	2f »	» »
13.	200 »	bleu sur bleu.	2f 50	» »
14.	300 »	bleu s. chamois.	3f 25	» »

AFGHANISTAN

ROYAUME

Asie Centre

1870-72. *Tête de tigre, inscriptions orientales, grands ornements aux angles, deux types.*

1.	1 shahi noir	20f »	» »
2.	1 sénar noir	» »	» »
3.	1 abasi noir	» »	» »
4.	8 shahi violet	» »	» »
5.	1 rupee violet	» »	» »

1872-74. *Même genre, cercle avec petits ornements extérieurs, rien aux angles.*

N^os			Neufs.	Oblitérés.
6.	1 shahi noir	7f »	» »
7.	1 sénar noir	» »	» »
8.	1 abasi noir	» »	» »
9	½ rupee noir	» »	» »
10.	1 » noir	» »	» »

1874-75. *Même genre, pas d'ornements extérieurs.*

11.	1 sénar noir	» »	» »
12.	1 sénar violet	» »	» »
13.	1 abasi violet	» »	» »

1875-76. *Même genre, plus petits, valeur dans un cartouche.*

Timbres noirs pour Caboul.
» violets pour Kholoom :

14.	1 shahi	» »	» »
15.	1 » gris	» »	» »
16.	1 abasi	» »	» »
17.	½ rupee	» »	» »
18.	1 »	» »	» »

1875-76. *Même genre, valeur avec les autres inscriptions.*

Timbres gris   *pour Caboul.*
    »   noirs *pour Jellalabad.*
    »   violets *pour Kandahar.*
    »   verts *pour Kholoom.*

Nos		Neufs.		Oblitérés.	
19.	1 shahi	»	»	»	»
20.	1 sénar gris	»	»	»	»
21.	1 abasi	»	»	»	»
22.	½ rupee	»	»	»	»
23.	1 »	»	»	»	»

1877. *Même genre, petits, tête entourée d'un cercle blanc.*

Timbres gris *pour Caboul.*

Timbres noirs *pour Jellalabad.*
    »   violets *pour Kandahar.*
    »   verts *pour Kholoom.*
    »   jaunes *pour Lalpoura :*

24.	1 shahi	»	»	»	»
25.	1 sénar	»	»	»	»
26.	1 abasi	»	»	»	»
27.	½ rupee	»	»	»	»
28.	1 »	»	»	»	»

1878. *(Avril) Même genre, tête sur fond irrégulier.*

Timbres gris *pour Caboul.*
    »   noirs *pour Jellalabad.*

Timbres violets *pour Kandahar.*
    »   verts *pour Kholoom.*
    »   jaunes *pour Lalpoura :*

Nos		Neufs.		Oblitérés	
29.	1 shahi	»	»	»	»
30.	1 sénar	»	»	»	»
31.	1 abasi	»	»	»	»
32.	½ rupee	»	»	»	»
33.	1 »	»	»	»	»

1878. *(Juin) Même genre, tête sur fond rond régulier.*

Timbres gris   *pour Caboul.*
    »   noirs *pour Jellalabad.*
    »   violets *pour Kandahar.*
    »   verts *pour Kholoom.*
    »   jaunes *pour Lalpoura*

34.	1 shahi	»	»	»	»

1880-86. *Type un peu différent pour chaque valeur. Les couleurs de ces timbres sont très variables et passent par de nombreuses dégradations de nuances, du vermillon au brun rouge, du brun au violet vif et au carmin, et de ces couleurs au noir : ce qui semble résulter de l'indifférence de l'imprimeur.*

35.	1 abasi	»	»	»	»
36.	½ rupee	»	»	»	»
37.	1 »	»	»	»	»

Nous avons en vente :

35.	1 abasi carmin	3f	»	»	»
36.	½ rupee rouge	5f	»	»	»
37.	1 » violet	10f	»	2f50	

1886. *Les mêmes, imprimés en carmin sur papier de couleurs diverses : jaune, citron, orange, vert, violet, rose foncé, bleu.*

Nᵒˢ			Neufs.		Oblitérés.	
38.	1 abasi	. . . .	»	»	»	»
39.	½ rupee	. . . . . .	»	»	»	»
40.	1 »	. . . .	10ᶠ	»	3ᶠ50	

Nous avons en vente :

38a.	1 abasi carmin s. vert.	3ᶠ	»	»	»

1892. *Caractères arabes, oblongs, papier rose pâle.*

41.	1 abassi bleu	. . . .	»	»	»	»
42.	2 » bleu	. . . .	»	»	»	»
43.	1 rupee bleu	. . . .	»	»	»	»

AFRIQUE CENTRALE

1891. *Timbres de la Compagnie de l'Afrique du Sud avec* B. C. A. *en surcharge noire.*

1.	1 penny	noir	. . . .	» 25	»	»
2.	2 pence	vert gris et rouge. .		» 50	»	»
3.	4 »	br. cl. et noir		1ᶠ »	»	»
4.	6 »	bleu ciel. .		1ᶠ50	»	»
5.	8 »	carm. et bleu		1ᶠ75	»	»
6.	1 shill.	brun noir .		2ᶠ50	»	»
7.	2 »	rouge . . .		5ᶠ »	»	»
8.	2 sh. 6 p.	lilas		6ᶠ »	»	»
9.	5 shill.	orange . .		12ᶠ »	»	»
10.	10 »	vert bleu .		23ᶠ »	»	»
11.	1 pound	bleu. . . .		35ᶠ »	»	»
12.	2 »	chair . . .		65ᶠ »	»	»
13.	5 »	vert olive .		150ᶠ »	»	»
14.	10 »	brun rouge		300ᶠ »	»	»

1893. *Idem.*

15.	4 sh. gris et rouge.	10ᶠ	»	»	»

AFRIQUE ORIENTALE

(Compagnie allemande de l')

Afrique Orient

1893. *Timbres d'Allemagne avec valeur en surcharge noire.*

Nᵒˢ				Neufs.		Oblitérés.	
1.	2 pesa s.	3 pf. brun	. .	»	»	»	»
2.	3 » s.	5 pf. vert.	. .	»	»	»	»
3.	5 » s.	10 pf. carmin	.	»	»	»	»
4.	10 » s.	20 pf. bleu.	. .	»	»	»	»
5.	15 » s.	25 pf. orange	.	»	»	»	»
6.	25 » s.	50 pf. br. rouge		»	»	»	»

AFRIQUE ORIENTALE

(Compagnie anglaise de l')

Afrique Orient.

1890. *Timbres de la Grande-Bretagne de 1887 avec* BRITISH EAST AFRICA COMPANY *et valeur en surcharge noire.*

1.	½ a. sur 1 p. violet	. . .	»	»	»	»
2.	1 » sur 2 p. vert et rouge		»	»	»	»
3.	4 » sur 5 p. violet et bleu		»	»	»	»

1890-91. *Soleil et couronne,* POSTAGE & REVENUE, *dentelés.*

4.	½ anna brun	. . . .	» 25	»	»

Nos				Neufs.	Oblitérés.
5.	1 anna	vert	» 40	»	»
6.	2 »	rouge . . .	» 75	»	»
14.	2½ »	noir s. jaune	» 80	»	»
7.	4 »	brun clair . .	1f 25	»	»
15.	3 »	noir s. rouge	1f	»	»
16.	4½ »	gris noir . .	1f 50	»	»
8.	8 »	bleu	2f 50	»	»
9.	1 rupee	carmin . . .	5f	»	»
10.	2 »	brun *grand* .	9f	»	»
11.	3 »	violet clair .	13f	»	»
12.	4 »	bleu clair . .	17f	»	»
13.	5 »	vert	21f	»	»

1891-92. *Idem. avec valeur en surcharge violette.*

19.	½ a. sur 2 a. rouge . . .	»	»	»	»
17.	1 » » 4 a. brun clair .	»	»	»	»

AFRIQUE DU SUD

(Compagnie anglaise de l')

1891. *Armes, dentelés.*

1.	1 penny	noir . . .	» 25	»	»
2.	6 pence	bleu ciel .	1f 50	»	»
3.	1 shill.	brun noir .	2f 50	»	»
4.	2 »	rouge . . .	5f	»	»
5.	2 sh. 6 p.	lilas . . .	6f	»	»
6.	5 shill.	orange . .	12f	»	»
7.	10 »	vert bleu .	23f	»	»
8.	1 pound	bleu *grand*	35f	»	»
9.	2 »	rose » .	65f	»	»
10.	5 »	olive » .	150f	»	»
11.	10 »	brun » .	300f	»	»

1891. *Idem, avec valeur en surcharge noire.*

12.	½ d. sur 6 p. bleu ciel	6f	»	»	»
13.	2 » sur 6 p. bleu ciel	»	»	»	»
14.	4 » sur 6 p. bleu ciel	10f	»	»	»
15.	8 » sur 1 sh. br. noir.	10f	»	»	»

1891-93. *Idem, valeur de couleur différente, dentelés.*

16.	½ p. bleu et rouge . .	» 15	»	»
17.	2 » vert gris et rouge	» 50	»	»

Nos				Neufs.	Oblitérés.
18.	3 p.	gris et vert . . .	» 75	»	»
19.	4 »	brun clair et noir	1f	»	» »
20.	8 »	carminé et bleu .	1f 75	»	»
29.	4 sh.	gris et rouge . . .	10f	»	» »

ALLEMAGNE

ÉTATS DU NORD

Desservis par l'office du prince
de TOUR ET TAXIS

Europe Centre

1852. *Chiffre, types divers, noir sur couleur.*

1.	¼ sgr.	fauve	10f »	1f 50
2.	⅓ »	chair	5f »	5f »
3.	½ »	vert	» »	» 50
4.	1 »	bleu clair . .	» »	» 50
5.	1 »	bleu foncé . .	» »	1f »
6.	2 »	rose	» »	» 35
7.	3 »	jaune	» »	» 30

1859. *Idem, couleur sur blanc.*

8.	¼ sgr.	rouille . . .	2f 50	» 75
9.	½ »	vert	5f »	1f »
10.	1 »	bleu	5f »	» 50
11.	2 »	rose	4f »	» 35
12.	3 »	brun rouge .	5f »	» 50
13.	5 »	lilas	» 60	2f »
14.	10 »	orange . . .	1f »	» »

1862-64. *Idem.*

19.	¼ sgr.	noir	1f 75	» »
20.	⅓ »	vert	1f 50	» »
21.	½ »	orange . . .	1f 50	» 50
22.	1 »	rose	1f 50	» 25
23.	2 »	bleu	1f 50	» 75
24.	3 »	bistre	2f »	» 50
25.	3 »	bistre pâle .	2f »	» 50

1865. *Idem, dentelés.*

30.	¼ sgr.	noir	» 35	» »
31.	⅓ »	vert	» 50	» »
32.	½ »	orange . . .	» 35	» »
33.	1 »	rose . .	» 35	» 50
34.	2 »	bleu . . .	» 50	» »
35.	3 »	bistre . . .	» 35	» »

ALLEMAGNE

ÉTATS DU SUD

Desservis par l'office du prince
de TOUR ET TAXIS

Europe Centre

1852. *Chiffre, types divers, noir sur couleur.*

Nos				Neufs.	Oblitérés.
1.	1 kr.	vert	» »	» 30	
2.	3 »	bleu.	» »	» 30	
3.	3 »	bleu foncé. . .	» »	» 50	
4.	6 »	rose.	» »	» 25	
5.	9 »	jaune	» »	» 25	

1859. *Idem, couleur sur blanc.*

6.	1 kr.	vert	» 60	» 15
7.	3 »	bleu.	» »	» 25
8.	6 »	rose.	2f50	» 35
9.	9 »	jaune	» »	» 50
10.	15 »	lilas.	» 60	1f50
11.	30 »	orange.	1f »	» »

1862. *Idem.*

16.	3 kr.	rose.	1f50	» 15
17.	6 »	bleu.	2f »	» 20
18.	9 »	bistre	2f »	» 25
19.	9 »	bistre clair . .	2f »	» 25

1865. *Idem, dentelés.*

24.	1 kr.	vert	» 25	» 30
25.	3 »	rose.	» 25	» 20
26.	6 »	bleu.	» 50	» 40
27.	9 »	bistre	» 50	» 40

ALLEMAGNE DU NORD

CONFÉDÉRATION

Europe Centre

1868. *Chiffre, dentelés.*

1.	¼ gr.	violet	» 25	» 20
2.	⅓ »	vert	» 25	» 10
3.	½ »	orange. . . .	» 25	» 10

Nos				Neufs.	Oblitérés.
4.	1 gr.	carmin. . . .	» 25	» 05
5.	2 »	bleu.	» 25	» 05
6.	5 »	bistre	» 35	» 25

1868. *Même genre.*

7.	1 kr.	vert	» 35	» »
8.	2 »	orange . . .	» 50	1f50
9.	3 »	carmin . . .	» 25	» 10
10.	7 »	bleu.	» 50	» 35
11.	18 »	bistre	1f75	2f »

1869. *Chiffre, dentelés (pour contrôle).*

| 20. | 10 gr. | gris . . . . . | 2f50 | 1f » |
| 21. | 30 » | bleu. . . . . | » » | 2f » |

Timbres de service

1870. *Chiffre et inscriptions noires sur fond imprimé en couleur, dentelés.*

35	¼ gr.	chair.	1f50	» »
36.	⅓ »	chair.	» 35	» »
37.	½ »	chair.	» 35	» »
38.	1 »	chair.	» 40	» 20
39.	2 »	chair.	» 50	» »
40.	1 kr.	gris	» 75	» »
41.	2 »	gris	» 75	» »
42.	3 »	gris	» 50	» »
43.	7 »	gris	» 50	» »

Timbres-télégraphe

1869. *Chiffre, dentelés.*

Nᵒˢ				Neufs.	Oblitérés.
22.	½	gr.	bleu.....	» »	» 35
23.	1¼	»	bleu.....	» »	» »
24.	2½	»	bleu.....	» »	» 10
25.	4	»	bleu.....	» »	» 35
26.	5	»	bleu.....	» »	» 05
27.	8	»	bleu.....	» »	» »
28.	10	»	bleu.....	» »	» 05
29.	30	»	bleu.....	» »	» 75

ALLEMAGNE

EMPIRE

Europe Centre

1871. *Aigle, relief et couleur, dentelés.*

				Neufs	Oblitérés
1.	¼	gr.	violet....	» 30	» 35
2.	⅓	»	vert	1f »	» 25
3.	½	»	orange .	» 50	» 15
4.	1	»	rose.....	» 50	» 05
5.	2	»	bleu	1f »	» 10
6.	5	»	bistre....	2f50	» 25
7.	1	kr.	vert	» 35	» 25
8.	2	»	orange ...	» 50	» 75
9.	3	»	rose.....	» 50	» 05
10.	7	»	bleu ...	1f »	» 30
11.	18	»	bistre ...	1f50	1f25

1872. *Chiffre, dentelés (pour contrôle).*

				Neufs	Oblitérés
16.	10	gr	gris.....	» 25	» »
17.	30	»	bleu	» 35	» »

1872. *Même genre, gros aigle, relief et couleur, dentelés.*

Nᵒˢ				Neufs.	Oblitérés.
22.	¼	gr.	violet ...	» 15	» »
23.	⅓	»	vert....	» 15	» 10
24.	½	»	orange...	» 15	» 05
25.	1	»	rose....	» 15	» 05
26.	2	»	bleu....	» 25	» 05
33.	2½	»	brun....	» »	» 25
27.	5	»	bistre...	» 35	» 15
28.	1	kr.	vert....	» 15	» 10
29.	2	»	orange...	2f50	» »
30.	3	»	rose....	» 15	» 05
31.	7	»	bleu....	» 25	» 50
34.	9	»	brun....	» 75	» 60
32.	18	»	bistre ...	» 50	» »

1874. *Idem, chiffre en surcharge sur le relief, dentelés.*

66.	2½	gr.	brun.....	» 30	» 25
67.	9	kr.	brun.....	» 60	» »

1875. *Couronne, chiffre et cor, pfennige avec e final, dentelés.*

68.	3	pf.	vert	» 25	» 05
69.	5	»	violet	» 25	» 05

1875-77. *Idem, aigle, relief et couleur, dentelés.*

N°				Neufs.	Oblitérés.
70.	10 pf.	rose	. . . . .	» 50	» 05
71.	20 »	bleu	. . . . .	» 75	» 05
72.	25 »	brun	. . . . .	1f 25	» 10
73.	50 »	gris	. . . . . .	2f 50	» 10
93.	50 »	gris vert 1877.		2f 50	» 05

1875. *Chiffre, dentelé (pour contrôle).*

74.	2 mark violet	. . .	»	»	» 15

1880. *Type 1875, pfennig sans* **e** *final, dentelés.*

100.	3 pf.	vert.	. . . .	» 15	» 05
101.	5 »	violet	. . . .	» 20	» 05
102.	10 »	rose	. . . .	» 35	» 05
103.	20 »	bleu	. . . .	» 60	» 05
104.	25 »	brun	. . . .	» 75	» 10
105.	50 »	gris vert	. .	1f 25	» 05

1889. *Même genre, sans relief, dentelés.*

111.	3 pf.	brun	. . . . .	» 10	» 05
112.	5 »	vert	. . . . .	» 15	» 05
113.	10 »	carmin	. . . .	» 25	» 05
114.	20 »	bleu	. . . . .	» 50	» 05
115.	25 »	orange	. . . .	» 60	» 10
116.	50 »	brun rouge	. .	1f 25	» 10

Timbres de retour

1872. *Aigle, inscriptions, noms de ville au bas, relief et bleu, festonné.*

Chacune des Directions supérieures de Poste emploie ce timbre ne différant que par le nom du bas.

Timbres-télégraphe

1873. *Chiffre et groschen surchargés en noir, dentelés.*

N°				Neufs.	Oblitérés.
39.	½ gr.	bleu	. . . .	» »	» 15
40.	1¼ »	bleu	. . . .	» »	» 25
41.	2½ »	bleu	. . . .	» »	» 10
42.	4 »	bleu	. . . .	» »	» 25
43.	5 »	bleu	. . . .	» »	» 05
44.	8 »	bleu	. . . .	» »	» 35
45.	10 »	bleu	. . . .	» »	» 05
46.	30 »	bleu	. . . .	» »	» »

1875. *Idem.*

80.	3 pf.	bleu	. . .	» »	» »
81.	5 »	bleu	. . .	» »	» 10
82.	10 »	bleu	. . .	» »	» 10
83.	25 »	bleu	. . .	» »	» 05
84.	40 »	bleu	. . .	» »	» 50
85.	50 »	bleu	. . .	» »	» 05
86.	80 »	bleu	. . .	» »	» 35

Idem, surcharge rouge.

87.	1 mark	bleu	. . . .	2f 25	» 10
88.	2 »	bleu	. . . .	4f »	» 25
89.	3 »	bleu	. . . .	6f »	» 40

ALSACE-LORRAINE

ET DÉPARTEMENTS FRANÇAIS ENVAHIS

Émission allemande

1870. *Chiffre, dentelés.*

Nos			Neufs.	Oblitérés.
96.	1 cent.	olive	1f50	» »
97.	2 »	marron . .	3f »	» »
98.	4 »	gris	2f50	» »
99.	5 »	vert . . .	» 75	» 75
100.	10 »	bistre . . .	» 50	» 25
101.	20 »	bleu	» »	» 75
102.	25 »	brun	» »	1f75

ALWAR

ÉTAT INDIEN

Asie Sud

1877. *Inscriptions orientales, kandjiar (poignard), dentelés.*

1.	¼ »	bleu	» 20	» 15
2.	1 »	brun	» 50	» 40

ANGOLA

POSSESSION PORTUGAISE

Afrique Occident

1870-77. *Couronne, dentelés.*

1.	5 reis noir	» 25	» »

Nos			Neufs.	Oblitérés.
2.	10 reis	jaune	» 75	» »
3.	20 »	bistre	» 40	» »
4.	25 »	rose.	» 75	» 50
7.	40 »	bleu.	2f »	» »
5.	50 »	vert	1f50	» 75
6.	100 »	violet	» 75	» »
8.	200 »	orange . . .	1f50	» »
9.	300 »	brun rouge .	2f »	» »

1881-85. *Idem.*

10.	10 reis	vert	» 15	» »
13.	20 »	rose	» 20	» »
14.	25 »	violet	» 20	» 50
11.	40 »	jaune	» 75	» »
12.	50 »	bleu	» 50	» 50

1886. *Effigie à gauche (Don Luis I), relief et couleur, dentelés.*

18.	5 reis noir	» 15	» »
19.	10 » vert	» 25	» »
20.	20 » rose	» 35	» »
21.	25 » violet.	» 40	» 30
22.	40 » chocolat . . .	» 60	» »
23.	50 » bleu	» 75	» 25
24.	100 » brun clair . .	1f25	» »
25.	200 » violet pâle . .	2f50	» »
26.	300 » orange. . . .	3f50	» »

1893. *Inscriptions et chiffre (pour journaux), dentelé.*

27.	2½ reis brun	» 15	» »

ANJOUAN

Sultanat

PROTECTORAT FRANÇAIS

Afrique Sud Orient

1892. *Groupe allégorique (Navigation et Commerce),* SULTANAT D'ANJOUAN, *en rose ou en bleu, dentelés.*

N°ˢ				Neufs.	Oblitérés.
1.	1 cent.	noir sur bleu.	» 05	»	»
2.	2 »	brun rouge. .	» 05	»	»
3.	4 »	brun violet. .	» 10	»	»
4.	5 »	vert	» 10	»	»
5.	10 »	noir sur violet	» 15	»	»
6.	15 »	bleu	» 25	»	»
7.	20 »	rouge sur vert	» 30	»	»
8.	25 »	noir sur rose.	» 35	»	»
9.	30 »	brun.	» 45	»	»
10.	40 »	rouge	» 50	»	»
11.	50 »	rose	» 65	»	»
12.	75 »	noir sur jaune	1ᶠ »	»	»
13.	1 franc olive.		1ᶠ25	»	»
	La Collection complète				
	des 13 timbres. . . .		5ᶠ »	»	»

ANTIGUA

POSSESSION ANGLAISE

Amérique Centrale, Antilles

1862-73. *Effigie à gauche (Victoria I), dentelés.*

1.	1 penny	carminé . .	» 40	»	35
2.	1 »	rouge . . .	»		1ᶠ50
3.	6 pence	vert . . .	3ᶠ »		1ᶠ25

1879-86. *Même genre, dentelés.*

N°ˢ				Neufs.	Oblitérés.
7.	½ penny vert			» 25	» 30
4.	2½ pence brun rouge.			2ᶠ50	1ᶠ50
5.	4 » bleu			2ᶠ50	1ᶠ »
9.	1 shill. lilas			» »	» »

1886. *Idem.*

10.	2½ pence bleu.		1ᶠ »	» »
11.	4 » brun. . . .		2ᶠ »	1ᶠ »

1885. *Timbre fiscal, rectangulaire, grand, avec* POSTAGE & REVENÜE *en surcharge noire.*

16. 1 penny bleu . . . . .   »   »   »

ANTILLES

Amérique

Compagnie Anglaise.

(ROYAL MAIL STEAM PACKET COMPANY)

1875. *Drapeau, dentelés.*

1. 10 cents rose . . . . .   »   »   »   »

Cie Hambourgeoise-Américaine.

1875. *Inscriptions, armes en relief, dentelé.*

1. 10 c. noir, jaune et bleu   »   »   »   »

ANTILLES DANOISES
Amérique Centrale, Antilles

1855-67. *Couronne.*

Nos				Neufs.	Oblitérés.
1.	3 c.	carmin sur brun	3f »	2f50	
2.	3 »	carmin sur blanc	1f50 »	»	

1871-73. *Idem, dentelés.*

3.	3 cents carmin	. .	»	»	»	»
4.	4 » bleu	. . .	»	»	»	»

1873-79. *Chiffre, couronne, dentelés.*

5.	1 c.	violet et vert . .	» 15	» 10
6.	3 »	carmin et bleu .	» 40	» 25
7.	4 »	bleu et brun . .	» 60	» 35
10.	5 »	gris et vert. . .	» 75	» 25
8.	7 »	jaune et lilas . .	1f »	» 50
11.	10 »	brun et bleu . .	1f25	» 15
12.	12 »	vert et lilas. . .	1f50	» 75
9.	14 »	vert et lilas. . .	» »	» »
17.	50 »	violet.	5f »	» »

1887. *Idem, avec valeur en surcharge noire.*

22.	1 CENT sur 7 c. jaune et lilas	75 »	1f »

ANTILLES ESPAGNOLES
Amérique Centrale, Antilles

1855. *Effigie à droite (Isabelle II) sur bleu, boucles en filigrane.*

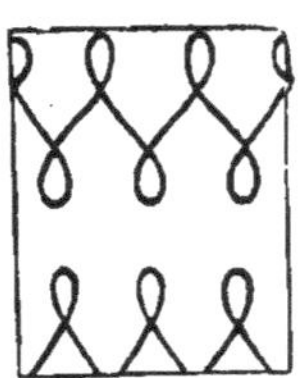

1.	½ real vert bleu . .	3f »	» 25

Nos				Neufs.	Oblitérés.
2.	1 real	vert	2f50	» 50	
3.	2 »	carmin . . .	3f »	1f »	
3b.	2 »	brique. . . .	» »	» 75	

1855. *Idem avec surcharge noire Y ¼.*

4.	Y ¼ sur 2 r. carmin	»	» 15f »

1856. *Idem, sur jaunâtre, lignes droites croisées en filigrane.*

5.	½ real	verdâtre. . .	» »	» 25
6.	½ »	bleu.	» »	» 25
7.	1 »	vert jaune. .	» »	1f50
8.	1 »	vert. . . .	» »	3f »
9.	2 »	rouge pâle .	» »	» 75

1857. *Idem sur blanc uni.*

10.	½ real	bleu	» 50	» 10
11.	1 »	vert jaune. .	1f »	» 15
12.	1 »	vert. . . .	» 50	» 10
13.	2 »	rouge. . . .	1f »	» 25

1857. *Idem avec surcharge noire Y ¼*

14.	Y ¼ sur 2 r. rouge .	4f »	4f50

1862. *Même effigie à gauche.*

15.	¼ real p. noir . . .	» 75	» »

1864. *Même effigie à gauche.*

16.	¼ r.	noir sur chamois	» 75	» »
17.	½ »	vert sur rosé . .	» 50	» 15
18.	1 »	bleu sur chair .	» 50	» 25
19.	2 »	rouge sur rose .	» 75	1f25

1866. *Idem avec 66 en surcharge noire.*

20.	¼ r. noir sur chamois	2f50	» »

1866. *Type 1864 avec millésime.*

21.	5 cent.	violet . . .	1f50	5f »
22.	10 »	bleu	» 75	» 25

Nᵒˢ				Neufs.	Oblitérés.

23. 20 cent. vert . . . . » 75 » 35
24. 40 » rose . . . . 1f 50 » »

1867. *Idem, millésime, dentelés.*

25. 5 cent. violet . . . » 75 » »
26. 10 » bleu . . . » 50 » 35
27. 20 » vert . . . . » 50 » 60
28. 40 » rose . . . . » 50 » »

1868. *Même effigie à gauche, millésime, dentelés.*

29. 5 cent. violet . . . » 35 » 50
30. 10 » bleu . . . . » 50 » 25
31. 20 » vert . . . . » 50 » 40
32. 40 » rose . . . . » 75 1f 25

1869. *Idem, millésime, dentelés.*

36. 5 cent. rose . . . . » 75 » »
37. 10 » brun . . . . » 50 » 20
38. 20 » jaune bistre » 50 » 40
39. 40 » violet . . . 1f 25 » »

1869. *Timbres de 1868 et 1869 avec* HABILITADO POR LA NACION *en surcharge noire.*

43 . . . . » » » »
44 . . . . » » » »
45 . . . . » » » »
46 . . . . » » » »

1870. *Effigie de 3/4 à gauche (allégorie de l'Espagne), millésime, dentelés.*

47. 5 cent. bleu . . . . » » » »
48. 10 » vert . . . . 1f » » 30
49. 20 » bistre . . . » 50 » 35
50. 40 » rose . . . . » » 3f »

1871. *Déesse assise, millésime, dentelés.*

Nᵒˢ				Neufs.	Oblitérés.

59. 12 c. d. peseta lilas . 1f » » »
60. 25 » bleu . » 50 » 15
61. 50 » vert . 1f » » 25
62. 1 peseta bistre jaune. 2f » 1f »

CUBA

1873. *Effigie de 3/4 à droite (Amédée I), dentelés.*

74. 12½ c. de p. vert . . 1f » » »
75. 25 » lilas . . » 50 » 20
76. 50 » brun . . » 75 » 35
77. 1 p. bistre *type différent* 2f 50 2f »

1874. *Type 1871 (Déesse assise), millésime, dentelés.*

85. 12½ c. d. peseta brun. 1f » » »
86. 25 » bleu . » 50 » 20
87. 50 » violet » 50 » 35
88. 1 peseta rose . 2f » » »

1875. *Armes, millésime, dentelés.*

93. 12½ c. peseta violet . . 1f » » »
94. 25 » bleu . . » 50 » 20
95. 50 » vert . . » 50 » 35
96. 1 peseta brun . . 2f » » »

1876. *Effigie à droite (Alphonse XII), millésime, dentelés.*

Nᵒˢ				Neufs.	Oblitérés.
102.	12 ½ c. peseta	vert . .	» 75	» »
103.	25 »	violet .	» 75	» 20
104.	50 »	bleu . .	» 30	» 30
105.	1 peseta	noir . .	2ᶠ »	» »

1877. *Même type, avec* CUBA *au lieu de* ULTRAMAR, *millésime, dentelés.*

111.	10 c. peseta	vert. .	» »	» ʼ
112.	12 ½ »	violet .	» 75	» ʼ
113.	25 »	vert. .	» 75	» 20
114.	50 »	noir .	» 50	» 25
115.	1 peseta	bistre .	2ᶠ »	» »

1878. *Idem, millésime, dentelés.*

119.	5 c. peseta	bleu. . .	» 50	» ʼ
120.	10 »	noir. . .	1ᶠ50	» ʼ
121.	12 ½ »	bistre. .	» 75	» »
122.	25 »	vert. . .	» 25	» 20
123.	50 »	vert foncé	» 50	» 25
124.	1 peseta	carmin. .	2ᶠ »	» »

1879. *Idem, millésime, dentelés.*

128a.	5 c. peseta	noir . . .	» 50	» »
128b.	10 »	chair. . .	4ᶠ »	» »
129.	12 ½ »	rose . . .	» 75	» »
130.	25 »	bleu . . .	» 50	» 15
131.	50 »	lilas gris .	1ᶠ »	» 20
132.	1 peseta	bistre vert	2ᶠ »	» »

1880. *Même genre, millésime, dentelés.*

136.	5 cent p.	vert. . .	» 25	» »
137.	10 »	rose . .	2ᶠ »	» »
138.	12 ½ »	gris violet	» 40	» »
140.	25 »	bleu . .	» 60	» 10
141.	50 »	brun . .	1ᶠ25	» 20
142.	1 peseta	brun clair	2ᶠ »	» »

1881. *Idem, millésime, dentelés.*

Nᵒˢ				Neufs.	Oblitérés.
150.	1 cent p.	vert . . .	» 25	» »
150a.	2 »	carmin .	» »	» »
151.	2 ½ »	bistre gris	» 35	» 50
152.	5 »	bleu . .	» 50	» 10
153.	10 »	brun . .	» 50	» 20
154.	20 »	brun noir	1ᶠ50	» »

1882. *Idem, sans millésime, dentelés.*

162.	1 c. de p.	vert . . .	» 20	» 15
163.	2 »	rose. . .	» 35	» 20
164.	2 ½ »	brun . .	» 50	» 25
165.	5 »	bleu ciel.	» 60	» 10
166.	10 »	bistre gris	» 40	» 15
167.	20 »	brun . .	2ᶠ50	2ᶠ »

1883. *Idem, avec les vignettes ci-dessous en surcharge; chaque valeur existe avec les cinq variétés de surcharges.*

178.	5 c. bleu *surch. rouge.*	» 50	» 35
179.	10 » bistre *surch. bleue*	1ᶠ »	» 75
180.	20 » brun *surch. noire.*	2ᶠ »	4ᶠ »

1883. *Type 1882, dentele.*

| 182. | 2 ½ c. de p. bistre gris | » 75 | » 75 |

1884. *Idem.*

183.	2 ½ c. de p.	violet. . .	» 35	» 25
184.	10 »	brun clair	» 50	» 10
184a.	20 »	bistre gris	» 75	1ᶠ »

1888. *Idem.*

Nᵒˢ — Neufs. Oblitérés.
188. 2½ c. de p. brun clair. » 35 » 30
189. 10 » bleu . . . » 40 » 15
190. 20 » gris . . . 1ᶠ50 1ᶠ »

1888. *Idem (pour imprimés).*

191. ½ mil. de p. noir . . » 10 » »
192. 1 » noir . . » 10 » »
193. 2 » noir . . » 15 » »
194. 3 » noir . . » 20 » »
195. 4 » noir . . » 20 » »
196. 8 » noir . . » 25 » »

1890. *Effigie à droite (Alphonse XIII), dentelés.*

204. 1 c. de p. brun clair » 15 » 10
205. 2 » bleu . . . » 20 » 15
206. 2½ » vert bleu. » 35 » 30
207. 5 » vert gris. » 50 » 15
208. 10 » viol. brun » 40 » 20
209. 20 » viol. foncé » 60 » 75

1890. *Idem (pour imprimés).*

210. ½ mil. brun rouge . » 10 » »
211. 1 » brun rouge . » 10 » »
212. 2 » brun rouge . » 15 » »
213. 3 » brun rouge . » 20 » »
214. 4 » brun rouge . » 20 » »
215. 8 » brun rouge . » 25 » »

1891-92. *Idem, dentelés.*

226. 1 c. de p. vert gris. . » 20 » 15
227. 2 » brun violet » 30 » 15
228. 2½ » chair. . . . » 35 » 25
223. 5 » vert clair . » 60 » 15
224. 10 » carminé . . 1ᶠ25 » 20
229. 20 » bleu. . . . 2ᶠ » » 75

1892. *Idem (pour imprimés).*

230. ½ m. de p. violet brun » 10 » »
231. 1 » violet brun » 10 » »

Nᵒˢ — Neufs. Oblitérés
232. 2 m. de p. violet brun » 10 » »
233. 3 » violet brun » 15 » »
234. 4 » violet brun » 15 » »
235. 8 » violet brun » 20 » »

1894. *Idem, dentelés.*

240. ½ mil. de p. rose. . . » 10 » »
249. 1 » rose. . . » 10 » »
250. 2 » rose. . . » 10 » »
251. 3 » rose. . . » 15 » »
252. 4 » rose. . . » 15 » »
253. 8 » rose. . . » 20 » »
241. 1 c. de p. bleu ciel. » 20 » »
242. 2 » rose. . . » 30 » »
243. 2½ » violet. . » 35 » »
244. 20 » brun clair 2ᶠ » » »

Timbres-télégraphe

1868. *Effigie à gauche, millésime, dentelés.*

33. 200 m. bleu s. chamois . » 50 » »
34. 500 » brun sur jaune . » 25 » »
35. 1 es. orange sur bleu » 25 » »

1869. *Idem, dentelés.*

40. 200 mil. de esc. bleu . . » 75 » »
41. 500 » brun . » 75 » »
42. 1 escudo orange. » 75 » »

1869. *Idem, avec* HABILITADO POR LA NACION *en surcharge noire.*

40b. 200 m. de esc. bleu. . » » » »
41b. 500 » brun . » » » »
42b. 1 escudo orange. . 1ᶠ50 » »

1870. *Couronne murale, armes, millésime, dentelés.*

51. 200 mil. de esc. brun . » » » »
52. 500 » rose . 1ᶠ » » 75
53. 1 escudo bleu . 1ᶠ50 » »
54. 2 pesetas lilas . » » » »

1870-71. *Idem, millésime, dentelés.*

Nᵒˢ			Neufs.	Oblitérés.
55.	½ peseta vert. . . .	»	»	» 75
56.	1 » bleu. . . .	»	»	» 75
57.	2 » mauve. . .	»	»	» 50
58.	4 » rouge pâle.	»	»	» »
La série des 4 timbres. . .		»	»	3f »

1871. *Genre 1870, millésime, couronne royale, dentelés.*

63.	50 c. d. p. vert . . .	»	»	» »
64.	1 peseta rose . . .	»	»	» »
65.	2 » mauve . .	»	»	» »
66.	4 » brun . . .	»	»	» »

1872. *Idem, millésime, écu de Savoie (croix au centre), dentelés.*

68.	50 c. d. p. lilas . . .	1f50	»	»
69.	1 peseta bleu . . .	1f	»	»
70.	2 » vert . . .	1f50	»	»
71.	4 » lilas pâle.	1f	»	»

1873. *Idem, millésime, dentelés.*

78.	1 peseta vert. . . .	2f	»	»
79.	2 » bleu . . .	1f	»	»
80.	4 » lilas. . . .	»	»	»

1874. *Genre 1870, grande couronne murale, millésime, dentelés.*

90.	1 peseta carminé . .	»	»	»
91.	2 » bistre . . .	2f	»	»
92.	4 » brun. . . .	»	»	»

1875. *Armoiries, dentelés.*

99.	1 peseta vert . . .	2f	»	»
100.	2 » bleu . . .	2f	»	»
101.	4 » carmin.	2f	»	»

1876. *Type des timbres 1876, effigie, millésime, dentelés.*

108.	1 peseta vert . . .	1f50	»	»

Nᵒˢ			Neufs.	Oblitérés.
109.	2 pesetas bleu . . .	1f50	»	»
110.	4 » carmin .	2f	»	»

1877. *Genre 1875, armes, millésime, dentelés.*

116.	1 peseta bleu . . .	1f	»	»
116a.	1 » bistre . .	1f50	»	»
117.	2 » vert . . .	1f	»	»
118.	4 » bistre. . .	»	»	»

1878. *Idem, millésime, dentelés.*

125.	1 peseta vert . . .	1f	»	»
126.	2 » bleu . . .	1f	»	»
127.	4 » bistre. . .	1f50	»	»

1879. *Idem, millésime, dentelés.*

133.	1 peseta carminé .	1f	»	»
134.	2 » bleu . . .	2f	»	»
135.	4 » vert foncé.	2f50	»	»

1880. *Idem, millésime, dentelés.*

143.	1 peseta vert . . .	1f50	»	»
144.	2 » carminé . .	1f	»	»
145.	4 » bleu . . .	1f	»	»

1881. *Idem, millésime, dentelés.*

155.	20 cent. p. brun . . .	2f	»	»
156.	40 » rose . . .	1f50	»	»
157.	80 » vert . . .	1f	»	»

1882. *Idem, sans millésime, dentelés.*

168.	20 cent. p. vert . . .	1f50	»	»
169.	40 » bleu ciel .	» 75	»	»
170.	80 » bistre vert	1f50	»	»

1883. *Timbre-télégraphe de 1882, avec vignette (cinq variétés, voir nᵒˢ 178 à 180) en surcharge rouge.*

181.	40 cent. bleu ciel . .	3f	»	»

1884. *Type 1882, dentelés.*

185.	20 cent. p. bistre . . .	1f50	»	»
186.	40 » vert . . .	1f50	»	»
187.	80 » bleu ciel .	2f	»	»

1889. *Timbres fiscaux servant provisoirement par décret.*

202.	5 c. de p. bleu . . .	»	»	» »
203.	10 » » noir . . .	»	»	» »

Le timbre-télégraphe 40 c. coupé en deux sert par décret comme timbre de 20 c.

1890. *Type 1882, armes, dentelés.*

216.	5 c. de p. rose lilacé	» 75	»	»
217.	10 » viol. foncé	1f25	»	»
218.	20 » violet brun	1f50	»	»
219.	40 » brun rouge	2f	»	»
220.	80 » bleu . . .	»	»	»
La série des 5 timbres . . .		»	»	3f50

1892. *Idem.*

Nᵒˢ			Neufs.	Oblitérés.
236.	5 c. de p. bleu. . . .	» 75	»	»
237.	10 » chair . . .	1ᶠ 25	»	»
238.	20 » rose . . .	» »	»	»
239.	40 » vert bleu .	» »	»	»

1893. *Idem.*

245.	5 c. de p. brun jaune.	» 75	»	»
246.	10 » vert olive .	1ᶠ 25	»	»
247.	20 » bleu ciel. .	» »	»	»
248.	40 » brun. . . .	» »	»	»

PORTO-RICO

1873. *Timbres de 1873,* ULTRAMAR, *effigie d'Amédée I, avec paraphe en surcharge noire.*

83.	25 c. de p. lilas . .	»	»	» 30
84.	50 » brun . .	»	»	1ᶠ »
84a.	1 peseta bistre .	»	»	2ᶠ »

1874. *Timbre de 1874, déesse assise, avec deux paraphes en surcharge noire.*

89.	25 c. d. peseta bleu.	1ᶠ »	» 35

1875. *Timbres de 1875, armes, mêmes paraphes en surcharge noire.*

97.	25 cent. p. bleu. . .	» 50	» 25
98.	50 » vert . . .	» »	» 75
98a.	1 peseta brun . . .	» »	2ᶠ »

1876. *Timbres de 1876, effigie d'Alphonse XII, avec deux paraphes en surcharge noire.*

106.	25 c. peseta violet .	» »	» 35
107.	50 » bleu. .	2ᶠ »	1ᶠ »
107a.	1 peseta noir. .	» »	2ᶠ »

Idem avec trois paraphes noirs.

106b.	25 c. peseta violet .	2ᶠ »	» 35
107d.	1 peseta noir . .	» »	2ᶠ 50

1877. *Type 1876 sans surcharges,* PTO-RICO *et millésime, dentelés.*

Nᵒˢ				Neufs.	Oblitérés.
200.	5 c. peseta	brun .	1ᶠ »	»	»
201.	10 »	rose .	1ᶠ 50	»	»
202.	15 »	vert .	1ᶠ 50	»	».
203.	25 »	bleu .	» 75	» 20	
204.	50 »	brun ,	1ᶠ »	» 50	

1878. *Idem, millésime, dentelés.*

211.	5 c. peseta	bistre .	» »	2ᶠ 50
211a.	10 »	brun .	» »	» »
208.	25 »	vert. .	» 75	» 15
209.	50 »	bleu .	1ᶠ »	» 35
210.	1 peseta	bistre .	» »	1ᶠ »

1879. *Idem, millésime, dentelés.*

214.	5 c. peseta	carminé.	1ᶠ »	» »
215.	10 »	brun . .	1ᶠ »	» »
216.	15 »	noir vert.	1ᶠ »	» »
217.	25 »	bleu. . .	» 50	» 15
218.	50 »	vert. . .	1ᶠ »	» 50
219.	1 peseta	gris perle	» »	1ᶠ 50

1880. *Effigie à droite, millésime dentelés.*

231.	¼ cent. p.	vert . . .	» »	» »
232.	½ »	rose . . .	2ᶠ »	» »
233.	1 »	lilas pâle.	» »	» »
234.	2 »	gris violet	2ᶠ »	» »
235.	3 »	jaune . .	2ᶠ »	» »
236.	4 »	noir. . .	2ᶠ »	» »
222.	5 »	vert . . .	» 25	» »
223.	10 »	rose . . .	» 50	» 35
224.	15 »	brun. . .	» 75	» »
225.	25 »	bleu . . .	» 50	» 15
226.	40 »	gris . . .	1ᶠ »	» 35
227.	50 »	brun noir.	1ᶠ 50	» »
228.	1 peseta	bistre vert	2ᶠ 50	1ᶠ »

1881. *Idem, millésime, dentelés.*

Nos			Neufs.	Oblitérés.
237.	½ m. de peso	carminé	» 10	» »
238.	1 »	violet .	» 15	» »
239.	2 »	rose..	» 20	» »
240.	4 »	vert vif.	» 30	» »
241.	6 »	lilas gris	» 30	» »
242.	8 »	bleu ciel	» 40	» »
243.	1 c. de peso	vert ..	» 20	» »
244.	2 »	carmin.	» 35	» 20
245.	3 »	br. noir.	» 50	» »
246.	5 »	bleu ciel	» 60	» 10
247.	8 »	brun .	» 80	» 25
248.	10 »	viol. gr.	» »	» »
249.	20 »	bist. vert	2f50	» 75

1882. *Idem, sans millésime, dentelés.*

251.	½ m. de peso	rose ..	» 10	» »
252.	1 »	carminé	» 10	» »
253.	2 »	violet .	» 10	» 10
254.	4 »	lilas ..	» 15	» 10
255.	6 »	brun..	» 20	» 10
256.	8 »	vert vif.	» 20	» 15
257.	1 c. de peso	vert ..	» 20	» 15
258.	2 »	carmin.	» 35	» 20
259.	3 »	orange.	» 50	» 25
260.	5 »	bleu ciel	» 60	» 10
261.	8 »	br. noir	» 80	» 15
262.	10 »	vert bleu	1f25	» 20
263.	20 »	violet gr.	2f50	» 40
264.	40 »	bleu ..	4f »	» 75
265.	80 »	bist. vert	8f »	4f »

1884-85. *Idem.*

266.	½ m. de peso	carminé.	» 10	» 10
267.	1 »	rose ..	» 10	» 10
268.	3 c. de peso	brun ..	» 75	» 40

1890. *Effigie à droite (Alphonse XIII), dentelés.*

271.	½ mil. de p.	noir. . .	» 10	» 10

Nos			Neufs.	Oblitérés.
272.	1 mil. de p.	vert bleu.	» 10	» 10
273.	2 »	carmin .	» 15	» 10
274.	4 »	vert gris.	» »	» 15
275.	6 »	brun ..	» »	» 20
276.	8 »	bistre vert	» »	» 25
277.	1 c. de p.	brun clair	» 20	» 15
278.	2 »	viol. foncé	» 35	» 20
279.	3 »	bleu foncé	» »	» 25
280.	5 »	brun viol.	» 60	» 10
281.	8 »	bleu. . .	» »	» 25
282.	10 »	rose'. . .	» »	» 35
283.	20 »	rouge ..	» »	» 75
284.	40 »	orange .	» »	1f25
285.	80 »	vert jaune	» »	2f50

1891-92. *Idem.*

289.	½ m. de p.	vert gris .	» 10	» 10
290.	1 »	violet brun	» 10	» 10
291.	2 »	brun violet	» 10	» 10
292.	4 »	bleu ciel .	» 15	» »
293.	6 »	rose . . .	» 20	» »
294.	8 »	vert jaune	» 20	» »
287.	1 c. de p.	vert clair .	» 15	» »
295.	2 »	brun rouge	» 25	» 15
296.	3 »	chair...	» 35	» 20
288.	5 »	vert....	» 50	» 15
297.	8 »	br. verdatre	» 75	» 25
298.	10 »	carminé .	1f »	» 25
299.	20 »	violet clair	2f »	» 75
300.	40 »	bleu foncé	4f »	» »
301.	80 »	orange..	8f »	» »

1893-94. *Idem.*

302.	½ m. de p.	brun . . .	» 10	» 10
303.	1 »	bleu. . . .	» 10	» 10
304.	2 »	chair . . .	» 15	» 15
305.	4 »	brun clair.	» 15	» 15
306.	6 »	. . . . .	» »	» »
307.	8 »	. . . . .	» »	» »
308.	1 c. de p.	brun noir .	» 15	» 15
309.	2 »	violet vif. .	» 25	» 25
310.	3 »	vert gris. .	» 35	» 20
311.	4 »	bleu. . . .	» 40	» »
313.	6 »	orange. . .	» 60	» »
312.	8 »	violet foncé	» 75	» »
314.	20 »	rose vif . .	2f »	» 75
315.	40 »	brun carminé	» »	» »
316.	80 »	. . . . .	» »	» »

1893. *Timbre-jubilé, marine, dentelé.*

317.	3 c. de p.	vert foncé	» »	» »

Timbres-télégraphe

1871. *Couronne murale, armes, type de Cuba 1870 avec* TELEGRAFOS, *millésime, dentelés.*

N°°		Neufs.	Oblitérés.
66a.	2 pesetas lilas . . .	» »	» »
67.	4 » bistre . .	» »	» ,

1872. *Couronne royale, millésime. écu de Savoie (croix au centre). type Cuba 1872, dentelés.*

| 72. | 2 pesetas bleu . . . | » » | » » |
| 73. | 4 » vert . . . | » » | » » |

1873. *Idem, millésime, dentelés.*

| 81. | 2 pesetas bleu . . . | » » | » » |
| 82. | 4 » violet . . | » » | » » |

1874. *Idem, couronne murale, millésime, dentelés.*

| 89a. | 2 pesetas vert. . . . | » » | » » |
| 89b. | 4 » carmin . . | » » | » » |

1875. *Type des timbres-poste 1875, armes,* TELEGRAFOS, *dentelés.*

| 98d. | 2 pesetas noir. . . . | 3f » | » , |
| 98f. | 4 » brun clair. | 3f » | » » |

1876. *Type des timbres-poste 1876, effigie,* TELEGRAFOS, *millésime, dentelés.*

107f.	2 pesetas bleu. . .	2f »	» »
107g.	4 » jaune . .	2f »	» »
107h.	2 » bleu *avec un paraphe noir.*	» »	» ,

1877. *Armes, millésime, dentelés.*

| 206. | 2 pesetas vert . . . | » » | » » |
| 207. | 4 » brun clair | » » | » » |

1878. *Idem, millésime, dentelés.*

| 212. | 2 pesetas bleu. . . | » » | » » |
| 213. | 4 » vert. . . | » » | » » |

1879. *Idem, millésime, dentelés.*

| 220. | 2 pesetas rose . . . | 3f » | » » |
| 221. | 4 » gris . . . | » » | » » |

1880. *Idem, millésime, dentelés.*

| 229. | 2 pesetas gris . . . | » » | » » |
| 230. | 4 » rose . . . | » » | » » |

1881. *Idem, millésime, dentelé.*

N°°		Neufs.	Oblitérés.
250.	40 c. de peso rose .	2f 50	» »
250a.	80 » gris. .	5f »	» »

ARGENTINE

RÉPUBLIQUE

Amérique du Sud, Centre

1858. *Soleil, rayons formés de points et de lignes, petit chiffre.*

2.	5 cent.	rouge . . .	» 50	1f »
3.	10 »	vert	1f »	3f »
4.	15 »	bleu	1f »	» »

1861. *Idem, rayons formés de points, armes, grand chiffre.*

| 1. | 5 cent. | rouge. . . . | 1f 50 | 10f |

1862. *Armes.*

5.	5 cent.	rose	1f »	» 50
5a	5 »	rougeâtre. .	3f »	1f 50
6.	10 »	vert	3f 50	» »
7.	15 »	bleu	» »	» »

1864. *Effigie de 3/4 à gauche (Rivadavia), cadres divers.*

| 8. | 5 cent. | carminé . . | » » | » » |

Nᵒˢ	Neufs.	Oblitérés.
9. 10 cent. vert . . .	» »	» »
10. 15 » bleu	» »	» »

1864. *Les mêmes, dentelés.*

	Neufs.	Oblitérés.
11. 5 cent. rougeâtre. .	1ᶠ50	» 75
12. 5 » carmin. . .	» »	» 75
13. 10 » vert	2ᶠ50	» »
14. 15 » bleu	3ᶠ50	» »

1867. *Effigies diverses, dentelés.*

	Neufs.	Oblitérés.
15. 5 c. rouge *Rivadavia*	» 50	» 10
16. 10 » vert *Belgrano*. .	1ᶠ25	» 25
17. 15 » bleu *Martino* . .	1ᶠ50	» 35

1873. *Même genre, types divers, dentelés.*

	Neufs.	Oblitérés.
18. 1 c. violet *Balcarce* .	» 15	» 10
19. 4 » brun *Moreno* . .	» 50	» 15

	Neufs.	Oblitérés.
20. 30 c. jaune *Alvear* . .	4ᶠ »	1ᶠ »

Nᵒˢ	Neufs.	Oblitérés.
21. 60 c. noir *Posadas* .	6ᶠ »	» 75
22. 90 » bleu *Saavedra* .	9ᶠ »	1ᶠ »

1877. *Timbres de 1867 avec gros chiffre en surcharge noire.*

	Neufs.	Oblitérés.
24. 1 sur 5 c. rouge .	1ᶠ »	» 75
25. 2 » 5 » rouge .	» »	» »
26. 8 » 10 » vert . .	2ᶠ »	1ᶠ50

1877-78. *Types divers, dentelés.*

	Neufs.	Oblitérés.
27. 2 c. vert *Lopez*	» 25	» 10
28. 8 » carminé *Rivadavia*	» 75	» 05
29. 16 » vert *Belgrano* . .	1ᶠ75	» 15
30. 20 » bleu *Saarsfield* . .	2ᶠ »	» 75
31. 24 » bl. foncé *Martino*.	2ᶠ50	» 35
32. 25 » carmin *Alvear* . .	2ᶠ50	1ᶠ25

1882. *Timbre de 1867 avec ½ et* PROVISORIO *en surcharge noire, dentelé au milieu.*

	Neufs.	Oblitérés.
41. ½ sur 5 c. rouge . .	» 50	» »

Idem, non dentelé au milieu.

	Neufs.	Oblitérés.
42. ½ sur 5 c. rouge . .	» 25	» 20

1882. *Soleil, lettre, chiffre, imprime en typographie, dentelés.*

N°s		Neufs.	Oblitérés.
45.	½ cent. brun	» 15	» 10
46.	1 » rouge	» 25	» 15
47.	12 » bleu ciel . . .	1f 25	» 25
47a.	12 » bleu Prusse .	1f 50	» 35

1884. *Timbres de 1867 avec 1884 et valeur en surcharge.*

54.	½ noir sur 5 c rouge.	» 40	» 35
55.	½ noir sur 15 » bleu. .	» »	» »
56.	½ rouge s. 15 » bleu. .	1f »	» »
57.	1 c. rouge s. 15 » bleu. .	1f »	» »
58.	CUATRO c. noir sur 5 c. rouge	1f 50	» 75

1884-85. *Type 1882, soleil, lettre, imprimés en taille-douce, dentelés.*

59.	½ cent. brun rouge . .	» 10	» 10
60.	1 » rouge	» 15	» 10
62.	12 » bleu	1f 25	» 20

1888-90. *Genre de 1867, légende :* CORREOS ARGENTINOS, *lithographiés, dentelés.*

64.	½ c. bleu *Urquiza* . .	» 10	» 05
65.	2 » vert *Lopez*	» 20	» 15
66.	3 » vert *Celman* . . .	» 30	» 15

67.	5 c. carmin *Rivadavia*	» 50	» 15

68.	6 c. rouge *Sarmiento*.	» »	» »
69.	10 » brun *Avellaneda*.	1f »	» 20
70.	15 » jaune *Martino*. .	1f 50	» 30

86.	20 c. vert *Roca* . .	2f »	» 60
101.	25 » violet *Belgrano*	2f 50	1f »

71.	30 c. chocolat *Dorrego*.	3f »	» 75
72.	40 » bleu gris *Moreno*.	4f »	1f »
73.	50 » bleu *Mitre*. . . .	5f »	1f 50

1888-91. *Effigies diverses, légende* CORREOS Y TELEGRAFOS, *gravés, dentelés.*

87.	½ c. bleu, *Urquiza* . .	» 10	» 05

<table>
<tr><td>

N°s   Neufs. Oblitérés.

85. 1 c. brun *Saarsfield*. » 15 » 05

95. 2 c. violet. *Derqui*. . . » 25 » 10
88. 3 » vert bleu, *Celman*. » 30 » 15
89. 5 » carmin, *Rivadavia* » 50 » 15
98. 5 » rouge (*id. refait*). » 50 » 10

90. 6 c. bleu, *Sarmiento* » 60 » 25
103. 10 » brun noir *Avellaneda*. . . . 1f » » 25

91. 12 c. bl. foncé, *Alberdi* 1f25 » 25
96. 40 » gris vert. *Moreno* 3f50 1f »
100. 50 » orange *Mitre*. . 4f » 1f »
97. 60 » noir, *Posadas*. . 5f » 1f »

1890. *Idem, avec valeur en surcharge noire ou rouge.*
102. ¼ c. sur 12 c. bleu foncé » 50 » »

1890-91. *Idem, sans surcharge.*

104. ¼ c. vert, *Paz*. . . . . . » 10 » 05

</td><td>

N°s   Neufs. Oblitérés.

108. 8 c. carmin, *Rivadavia* » 75 » 10
109. 1 » brun clair *refait* . » 15 » 10

1891. *Même genre, grands, dentelés.*

110. 1 peso bleu foncé, *S. Martin* . 7f » 1f50
111. 5 » bleu ciel, *La Madrid* . » » 7f »

112. 20 pesos vert clair, *Brown*. . » » » »

1892-93. *Effigies de Rivadavia du ½ au 5 c., de Belgrano du 10 au 50 c.; et de San Martin pour les valeurs en pesos, dentelés.*

115. ½ centavo bleu ciel . » 10 » 05
116. 1 » brun . . . » 10 » 05
117. 2 » vert . . . » 20 » 10
140. 3 » orange . . » 25 » 05
118. 5 » carmin . . » 40 » 05
119. 10 » rose . . . » 80 » 15
120. 12 » bleu . . . 1f » » 20

</td></tr>
</table>

Nos		Neufs.	Oblitérés.
121. 16 centavos violet . .	1f50	» 30
122. 24 » brun noir	2f »	» 50
123. 50 » vert foncé·	4f »	1f »

137. 1 peso rouge foncé.	7f »	2f »
138. 2 » vert foncé. .	12f »	4f »
139. 5 » bleu foncé. .	30f »	10f »

1892. *Marine, dentelés (Jubilé du qua-trième Centenaire de la découverte de de l'Amérique).*

124. 2 centavos bleu clair	» »	» »
125. 5 » bleu. . .	» »	» »
La série des 2 timbres.	5f »	3f »

Timbres de service

1884. *Tous les timbres en cours, avec* OFICIAL *en surcharge noire (deux sortes de caractères).*

52. 1 cent. rouge.. . . .	» 35	» »
53. 2 » vert	» 50	» »
53a. 4 » brun	» 75	» »
etc.	etc.	

Timbres-télégraphe

1887. *Armes et soleil, lithographiés, dentelés.*

74. 10 centavos rouge . . .	1f »	» 50
75. 40 » bleu. . . .	4f »	1f »

BUÉNOS-AYRES

ÉTAT DE LA RÉPUBLIQUE ARGENTINE

Timbres-télégraphe

1888-90. *Armes, lithographiés, den-telés.*

Nos		Neufs.	Oblitérés.
19. 1 centavo bleu. . . .	» 35	» »
20. 2 » rouge . . .	» 50	» »
17. 10 » bistre . . .	1f50	» 75
18. 40 » orange. . .	4f »	» 75

CORDOBA

ÉTAT DE LA RÉPUBLIQUE ARGENTINE

1859. *Fort.*

1. 5 cent. bleu	6f »	» »
2. 10 » noir. . . .	» »	» »

Timbres-télégraphe

1891. *Armes, lithographiés, dentelés.*

3. 10 centavos bleu . . .	» »	» »
4. 40 » vert bleu .	» »	» »

CORRIENTES

ÉTAT DE LA RÉPUBLIQUE ARGENTINE

1856. *Liberté à gauche, noir sur couleur.*

N°ˢ			Neufs.	Cblitérés
1.	1 real M. C. bleu . .	20ᶠ »	20ᶠ »

1860. *Idem, valeur effacée.*

2.	bleu clair	5ᶠ »	1ᶠ50
2a.	bleu foncé . . .	2ᶠ »	1ᶠ50

1864. *Idem.*

3.	vert	» »	4ᶠ »
4.	vert bleu . . .	» »	» »
5.	jaune	3ᶠ50	» »

1873-75. *Idem.*

6.	rose rouge . . .	3ᶠ50	2ᶠ »
7.	rose	2ᶠ50	1ᶠ »

AUSTRALIE OCCIDENTALE

POSSESSION ANGLAISE

Océanie Australasie

1853-58. *Cygne, angles coupés, types divers.*

1.	2 pence	gris s. rouge .	» »	» »
2.	6 »	bronze . . .	» »	» »
3.	4 »	bleu	» »	» »
4.	1 shill.	brun *ovale* .	» »	» »
5.	1 »	rougeâtre . .	» »	» »

1860-61. *Même genre rectangulaires.*

N°ˢ			Neufs.	Oblitérés.
6.	1 penny	noir	» »	2ᶠ50
7.	2 pence	rouge	» »	» »
8	4 »	bleu	» »	» »
9.	6 »	vert jaune .	» »	» »

1861. *Timbres de 1854-55, dentelés*

10.	2 pence	gris s. rouge	» »	» »
11.	6 »	bronze . . .	» »	» »
12.	4 »	bleu	» »	» »
13.	1 shill.	brun . . .	» »	» »

1861. *Timbres de 1860-61, dentelés.*

14.	1 penny	noir . . .	» »	» »
15.	2 pence	rouge . . .	» »	» »
16.	4 »	bleu	» »	» »
17.	6 »	vert jaune .	» »	» »

1861-64. *Idem.*

18.	1 penny	carmin . . .	2ᶠ50	1ᶠ50
19.	2 pence	bleu	» »	» »
20.	4 »	rouge . . .	» »	» »
21.	6 »	violet brun .	» »	» »
22.	1 shill.	vert foncé .	» »	» »

1864. *Idem.*

23.	1 penny	carmin foncé	1ᶠ50	» 75
24.	6 pence	violet foncé .	» »	» »

1865. *Idem.*

25.	1 penny	bistre jaune .	» 35	» 15
26.	2 pence	jaune . . .	» 75	» 15
27.	4 »	carmin . . .	2ᶠ50	1ᶠ »
28.	6 »	violet . . .	3ᶠ50	1ᶠ »
29.	6 »	violet clair .	2ᶠ50	» 50
30.	1 shill.	vert	» »	» »
31.	1 »	vert clair . .	5ᶠ »	1ᶠ50

1872. *Même genre, dentelé.*

32.	3 pence	brun	1ᶠ50	» »

1875. *Timbre de 1865, avec* ONE PENNY *en surcharge verte.*

Nos		Neufs.	Oblitérés.
33.	1 p. sur 2 p. jaune .	» »	1f »

1884. *Idem, avec surcharge rouge.*

| *39.* | ½ p. sur 1 p. bistre. . | 1f25 | » 50 |

1885. *Type 1871, dentelé.*

| *40.* | ½ penny vert . . . . | » 15 | » 15 |

1885. *Timbre de 1871, avec surcharge verte.*

| *41.* | 1 d. sur 3 p. brun . . | 1f25 | » » |

1889. *Idem, sans surcharge, dentelés.*

42.	1 penny rose	» »	» 25
43.	2 pence gris bleu . . .	» »	» 25
44.	4 » brun rouge pâle	» »	» »

1890-93. *Même genre, cadres divers, divers.*

45.	1 penny	rose	» 25	» 10
46.	2 pence	gris	» 50	» 10
52.	2½ »	bleu	» 60	» 35
47.	4 »	brun jaune .	1f »	» 35
53.	5 »	bistre. . . .	1f25	» »
55.	6 »	violet. . . .	1f50	» »
48.	1 shill.	olive	2f50	1f »

Timbres de service

1864-1865. *Tous les timbres, avec trou rond à l'emporte-pièce.*

Nous avons en vente :

23a.	1 p. carmin *(1864)*.	» »	» »
25a.	1 » bistre j. *(1865)*.	» »	» 25
26a.	2 » jaune » .	» »	» 25
31a.	1 shill. vert clair . .	» »	» »

Le prix des autres valeurs est à peu près le même que celui des timbres ordinaires.

Timbres-télégraphe

1879. *Effigie à gauche (Victoria I), dentelés.*

Nos		Neufs.	Oblitérés.
36.	1 penny bistre. . . .	» »	» »
37.	6 pence lilas	» »	» »

AUSTRALIE DU SUD

POSSESSION ANGLAISE

Océanie Australasie

1855-57. *Effigie à gauche (Victoria I) non dentelés.*

1.	1 penny	vert	» »	» »
2.	2 pence	rouge brun .	» »	2f »
3.	2 »	rouge. . . .	» »	3f »
4.	6 »	bleu foncé .	» »	» »

| 5. | 1 shill. orange . . . | » » | » » |

1860. *Même genre, sans* POSTAGE, *effigie dans un ovale, dentelé.*

| 6. | 9 pence gris lilas . . | 4f » | 3f » |

1861-63. *Timbres de 1855, dentelés.*

7.	1 penny	vert	» »	» »
8.	2 pence	brun rouge .	» »	» 75
9.	2 »	rouge . . .	1f »	» 60
10.	6 »	bleu	» »	» 35
11.	6 »	bleu ciel . .	» »	» 75
12.	6 »	violet. . . .	» »	» »
13.	1 shill.	orange . . .	» »	» »
14.	1 »	jaune. . . .	» »	» »
15.	1 »	brun	2f50	» 35

1866-69. *Timbre de 1860, avec* TEN PENCE *en surcharge bleue ou noire.*

Nᵒˢ   Neufs. Oblitérés.
16. 10 p. sur 9 p. orange . .   »   »   »   »
18. 10 » sur 9 p. jaune . .   »   »   »   »

1867-68. *Même effigie, dentelés.*

19. 2 pence orange foncé » 50 » 05
20. 4   »   violet. . . . 2ᶠ » » 50
20a. 4   »   lilas . . . . 1ᶠ50 » 35
21. 2 shill. carmin . . . 6ᶠ » 1ᶠ »

1870. *Idem, avec* 3 PENCE *en surcharge.*

22. 3 p. rouge s. 4 p. bleu »   »   »   »
23. 3 » noir sur 4 p. bleu 2ᶠ » 1ᶠ25

1872. *Type 1860, dentelé.*

24. 9 pence violet vif . . 2ᶠ50 1ᶠ25

1875. *Timbres en cours avec* TOO LATE *en surcharge noire (pour lettres en retard).*

34.   »   »   . . . . »   »   »   »

1875. *Même effigie, dentele.*

35. 1 penny vert . . . . » 25 » 05

1876. *Timbre de 1860 avec* 8 PENCE *en surcharge.*

36. 8 p. noir s. 9 p. orange 2ᶠ25 » 75

1882. *Timbre de 1875 avec* HALF PENNY *en surcharge noire.*

40. ½ p. sur 1 p. vert . . » 40 »   »

1883. *Même effigie, petit, dentelé.*

Nᵒˢ   Neufs. Oblitérés
41. ½ penny brun rouge. » 15 » 10

1887-90. *Même effigie, inscription* POSTAGE & REVENUE, *dentelés.*

44. 3 pence vert . . . . . » 75 » »
61. 4   »   violet . . . . 1ᶠ » » 25
45. 6   »   bleu pâle. . . 1ᶠ50 » 25

Idem, grands.

46. 2 shill. 6 p. violet . . . » » » »
47. 5   »   rose. . . . . » » » »
48. 10   »   vert gris. . » » » »
49. 15   »   orange. . » » » »
50.(*)1 pound bleu. . . . » » » »
51. 2   »   brun rouge. » » » »
52. 50 shill. rouge rose. » » » »
53. 3 pounds olive. . . . » » » »
54. 4   »   jaune . . . » » » »
55. 5   »   gris violet. » » » »
56. 10   »   bronze. . . » » » »
57. 15   »   argent. . . » » » »
58. 20   »   lilas. . . . » » » »

(*) Ces timbres de fortes valeurs sont surtout destinés à l'usage fiscal, ils n'intéresseront donc les collectionneurs de timbres-poste qu'autant qu'ils auront servi à l'affranchissement de la correspondance.

1891. *Idem, petits, avec valeur en surcharge.*

N°°		Neufs.	Oblitérés.
62.	2 ½ d. brun rouge s. 4 p. vert clair . . .	1f 25	» 60
63.	5 d. rose sur 6 p. violet	2f 50	1f »

1894. *Même genre, dentelés.*

64.	2 ½ pence bleu ciel . .	» 60	» »
65.	5 » violet foncé.	1f 25	» »

Timbres de service

1868-90. *Timbres ordinaires, avec une ou deux lettres majuscules en surcharge noire, bleue ou rouge, dentelés..*

25.	1 penny vert	» » » »
26.	2 pence orange foncé	» » » 25
27.	4 » violet. . . .	» » » 75
28.	6 » bleu	» » » 50
29.	1 shill. brun	» » 1f 25

AUTRICHE

EMPIRE

Europe Centre

1850. *Armes (aigle).*

1.	1 kr.	orange	» » 1f »
2.	1 »	jaune.	» » 1f »
3.	2 »	noir	» » » 60
4.	3 »	rouge . . .	» » » 05
5.	6 »	brun	» » » 05
6.	9 »	bleu	» » » 05

1851-56. *Mercure à gauche (pour imprimés).*

7.	bleu.	*» 50	» 60
8.	jaune	*» 50	» »
9.	rose.	*» 50	» »
10.	rouge	*» 50	» »

1858-59. *Petite effigie à gauche, (François-Joseph I), relief et couleur, dentelés.*

N°°			Neufs.	Oblitérés.
15.	2 kr.	orange. . . .	» »	» »
16.	2 »	jaune	» »	» 50
17.	3 »	noir	» »	» 75
18.	3 »	vert	2f »	» 75
19.	5 »	rouge	» »	» 10
20.	10 »	brun.	» »	» 10
21.	15 »	bleu	» »	» 10

1858-59. *Petite effigie à gauche, relief et couleur (pour imprimés).*

22.	bleu.	*»	»	»	»
23.	violet	*»	»	»	»

1861. *Effigie à droite, relief et couleur (pour imprimés).*

29.	violet	*» 20	» »
30.	gris	*» 20	» 35

*Les timbres neufs dont le prix est précédé d'un astérisque, sont réimprimés.

3

1861. *Ovale, effigie à droite, relief et couleur, dentelés.*

N°°			Neufs.	Oblitérés.
24.	2 kr.	jaune	» 50	» 25
25.	3 »	vert	» 75	» 25
26.	5 »	rouge	» 75	» 10
27.	10 »	brun	1f »	» 10
28.	15 »	bleu	1f 25	» 10

1863. *Aigle, relief et couleur, dentelés.*

39.	2 kr.	jaune	» 25	» 20
40.	3 »	vert	» 25	» 20
41.	5 »	rose	» 40	» 05
42.	10 »	bleu	» 50	» 05
43.	15 »	brun	» 75	» 05

1863. *Aigle, relief et couleur (pour imprimés.)*

49.	violet	» 10	» 10

1867. *Effigie à droite (François-Joseph I), dentelés.*

N°°			Neufs.	Oblitérés.
50.	2 kr.	jaune	» 15	» 05
51.	3 »	vert	» 15	» 05
52.	5 »	rose	» 25	» 05
53.	10 »	bleu	» 50	» 05
54.	15 »	brun	» 75	» 05
55.	25 »	violet	1f 25	» 15
56.	50 »	chair (*grand*).	2f 50	» 35

1867. *Mercure à gauche (pour imprimés).*

62.	violet	» 25	» 10
63.	violet brun	» 10	» 05

1880. *Même genre.*

107.	½ kr. vert pâle. . .	» 10	» 10

1883. *Aigle, chiffre et inscriptions noires, dentelés.*

108.	2 kr. bistre	» 15	» 05

Nᵒˢ			Neufs.	Oblitérés.
109.	3 »	vert.	» 15	» 05
110.	5 »	rose.	» 25	» 05
111.	10 »	bleu.	» 50	» 05
112.	20 »	gris.	1ᶠ »	» 10
113.	50 »	lilas.	2ᶠ »	» 35

1890. *Effigie à gauche (François-Joseph Iᵉʳ), valeur en surcharge noire, dentelés.*

138.	1 kreuzer	gris noir .	» 10	» 05
139.	2 »	brun . . .	» 10	» 05
140.	3 »	vert . . .	» 15	» 05
141.	5 »	rose . . .	» 20	» 05
142.	10 »	bleu . . .	» 40	» 05
143.	12 »	carmin . .	» 50	» 20
144.	15 »	lilas . . .	» 60	» 10
145.	20 »	vert olive.	1ᶠ »	» 20
146.	24 »	bleu clair.	1ᶠ 25	» 50
147.	30 »	brun . . .	1ᶠ 50	» 25
148.	50 »	violet. . .	2ᶠ 50	» 60

1890. *Même genre, effigie à droite, dentelés.*

149.	1 gulden bleu foncé.	4ᶠ »	» 25
150.	2 » carmin . .	7ᶠ »	» 50

1891. *Même genre, effigie à gauche, dans un octogone, dentelés.*

173.	20 kreuzer vert gris .	» 75	» 10
174.	24 » gris bleu .	1ᶠ »	» 25

Nᵒˢ			Neufs.	Oblitérés.
175.	30 kreuzer brun . . .	1ᶠ 25	» 15
176.	50 » violet . .	2ᶠ »	» 20

Timbres-taxe fiscale pour journaux

1850. *Aigle.*

11.	2 kr.	vert	» »	» 75

1858. *Idem.*

12.	1 kr.	bleu	» 25	» 10
13.	2 »	brun	» 40	» 10
14.	4 »	brun	» »	» »

1890-91. *Même genre.*

151.	1 kreuzer rouge. . .	» 10	» 10
177.	2 » vert . . .	» »	» 10
178.	25 » rouge . .	» »	» »

Timbres-télégraphe

1873. *Effigie à droite, lithographiés, dentelés.*

76.	5 kr.	brun	1ᶠ »	» »
77.	20 »	bleu	2ᶠ 50	» »
77a.	25 »	noir	20ᶠ »	» »

N°°				Neufs.	Oblitérés.
78.	40 kr.	vert	3f50	» 75
79.	50 »	gris lilas . . .	» »	» »
80.	60 »	carmin. . . .	3f »	» »
81.	1 fl.	jaune	» »	» »
82.	2 »	violet . . .	» »	2f50

1874-76. *Idem, gravés, dentelés.*

83.	5 kr.	brun.	» »	» 25
84.	20 »	bleu	» »	» 20
85.	25 »	noir	» »	» 25
86.	40 »	vert	» »	» 15
87.	50 »	lilas pâle. . .	» »	» 10
88.	60 »	carmin. . .	» »	» 20
89.	1 fl.	jaune . .	» »	» 10
90.	2 »	violet	» »	» 15

La collect. de 8 timb. neufs 1f50 » »

1870. (Compagnie de **VIENNE**).
Armes, deux couleurs.

65.	10 kr.	rouge et gris.	» »	» »
66.	20 »	rouge et bleu.	» »	» »
67.	40 »	rouge et vert .	» »	» »
68.	80 »	rouge et lilas.	» »	» »
69.	1 fl.20 »	rouge et or .	» »	» »

BADE

GRAND-DUCHÉ

Europe Centre

1851. *Chiffre, noir sur couleur.*

1. **1 kr.** chamois . . . » » » »

N°°				Neufs.	Oblitérés.
2.	3 kr.	orange	» »	» 50
3.	3 »	jaune.	» »	» 15
4.	6 »	vert.	» »	» 25
5.	9 »	rose	4f »	» 15

1853. *Idem.*

6.	1 kr.	blanc.	» »	» 35
7.	3 »	vert	» »	» 15

1857. *Idem.*

8.	6 kr.	jaune. . . .	» »	» 15
9.	3 »	bleu	» »	» 20

1861. *Armes sur fond de couleur, dentelés.*

15.	1 kr.	noir	2f »	» 50
16.	3 »	bleu ciel . . .	1f50	» 50
17.	3 »	bleu terne . .	» »	» 50
18.	6 »	orange	2f »	1f »
19.	6 »	jaune. . . .	2f »	1f »
20.	9 »	rose	2f50	1f50

1862. *Idem.*

21.	6 kr.	bleu	2f »	1f »
22.	9 »	bistre. . . .	1f50	1f »

1862-64. *Idem, armes sur fond blanc, dentelés.*

23.	1 kr.	noir	» 30	» 20
24.	3 »	rose	» 35	» 10
25.	6 »	bleu	» 50	» 35
26.	9 »	bistre	1f »	» 50
27.	18 »	vert	12f »	12f »
28.	30 »	jaune.	1f50	12f »

1868. *Armes, grosses inscriptions, dentelés.*

35.	1 kr.	vert	» 25	» 15
36.	3 »	rose	» 25	» 10
37.	7 »	bleu	» 40	» 50

Timbres-taxe

1861. *Chiffre, noir sur couleur, dentelés.*

N°s			Neufs.	Oblitérés.
29.	1 kr.	jaune	» 10	» »
30.	3 »	jaune	» 10	» »
31.	12 »	jaune	» 25	» »

BAHAMAS

POSSESSION ANGLAISE

Amérique Centrale, Antilles

1859. *Effigie de trois quarts à gauche (Victoria I). non dentelé.*

1. 1 penny carminé . . 50ᶠ » » »

1859-61. *Idem, cadres divers, dentelés.*

2. 1 penny carminé . . » » » »
3. 4 pence rose . . . . » » » »
4. 6 » gris lilas . . » » » »

1862-63. *Idem.*

5. 1 penny carminé foncé 1ᶠ25 » »
6. 6 pence violet . . . . 3ᶠ » » 75

7. 1 shill. vert. *(profil)* 2ᶠ50 » 75

1875. *Idem.*

N°s		Neufs.	Oblitérés.
8.	1 penny rouge	» 75	» 50
9.	4 pence lilacé	2ᶠ »	1ᶠ25

1883. *Timbre de 1863, avec* FOUR PENCE *en surcharge noire.*

12. 4 p. sur 6 p. violet. . . » » » »

1884-90. *Effigie de profil à gauche, dentelés.*

14.	1 penny rose	» 25	» 20
19.	2½ pence bleu ciel . .	» 60	» 50
15.	4 » jaune . . .	1ᶠ »	» 50
21.	6 » lilas . . .	1ᶠ50	» »
16.	5 shill. vert olive .	12ᶠ »	» »
17.	1 pound brun rouge .	40ᶠ »	7ᶠ »

BAMRA

ÉTAT INDIEN

Asie, Sud.

1890. *Inscriptions européennes et orientales, noir sur couleur.*

1.	¼ anna jaune . . .	» » » »
2.	½ » rose . . .	» » » »
3.	1 » bleu foncé .	» » » »
4.	2 » vert . . .	» » » »
5.	4 » jaune . . .	» » » »
6.	8 » rose . . .	» » » »

1890. *Même genre, carrés, noir sur couleur.*

7. ¼ anna lilas . . . . . » 15 » »

Nᵒˢ				Neufs.	Oblitérés.
8.	½ anna	vert	. . . .	» 25	» »
9.	1 »	jaune	. . . .	» 50	» »
10.	2 »	lilas	. . . .	» 75	» »
11.	4 »	rose	. . . .	1ᶠ 25	» »
12.	8 »	lilas	. . .	2ᶠ 50	» »
13	1 rupee	lilas	. . . .	5ᶠ »	» »

LA BARBADE

POSSESSION ANGLAISE

Amérique Centrale, Antilles

1852. *Déesse assise, papier bleui.*

1.	vert	. . . .	»	ʳ	» »
2.	bleu	. . . .	20ᶠ	»	» »
3.	brun rouge	. . . . .	25ᶠ »	8ᶠ »

Idem sur blanc.

4.	vert	. . . .	»	»	» »
5.	bleu	. . . .	»	»	1ᶠ »
6.	carmin	. . . .	»	»	» »

1859. *Idem,* BARBADOS *en haut, valeur en bas.*

7.	6 pence	carmin	. .	» »	6ᶠ »
8.	1 shill.	violet noir.	» »	6ᶠ »

1861. *Type 1852, dentelés.*

9.	vert	. . . .	1ᶠ »	» 50
10.	vert foncé	. . . . .	1ᶠ 25	» 75
11.	bleu	. . . .	» 50	» 25
12.	carmin	. . . .	» »	1ᶠ 50
13.	rouge	. . . .	» »	1ᶠ 50

1861. *Type 1859, dentelés.*

14.	6 pence	carmin	. .	» »	1ᶠ 50
15.	6 »	rouge	. . .	7ᶠ »	1ᶠ »
16.	1 shill.	brun noir	.	8ᶠ »	1ᶠ 25

1873. *Même genre, grand, dentelé.*

Nᵒˢ			Neufs.	Oblitérés.
17.	5 shill. rosé	. . .	» »	» »

1873-74. *Type 1859, dentelés.*

18.	½ penny	vert foncé.	» 50	» »
19.	1 »	bleu foncé.	» 60	» 35
20.	3 pence	lie de vin.	» »	» »

1875-78. *Idem, dentelés.*

21.	½ penny	vert jaune.	» 35	» 20
22.	1 »	bleu ciel. .	» 35	» 20
23.	4 pence	rouge . . .	2ᶠ »	1ᶠ »
24.	6 »	jaune foncé	3ᶠ »	» 60
25.	1 shill.	violet vif. .	5ᶠ »	1ᶠ »
26.	3 pence	violet (1878)	» »	» »

1878. *Timbre formé de la moitié d'un timbre de 5 sh. coupé en hauteur et surchargé Iᵈ en noir, dentelé.*

27.	1 p. sur 5 sh. rosé .	» »	» »

1882. *Effigie à gauche (Victoria I), dentelés.*

29.	½ penny vert.	. . . . .	» 20	» 10
30.	1 » rose.	. . . . .	» 35	» 10
31.	2½ pence bleu.	. . . . .	» 75	» 25
39.	4 » gris.	. . . . .	» »	» 50

1884-87. *Idem.*

40.	3 pence violet	. . . .	1ᶠ 50	» »
41.	4 » brun	. . . .	1ᶠ 50	» 35
43.	6 » brun verdâtre	2ᶠ »	» »
44.	1 shill. orange	. . . .	3ᶠ 50	» »
45.	5 » bistre.	. . . .	15ᶠ »	» »

1892. *Idem avec valeur en surcharge noire.*

47.	½ p. sur 4 p. brun . .	1ᶠ 25	» »

1892. *Armes (déesse sur un char traîné par deux chevaux marins), dentelés.*

N°s			Neufs.	Oblitérés.
48.	½ penny	vert	» 15	» »
49.	1 »	carmin . . .	» 25	» »
50.	2½ pence	bleu	» 60	» »
51.	5 »	olive	1f 25	» »
52.	6 »	violet et car.	1f 50	» »
53.	8 »	orange et bl.	2f »	» »
54.	10 »	vert et carm.	2f 50	» »
55.	2 sh. 6 p.	noir et orang.	6f »	» »

BAVIÈRE

ROYAUME

Europe Centre

1849. *Chiffre dans un carré.*

1. 1 kr. noir. . . . . . . » » » »

1849-58. *Même genre, chiffre dans un rond.*

2.	1 kr.	rose.	1f 50	» 35
3.	3 »	bleu.	1f 50	» 05
4.	6 »	brun	1f 50	» 10
5.	9 »	vert.	2f 50	» 15
6.	12 »	rouge	4f »	2f 50
7.	18 »	jaune	5f »	3f »

1861-62. *Idem.*

9.	1 kr.	jaune	» 75	» 25
10.	3 »	rose.	» 75	» 05
11.	6 »	bleu.	» 75	» 10
12.	9 »	bistre	2f 50	» 20
13.	12 »	vert.	3f 50	1f 25
14.	18 »	rouge	4f »	2f 50

1867. *Armes, relief et couleur.*

N°s			Neufs.	Oblitérés.
18.	1 kr.	vert	» 60	» »
19.	1 »	vert clair . . .	» 50	» 20
20.	3 »	rose.	» 75	» 05
21.	6 »	bleu.	4f »	» 60
22.	9 »	bistre . . .	5f »	1f 50
23.	12 »	violet . . .	6f »	2f 50
24.	18 »	rouge	5f »	3f »

1868. *Idem.*

25.	6 kr.	brun	2f 50	» 50
26.	7 »	bleu	2f 50	» 50

1870-73. *Idem, dentelés.*

43.	1 kr.	vert.	» 15	» 10
44.	3 »	rose.	» 25	» 05
45.	6 »	bistre	» 50	» 35
46.	7 »	bleu.	» 25	» 10
49.	9 »	brun.	» 25	» 15
50.	10 »	jaune	» 25	» 25
47.	12 »	violet	» »	» »
48.	18 »	vermillon . . .	» 50	» 35

1874-75. *Genre 1867, plus grand armes, relief et couleur.*

68.	1 mark	violet	» »	1f 25
69.	1 »	violet, *dentelé.*	2f 50	» 35

1876. *Genre 1867, dentelés.*

74.	3 pf.	vert	» 15	» 05

Nos		Neufs.	Oblitérés.
75.	5 pf. vert bleu	» 35	» 10
76.	10 » rose	» 25	» 05
77.	20 » bleu	» 50	» 05
78.	25 » bistre	1f »	» 10
79.	50 » vermillon. . .	» »	» 25
80.	2 mark rouge	5f »	» 35

1879. *Idem, dentelés.*

101.	5 pf. violet	» 25	» 05
102.	50 » bistre	2f »	» 20

1890. *Idem, dentelés.*

118.	3 pfennig brun . .	» 15	» 05
119.	5 » vert . . .	» 15	» 05
120.	25 » orange. .	» 60	» 15
121.	50 » carminé .	1f 25	» 15

Timbres-taxe

1862. *Chiffre.*

8. 3 kr. noir . . . . . 4f » » »

1870. *Même genre, dentelés.*

51. 1 kr. noir . . . . . » 25 » »
52. 3 » noir. . . . . . » 35 » »

1876. *Timbres-poste de 1876 avec « Vom Empfanger zahlbar » en surcharge rose.*

83. 3 pf. gris . . . . . . » 10 » »

Nos		Neufs.	Oblitérés.
84.	5 pf. gris	» 15	» »
85.	10 » gris	» 25	» 15

Timbres de retour

1865. *Armes.*

15. Augsburg noir . . . » 15 » »
16. Bamberg noir . . . » 15 » »
17. Wurzburg noir . . » 15 » »

27. Nurnberg noir. . . . » 15 » »
28. Munchen noir. . . . » 15 » »
29. Speyer noir. . . . » 15 » »

1869. *Composition typographique, Kgl. Oberpostamt, oblong.*

39. Regensburg noir . . » 15 » »

1870. *Même genre, plus petits.*

40. Augsburg noir. . . » 15 » »

Nᵒˢ		Neufs.	Oblitérés.

41. Nurnberg noir. . . » » » »
42. Regensburg noir. . . » 15 » »

1872. *Idem, grands, avec* Kgl. Ober-amt.

58. Bamberg noir. . . » 15 » »
59. Munchen noir. . . » » » »
60. Nurnberg noir. . . » 15 » »
61. Regensburg noir. . . » » » »
62. Wurzburg noir. . . » 15 » »

1878-82. *Idem,* retourbrief *en go-thique.*

100. Nurnberg noir. . . . » 15 » »
114. Munchen noir. . . . » 15 » »

Timbres-télégraphe

1870. *Armes, relief et couleur, den-telés.*

31. ½ sgr. noir. . . . . » » » »
32. 1 » noir . . . . » » » »
33. 7 kr. 25 c. violet . . » » » »
34. 14 » 50 » bleu . . » » » »
35. 28 » 1 fr. vert. . . » » » »
36. 1 fl. 24 kr., 3 fr. orange » » » »
37. 4 fl. 40 kr., 10 fr. carmin » » » »
38. 23 fl. 50 kr., 50 fr. gris. . » » » »

1876. *Idem.*

86. 10 pf. bleu clair . . » 25 » »
87. 20 » violet . . . . » 25 » »
88. 25 » carmin . . . » 25 » »
89. 40 » bleu. . . . . » 25 » »
90. 80 » vert . . . . . » 25 » »
91. 1 mark jaune . . . . » 50 » »
92. 2 » bistre . . . . » 75 » »
93. 4 » rouge . . . . » 75 » »
94. 10 » argent . . . . 10ᶠ » » »
95. 20 » or. . . . . . 3ᶠ » » »
La col. des 10 timbres-télég. 12ᶠ » » »

BÉCHUANALAND BRITANNIQUE

Afrique Sud

1886. *Timbres du Cap de Bonne-Espérance avec* British Bechuanaland *en surcharge.*

Nᵒˢ		Neufs.	Oblitérés.

1. ½ p. gris *surch. rouge* » » » »
11. ½ » gris *surch. noire* ou verte. . . . » 35 » »
2. 1 » carmin. . . . . . 1ᶠ » » »
3. 2 » bistre . . . . . . 1ᶠ » » »
4. 3 » carminé . . . . 1ᶠ 25 » »
5. 4 » bleu. . . . . . . 2ᶠ 50 » »
6. 6 » violet 2ᶠ 50 1ᶠ 50
7. 1 sh. vert. . . . . . . 3ᶠ 50 » »

1887. *Timbre de la Grande-Bretagne de 1887 avec* BRITISH BECHUANALAND *en surcharge noire.*

25. ½ penny rouge brun . » 25 » 20

1887. *Effigie à gauche (Victoria 1), inscriptions en noir, types divers, dentelés.*

15. 1 penny lilas. . . . . » 50 » 35
16. 2 pence lilas. . . . . » 75 » 35
17. 3 » lilas. . . . . 1ᶠ 50 » »
18. 4 » lilas. . . . . 2ᶠ » » »
19. 6 » lilas. . . . . 3ᶠ » » 50

20. 1 shill. vert. . . . . 4ᶠ » 1ᶠ 50
21. 2 » vert. . . . . 6ᶠ » 2ᶠ 50

N°°		Neufs.	Oblitérés.
22.	2 s. 6 p. vert.	» »	3ᶠ »
23.	5 shill. vert.	» »	5ᶠ »
24.	10 » vert.	» »	» »

1887. *Même genre, très grands, inscriptions en noir, dentelés.*

30.	1 pound lilas	» »	» »
31.	5 » lilas	» »	» »

1888. *Timbres de 1887 avec chiffre en surcharge noire ou rouge.*

32.	1 d. sur 1 p. lilas . . .	» 50	» »
33.	2 » sur 2 » lilas . . .	» 75	» »
35.	4 » sur 4 » lilas . . .	» »	» »
36.	6 » sur 6 » lilas . . .	2ᶠ50	1ᶠ25
37.	1 s. sur 1 s. vert. . . .	4ᶠ »	1ᶠ »

1889. *Idem, avec* One Half Penny *en surcharge noire.*

38.	½ p. sur 3 p lilas. . .	» »	» »

1892. *Timbres de Grande-Bretagne avec* BRITISH BECHUANALAND *en surcharge noire.*

44.	1 penny violet. . . .	» 40	» 20
45.	2 pence vert et rouge	» 75	» 25
46.	4 » vert et brun.	1ᶠ50	» »
47.	6 » brun s. rouge	2ᶠ »	» »

PROTECTORAT ANGLAIS

Timbres employés pour les correspondances entre **Wryburg** et les villes de **Kanya, Molepolole, Shoshong, Gubuluways,** etc.

1888. *Timbres du Béchuanaland avec* Protectorate *en surcharge noire, les timbres 1 à 6 p. ont en plus la valeur en chiffre en surcharge.*

1.	½ penny rouge brun. .	» 20	» »
2.	1 » lilas	» 35	» »

N°°		Neufs.	Oblitérés.
3.	2 pence lilas	» 75	» »
4.	3 » lilas	» »	» »
5.	4 » lilas	» »	» »
6.	6 » lilas	» »	» »
7.	1 shill. vert	» »	» »
8.	2 » vert	» »	» »
9.	2 s. 6 p. vert	» »	» »
10.	5 shill. vert	» »	» »
11.	10 » vert	» »	» »

1889. *Timbre du Cap de Bonne-Espérance avec* Bechuanaland Protectorate *en surcharge verte.*

13.	½ penny gris noir. . .	» 50	» »

1889. *Timbre de la Grande-Bretagne avec* Protectorate *et valeur en surcharge noire.*

14.	4 p. sur ½ p. rouge. .	2ᶠ50	» »

BELGIQUE

ROYAUME

Europe Centre, Occident

1849. *Effigie de face (Léopold I), sans cadre.*

1.	10 cent. brun noir. .	15ᶠ »	» 50
2.	20 » bleu.	15ᶠ »	» 25

1850-61. *Idem, dans un cadre ovale.*

3.	1 cent. vert	1ᶠ50	» 75
4.	10 » brun	2ᶠ50	» 05
5.	20 » bleu	2ᶠ50	» 05
6.	40 » rouge . . .	3ᶠ »	» 20

1863. *Idem, dentelés.*

Nᵒˢ			Neufs.	Oblitérés.
7.	1 cent.	vert	» 50	» »
8.	1 »	vert clair . .	» »	» »
9.	10 »	brun	» 75	» 05
10.	20 »	bleu.	1ᶠ »	» 05
11.	40 »	rouge carmin	1ᶠ50	» 15

1865. *Effigie à gauche, cadres divers.*
dentelés.

12.	10 cent.	gris	» 50	» 05
13.	20 »	bleu.	» 75	» 05
14.	20 »	bleu ciel . .	1ᶠ »	» 10
15.	30 »	brun	1ᶠ50	» 15
16.	40 »	rose . . .	1ᶠ75	» 20
17.	1 franc	violet	3ᶠ50	1ᶠ75

1866. *Lion, dentelés.*

21.	1 cent.	gris	» 35	» 15
22.	2 »	bleu.	1ᶠ »	» »
23.	2 »	bleu ciel. . . .	» »	» »
24.	5 »	brun	» 75	» »
25.	1 »	gris *non dentelé*	» »	2ᶠ50

1869-70. *Chiffre, armes, lion, den-*
telés.

31.	1 cent.	vert	» 05	» 05
32.	2 »	bleu.	» 10	» 05
33.	5 »	orange . . .	» 15	» 05
34.	8 »	violet. . . .	» 75	» 35

1869-70. *Effigie à gauche (Léo-*
pold II), cadres divers, dentelés.

Nᵒˢ			Neufs.	Oblitérés.
26.	10 cent.	vert.	» 20	» 05
27.	20 »	bleu.	» 50	» 05
28.	30 »	orange . . .	» 75	» 10
29.	40 »	rose.	1ᶠ »	» 20
30.	1 franc	violet	2ᶠ »	» 25

1875-78. *Même genre.*

46.	25 cent.	jaunâtre. . .	» 50	» 05
47.	50 »	gris.	1ᶠ »	» 10
48.	5 francs	rouge brun .	» »	» »

1883-84. *Type 1869 (chiffre).*

65.	1 cent.	vert gris. . . .	» 25	» 15
66.	1 »	gris.	» 05	» 05
73.	5 »	vert.	» 10	» 05

1883. *Effigie à gauche, cadres divers,*
dentelés.

67.	10 cent.	rose	» 50	» 15
68.	20 »	gris bleu . . .	» 50	» 10
69.	25 »	bleu	» 75	» 20
70.	50 »	violet.	1ᶠ50	» 50

1884-86. *Même effigie plus petite papier teinté, dentelés.*

N⁰ˢ		Neufs.	Oblitérés.
71.	10 c. rose sur azuré . .	» 20	» 05
75.	20 » gris vert.	» 40	» 15

| 74. | 25 c. bleu sur rose . . | » 40 | » 05 |
| 76. | 50 » jaune bistre . . | 1f » | » 10 |

| 72. | 1 fr. rouge sur vert. . | 2f » | » 20 |
| 77. | 2 » violet clair. . . . | 3f50 | » 60 |

1889. *Type 1869 (chiffre), dentelé.*

| 86. | 2 centimes brun . . . . | » 05 | » 05 |

1891. *Genre 1884, inscriptions françaises et flamandes, dentelé.*

| 89. | 35 cent. brun violet . . | 1f » | » 35 |

1893. *Timbres dominicaux, armes du 1 au 5 c., type du 35 c. de 1891 pour les autres valeurs; en bas, une manchette dentelée portant des inscriptions: dentelés.*

N⁰ˢ		Neufs.	Oblitérés
95.	1 cent. gris	» 05	» »
96.	2 » jaune	» 10	» »
97.	5 » vert.	» 10	» »
98.	10 » rouge	» 20	» »
99.	20 » gris vert. . .	» 40	» »
100.	25 » bleu.	» 50	» »
101.	35 » brun violet .	» 70	» »
102.	50 » bistre. . . .	1f »	» »
103.	1 franc carmin s. vert	1f75	» »
104.	2 » violet	3f50	» »

Timbres-taxe

1870. *Chiffre, attributs, dentelés.*

| 39. | 10 cent. vert. . . . . | » 25 | » » |
| 40. | 20 » bleu. . . . . | » 50 | » 35 |

Timbres-télégraphe

1866. *Effigie à gauche (Léopold I), cadres divers, dentelés.*

| 18. | 50 cent. gris . . . . . | 8f » | » » |
| 20. | 1 franc vert . . . . . | » » | » » |

1871-88. *Effigie à gauche (Léopold II), dentelés.*

N⁰ˢ			Neufs.	Oblitérés.
49. 10 cent.	violet. . . .	» 25	» »	
35. 25 »	vert.	» 50	» 35	
36. 50 »	bistre. . . .	1ᶠ »	» 50	
37. 1 franc	rose.	2ᶠ »	» 50	
38. 5 »	bleu.	10ᶠ »	2ᶠ »	
80. 60 cent.	olive *1888*. .	1ᶠ25	» 50	

1879. *Même genre, chiffre, dentelé.*

57. 5 cent. gris . . . . . » 15 » 10

1889. *Effigie à gauche, rectangu aire grand, dentelé.*

87. 25 francs rouge et vert 35ᶠ » 5ᶠ »

Ce timbre est annulé d'un trou à l'em-porte-pièce.

1891. *Type 1879, dentelé.*

90. 5 cent. rouge brun . » 15 » »

Timbres-téléphone

1891. *Effigie à gauche de Léopold II sur le timbre, reçu avec armes et inscriptions, dentelés.*

N⁰ˢ			Neufs.		Oblitérés.	
91. 25 cent.	violet et noir	»	»	»	»	
92. 50 »	vert clair et noir. . . .	»	»	»	»	
93. 1 franc	bleu et carmin	»	»	»	»	
94. 3 »	carmin et bleu	»	»	»	»	

BÉNIN

COLONIE FRANÇAISE

Afrique Occident

1892. *Timbres des Colonies françaises avec* BÉNIN *en surcharge noire.*

1. 5 cent.	vert	» »	1ᶠ50
2. 10 »	noir sur violet	2ᶠ50	» »
3. 15 »	bleu	3ᶠ »	» »
4. 25 »	noir sur rose.	» »	» »

Ont été vues plus tard, avec cette même surcharge, les valeurs 30, 35, 40, 75 cent. et 1 franc. — ?

1892. *Idem, avec valeur en surcharge rouge ou noire.*

5. 1 sur 5 c.	vert . . .	» »	» »
6. 40 sur 15 c.	bleu . . .	» »	8ᶠ »
7. 75 sur 15 c.	bleu	» »	» »

1893. *Groupe allégorique (Naviga-tion et Commerce)*, GOLFE DE BÉNIN *en rose ou en bleu, dentelés.*

Nᵒˢ				Neufs.	Oblitérés.
10.	1 cent.	noir s. bleu. .	» 05	»	»
11.	2 »	brun s. rouge.	» 05	»	»
12.	4 »	violet brun . .	» 10	»	»
13.	5 »	vert	» 10	»	»
14.	10 »	noir sur violet.	» 20	»	»
15.	15 »	bleu	» 30	»	»
16.	20 »	bistre s. vert.	» 35	»	»
17.	25 »	noir sur rose.	» 40	»	»
18.	30 »	brun. . . .	» 50	»	»
19.	40 »	rouge	» 60	»	»
20.	50 »	rose	» 75	»	»
21.	75 »	rose sur jaune.	1ᶠ 25	»	»
22.	1 franc olive. . . .		1ᶠ 50	»	»
La collection des 13 timbres.			6ᶠ »	»	»

BERGEDORF

Ville dépendant de

LUBECK et de HAMBOURG

Europe Centre

1861. *Armes (aigle et tour), dimen-sion grandissant avec la valeur.*

1.	½ sch.	noir sur violet	*5ᶠ	»	»
2.	3 »	noir sur rose .	*5ᶠ	»	»

1861. *Idem.*

3.	½ sch.	noir sur bleu.	» 50	»	»
4.	1 »	noir sur blanc	» 50	»	»
5.	1 ½ »	noir sur jaune	» 50	»	»
6.	3 »	bleu sur rose	» 50	»	»
7.	4 »	noir sur fauve	» 50	»	»
La collection de 5 timbres réimprimés.			*» 50	»	»

  * Les timbres marqués d'un astérisque sont réimprimés.

BERMUDES

POSSESSION ANGLAISE

Amérique du Nord, Orient

1865. *Effigie à gauche (Victoria I), dentelés.*

Nᵒˢ			Neufs.	Oblitérés.
1.	1 penny carmin . . .		» 25	» 15
2.	2 pence bleu		» 50	» »

3.	6 pence violet. . . .	1ᶠ 50	»	»
4.	1 shill. vert	2ᶠ 50	»	»

1873-74. *Timbres en cours avec* THREE PENCE *en surcharge noire.*

5.	3 p. noir sur divers. .	»	»	», »

1873. *Genre de 1865, dentelé.*

7.	3 pence jaune	2ᶠ 50	»	»

1875. *Timbres en cours avec* ONE PENNY *en surcharge noire.*

8.	1 p. noir sur divers. .	»	»	»	»

1880-86. *Effigie à gauche, types divers, dentelés.*

10.	½ penny bistre. . . .	» 25	»	»
15.	2 ½ pence bleu	» 60	» 25
17.	3 » gris bleu . .	» 75	» »
11.	4 » orange . . .	1ᶠ »	» 35

1891-93. *Types antérieurs, dentelés.*

19.	½ penny vert	» 15	»	»
24.	2 pence violet brun .	» 50	»	»
25.	1 shill. brun.	2ᶠ 50	»	»

BHOPAL

Asie Sud

1877. *Caractères orientaux en relief, cadre couleur, valeur en bas dans deux cartouches.*

Nos			Neufs.	Oblitérés.
1. ¼ anna noir	. . . .	» 75	»	»
2 ½ » rouge	. . .	2f »	»	»

1878-79. *Même genre, plus petits, caractères en relief et caractères en couleur au centre.*

4. ¼ anna vert	. . . .	» 60	»	·
3. ½ » rouge	. . .	» »	»	»

1880. *Idem, dentelés.*

5. ¼ anna vert	. . . .	» 75	»	»
6. ½ » rouge	. . .	» »	»	»

1881. *Genre 1871, grand, valeur inscrite en bas dans un seul cartouche.*

7. ¼ anna noir	. . . .	» 35	»	»
8. ½ » rouge	. . . .	» 50	»	»
9. 1 » brun	. . .	» 75	»	»
10. 2 » bleu	. . . .	1f 25	»	»
11. 4 » orange	. . .	2f 25	»	»

1884. *Genre 1878,* B L C I *dans les angles, dentelés.*

Nos			Neufs.	Oblitérés
12. ¼ anna vert	. . . . .	» 20	»	»
13. ½ » noir	. . . . .	» 50	»	»

1886. *Idem, non dentelés.*

14. ¼ anna vert	. . . . .	» 25	»	»
15. ½ » rouge	. . . .	» 35	»	»

1886. *Type 1881, grand, refait.*

16. ½ a. rouge *non dentelé.*	» 50	»	»
17. 4 » jaune *dentelé large*	2f 25	»	»

1890. *Genre 1884, branches de laurier, dentelés.*

21. 8 annas bleu foncé.	.	»	»	»	»

BHORE

Asie Sud

1879. *Inscriptions orientales; couleur sur blanc.*

1. ½ a. carmin *ovale*	.	» 35	»	»
2. 1 » carmin *rectang.*	.	» 60	»	»

1880. *Même genre, carrés, noir sur couleur.*

N^{os}			Neufs.	Oblitérés.

3.	2 annas	violet. . . .	» »	» »
4.	4 »	rose	» »	» »
5.	8 »	vert	» »	» »
6.	1 rupee	jaune. . . .	» »	» »

BIKANIR

ÉTAT INDIEN

Asie Sud

1880. *Inscriptions européennes et orientales, types divers.*

| 1. | ¼ anna | noir . . . . | » » | » » |
| 2. | ½ » | rouge . . . | » » | » » |

BOLIVIE

RÉPUBLIQUE

Amérique du Sud, Centre

1867. *Aigle.*

| 1. | 5 centav. | vert. . . . | » 50 | » » |
| 2. | 50 » | jaune. . . . | 3f » | » » |

N^{os}				Neufs.	Oblitérés.
3.	100 centav.	bleu . . .	6f »	12f »
4.	5 »	violet. . .	» »	» »
5.	10 »	brun . . .	50f »	» »
6.	50 »	bleu . . .	» »	» »
7.	100 »	vert . . .	» »	» »

1868. *Armes, neuf étoiles, dentelés.*

8.	5 centav.	vert . . .	1f »	» 60
9.	10 »	rouge . .	1f50	» »
10.	50 »	bleu . .	2f50	» »
11.	100 »	orange. .	10f »	» »
12.	500 »	noir. . . .	» »	» »

1869. *Idem, onze étoiles, dentelés.*

13.	5 centav.	vert . . .	1f »	» 50
14.	10 »	rouge . .	1f25	» 75
15.	50 »	bleu . . .	» »	» »
16.	100 »	orange. .	3f »	» »
17.	500 »	noir . . .	» »	» »

1878. *Armes, livre, dentelés.*

18.	5 centav.	bleu . . .	» »	» 35
19.	10 »	orange .	» »	» 20
20.	20 »	vert . . .	» »	» 40
21.	50 »	carmin . .	» »	1f50

1887. *Type 1871, onze étoiles, dentelés.*

22.	1 centavo	rose	» 20	» 15
23.	2 »	violet. . . .	» 30	» 20
24.	5 »	bleu	» 60	» 15
25.	10 »	orange. . .	1f25	» 20

1891. *Type 1868, neuf étoiles, dentelés.*

Nᵒˢ				Neufs.	Oblitérés.
30.	1 centavo	carmin .	» 15	» 15
31.	2 »	violet . .	» 25	» 20
32.	5 »	bleu . . .	» 50	» 15
33.	10 »	orange . .	1ᶠ »	» 25
34.	20 »	vert . . .	2ᶠ »	» 75
35.	50 »	rouge . .	5ᶠ »	» »
35a.	100 »	jaune . .	» »	3ᶠ »

1893. *Timbres provisoires, neuf ou onze étoiles, lithographiés, dentelés.*

48.	1 cent.	carmin . . .	» 30	» »
49.	2 »	lilas.	» 50	» »
50.	5 »	bleu.	1ᶠ »	» 35
51.	10 »	orange . . .	1ᶠ 50	» 35
52.	20 »	vert.	3ᶠ »	» 75

1893. *Timbres fiscaux (Justice), avec* PROVISORIO *et millésime en surcharge rouge (servant provisoirement comme timbres-poste).*

53.	1 cent.	bleu.	» »	» »
54.	5 »	bleu.	» »	» »

BORNÉO

(Cⁱᵉ **Anglaise du Nord de :**)

Océanie Malaisie

1883-86. *Armoiries, dentelés.*

1.	½ cent	rose violet .	» »	» »
2.	1 »	orange	» »	» »

Nᵒˢ				Neufs.	Oblitérés.
3.	2 cent.	brun	» 50	» »
4.	4 »	rose. .	» 75	» »
5.	8 »	vert.	1ᶠ 25	» »
6.	10 »	bleu	3ᶠ »	» »

Même genre, grands, dentelés.

7.	50 cents	violet.	» »	3ᶠ 50
8.	1 dollar	rouge.	» »	3ᶠ 50

1883-86. *Timbres de 1883 avec surcharge noire.*

9.	8 c. sur 2 c. brun . .	» »	» »
9a.	EIGHT C. S. 2 c. brun .	» »	» »
10.	3 c. sur 4 rose. . . .	» »	» »
11.	5 » sur 8 vert. . . .	» »	» »

1886. *Idem, avec surcharge* and Revenue *en noir.*

12.	½ cent rose violet . . .	2ᶠ 50	» »
13.	10 » bleu.	» »	» »

POSSESSION ANGLAISE

1886. *Mêmes types sauf l'inscription qui est :* BRITISH NORTH BORNEO. *Petits :*

14.	½ cent	rose violet . .	» 25	» »
15.	1 »	orange	» 25	» »
16.	2 »	brun	» 35	» »
17.	4 »	rose	» 60	» »
18.	8 »	vert	1ᶠ »	» »
19.	10 »	bleu	1ᶠ 25	» »

Idem, grands.

20.	25 cents	gris bleu . .	2ᶠ 50	» »
21.	50 »	violet foncé .	5ᶠ »	» »
22.	1 dollar	rouge	10ᶠ »	» »
23.	2 »	vert olive . .	20ᶠ »	» »
	La série des 4 timbres. .	» »	7ᶠ »

1887-90. *Idem, avec inscription* POSTAGE & REVENUE, *dentelés.*

Nos				Neufs.	Oblitérés.
37.	½	cent	rose	» 20	» »
38.	1	»	orange. . . .	» 15	» »
28.	2	»	brunr ouge. .	» 25	» »
26.	3	»	violet	» 40	» »
39.	4	»	carmin. . . .	» 50	» »
27.	5	»	gris	» 60	» »
29.	8	»	vert	1f »	» »
30.	10	»	bleu.	1f »	» »

1889. *Idem, très grands, dentelés.*

31.	5 dollars violet. . . .	30f »	» »
32.	10 » brun	60f »	» »
	La série des 2 timbres. .	» » 25f	»

1890. *Idem, avec valeur en surcharge rouge.*

40.	2 c. sur 25 c. bleu gris.	» »	» »
41.	8 » sur 25 c. bleu gris.	» »	» »

1891-93. *Timbres antérieurs avec valeur en surcharge rouge ou noire.*

43.	1 c. sur 4 ou 5 c. . .	» 35	» »
42.	6 » sur 8 ou 10 c. . .	» »	1f50

1892. *Idem sans surcharge.*

45.	6 cents rose.	» 60	» 40

1894. *Type divers.*

Nos				Neufs.	Oblitérés.
48.	1 c.	bistre et noir *guerrier dyak*		» 15	» »

49.	2 c.	carmin et noir *tête de cerf*. .	» 25	» »
50.	3 »	violet vif et vert jaune *palmier*.	» 30	» »

51.	5 c.	vermillon et noir *faisan argus*.	» 50	» »
52.	6 »	bistre vert et noir *armoiries*	» 60	» »

53.	8 c.	violet foncé et noir *bateaux*.	» 80	» »
54.	12 »	bleu ciel et noir *crocodile*. . .	1f25	» »

55.	18 c.	vert et noir *paysage*. . . .	1f75	» »

Nᵒˢ   Neufs. Oblitérés.

56. 24 c. brun rouge et
        · bleu *armoiries*   2ᶠ 25   »   »

BOSNIE ET HERZÉGOVINE

Europe Sud, Orient

1879. *Armes, dentelés.*

1.	1	»	violet gris. .	» 10	»	»
2.	2	»	jaune	» 15	»	10
3.	3	»	vert.	» 20	»	15
4.	5	»	rose.	» 35	»	10
5.	10	»	bleu.	» 50	»	10
6.	15	»	brun	» 75	»	25
7.	25	»	violet	1ᶠ 25	»	50

1893. *Idem.*

15. 20 kr. vert jaune.   .   1ᶠ   »   »   »

BRÊME

VILLE LIBRE

Europe Centre

1855. *Armes ·(clef), chiffres, types divers.*

1. 3 grote noir sur bleu.   »   »   »   »
2. 5   »   noir sur rose.   6ᶠ »   »   »

Nᵒˢ   Neufs. Oblitérés.

3. 7 grote noir sur jaune   »   »   »   »
4. 5 silbgr. vert sur blanc 7ᶠ »   »   »

1861-67. *Types 1855, dentelés.*

7.	2	gr.	orange sur blanc	12ᶠ	»	»	»
8.	3	»	noir sur bleu. .	10ᶠ	»	»	»
9.	5	»	noir sur rose. .	10ᶠ	»	»	»
10.	7	»	noir sur jaune .	»	»	»	»
11.	10	»	noir sur blanc .	»	»	»	»
12.	5	silb.	vert sur blanc .	»	»	»	»

BRÉSIL

EMPIRE

Amérique du Sud, Centre, Orient

1843. *Grands chiffres.*

1.	30	reis	noir	»	»	8ᶠ	»
2.	60	»	noir	10ᶠ	»	4ᶠ	»
3.	90	»	noir	»	»	»	»

1844-46. *Chiffres italiques.*

4.	10	reis	noir	1ᶠ 50	»	75
5.	30	»	noir	1ᶠ 50	»	75
6.	60	»	noir	1ᶠ 50	»	60
7.	90	»	noir	3ᶠ	»	2ᶠ	»
8.	180	»	noir	»	»	»	»
9.	300	»	noir	»	»	»	»
10.	600	»	noir	»	»	»	»

1850. *Petits chiffres droits.*

Nos			Neufs.	Oblitérés.
11.	10 reis noir . . .		1f 25	1f »
12.	20 » noir . . .		1f 50	» »
13.	30 » noir . . .		» 25	» 10
14.	60 » noir . . .		» 40	» 10
15.	90 » noir . . .		» 75	» 50
16.	180 » noir . . .		3f »	2f »
17.	300 » noir . . .		4f »	3f »
18.	600 » noir . . .		5f »	4f »

1854-61. *Idem.*

19.	10 reis bleu . . .		» 50	» 50
20.	30 » bleu . . .		» »	1f 25
21.	280 » rouge . . .		» »	4f »
22.	430 » jaune . . .		» »	6f »

1866. *Idem, dentelés.*

23.	10 reis noir . . .		» »	» »
24.	10 » bleu . . .		» »	» »
25.	20 » noir . . .		» »	» »
26.	30 » bleu . . .		» »	» »
27.	30 » noir . . .		» »	» »
28.	60 » noir . . .		2f 50	1f 50
29.	90 » noir . . .		» »	» »
30.	180 » noir . . .		» »	» »
31.	280 » rouge . . .		» »	» »
32.	300 » noir . . .		» »	» »
33.	430 » jaune . . .		» »	» »
34.	600 » noir . . .		» »	» »

1866. *Effigie de trois quarts ou à gauche (Don Pedro II), types divers, dentelés.*

35. 10 reis rouge . . . » 15 » 10

Nos			Neufs.	Oblitérés.
36.	20 reis violet . . .		» »	1f »
37.	20 » lie de vin .		» 25	» 15
38.	50 » bleu		» 35	» 15
39.	80 » violet . . .		» 50	» 20

40.	100 reis vert		» 75	» 05
41.	200 » noir		1f 25	» 15
42.	500 » jaune . . .		3f »	» 35

1878. *Même effigie, dentelés.*

55.	20 reis violet		» 25	» 10
58.	300 » vert et jaune.		2f »	» 35

1878-79. *Même effigie de trois quarts à droite, cadres divers, dentelés.*

54.	10 reis rouge . . .		»	» 05
59.	50 » bleu		» 35	» 15
60.	80 » carmin . . .		» 50	» 20
56.	100 » vert		» 75	» 05
61.	200 » noir		1f 25	» 15

Nos			Neufs.	Oblitérés.
57.	260 reis brun. . . .		1f75	» 50
62.	300 » bistre jaune		2f »	» 50
63.	700 » brun rouge.		6f »	» »
64.	1000 » violet . . .		6f »	1f »

1881-82. *Même effigie, types divers, dentelés.*

65.	10 reis noir.	» 15	» 10
66.	50 » bleu.	» 75	» 35
67.	100 » vert *1er type* .	1f »	» 25
67a.	100 » vert *2e type* .	» 60	» 10
68.	200 » carminé. . .	1f25	» 25

1883-84. *Même genre, dentelés.*

71.	100 reis violet clair . . .	» 75	» 15
72.	100 » violet clair *petit*.	» 60	» 05

73. 20 reis vert gris *chiffre* » 20 » 05

1885. *Mêmes genres, dentelés.*

87. 10 reis orange *effigie*. » 15 » 10

Nos			Neufs.	Oblitérés.
88.	50 reis bleu		» 35	» 25
89.	200 » rose		1f25	» 20

90. 100 r. violet pâle *chiffre* » 50 » 05

1887-88. *Types divers, petits, dentelés.*

93.	50 reis bleu ciel. . . .	» 35	» 10
91.	300 » bleu ciel. . . .	1f50	» 50

92. 500 reis gris vert. . . . 2f » » 75

96.	700 reis violet	4f »	2f50
94.	1000 » gris bleu. . .	4f »	1f »

1888. *Timbre nº 90 refait, chiffres de couleur sur fond blanc, dentelé.*

95. 100 reis violet pâle. . » 50 » 10

1889. *Inscriptions, chiffres, dentelés (pour imprimés).*

Nos				Neufs.	Oblitérés.
97.	10 reis	jaune	. . .	1f50	» »
98.	20 »	jaune	. . .	1f50	1f50
99.	50 »	jaune	. . .	1f	» 75
100.	100 »	jaune	. . .	1f25	» 75
101.	200 »	jaune	. . .	2f	» 75
102.	300 »	jaune	. . .	3f	1f25
103.	500 »	jaune	. . .	4f	» »
104.	700 »	jaune	. . .	6f	» »
105.	1000 »	jaune	. . .	7f50	» »

1889. *Idem.*

106.	10 reis	olive	. . . .	» 20	» 15
107.	20 »	vert jaune	. .	» 30	» 15
108.	50 »	orange	. . .	» 50	» 15
109.	100 »	violet	. . . .	» 75	» 35
110.	200 »	noir	. . . . .	1f50	» »
111.	300 »	rose	. . . .	2f	» »
112.	500 »	vert foncé	.	2f50	» »
113.	700 »	beul ciel	. .	3f50	» »
114.	1000 »	brun	. . . .	5f	» »

1890. *Croix du Sud, dentelés.*

140.	20 reis	vert clair	.	» 20	» 10
141.	50 »	olive	. . .	» 35	» 10
142.	100 »	lilas rose	.	1f »	» 10
143.	200 »	violet v.f.	.	1f25	» 15
144.	300 »	bleu foncé	.	1f50	» 25
145.	500 »	vert olive	.	2f »	» 50
146.	700 »	brun rouge	.	3f50	» »
147.	1000 »	jaune	. . .	4f »	1f »

1890. *Idem, type refait, dentelé.*

Nos			Neufs.	Oblitérés.
148.	100 reis lilas	. . . .	» 75	» 10

1890. *Inscriptions, dentelés (pour journaux).*

150.	10 reis	bleu clair	.	» 20	» 15
151.	20 »	vert clair	.	» 30	» 25
153.	100 »	lilas	. . . .	» 60	» 30

1890-93. *Croix du Sud, inscriptions, dentelé (pour journaux).*

159.	10 reis	bleu ciel	. . .	» 20	» 15
161.	20 »	vert clair	. . .	» 30	» 15
170.	50 »	vert clair	. . .	» 40	» »

1891. *Liberté à droite, dentelé.*

160.	100 reis rouge et bleu	» 50	» 15

1893. *Petite tête de Liberté laurée à gauche, dentelé.*

169.	100 reis rose	. . . . .	» 50	» 10

1894. *Types divers, dentelés.*

Nos			Neufs.		Oblitérés.	
175.	10 reis	rose et bleu .	»	»	»	»
176.	20 »	orange et bleu.	»	»	»	»
177.	50 »	bleu.	»	»	»	»
178.	100 »	rose et noir .	»	»	»	»
179.	200 »	orange et noir.	»	»	»	»

Timbres-taxe

1889. *Chiffre, inscriptions, dentelés.*

122.	10 reis	rose. . . .	» 25		» 20	
123.	20 »	rose. . . .	» 35		» 25	
124.	50 »	rose. . . .	» 50		» 35	
125.	100 »	rose. . . .	1f »		» 40	
126.	200 »	rose. . . .	1f50		» 75	
127.	300 »	rose. . . .	2f50		1f25	
128.	500 »	rose. . . .	3f50		» »	
129.	700 »	rose. . . .	6f »		» »	
130.	1000 »	rose. . .	7f »		» »	

1890. *Idem, dentelés.*

131.	10 reis	orange . .	» 20		» 15	
132.	20 »	bleu. . .	» 40		» »	
133	50 »	olive . . .	» 75		» »	
135.	200 »	lilas . . .	1f50		» 60	
136.	300 »	vert . . .	2f »		» »	
137.	500 »	gris	3f »		» »	
138.	700 »	violet . . .	5f »		» »	
139.	1000 »	violet noir.	6f »		» »	

Timbres-télégraphe

1869. *Appareil télégraphique, chiffres sur fond blanc.*

Nos			Neufs.	Oblitérés.
46.	200 reis	vert	1f »	» 35

Idem, chiffres carrés sur fond de couleur.

47.	500 reis	chair. . . .	1f50	» 35
48.	1000 »	bleu	2f »	» 35

1873. *Idem, chiffres ronds sur fond de couleur.*

50.	200 reis	vert clair. .	» »	» »
51.	500 »	rouge . . .	» »	» »
52.	1000 »	bleu	» »	» »
53.	2000 »	bistre . . .	1f »	» 35

1873. *Idem sur carton, sur les côtés on lit :* VALE PARA TRANSMISSAO *et* FR. A. KIEFFER.

49.	200 reis	noir sur vert	» 50	» »

BRUNSWICK

DUCHÉ

Europe Centre

1852. *Cheval.*

1.	1 silb.	rose	»	»	»	»
2.	2 »	bleu	»	»	»	»
3.	3 »	rouge.	»	» 10f	»	

1853-56. *Idem.*

N°ˢ			Neufs.	Oblitérés.
4.	¼ silb.	noir sur brun .	» »	» »
5.	⅓ »	noir sur blanc .	5ᶠ »	» »
6.	1 »	noir sur orange	» »	1ᶠ50
7.	2 »	noir sur bleu .	5ᶠ »	» 75
8.	3 »	noir sur rose .	» »	3ᶠ »

1857. *Timbre en 4 quarts, chiffre et couronne.*

14. 4/4 gut. noir s. brun. 1ᶠ » 2ᶠ ».

1862-63. *Type 1852.*

15. ½ gros. noir sur vert . » 50 » »
16. 1 silb. noir sur jaune. 3ᶠ50 » 75
17. 3 » rose sur blanc. 10ᶠ » 3ᶠ »

1864. *Idem. dentelés.*

18. ⅓ silb. noir s. blanc . » » » »
19. ½ gros. noir s. vert . . » » » »
20. 1 silb. jaune s. blanc. » » » »
21. 2 » noir sur bleu. » » » »
22. 3 » rose sur blanc. » » » »

1865. *Cheval, relief et couleur, dentelés.*

23. ⅓ gros. noir . . . . » 50 » »
24. 1 » rose . . . . » 10 » »
25. 2 » bleu . . . . » 25 » »
26. 3 » brun . . . . » 25 » »

1866. *Type 1857.*

30. 4/4 gut. brun s. blanc. » 50 » »

BUÉNOS-AYRES

Amérique du Sud, Orient

1858. *Bateau à vapeur.*

N°ˢ				Neufs.	Oblitérés.
1.	2 pesos	bleu (DOS Pˢ) .	»	» 15ᶠ	»
2.	3 »	vert	»	» »	»
3.	4 »	rouge	»	» »	»
4.	5 »	jaune	»	» »	»
5.	4 »	brun	»	» »	»
6.	1 »	bistre (IIN Pˢ) .	»	» »	»

1859. *Idem.*

7. 1 peso bleu (IIN Pˢ) . . » » 15ᶠ »
8. 1 » bleu (TO Pˢ) . . » » 25ᶠ »

1860. *Effigie de la Liberté.*

9. 1 peso bleu . . . . 3ᶠ » 2ᶠ50
10. 2 » rouge. . . . 12ᶠ » 7ᶠ »
11. 4 reales vert sur azuré » » 8ᶠ »

1860. *Idem, tirage moins soigné.*

12. 1 peso bleu 3ᶠ50 2ᶠ50
13. 2 » rouge. . . . » » 7ᶠ »
14. 4 reales vert sur azuré 12ᶠ » 8ᶠ »

1862. *Idem.*

15. 1 peso rose. . . . . 7ᶠ » 5ᶠ »
16. 2 » bleu. . . . 7ᶠ » 5ᶠ »

(Voir aussi à ARGENTINE.)

BULGARIE

Europe Sud, Orient

1879. *Lion, dentelés.*

No*				Neufs.	Oblitérés.
1.	5 CAHT.	noir et jaune	» 75	»	»
2.	10 »	noir et vert .	1f »	»	»
3.	25 »	noir et lilas .	1f 25	»	»
4.	50 »	noir et bleu .	1f 50	1f	»
5.	1 OPAH.	noir et rouge	3f »	1f 75	

1881. *Idem, valeur en CTOTNH, dentelés.*

7.	3 CTO	rouge et gris . .	» 15	»	»
8.	5 »	noir et jaune. .	» 40	» 25
9.	10 »	noir et vert . .	» 50	» 25
10.	15 »	carmin et vert .	» 50	» »
11.	25 »	noir et violet. .	1f »	» 25
12.	30 »	bleu et bistre. .	» 75	» 35

1882-85. *Idem, dentelés.*

27.	1 CTO	violet terne. . .	» 10	» 10
28.	2 »	vert gris	» 10	» 10
14.	3 »	orange et jaune.	» 15	» 10
15.	5 »	vert et v. pâle .	» 15	» 10
16.	10 »	rose et chair . .	» 25	» 10
17.	15 »	lilas et lil. pâle .	» 35	» 20
18.	25 »	bleu et bl. pâle .	» 50	» 15
19.	30 »	violet et vert . .	» 60	» 25
20.	50 »	bleu et chair . .	1f »	» 35

1884. *Idem avec valeur en surcharge.*

21.	3 noir sur 10 c. rose. .	» »	2f 50
22.	5 rouge s. 30 bleu bistre.	2f 50	» »
23.	15 rouge sur 25 c. bleu .	2f 50	» »
29.	50 noir sur 1 fr. rouge.	» »	» »

1886-89. *Timbres antérieurs, valeurs orthographiées différemment : ЕЛНА et ЛВЬ.*

32.	1 CTO	violet terne . . .	» 10	» 10
33.	2 »	vert gris	» 15	» 15
38.	1 ЛЕВЬ	noir et rouge. .	2f 50	1f 50

1889. *Petit lion, dentelé.*

No*				Neufs.	Oblitérés.
44.	1 stot.	violet.	» 10	»	»
45.	2 »	gris	» 10	»	»
46.	3 »	brun bistre . .	» 15	»	»
39.	5 »	vert.	» 15	» 10
47.	10 »	rose	» 25	» 10
48.	15 »	bistre jaune. .	» 35	» 15
49.	25 »	bleu terne . .	» 50	» 15
50.	30 »	brun foncé . .	» 60	» 40
51.	50 »	vert bleu . . .	1f »	» 25
40.	1 lev	rouge.	2f »	» 75

1892. *Idem avec valeur en surcharge noire.*

| *53.* | 15 sur 30 st. brun. . . | » 60 | » 30 |

Timbres-taxe

1884-87. *Chiffre, dentelés.*

24.	5 CTO	jaune foncé. . .	» 25	» 25
25.	25 »	carmin	» 75	» 50
26.	50 »	bleu	1f 50	» »

1886. *Idem, non dentelés.*

35.	5 CTO	jaune foncé . .	» 35	» 25
36.	25 »	carmin	1f »	» 60
37.	50 »	bleu	2f »	1f 25

BULGARIE DU SUD

(Suite de Roumélie Orientale)

1885. *Timbres de Roumélie avec lion, sans cadre, en surcharge noire ou bleue.*

N^{os}				Neufs.	Oblitérés.
17.	5	paras	noir et jaune	» »	» »
18.	5	»	violet et viol.	» 75	» »
19.	10	»	vert et vert .	1f »	» »
20.	20	»	rose et rose.	2f »	» »
21.	1	piastre	noir et bleu.	1f25	» »
22.	5	»	bleu et rouge	» »	» »

1885. *Idem, avec lion et inscriptions dans un cadre en surcharge noire.*

23.	5	paras	noir et jaune	» »	» »
24.	5	»	violet et viol.	» 75	» »
25.	10	»	vert et vert.	» 75	» »
26.	20	»	noir et rose.	» »	» »
27.	20	»	rose et rose.	» »	» »
28.	1	piastre	noir et bleu.	» »	» »
29.	5	»	bleu et rouge	» »	» »

CANADA

POSSESSION ANGLAISE

Amérique du Nord, Nord

1851-57. *Types divers.*

1.	½ p.	rose	*Victoria*	»	»	»	»
2.	3 »	rouge	*castor*	»	»	2f	»
3.	6 »	violet	*Pce Albert*	»	»	25f	»
4.	6 »	violet noir	*id.*	»	»	»	»
5.	6 et 7½ p.	vert	*Victoria.*	»	»	»	»

N^{os}				Neufs.	Oblitérés.
6.	10 p.	bleu	*J. Cartier.*	» »	25f »
7.	12 »	noir	*Victoria.* .	» »	» »

1858. *Idem, dentelés.*

8.	½ penny	rose	»	»	»	»
9.	3 pence	rouge	»	»	»	»
10.	6 »	violet	»	»	»	»

1859-64. *Idem valeur en cents, dentelés.*

11.	1 c.	rose	*Victoria* .	» 50	» 25
12.	2 »	rose	*id.* .	» »	2f »
13.	5 »	rouge	*castor*. .	1f »	» 25
14.	10 »	violet	*P. Albert*	» »	1f25
15.	10 »	violet brun	*id.*	3f »	1f25
16.	12½ »	6 p. vert	*Victoria*	4f »	1f »
17.	17 »	bleu	*J. Cartier.*	5f »	2f »

DOMINION

1868. *Effigie à droite, cadres divers, grands, excepté le 1/2, dentelés.*

20.	½ cent	noir.	» 25	» »
21.	1 »	orange foncé.	1f »	» »
22.	1 »	jaune	» 75	» 50

Nᵒˢ			Neufs.	Oblitérés.
23.	2 cent	vert	» 75	» 30
24.	3 »	rouge foncé .	» 50	» 15
25.	6 »	brun	1ᶠ »	» 25
26.	12½ »	bleu	2ᶠ »	» 75
27.	15 »	violet	1ᶠ75	» 50

1870-75. *Même genre, petits, dentelés.*

28.	1 cent	jaune	» 15	» 0⁵
29.	2 »	vert	» 25	» 10
30.	3 »	rouge carminé	» 50	» 10
31.	3 »	rouge	» 30	» 05
32.	6 »	brun	» 75	» 15
33.	10 »	lilas	1ᶠ25	» 2⁵

35. 5 cents gris vert *1875*   »   »   1ᶠ50

1876-82. *Même genre, dentelé.*

40.	5 cents	gris vert . .	» 60	» 10
48.	½ »	noir *1882* . .	» 10	» »

1893. *Effigie de trois quarts à gauche, dentelés.*

Nᵒˢ			Neufs.	Oblitérés.
53.	20 cents rouge	2ᶠ	»	»
54.	50 » bleu	5ᶠ	»	»

1893. *Même genre, effigie à gauche, dentelé.*

55. 8 cents bleu gris . . . » 80 » 20

Timbres pour chargements

1875. *Inscriptions, dentelés.*

37.	2 cents	rouge	» 25	» 05
38.	5 »	vert	» 60	» 25
39.	8 »	bleu	»	» »

Timbre de retour

1879. *Inscriptions, dentelé.*

| 45. | | brun . . . . | » | » » » |

CAP DE BONNE-ESPÉRANCE

POSSESSION ANGLAISE

Afrique Sud

1853. *Déesse assise, papier bleu.*

Nᵒˢ			Neufs.	Oblitérés.
1.	1 penny	rouge. . . .	» »	5ᶠ »
2.	4 pence	bleu	» »	2ᶠ50

1857-64. *Idem, papier blanc.*

3.	1 penny	rouge brun .	4ᶠ »	» »
4.	1 »	carminé . .	4ᶠ »	2ᶠ50
5.	4 pence	bleu . . .	3ᶠ »	1ᶠ25
6.	6 »	violet . . .	» »	8ᶠ »
7.	6 »	lilas	» »	4ᶠ »
8.	1 shill.	vert foncé .	» »	15ᶠ »
9.	1 »	vert clair. .	» »	20 »

1861. *Idem provisoires, gravure grossière.*

10.	1 penny	carmin. . .	» »	» »
11.	1 »	rouge . . .	» »	» »
12.	4 pence	bleu	» »	» »

1864. *Déesse assise, bélier, etc., dentelés.*

13.	1 penny	carmin. . .	» 25	» 10
14.	4 pence	bleu	1ᶠ »	» 20
15.	6 »	violet . . .	1ᶠ50	» 20
16.	1 shill.	vert	2ᶠ50	» 25

1868. *Idem avec* FOUR PENCE *en surcharge rouge.*

Nᵒˢ		Neufs.	Oblitérés.
17.	4 p. sur 6 p. violet .	» »	1ᶠ75

1871. *Idem sans surcharge.*

18.	5 shill. orange . . .	10ᶠ »	» 50

1874. *Idem avec* ONE PENNY *en surcharge imprimée rouge.*

20.	1 p. sur 6 p. violet .	» »	» »

1876. *Idem, sans surcharge.*

21.	½ penny gris noir .	» 15	» 10

1877. *Idem avec* ONE PENNY *en surcharge noire.*

22.	1 p. sur 1 sh. vert .	2ᶠ50	» »

1879. *Type 1863, avec* THREE PENCE *en surcharge rouge.*

24.	3 p. sur 4 p. bleu. .	2ᶠ »	» 50

1880. *Idem avec* THREE PENCE *en surcharge noire.*

25.	3 p. sur 4 p. lilas. .	2ᶠ »	» 75

1880. *Idem sans surcharge.*

26.	3 pence lilas	» »	» »

1880. *Idem avec chiffre 3 en surcharge noire.*

27.	3 p. sur 3 p. lilas . .	1ᶠ25	» 35

1881-82. *Type 1863, dentelés.*

32.	2 pence bistre . . .	» 50	» 10
28.	3 » carminé . .	1ᶠ »	» 25

1882. *Idem avec* One Half penny *en surcharge noire.*

30.	½ sur 3 p. carminé. .	1ᶠ25	» 75

1891. *Timbre de 1881 avec valeur en surcharge noire.*

38.	2½ d. sur 3 p. carminé	2ᶠ »	» 50

1892. *Même genre, sans surcharge, dentelé.*

39.	2½ pence vert gris . .	» 60	» 25

1893. *Timbre de 1881 avec valeur en surcharge noire.*

43.	1 p. sur 2 p. bistre. .	» 50	» »

Timbres-télégraphe

1888. *Timbres-poste de 1863-65 avec* Military Telegraphs *en surcharge noire.*

Nos		Neufs.	Oblitérés.
34.	6 pence violet	» »	» »
35.	1 shill. vert	» »	» »

CAP VERT

POSSESSION PORTUGAISE

Afrique Occident

1877. *Couronne, dentelés.*

			Neufs.	Oblitérés.
1.	5 reis	noir	» 25	» »
2.	10 »	jaune	» 75	» »
3.	20 »	bistre . . .	» 35	» »
4.	25 »	rose.	» 30	» »
5.	40 »	bleu	2f »	» »
6.	50 »	vert	1f50	» »
7.	100 »	violet . . .	» 75	» »
8.	200 »	orange . . .	1f50	» »
9.	300 »	brun rouge .	2f50	» »

1881-85. *Idem.*

10.	10 reis	vert.	» 25	» »
13.	20 »	rose.	» 40	» »
14.	25 »	violet.	» 50	» »
11.	40 »	jaune.	1f »	» »
12.	50 »	bleu	» 75	» 50

1886. *Effigie à gauche (Don Luis I), relief et couleur, dentelés.*

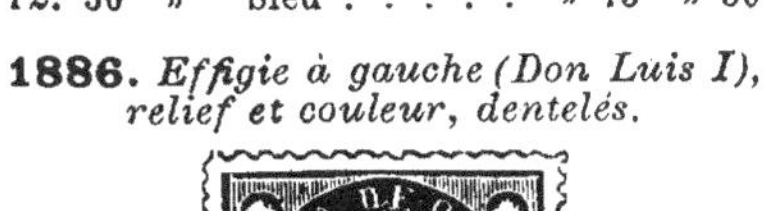

18.	5 reis	noir	» 15	» »
19.	10 »	vert	» 25	» »
20.	20 »	carmin. . .	» 35	» »
21.	25 »	violet	» 40	» 15
22.	40 »	brun rouge . .	» 60	» 50

Nos			Neufs.	Oblitérés.
23.	50 reis	bleu	» 75	» 20
24.	100 »	brun	1f25	» 75
25.	200 »	ardoise . . .	2f50	» »
26.	300 »	orange. . . .	4f »	1f50

1893. *Inscriptions et chiffre (pour journaux), dentelé.*

27.	2½ reis brun.	» 15	» »

CEYLAN

POSSESSION ANGLAISE

Asie Sud

1854-61. *Effigie à gauche (Victoria I), cadres divers, non dentelés.*

1.	½ penny	violet s. bleu	» »	» »
2	½ »	lilas s. blanc 10f	» »	» »

3.	1 penny	bleu	» »	1f »
4.	2 pence	vert . . .	4f »	2f50
5.	5 »	roux	» »	» »
6.	6 »	brun s. bleu	» »	» »
7.	6 »	brun s. blanc	» »	10f »
8.	10 »	rouge. . . .	» »	» »
9.	1 shill.	violet. . . .	» »	» »

1854-61. *Même genre, octogones.*

10.	4 pence carmin rouge	» »	» »

Nos			Neufs.	Oblitérés.
11.	8 pence marron . . .		» »	» »
12.	9 » brun		» »	» »
13.	1 sh.9 p. vert. . . ✓.		» »	» »
14.	2 shill. bleu.		» »	» »

1861. *Les mêmes, étoile en filigrane ou pas de filigrane, dentelés.*

25.	½ penny lilas		» »	» »
26.	1 » bleu		» »	1f25
27.	2 pence vert		» »	» »
28.	4 » carmin rouge		» »	» »
29.	5 » roux . . .		» »	5f »
30.	6 » brun		» »	» »
31.	8 » marron. . .		» »	» »
32.	9 » brun	25f »		» »
33.	10 » rouge . . .		» »	3f »
34.	1 shill. violet. . .		» »	2f50
35.	2 » bleu clair. .		» »	» »

1864-66. *Les mêmes, c c et couronne en filigrane, dentelés.*

36.	½ penny lilas vif .	2f50	» »
37.	1 » bleu vif .	1f50	» 75
38.	2 pence vert bleu .	» »	2f50
39.	4 » carmin . .	6f »	3f50
40.	5 » chocolat .	» »	» »
41.	6 » brun roux.	3f »	2f »
42.	8 » brun . . .	» »	» »
43.	9 » brun foncé	7f »	» »
44.	10 » orange . .	6f »	3f »
45.	1 shill. violet vif .	» »	2f50
46.	2 » bleu foncé	» »	3f50

1867-69. *Idem.*

47.	2 pence jaune. . . .	5f »	2f50
48.	2 » bistre. . . .	5f »	3f »
49.	5 » vert jaune .	5f »	2f50

1867-69. *Même effigie, dentelés.*

50.	3 pence rose.	» »	» »
51.	1 penny bleu.	» 75	» 50

1872. *Même effigie à gauche, cadres divers, dentelés.*

Nos		Neufs.	Oblitérés.
54.	2 cents brun clair . .	» 15	» 10
55.	4 » gris	» 30	» 05

56.	8 cents jaune	» 60	» 20
57.	16 » violet	1f25	» 35
58.	24 » vert.	2f »	» 60

59.	36 cents bleu.	5f »	» »
60.	48 » rose.	6f »	1f »
61.	96 » gris vert. . .	10f »	1f25

1877. *Même genre.*

63.	32 cents bleu gris . . .	3f »	» »
64.	64 » brun rouge. .	5f »	» »

1879. *Même genre, grand, dentelé.*

66.	2 rup. 50 c. rouge brun	» »	» »

1880-34. *Types 1872, dentelés.*

94.	2 cents vert	» 15	» 10
71.	4 » lilas rose . . .	» »	» 15

1882. *Timbres de 1872-77 avec valeur en surcharge noire.*

Nᵒˢ		Neufs.	Oblitérés.
88.	16 sur 24 c. vert . . .	2ᶠ »	» »
89.	20 sur 64 » br. rouge	2ᶠ50	1ᶠ »

1885. *Idem, surcharge noire en lettres, le 5 c. a. en plus, les mots* Postage & Revenue.

97.	5 c. sur 4 ou 8 c. .	» 50	» 35
98 à 101.	5 c. sur 16, 32, 36, 64 c. . .	» »	» 75
102.	5 c. sur 24, 48, 96 c.	» »	» »
103.	10 » sur 24 ou 64 c.	» »	» »
104.	10 » sur 16 ou 36 c.	» »	» »
105.	15 » sur 16 c. . . .	2ᶠ50	» »
106.	20 » sur 24, 32 c. . .	» »	» »
107.	25 » sur 32 c. . . .	3ᶠ »	» »
108.	28 » sur 48 c. . . .	5ᶠ »	» »
109.	30 » sur 36 c. . . .	3ᶠ »	» »
110.	56 » sur 96 c. . . .	4ᶠ »	» »
111.	1 r. 12 c. sur 2 r. 50 c.	7ᶠ »	3ᶠ50

1885. *Idem, surcharge noire en chiffres, le 5 c. a, en plus, les mots* REVENUE AND POSTAGE.

118.	5 sur 8 c. lilas. . .	» 50	» 20
119.	10 » 24 » brun viol.	1ᶠ »	» »
120.	15 » 16 » jaune . .	1ᶠ25	» »
121.	28 » 32 » bleu gris	2ᶠ »	1ᶠ25
122.	30 » 36 » bistre vert	» »	1ᶠ25
123.	56 » 96 » gris vert.	» »	1ᶠ50
124.	1 r. 12 c. sur 2 r. 50 br. rouge	10ᶠ »	» »

1886. *Petite effigie, valeur en bas, dentelés.*

125.	15 cents olive	» »	» 35
126.	25 » bistre. . . .	1ᶠ50	» 35
127.	28 » gris bleu . .	1ᶠ75	» 35

1886-87. *Types divers, dentelés.*

128.	5 cents lilas.	» 35	» 05
129.	1 rup. 12 c. rouge carminé *type du* 2 r. 50 *de 1879*	» »	3ᶠ »

1888-92. *Idem, avec valeur en surcharge.*

Nᵒˢ		Neufs.	Oblitérés.
135.	2 c. sur 4 c. lilas rose	» 25	» »
150.	3 » sur 4 ou 28 c. . .	» 35	» »
145.	5 » sur 15 c. olive. .	» 50	» 35
148.	15 » sur 25 c. ou 28 c.	1ᶠ25	» 60

1892-93. *Type 1886, sans surcharge.*

158.	3 c. brun et vert . .	» 20	» »
166.	30 » violet et br. rouge	1ᶠ50	» »

Timbres de service

1869. *Tous les timbres en cours avec* SERVICE *en surcharge noire.*

Timbres-télégraphe

1881. *Timbres-télégraphe des Indes anglaises* (*) *avec* CEYLON *en surcharge noire, dentelés.*

72.	2 annas	carminé . .	» »	2ᶠ »
73.	4 »	bleu. . . .	» »	» »
74.	8 »	brun . . .	» »	2ᶠ »
75.	1 rupee	gris. . . .	» »	1ᶠ50
76.	2 r. 8 an.	bistre . . .	» »	2ᶠ »
77.	5 rupees	brun rouge.	» »	» »
78.	10 »	vert. . . .	» »	» »
79.	25 »	lilas. . . .	» »	» »
79a.	50 »	rose. . . .	» »	» »

1882. *Timbres doubles* (*), *effigie à gauche, cadres divers, dentelés.*

80.	12 cents bistre . . .	» »	» »

* La partie inférieure de ces timbres est appliquée sur le télégramme, l'autre moitié sur le récépissé; on n'obtient comme timbres oblitérés que cette partie supérieure.

Nᵒˢ				Neufs.	Oblitérés.
81. 25	cents	vert	» »	»	»
82. 50	»	bleu. . . .	» »	»	40
83. 1	rupee	carminé . .	» »	1ᶠ	»
84. 2 r. 50 c.		gris bleu. .	» »	»	50
85. 5	rupee	orange. . .	» »	»	50
86. 10	»	violet . . .	» »	2ᶠ	»
87. 25	»	rose. . . .	» »	1ᶠ50	
87a. 50	»	rouge violet	» »	»	»

1882. *Même genre (types nouveaux), dentelés.*

94a. 25	cents vert jaune. .		» »	»	40
95. 1	rupee brun.		» »	»	30
96. 10	» lilas.		» »	»	60

1883-92. *Timbres-télégraphe de 1881, avec valeur en surcharge rouge ou noire, petits ou grands chiffres.*

139. 12 c. sur 25 c. et 50 c . .	» »	»	»
136. 20 » sur 25 c. et 50 c. .	» »	1ᶠ	»
90. 40 » sur 50 c. et 1 r. .	» »	»	50
92. 60 » s. 1 r. 2 r. 50, 50 r.	» »	2ᶠ50	
93. 80 » s. 1 r. 2 r. 50 5 r. 10 r.			
25 r. 50 r. . . .	» »	2ᶠ50	
152. 5 rup. sur 10 r. rose. .	» »	»	»

1892 *Inscriptions, cadres divers, dentelés.*

153	20 cents bleu vert . .	» »	» 60
154.	40 » bleu foncé .	» »	» 40
155.	60 » brun noir. .	» »	» »
156.	80 » olive	» »	» »

CHAMBA

ÉTAT INDIEN

Asie Sud

1886-90. *Timbres des Indes anglaises, en cours, avec* CHAMBA STATE *en surcharge noire.*

Nᵒˢ				Neufs.	Oblitérés.
1. ½	anna	vert	» 35	»	»
2. 1	»	brun	» 60	»	»
3. 2	»	bleu.	1ᶠ »	»	»
7. 3	»	orange. . . .	1ᶠ50	»	»
4. 4	»	gris vert. . .	1ᶠ75	»	»
12. 6	»	bistre	2ᶠ »	»	»
8. 8	»	violet	2ᶠ50	»	»
13. 12	»	brun s. rouge.	4ᶠ »	»	»
9. 1	rupee	gris	6ᶠ »	»	»

Timbres de service

1886. *Les mêmes ayant en plus la surcharge noire* SERVICE.

CHEFOO

PORT CHINOIS

Asie Orient

1893. *Sémaphore, dentelés.*

1. ½ cent vert. . . . . . » 10 »

<table>
<tr><td>N^{os}</td><td></td><td></td><td></td><td>Neufs.</td><td>Oblitérés.</td></tr>
</table>

N^{os}			Neufs.	Oblitérés.
2.	1 cent carmin		» 20	» »
3.	2 » bleu.		» 30	» »
4.	5 » orange		» 75	» »
5.	10 » brun		1f 25	» »

CHILI

RÉPUBLIQUE

Amérique du Sud, Occident

1852. *Effigie à gauche (Christophe Colomb), papier bleu.*

		Neufs.	Oblitérés.
1.	5 centav. brun rouge.	» »	» 75

1852-62. *Idem, papier blanc.*

				Neufs.	Oblitérés.
2.	1 centav.	jaune . . .	1f 50	1f »
3.	5 »	rouge brun	» »	» 75
4.	5 »	rouge . . .	» 75	» 15
5.	10 »	bleu foncé.	» »	» 35
6.	10 »	bleu . . .	1f 25	» 20
7.	20 »	vert. . . .	3f 50	2f »

1867-68. *Même genre, dentelés.*

			Neufs.	Oblitérés.
8.	1 centav. orange . .		» 30	» 25
9.	2 » noir. . . .		» 35	» 25
10.	5 » rouge. . .		» 50	» 05
11.	10 » bleu . .		1f »	» 15
12.	20 » vert. . . .		2f »	» 30

1877-78. *Petite effigie à gauche, chiffre, dentelés.*

N^{os}			Neufs.	Oblitérés.
22.	1 centavo	gris . . .	» 15	» 15
23.	2 »	orange. .	» 25	» 15
24.	5 »	carminé .	» 50	» 05
25.	10 »	bleu . . .	1f »	» 10
26.	20 »	vert . . .	2f »	» 20

1880. *Timbre fiscal (armes du Chili) servant provisoirement, par décret, comme timbre-poste.*

		Neufs.	Oblitérés.
28.	5 centav. bleu. . . .	» 60	» 50

1878-81. *Type 1877-78, CENTAVO sous le chiffre, dentelés.*

			Neufs.	Oblitérés.
29.	1 centavo	vert . . .	» 15	» 10
30.	2 »	carmin . .	» 25	» 15
31.	5 »	carminé .	» 50	» 05
27.	50 »	violet . .	5f »	» 50

1883-86. *Idem.*

			Neufs.	Oblitérés.
38.	5 centavos	bleu . . .	» 60	» 05
43.	10 »	jaune. . .	1f »	» 15
47	20 »	gris. . . .	2f »	» 25

1891. *Timbres fiscaux servant provisoirement comme timbres-poste.*

Nᵒˢ		Neufs.	Oblitérés.
51. 1 c. rouge	»	»	» 50
52. 2 » brun	»	»	» 50
etc., etc.			

1892. *Type en cours, dentelés.*

		Neufs.	Oblitérés.
53. 15 cent. vert gris	1ᶠ 50	» 25
54. 25 » brun clair	2ᶠ 50	» 35

1892. *Même genre, plus grand, dentelé.*

55. 1 peso noir et brun . 8ᶠ » 2ᶠ50

Timbre de retour

1886. *Armes, dentelé.*

46. rouge . . . . . . » » » »

Timbres-télégraphe

1883. *Armes, dentelés.*

39. 2 cent. bistre . . . . » 35 » 20

Nᵒˢ			Neufs.	Oblitérés.
40. 10 cent. vert jaune	. .	1ᶠ »	» 20
41. 20 » bleu	. . . .	2ᶠ »	» 25
42. 1 peso brun foncé	. .	8ᶠ »	2ᶠ »

CHINE

EMPIRE
Asie Orient

1878. *Dragon, dentelés.*

1. 1 candarin vert	. .	» »	» »
2. · 3 » rouge	. .	» 60	» »
3. 5 » jaune	. .	1ᶠ »	» »

1885. *Idem, petits, dentelés.*

4. 1 candarin vert jaune	.	» 25	» 25
5. 3 » violet	. . .	» 50	» 25
6. 5 » jaune pâle	.	» 75	» 25

CHYPRE

POSSESSION ANGLAISE
Asie Occident

1880. *Timbres de la Grande-Bretagne, en cours, avec* CYPRUS *en surcharge noire.*

1. ½ penny carmine . » » » »

Nᵒˢ		Neufs.	Oblitérés.
2.	1 penny carminé . .	» 35	» »
3.	2½ pence carminé cl.	» 60	» »

4.	4	pence vert pâle .	» »	» »
5.	6	» gris	» »	» »
6.	1	shill. vert	» »	» »

1881. *Idem, avec* CYPRUS *et valeur en surcharge noire.*

| 12. | ½ penny s. 1 p. carminé | 1ᶠ50 | » » |
| 13. | 30 paras s. 1 p. carminé | » » | » » |

1881-82. *Même effigie, dentelés.*

14.	30	paras violet . . .	» 30	» »
15.	½	piastre vert	» 15	» 10
16.	1	» rose	» 25	» 15
17.	2	» bleu	» 50	» 20
18.	4	» vert jaune .	1ᶠ »	» 35
19.	6	» gris vert . .	1ᶠ50	» »

1882. *Idem avec valeur en surcharge noire.*

| 25. | ½ sur ½ piast. vert . . | » 35 | » 20 |
| 26. | 30 pa. sur 1 pi. rose . | » » | 5ᶠ » |

1886. *Type de 1881, valeur en chiffres.*

| 29. | 12 piastres orange . . . | 3ᶠ50 | » » |

COCHIN

ÉTAT INDIEN

Asie Sud

1892. *Couronne, conque, etc., dentelés.*

Nᵒˢ			Neufs.	Oblitérés
1.	½	puttan orange . . .	» 20	» »
2.	1	» lilas rose . .	» 40	» »
3.	2	» violet. . . .	» 75	» »

COLOMBIE

RÉPUBLIQUE

Amérique du Sud, Nord

NOUVELLE-GRENADE

1859. *Armes.*

1.	5 cent.	lilas	10ᶠ	» » »
2.	5 »	lilas gris . . .	10ᶠ	» 7ᶠ »
3.	10 »	jaune	6ᶠ	» 6ᶠ »
4.	20 »	bleu	»	» » »

1860. *Idem, chiffres petits.*

5.	2½ cent.	vert	»	» » »
6.	2½ »	vert jaune .	6ᶠ	» » »
7.	5 »	bleu violet.	»	» 6ᶠ »
8.	5 »	violet . . .	»	» 6ᶠ »
9.	10 »	orange . .	»	» 6ᶠ »
10.	10 »	bistre . . .	5ᶠ	» 4ᶠ »

N°			Neufs.	Oblitérés.
11.	20 cent.	bleu	1f 50	2f »
12.	20 »	bleu foncé .	2f 50	2f 50
13.	1 peso	carm. foncé	4f »	» »
14.	1 »	rose	» »	» »

1861. *Armes.*

15.	2½ cent.	noir	»	»	»	»
16.	5 »	jaune . . .	»	»	15f	»
16a.	5 »	bistre . . .	»	»	15f	»
17.	10 »	bleu	»	»	15f	»
18.	20 »	rouge . . .	»	»	»	»
19.	1 peso	rose . . .	»	»	35f	»

COLOMBIE

1862. *Armes, étoiles autour.*

20.	10 cent.	bleu	»	»	»	»
21.	20 »	rose	»	»	»	»
22.	50 »	vert	»	»	»	»
23.	1 peso	lilas	»	»	»	»

1863. *Armes, neuf étoiles en haut, feuillage.*

24.	5 cent.	jaune	»	»	»	»
25.	10 »	bleu	»	»	2f	»
26.	20 »	rouge	»	»	8f	»
29.	50 »	vert	»	»	»	»
30.	10 »	bleu s. azuré .	»	»	3f 50
31.	50 »	vert s. azuré .	»	»	»	»

1864. *Idem, fond plein, coins ornés.*

N°			Neufs.	Oblitérés.
32.	5 cent.	jaune	2f »	» »
33.	10 »	bleu	2f »	» 75
34.	20 »	rouge	4f »	» »
35.	50 »	vert	6f »	» »
36.	1 peso	lilas	» »	25f »

1865. *Vautour, armes.*

37.	5 c.	jaune	3f »	1f 50
38.	5 »	orange	2f »	1f »
39.	10 »	violet	3f »	» 75
40.	10 »	lilas	3f »	» 75
41.	20 »	bleu	3f »	» 75
42.	50 »	vert	» »	2f »
43.	50 »	vert, *chif. petits*	6f »	1f 50
44.	1 p.	carmin	15f »	1f 50
45.	1 »	rouge	10f »	1f 50

1865. *Même genre.*

46.	1 cent.	rose	» 10	» »

1865. *Inscriptions (pour chargements).*

48.	R 5 cent.	noir . . .	»	»	»	»
49.	A 5 »	noir	»	»	»	»

1867. *Armes, types divers.*

<table>
<tr><td>N</td><td></td><td colspan="2" align="right">Neufs. Oblitérés.</td></tr>
</table>

Nᵒˢ   Neufs. Oblitérés.

57. 5 cent. jaune . . . . 2f » » 75
58. 10   »   violet . . . . 3f » » 50

59. 20 cent. bleu . . . . 4f » 1f »
60. 50   »   vert . . . . . 6f » 1f 50
61. 1 peso rouge . . . . 10f » 1f 50
62. 1   »   carmin . . . 10f » 1f 50

63. 5 pesos noir sur vert. 50f » 15f »
64. 10   »   noir s. rouge 80f » 12f »

1868-70 *Même genre.*

66. 5 cent. jaune . . . .   » » » »
67. 10   »   lilas. . . . . 2f » » 35
68. 10   »   violet . . . . 2f 50 » 35

Nᵒˢ   Neufs. Oblitérés

69. 20 cent. bleu. . . . . 3f » » 50

70. 50 cent. vert . . . . . 6f » » 75
71. 1 peso rouge . . . . 12f » 1f »

72. 5 pesos noir s. vert . 50f » 7f »
73. 10   »   noir s. rouge 80f » 4f »

1870. *Même genre.*

74. 5 cent. jaun· . . 1f » » 35
74a. 5   »   orange . . 1f » » 25

1870. *Inscriptions (pour chargements).*

77. R 5 cent. noir . . . 1f 25 1f »
78. A 5   »   noir . . . 1f 25 1f »

1872-74. *Types divers.*

Nᵒˢ		Neufs.	Oblitérés.

80. 1 cent. vert foncé. .   » 50   »   »
81. 1   »   vert clair . .   » 35   »   »
82. 1   »   rose. . . . .   » 25   »   »

83. 2 cent. brun *chiffre.*   » 35   » 25

84. 10 cent. violet . . . .   1ᶠ25   » 25

1875. *Types divers.*

85. 5 cent. lilas *condor*. .   1ᶠ   »   » 25
86. 10   »   brun *Liberté*. .   1ᶠ25   » 25
87. 20   »   bleu   »   . .   2ᶠ50   » 40
88. 20   »   violet   »   . .   »   »   »   »

1880. *Les mêmes ainsi que les nᵒˢ 70 et 71, sur papier azuré.*

85a. 5 cent. lilas . . . . .   »   »   » 75
86a. 10   »   brun . . . .   »   »   » 30
87a. 20   »   bleu . . . .   »   »   » 75

1877. *Type 1870 (nᵒ 73).*

89. 10 pesos noir sur rose   »   »   4ᶠ   »

1881. *Effigie à droite (Liberté), noir sur couleur.*

Nᵒˢ		Neufs.	Oblitérés.

93. 1 cent. vert clair . .   » 35   » 25
93a. 2   »   lilas. . . . .   » 35   »   »
94. 5   »   violet clair .   » 75   » 25

1881. *Timbres pour l'Union postale. Armes, couleur sur blanc.*

95. 1 cent. vert. . . . .   » 25   » 15
96. 2   »   rouge . . . .   » 50   » 35
96a. 2   »   rose. . . . .   »   »   » 35
97. 5   »   bleu. . . . .   » 60   » 25
98. 10   »   violet . . . .   1ᶠ25   » 25
99. 20   »   noir. . . . .   2ᶠ50   » 50

1881. *Armes (pour chargements).*

101. 10 cent. violet . . .   5ᶠ   »   »   »

1883. *Idem, refaits, le 2 est penché.*

109. 2 cent. carmin . . .   » 30   » 25
110. 5   »   bleu ciel . .   » 60   » 25

1883. R *et inscriptions, dentelés (pour chargements).*

Neufs. Oblitérés.

111. 10 c. rouge sur jaune. 2f » » 50

1883-84. *Armes, condor à droite ou à gauche, papier teinté. dentelés.*

112.	1 cent.	vert	» 15	» 10
113.	2 »	rouge . . .	» 25	» 15
114.	5 »	bleu . . .	» 50	» 05
115.	10 »	orange. . .	1f »	» 15
116.	20 »	violet . . .	2f »	» 35
117.	50 »	brun. . . .	5f »	2f ,
118.	1 peso	carmin. . .	10f »	2f ,
132.	5 »	orange. . .	»	» 20f ,
119.	10 »	noir s. rose	» 70f	» 20f ,

1866. *Types de 1870, grands dentelés.*

142. 5 pesos orange . . . » » 20f »
*142a.*10 » noir s. rose. 70f » 15f »

1886-90. *Légende :* REPUBLICA DE CO-LOMBIA. *types divers. dentelés.*

137. 1 c. vert *armes* . . . » 15 » 10
138. 2 » rouge *Sucre*. . . » 25 » 20

Neufs. Oblitérés.

130. 5 c. bleu s. az. *Bolivar* » 50 » 05

131. 10 c. orange *Nunez*. . 1f » » 15

139.	20 c. violet *Narino* . .	2f »	»	»
150.	20 » violet *id. refait.* .	2f „	» 75	
151.	50 » brun clair, *armes.*	5f „	»	»
152.	1 p. lilas, *armes* . . .	10f »	2f 50	
153.	5 » bistre, *armes* . .	» ъ	»	»
154.	10 » noir s. rose *armes*	»	» 20f	»
166.	5 pesos noir sur blanc	»	»	»

1887. *Armes, inscription* RETARDO *en travers, dentelé (pour lettres en retard).*

136. 2 ½ c. noir sur violet. » 35 » 25

1889. *Inscriptions, grand* R, *dentelé (pour chargements).*

155. 10 centavos rouge . . 1f 50 1f »

1890-91. *Armes, types divers, dentelés.*

N^{os} / Neufs. Oblitérés.

			Neufs	Oblitérés
181.	1 centavo vert . . .	» 15	»	»
167.	2 » rouge	» 25	» 25	
168.	5 » bleu	» 50	» 15	
169.	10 » bistre sur jaune	1f »	» 15	
170.	20 » violet	2f »	» »	

1892. *Même genre en cours, papier teinté, dentelé.*

187. 2 centavos rouge . . . » » » »

1892. *Timbres antérieurs, types nouveaux pour les 20 c. et 1 peso, dentelés.*

188.	1 c. orange s. jaune.	» 15	» 10
189.	2 » vert.	» 25	» »
190.	5 » noir s. chamois	» 50	» 10
191.	10 » brun sur rose .	1f »	» 15
192.	20 » bistre sur bleu .	2f »	» 35
193.	50 » viol. s. lilas clair	5f »	» »
194.	1 p. bleu sur vert. .	10f »	2f50
195.	5 » rouge s. lil. clair	» »	» »
196.	10 » bleu.	» »	20f »

1892. *Armes,* RETARDO *en bas, dentele (pour lettres en retard).*

N^o / Neufs. Oblitérés.

197. 2½ c. bleu sur rose . » 35 » 20

1892. *Type 1889, oblong, dentele (pour chargements).*

198. 10 c. brun s. br. clair 1f25 » 50

Vignettes pour chargements
(Voir Catalogue des enveloppes)

Timbres-taxe

1865. *Trois écussons.*

47. 2½ c. noir sur violet 1f » » »

1865. *Condor, armes, noir sur couleur.*

54.	25 cent. bleu	5f »	» »
55.	50 » jaune.	10f »	» »
56.	1 peso rose	15f »	» »

1869. *Armes.*

76. 2½ c. noir sur violet » 50 » »

1870. *Armes.*

^{Nos}   Neufs. Oblitérés.

75. 25 cent. noir sur bleu   2f 50   1f 25

1879. *Idem.*

90. 25 cent. vert sur blanc   5f   »   »   »

Timbres - télégraphe

1881. *Armes, cadres divers.*

102. 5 cent. violet . . .   » 75   »   »
103. 10   »   vert . . . .   1f 25   »   »
104. 20   »   rouge . . .   2f 50   » 75
105. 50   »   bleu . . . .   »   »   »   »

106. 1 peso bistre *effigie*.   »   »   »   »
106a. 1   »   noir s. paille.   4f   »   »   »

1882. *Mêmes types.*

125. 5 cent. bleu . . . . .   » 50   » 25
126. 10   »   rouge . . . .   1f   »   » 25
127. 20   »   brun . . . .   2f   »   » 35
128. 50   »   bleu ciel. . .   »   »   »   »
129. 50   »   violet . . . .   2f 50   » 75
133. 1 peso noir s. vert cl.   3f   »   2f   »

1886. *Timbre-télégraphe de 1881, dessin refait, la roue ailée se présente de 3/4 au lieu d'être de face.*

^{Nos}   Neufs. Oblitérés.

134. 20 c. brun rouge. . .   »   »   » 35

1888. *Armes, cadres divers, légende:* REPUBLICA DE COLOMBIA, *papier teinté.*

143. 5 cent. bistre . . .   »   »   »   »
144. 10   »   brun clair . .   » 60   » 15
145. 20   »   bleu . . . . .   » 75   » 25
146. 50   »   noir sur jaune   »   »   » 75
147. 1 peso vert . . . . .   »   »   »   »

1891. *Armes, types divers.*

182. 5 cent. rouge . . .   »   »   »   »
183. 10   »   jaune. . . .   »   »   » 25
184. 20   »   bleu . . . .   » 75   » 25

199. 1 peso vert sur vert.   »   »   1f 50

ANTIOQUIA

1868. *Condor, armes, types divers.*

1. 2½ cent. bleu . . . . .   »   »   »   »
2. 5   »   vert . . . . .   »   »   »   »

Nos		Neufs.	Oblitérés.
3.	10 cent. lilas. . . .	» »	» »

4.   1 peso rouge . . » » » »

1869-72. *Mêm? genre.*

5.	2½ cent. bleu	1f »	» »
6.	5 » vert	» »	» »
7.	10 » lilas	2f 50	1f25

8.	20 cent. brun	3f50	1f50
9.	1 peso carmin. . . .	8f »	8f ›
10.	1 » rouge	» »	» ›

1873. *Idem, chiffres ombrés.*

11.   5 cent. vert . . . . . » » » ›

1874. *Inscriptions et armes, types divers.*

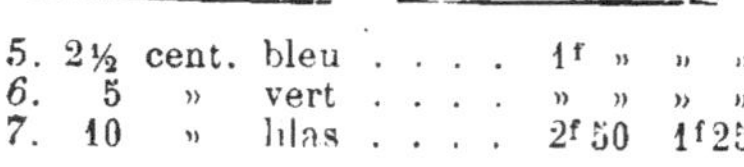

| 12. | 1 cent. vert. . . . . . | » » | » » |
| 13. | 5 » vert. . . . . . | » » | 1f25 |

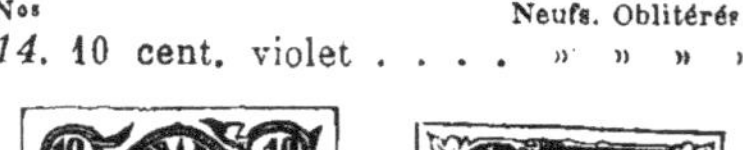

14. 10 cent. violet . . . . » » » »

| 15. | 20 cent. brun . . . . | » » | » » |
| 16. | 50 » bleu . . . . . | 4f » | » » |

17.   1 peso rouge . . . . 8f » » »

| 18. | 2 pesos noir sur jaune | 15f » | » » |
| 19. | 5 » noir sur rose. | 40f » | » » |

1875. *Types divers.*

20.	1 c. noir s. vert *glacé*	1f »	» »
24.	1 » noir s. vert *mat*	» 75	» »
25.	1 » noir sur blanc .	» 60	» »
21.	2½ » bleu *condor*. .	» 75	» »

<table>
<tr><td colspan="2">N^{os}</td><td>Neufs.</td><td>Oblitérés.</td></tr>
</table>

Nos   Neufs. Oblitérés.

22.   5 c. vert *Liberté*.   .   »   »   »   »

22a.   5 c. id. *chif. pleins*.   »   »   »   »
23.   10   » lilas *J. Berrio*.   »   »   »   »

1876-82. *Types divers.*

26.   2½ c. bleu *condor*. .   » 75   »   »
27.   5   »   vert *Liberté* .   1f50   » 75
28.   10   » violet *armes* .   »   »   »   »

1882. *Aigle ou Liberté.*

32. 2½ c. vert *condor*. . .   » 75   »   »
31.   5   » violet *Lib. à dr.*   »   »   1f   »
29. 10   » lilas *Lib. à g.* .   »   »   1f50
30. 20   » bistre *Lib. à dr.*   4f   »   2f50

1883. *Types divers.*

33. 10 c. rouge *type n° 29*. .   4f   »   »   »

34.   5 c. brun. . . . . . .   1f50   »   »
35. 10   » vert . . . .   »   »   »   »

1884. *Idem.*

N^{os}   Neufs. Oblitérés

36.   1 c. violet *type n° 20*.   1f   »   »   »
37.   5   » jaune *type n° 34*.   1f50   »   »
38. 10   » bleu   *type n° 35*.   »   »   »   »

1885. *Idem.*

39.   1 c. vert bl., *t. n° 20*.   » 50   »   »
39a.   1   » noir s. vert pâle.   »   »   »   »
40. 2½   » noir *aigle* . . .   »   »   »   »
41.   5   » vert bl. *eff. à g.*. .   »   »   »   »
42. 10   » lilas . . . . . .   2f50   »   »

43.   20 c. bl. ciel *eff. à g.*. .   4f   »   »   »

1886. *Armes.*

44.   1   c.   vert sur rosé . .   » 20   »   »
45. 2½   »   noir sur jaune.   » 35   »   »
46.   5   »   bleu s. chamois.   » 75   »   »
47. 10   »   rose s. chamois.   1f25   »   »
48. 20   »   violet s. chamois   2f   »   »   »
49. 50   »   bistre s. chamois   5f   »   »   »
50.   1 peso jaune sur vert.   10f   »   »   »
51.   2   »   vert sur lilas. .   20f   »   »   »

1888. *Idem.*

52.   1 c. rouge sur lilas. .   » 35   »   »
53. 2½   » lilas sur rose . .   » 50   »   »
54.   5   » carmin s. cham. .   1f   »   »   »
55. 10   » brun sur vert. . .   1f50   » 75

1889. *Armes, légende* : REPUBLICA DE COLOMBIA, *noir sur couleur, dentelés.*

Nᵒˢ			Neufs.	Oblitérés.
56.	1 centavo	rose . . .	» 20	» »
57.	2½ »	bleu . . .	» 35	» 25
58.	5 »	jaune. . .	» 60	» 20
59.	10 »	vert . . .	1ᶠ25	» 40

1890. *Timbres provisoires. Inscriptions, cadres divers, noir sur couleur, dentelés.*

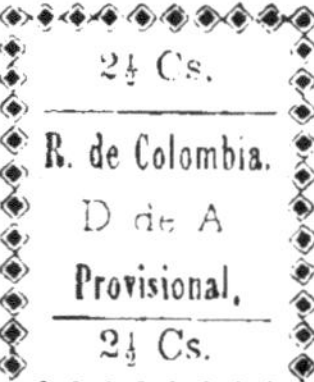

60.	2½ centavos	chamois.	1ᶠ »	» »
61.	5 »	orange .	2ᶠ »	» »
62.	10 »	chamois.	» »	» »
63.	10 »	rose . .	4ᶠ »	» »
64.	20 »	orange .	8ᶠ »	» »

1890. *Armes, dentelés.*

65.	20 c.	bleu foncé . . .	2ᶠ »	» »
66.	50 »	vert foncé . . .	5ᶠ »	» »
67.	1 p.	rouge.	10ᶠ »	5ᶠ »
68.	2 »	noir sur carmin.	» »	» »
69.	5 »	noir sur rouge .	» »	» »

1892. *Armes, dentelés.*

Nᵒˢ			Neufs.	Oblitérés.
70.	1 c. brun s. brun clair		» 25	» 20
71.	2½ » violet sur lilas. .		» 60	» 25
72.	5 » noir		1ᶠ »	» 25

1893. *Type de 1892 pour les 1, 2½ et 5 c. et 1889 pour le 10 c.*

73.	1 cent.	bleu.	» 20	» »
74.	2½ »	vert.	» 35	» »
75.	5 »	rouge. . . .	» 60	» »
76.	10 »	brun clair. .	1ᶠ »	» »

BOLIVAR

1863-66. *Légende, armes.*

1.	10 cent.	rouge	10ᶠ »	6ᶠ »
2.	10 »	vert	» »	» »
3.	1 peso	rouge	2ᶠ »	» »

1873. *Armes, types divers.*

4.	5 cent.	bleu	2ᶠ50	» »
5.	10 »	violet	» »	» »

6.	20 cent.	vert	» »	» »
7.	80 »	rouge	» »	» »

1874. *Armes, inscriptions.*

Nos		Neufs.	Oblitérés.
9.	5 cent. bleu	» »	1f75

1877-78. *Types divers.*

| *11.* | 5 cent. bleu . . . . | » » | 1f50 |

| *10.* | 10 cent. lilas . . . . . | 2f » | 1f25 |

1879. *Effigie à gauche (Bolivar), cadres divers, millésime 1879, dentelés.*

Idem, sur papier azuré.

Idem, millésime 1880.

13.	5 cent.	bleu	» 75	» 50
14.	10 »	violet	1f25	» 50
15.	20 »	carmin . . .	2f »	» 75
16.	40 »	brun	» »	1f »
17.	80 »	vert	» »	2f50
18.	1 peso	orange . . .	» »	2f50

1882. *Même effigie de face, dentelés.*

19.	5 pesos carmin et bleu	» » » »
20.	10 » bleu et rouge	» » » »
	La série des deux . .	» » 25f »

1882. *Effigie à gauche, cadres divers, millésime 1882, dentelés.*

Idem, millésimes 1883, 1884, 1885,

Nos			Neufs.	Oblitérés.
21.	5 cent.	bleu	» 75	» 35
22.	10 »	violet	» »	» 35
23.	20 »	carmin . . .	» »	» 60
24.	40 »	brun	» »	1f »
25.	80 »	vert	» »	2f50
26.	1 peso	orange . . .	» »	2f50

1891. *Même effigie, millésime 1891, dentelés.*

27.	1 centavo	noir	» 25	» »
28.	5 »	orange . .	» 75	» 25
29.	10 »	carmin . .	1f25	» »
30.	20 »	bleu . . .	2f »	» »
31.	50 »	vert	5f »	» »
32.	1 peso	violet . . .	10f »	» »

CUNDINAMARCA

1870. *Condor, armes, types divers.*

| *1.* | 5 cent. bleu . . . . . | 3f » | 2f » |
| *2.* | 10 » rouge . . . . . | » » | 3f » |

1877. *Même genre.*

N°ˢ		Neufs.	Oblitérés.
3.	10 cent. rouge	2ᶠ »	» »
4.	20 » vert	» »	5ᶠ »

1882. *Idem, grands.*

| 5. | 50 cent. lilas . . . . . | » » | » » |
| 6. | 1 peso brun clair . . | » » | » » |

1884. *Armes.*

| 7. | 5 cent. bleu . . . . . . | » » | » » |

1886. *Même genre.*

8.	5 centavos bleu . . .	» 75	» »
9.	10 » rouge . . .	1ᶠ25	» »
10.	20 » vert. . . .	2ᶠ25	» »
11.	50 » violet . .	5ᶠ »	» »
12.	1 peso brun . . .	10ᶠ »	» »

PANAMA

1879. *Armes.*

N°ˢ			Neufs.	Oblitérés.
1.	5 cent.	vert	1ᶠ25	» »
2.	10 »	bleu	2ᶠ50	» »
3.	20 »	carmin . . .	5ᶠ »	» »
4.	50 »	orange *grand*	» »	» »

CANAL DE PANAMA

1887-89. *Carte de l'isthme de Panama, (lithographiés) noir sur couleur, dentelés.*

1.	1 cent.	vert	» 25	» 20
2.	2 »	rose	» 50	» »
3.	5 »	bleu	» 75	» 25
4.	10 »	jaune.	1ᶠ »	» 35
5.	20 »	violet.	2ᶠ »	1ᶠ »
6.	50 »	bistre sur blanc	5ᶠ »	1ᶠ50
8.	5 »	gris bleu . . .	» 60	» 35

1888. *Grand* R, *inscriptions, dentelé (pour chargements).*

| 7. | 10 cent. noir sur gris . | » » | 1ᶠ50 |

1892. *Carte de l'isthme, gravés, dentelés.*

| N^{os} | | | | Neufs. | Oblitérés. |

9. 1 centavo vert . . . . » 15 » 15
10. 2 » carmin . . » 25 » 20
11. 5 » bleu. . . . » 60 » 20
12. 10 » jaune . . . 1f25 » 35

SANTANDER

1884. *Armes.*

1. 1 centavo bleu. . . . . » 35 » »
2. 5 » rouge . . . » 75 » »
3. 10 » lilas . . . . 1f50 » »

1886. *Même genre.*

5. 1 centavo bleu. . . . . » 25 » »
6. 5 » rouge. . . . » 60 » »
7. 10 » violet. . . . 1f25 » »

1887-88. *Type de 1884 avec* REPU-
BLICA DE COLOMBIA.

8. 1 centavo bleu. . . . » 25 » »
9. 5 » rouge . . . » 75 » 60
10. 10 » violet . . . 1f50 1f »

1890. *Armes, types divers, dentelés.*

| N^{os} | | | Neufs. | Oblitérés |

11. 1 centavo bleu. . . » 20 » »
12. 5 » rouge . . . » 75 » 50

13. 10 centavos violet. . . 1f50 » 75

1892. *Armes, papier teinté, dentelé.*

14. 5 centavos rouge . . . » » »

TOLIMA

1870. *Cadre fleuronné, inscriptions.*

1. 5 c. noir sur azuré . » » » »
2. 5 » noir sur chamois » » » »
3. 5 » noir sur blanc » » » »
4. 10 » noir sur blanc . » » » »

1870. *Condor, armes, types divers.*

Nos			Neufs.	Oblitérés		
5.	5 cent.	brun.	1f »	»	»	
6.	10 »	bleu	1f25	1f »		

7.	50 cent.	vert	8f »	»	»	
8.	1 peso	rose	15f »	12f »		

1878-80. *Mêmes armes, types divers.*

10.	5 cent.	brun.	» 75	» 60		
11.	10 »	bleu.	1f25	1f »		
12.	50 »	vert	3f »	»	»	
13.	1 peso	rouge	5f »	»	»	
9.	5 »	bistre	» »	»	»	

1881. *Armes.*

18.	1 centav.	gris	» 35	»	»	
19.	2 »	lilas	» 40	»	»	
20.	2½ »	rouge brun.	» 60	»	»	
21.	5 »	brun. . . .	1f »	»	»	

Nos				Neufs.	Oblitérés.		
22.	10 centav.	bleu	» »	»	»		
23.	10 »	bleu ciel . .	1f50	»	»		
24.	20 »	jaune. . . .	» »	»	»		
25.	25 »	noir	3f50	»	»		
26.	50 »	vert	6f »	»	»		
27.	1 peso	brique . . .	» »	»	»		
28.	2 »	violet. . . .	» »	»	»		
29.	5 »	orange. . .	» »	»	»		
30.	10 »	rose	» »	»	»		

1884. *Types 1878.*

31.	5 centavos	jaune. . .	» 75	»	»	
32.	10 »	rouge. . .	1f »	»	»	

1886. *Armes, dentelés.*

33.	5 centavos	brun. . . .	» 75	» 60		
34.	10 »	bleu. . . .	1f25	»	»	
35.	50 »	vert	5f »	»	»	
36.	1 peso	rouge. . .	10f »	»	»	

Autre type, non dentelé.

37.	20 centavos	lilas. . . .	2f »	»	»	

1887. *Même genre, dentelés.*

41.	1 centavo	gris.	» »	»	»	
42.	2 »	lilas rosé . .	» »	»	»	
43.	2½ »	orange. . .	» »	»	»	
43a	10 »	bleu	» »	»	»	
44.	20 »	jaune citron.	» »	»	»	
45.	25 »	noir	» »	»	»	
46.	2 pesos	lilas	» »	»	»	
47.	5 »	orange. . .	» »	»	»	
48.	10 »	rose	» »	»	»	

1888. *Même genre,* REPUBLICA DE COLOMBIA, *dentelés.*

49.	5 centavos	rouge . . .	» »	» 50		
50.	10 »	vert	1f25	»	»	
51.	50 »	bleu. . . .	» »	»	»	
52.	1 peso	brun clair .	» »	»	»	

COLOMBIE ET VANCOUVER

POSSESSIONS ANGLAISES

Amérique du Nord, Nord

1861. *Effigie à gauche (Victoria I), dentelé.*

			Neufs.	Oblitérés.
1.	2½ pence chair . . .	8ᶠ	»	6ᶠ »

VANCOUVER

1865. *Effigie à gauche (Victoria I), dentelés.*

1.	5 cents rouge	» »	» »
2.	10 » bleu	» »	» »

Idem, non dentelé.

3.	10 cents bleu	» »	» »

COLOMBIE BRITANNIQUE

1865. *Couronne, V, dentelé.*

1.	3 pence bleu	2ᶠ »	» »

1867. *Idem, valeur en surcharge de diverses couleurs, dentelés.*

Nᵒˢ					Neufs.	Oblitérés.
2.	2 c.	bistre surch.	noire.	»	»	» »
3.	5 »	chair »	noire.	»	»	» »
4.	10 »	carmin »	bleue.	»	»	» »
5.	25 »	jaune »	lilas. .	6ᶠ	»	» »
6.	50 »	violet »	rouge.	»	»	» »
7.	1 dol.	vert »	verte .	»	»	» »

COLONIES FRANÇAISES

Asie, Afrique, Amérique, Océanie

1859-62. *Aigle.*

1.	1 centime	olive . . .	» 20	» 25
2.	5 »	vert . . .	» 25	» 20
3.	10 »	bistre . .	» 35	» 10
4.	20 »	bleu . . .	» 75	» 25
5.	40 »	rouge . .	» 75	» 15
6.	80 »	rose . . .	1ᶠ50	» 75

1871. *Timbres de France 1863 empereur lauré (sauf le 5 c.) et république 1870, non dentelés, émis simultanément.*

7.	1 c.	olive *(empire)* .	» 50	» 50
8.	5 »	vert » .	» »	» »
9.	30 »	brun » .	1ᶠ »	» 50
10.	80 »	rose » .	» »	2ᶠ50

11.	10 c.	bistre *(républ.).*	» »	1ᶠ »
12.	20 »	bleu » .	» »	1ᶠ »
13.	40 »	rouge » .	1ᶠ »	» 35

1873-76. *Timbres de France 1871-73 république, non dentelés*

Nᵒˢ				Neufs.		Oblitérés.	
14.	1 c. olive	*grands chif.*	» 25		» 15		
21a.	2 » marron	»	» »		» »		
31.	4 » gris	»	» »		» »		
15.	5 » vert	»	» 15		» 10		
16.	15 » bistre	*petits chif.*	1ᶠ50		» 25		
17.	25 » bleu	»	» 75		» 10		
18.	30 » brun	*gros chiffres*	1ᶠ »		» 50		
19.	80 » rose	»	2ᶠ »		1ᶠ »		
20.	15 » bistre	»	» »		» »		
32.	10 » bist. s. rose	»	» 75		» 15		

1877. *Timbres de France 1876 (groupe allégorique), non dentelés.*

Nᵒ				Neufs.	Oblitérés.
21.	1 cent.	vert	» 60	» »
33.	2 »	vert	» 60	» »
34.	4 »	vert	» 35	» »
22.	5 »	vert	» 35	» 10
23.	10 »	vert	» »	» 15
24.	15 »	gris	» »	» »
25.	20 »	marron	» 60	» 15
26.	25 »	bleu	» 75	» 25
27.	30 »	brun	» »	» »
28.	40 »	rouge	1ᶠ »	» »
29.	75 »	rose	3ᶠ »	1ᶠ50
30.	1 franc olive		2ᶠ50	» 75

1878-79. *Idem.*

35.	1 cent.	noir s. azuré	» 35	» »
36.	2 »	brun rouge	» 50	» »
38.	4 »	violet brun	» 75	» »
39.	10 »	noir s. violet	» »	» 30
40.	15 »	bleu	» 50	» »
42.	25 »	noir s. rouge	» »	» »
41.	35 »	noir s. jaune	1ᶠ25	» »

1880. *Idem.*

Nᵒˢ			Neufs.	Oblitérés.
43.	25 cent. jaune	» »	2ᶠ »
45.	20 » bistre sur vert	» 75	» 25

1881. *Déesse assise, dentelés.*

46.	1 cent.	noir sur bleu	» 05	» 05
47.	2 »	brun rouge	» 05	» 05
48.	4 »	violet brun	» 10	» 10
49.	5 »	vert	» 10	» 05
50.	10 »	noir sur violet	» 20	» 05
51.	15 »	bleu	» 30	» 05
52.	20 »	bistre sur vert	» 40	» 10
53.	25 »	jaune	» 50	» 10
54.	30 »	brun	» 60	» »
55.	35 »	noir sur jaune	1ᶠ »	» »
56.	40 »	rouge	» 80	» »
57.	75 »	rose	1ᶠ50	» »
58.	1 franc olive		2ᶠ »	» 60

1888. *Idem.*

72.	25 cent. noir sur rose	» 50	» 05

Timbres-taxe

1884-86. *Timbres-taxe de France 1881-82, non dentelés.*

73.	1 centime	noir	» »	» »
74.	2 »	noir	» »	» »
75.	3 »	noir	» »	» »
76.	4 »	noir	» »	» »
60.	5 »	noir	» 25	» 25
61.	10 »	noir	» 35	» 25
62.	15 »	noir	» 50	» 25
63.	20 »	noir	» 60	» 30
64.	30 »	noir	» 75	» 25
65.	40 »	noir	1ᶠ »	» »
66.	60 »	noir	1ᶠ50	» »
67.	1 franc	brun rouge	2ᶠ50	» »
68.	2 »	brun rouge	4ᶠ50	» »
69.	5 »	brun rouge	10ᶠ »	» »
Les 1, 2, 3 et 4 cent. noirs				
4 timbres neufs			1ᶠ50	» »

CONGO FRANÇAIS

Afrique Occident

GABON

1886. *Timbres des Colonies françaises (déesse), avec chiffre de la valeur et* GAB. *en surcharge noire; cette surcharge occupe une place différente pour chaque valeur.*

Nᵒˢ		Neufs.	Oblitérés.
1. 5 c. sur 20 c. bistre vert	»	»	» »
2. 10 » sur 20 » bistre vert	»	»	» »
3. 25 » sur 20 » bistre vert	2ᶠ	»	1ᶠ25
4. 50 » sur 15 » bleu...	»	»	» »
5. 75 » sur 15 » bleu...	»	»	» »

1889. *Timbres des Colonies françaises en cours avec gros chiffre en surcharge noire.*

6. 15 sur 10 c. noir s. violet.	»	»	» »
7. 15 sur 1 fr. vert olive..	»	»	» »
8. 25 sur 5 c. vert....	»	»	8ᶠ »
9. 25 sur 10 c. noir s. violet.	»	»	» »
10. 25 sur 75 c. rose....	»	»	» »

1889. *Timbres-taxe des Colonies utilisés comme timbres-poste, avec* GABON TIMBRE *et valeur en surcharge noire.*

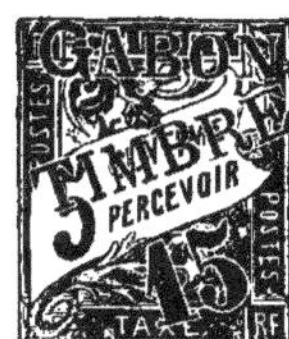

11. 15 sur 5 c. noir...	8ᶠ »	7ᶠ »
12. 15 sur 30 c. noir...	» »	» »
13. 25 sur 20 c. noir...	» »	5ᶠ »

1889. *Composition typographique, noir sur couleur, non dentelés.*

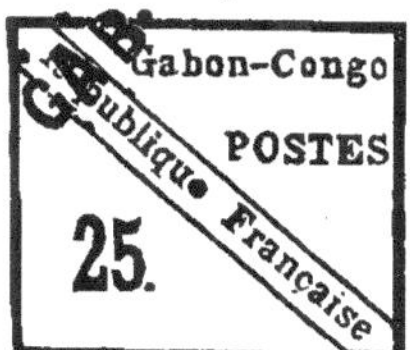

Nᵒˢ		Neufs.	Oblitérés.
14. 15 centimes rose...	»	»	» »
15. 25 » vert...	»	»	10ᶠ »

CONGO FRANÇAIS

1891. *Timbres des Colonies françaises avec* Congo français *et valeur en surcharge noire.*

16. 5 c. sur divers...	»	»	2ᶠ »
20. 10 » s. 25 ou 40 c....	»	»	3ᶠ »
22. 15 » s. 25 c. noir s. rose	»	»	4ᶠ »

1892. *Timbres-taxe des Colonies avec nom du pays,* TIMBRE-POSTE *et valeur en surcharge noire ou rouge.*

41. 5 c. sur divers....	»	»	6ᶠ »
23. 10 sur 1 fr. brun rouge	»	»	6ᶠ »

1892. *Groupe allégorique (Navigation et Commerce),* CONGO FRANÇAIS, *en rose ou en bleu, dentelés.*

24. 1 cent. noir sur bleu.	» 05	» »

N{os}		Neufs.	Oblitérés.
25.	2 cent. brun rouge. .	» 05	» »
26.	4 » brun violet. .	» 10	» »
27.	5 » vert	» 10	» »
28.	10 » noir sur violet	» 15	» »
29.	15 » bleu.	» 25	» »
30.	20 » rouge sur vert	» 30	» »
31.	25 » noir sur rose.	» 35	» »
32.	30 » brun.	» 45	» »
33.	40 » rouge	» 50	» »
34.	50 » rose	» 65	» »
35.	75 » noir sur jaune	1f »	» »
36.	1 franc olive.	1f25	» »
	La Collection complète des 13 timbres. . . .	» »	5f »

CONGO INDÉPENDANT

Afrique Occident

1886. *Effigie à gauche (Léopold II), cadres divers, dentelés.*

		Neufs.	Oblitérés.
1.	5 cent. vert	» 25	» »
2.	10 » rose	» 30	» »
3.	25 » bleu	» 60	» »
4.	50 » gris vert . . .	1f50	» »
6.	5 francs violet.	» »	» »

1887-91. *Même effigie de trois quarts à droite, dentelés.*

		Neufs.	Oblitérés.
13.	5 cent. vert	» 15	» »
14.	10 » rose	» 25	» »
15.	25 » bleu. . . .	» 50	» »
8.	50 » brun	1f50	» »
9.	5 francs violet	12f »	» »
21.	10 » jaune bistre .	18f »	» »

1892. *Idem.*

22.	5 francs gris.	10f »	5f »

Timbres pour colis postaux

1887. *Timbres en cours avec* COLIS POS-TAUX *et valeur en surcharge noire.*

10.	3.50 sur 5 fr. violet, *effigie à gauche*	» »	» »
11.	3.50 sur 5 fr. violet, *effigie de 3/4*	10f »	» »

1892. *Idem.*

23.	3.50 sur 5 fr. gris. . .	7f »	» »

CONGO PORTUGAIS

Afrique Occident

1894. *Inscriptions et chiffres (pour journaux), dentelé.*

N{os}		Neufs.	Oblitérés.
1.	2½ reis brun	» 15	» »

ILES DE COOK

POSSESSION ANGLAISE

Océanie Polynésie

1892. *Sept étoiles, inscriptions, dentelés*

		Neufs.	Oblitérés.
1.	1 penny noir	» 40	» »
2.	1½ » lilas	» 60	» »
3.	2½ pence bleu . . .	1f »	» »
4.	10 » carmin. . .	4f »	» »

1893. *Effigie de trois quarts à droite de la Reine Makea, dentelés.*

		Neufs.	Oblitérés.
6.	1 penny brun. . . .	» 30	» »
7.	1½ » violet . . .	» 40	» »
8.	2½ pence rose. . . .	» 75	» »
9.	5 » noir. . . .	1f25	» »
10.	10 » vert	2f50	» »

CORÉE

ROYAUME

Asie Orient

1884. *Armes, inscriptions orientales dentelés.*

N°ˢ		Neufs.	Oblitérés.
1.	5 mun rose......	1ᶠ »	» »
2.	10 » bleu.....	» 75	» »

Les valeurs 25, 50 et 100 mun préparées, n'ont pas été émises.

COSTA-RICA

RÉPUBLIQUE

Amérique Centrale

1863. *Mer, montagnes, dentelés.*

1.	½ real bleu.....	» 10	» 15
2.	2 » rouge....	» 50	» 50
3.	4 » vert.....	2ᶠ »	2ᶠ50
4.	1 peso orange...	3ᶠ »	3ᶠ50

1881-82. *Idem, avec valeur en surcharge rouge.*

6.	1 c. sur ½ r. bleu..	» 50	» ·
5.	2 » sur ½ r. bleu..	» 60	» ·

1882. *Idem, valeur et* U. P. U. *en surcharge.*

7.	5 c. rouge s. ½ r. bleu	» »	» »
8.	10 » noir s. 2 r. rouge	4ᶠ »	» »
9.	20 » rouge s. 4 r. vert	» »	» »

1883. *Effigie (Fernandez), dentelés.*

N°ˢ		Neufs.	Oblitérés.
10.	1 centavo vert....	» 15	» »
11.	2 » rose...	» 25	» »
12.	5 » violet...	» 60	» 10
13.	10 » orange..	1ᶠ25	» 25
14.	40 » bleu...	4ᶠ »	1ᶠ50

1885. *Tous les timbres en cours avec* GUANACASTE *en surcharge noire ou rouge.*

17.	1 ou 2 c........	» 35	» 35

1887. *Effigie (don Bernardo Soto), dentelés.*

23.	5 centavos violet...	» »	» 15
24.	10 » orange...	1ᶠ »	» 25

1889. *Timbres fiscaux avec* CORREOS *en surcharge noire.*

25.	1 centavo carmin...	» »	1ᶠ »
26.	2 » bleu....	» »	» »
27.	5 » brun rouge.	1ᶠ »	» 50

1889. *Effigie de trois quarts à gauche (Bernardo Soto),* CORREOS Y TELEGRAFOS, *cadres divers, dentelés.*

28.	1 cent. brun.....	» 10	» 15
29.	2 » vert foncé...	» 15	» 20

N°s		Neufs.	Oblitérés.
30.	5 cent. orange	» 60	» 15
31.	10 » brun rouge . .	» 25	» 25
32.	20 » vert jaune . .	» 30	» 60
33.	50 » rose	» »	» »
34.	1 peso bleu	» »	» »
35.	2 » violet.	» »	» »
36.	5 » olive	» »	» »
37.	10 » noir	» »	» »
	La série des 10 timbres. 20f »	» »	

1892. *Armes, cadres divers, papier teinté pour les valeurs en pesos, dentelés.*

45.	1 cent. vert bleu . . .	» 15	» 10
46.	2 » orange	» 25	» 20
47.	5 » violet	» »	» 15
48.	10 » vert jaune . .	» »	» 25
49.	20 » rouge	» »	» »
50.	50 » bleu	» »	» »
51.	1 peso vert sur jaune.	» »	» »
52.	2 » rose	» »	» »
53.	5 » bleu foncé . .	» »	» »
54.	10 » brun s.chamois	» »	» »

Timbres de service

1883-87. *Timbres de 1883 et 87, avec* OFICIAL *en surcharge de diverses couleurs.*

14a.	1 centavo vert	» 25	» »
15a.	2 » rose. . . .	» 35	» »
	etc. etc.		

1890. *Timbres de 1889, même surcharge.*

38.	1 centavo brun . . .	» 25	» »
39.	2 » vert foncé .	» 35	» »
	etc., etc.		

1892. *Timbres de 1892, même surcharge.*

55.	1 cent. vert bleu. . .	» »	» »
56.	2 » orange. . . .	» »	» »
	etc., etc.		

COTE D'IVOIRE

COLONIE FRANÇAISE

Afrique Occident

1892. *Groupe allégorique (Navigation et Commerce),* CÔTE D'IVOIRE, *en rose ou en bleu, dentelés.*

N°s		Neufs.	Oblitérés.
1.	1 cent noir sur bleu .	» 05	» »
2.	2 » brun rouge . .	» 05	» »
3.	4 » brun violet . .	» 10	» »
4.	5 » vert	» 10	» »
5.	10 » noir sur violet	» 15	» »
6.	15 » bleu	» 25	» »
7.	20 » rouge sur vert	» 30	» »
8.	25 » noir sur rose .	» 35	» »
9.	30 » brun.	» 45	» »
10.	40 » rouge.	» 50	» »
11.	50 » rose	» 65	» »
12.	75 » noir sur jaune	1f »	» »
13.	1 franc olive.	1f 25	» »
	La collection complète des 13 timbres. . . .	5f »	» »

COTE DU NIGER

PROTECTORAT ANGLAIS

Afrique, Occident

OIL RIVERS

1892. *Timbres de Grande-Bretagne avec* BRITISH PROTECTORATE OIL RIVERS *en surcharge noire.*

1.	½ penny rouge	» 50	» 50
2.	1 » violet	» 75	» 75
3.	2 pence vert et rouge.	1f 50	» »
4.	2½ » violet sur bleu	2f »	» »
5.	5 » violet et bleu .	3f »	» »
6.	1 shill. vert	» »	» »

COTE DU NIGER

1893. *Effigie de Victoria de trois quarts à gauche, dentelés.*

N^{os}			Neufs.	Oblitérés.
10.	½ penny	rouge. . . .	» »	» »
11.	1 »	bleu clair. .	» »	» »
12.	2 pence	vert	» »	» »
13.	2½ »	carmin . . .	» »	» »
14.	5 »	lilas	» »	» »
15.	1 shill.	noir	» »	» »

COTE D'OR

POSSESSION ANGLAISE

Afrique Occident

1875-80. *Effigie à gauche (Victoria I), dentelés.*

4.	½ penny	bistre. . . .	» »	» »
1.	1 »	bleu	» 75	» »
5.	2 pence	vert bleu. .	» 75	» »
2.	4 »	carminé . .	1f 25	» 50
3.	6 »	orange . .	1f 50	» 75

1883. *Idem, avec surcharge noire.*

7. 1 p. sur 4 p. carminé. » » » »

1884-88. *Type 1875, dentelés.*

8.	½ penny	vert	» 15	» 15
9.	1 »	rose	» 25	» 15
10.	2 pence	bleu gris . .	» 50	» 25
11.	1 shill.	violet	2f 50	1f 50
12.	2 »	brun	5f »	2f 50

1889. *Idem, avec valeur en surcharge noire.*

N^{os}		Neufs.	Oblitérés.
14.	ONE P. sur 6 p. orange.	» »	» »

1889-91. *Idem, sans surcharge, dentelés.*

21.	2½ p. bleu et orange .	» 60	» 25
16.	3 » vert jaune . .	» 75	» 60

1889. *Même genre, effigie dans un octogone, dentelés.*

17.	5 shil.	violet et bleu .	12f »	» »
18.	10 »	violet et carmin	23f »	» »
19.	20 »	vert et carmin .	» »	» »

CURAÇAO

POSSESSION HOLLANDAISE

Amérique Centrale, Antilles

1873-79. *Effigie à gauche (Guillaume III), dentelés.*

1.	2½	cent	vert. . . .	» 75	» »
2.	3	»	bistre . . .	» »	» »
3.	5	»	carmin . .	» 40	» »
4.	10	»	bleu. . . .	» 75	» 35
5.	25	»	brun jaune.	1f 50	» 35
6.	50	»	violet . . .	3f »	1f »
9.	2 gl.50 c.		bistre et viol.	15f »	» »

1886-89. *Idem.*

11.	12½ cent jaune	» 75	» 50
14.	15 » gris vert . .	» »	» »
15.	30 » lilas gris . .	1f 50	» »
16.	60 » bistre jaune.	3f »	» »
17.	1 g.50 c. gris bleu et bleu pâle	6f 50	» »

1889. *Chiffre, dentelés.*

Nᵒˢ			Neufs.	Oblitérés.
18.	1 cent	gris	» 10	» »
19.	2 »	violet	» 15	» »
20 2½ »	vert	› 20	» 15
32.	3 »	bistre	» 25	» »
21.	5 »	carmin	» 30	» 25

1891. *Timbre de 1886 avec valeur en surcharge noire.*

34. 25 c. sur 30 c. lilas gris   5f » » »

1892-93. *Effigie à droite (Reine Wilhelmine) dentelés.*

49.	10 cent	bleu	» »	» »
45.	12½ »	vert	» 60	» 20
46.	15 »	rose	» 75	» »
47.	25 »	brun clair .	1f25	» 50
50.	30 »	gris	» »	» »
48.	50 »	rouge . . .	» »	» »

Timbres-taxe.

1889. *Valeur en noir, cadre couleur, dentelés.*

22.	2½ cent	vert	» 25	» »
23.	5 »	vert	» 35	» »
24.	10 »	vert	» 75	» »

Nᵒˢ			Neufs.	Oblitérés.
25.	12½ cent	vert	» »	» »
26.	15 »	vert	1f »	» »
27.	20 »	vert	1f 50	» »
28.	25 »	vert	1f75	» »
29.	30 »	vert	2f »	» »
30.	40 »	vert	3f »	» »
31.	50 »	vert	3f50	» »

1892. *Genre 1889 avec* CENT *au-dessous du chiffre.*

35.	2½ cent	vert	» 20	» »
36.	5 »	vert	» »	» »
37.	10 »	vert	» 60	» »
38.	12½ »	vert	» 75	» »
39.	15 »	vert	» »	» »
40.	20 »	vert	» »	» »
41.	25 »	vert	1f50	» »
42.	30 »	vert	» »	» »
43.	40 »	vert	» »	» »
44.	50 »	vert	» »	» »

DANEMARK

ROYAUME

Europe Nord, Occident

1851. *Chiffre.*

1. 2 rigsb. sk. bleu . . .   » » 8f »

1851. *Couronne et armes, valeur en lettres.*

2. 4 R. B. s. brun . . . 10f » » 20

1853-57. *Idem, valeur en chiffres, fond sablé.*

3. 2 s. bleu . . . . . . » 60 » 35
4. 4 » brun . . . . . . 4f » » 05
5. 8 » vert . . . . . . 2f » » 50
6. 16 » lilas . . . . . . 5f » 2f »

1858. *Idem, fond ondulé.*

N°ˢ		Neufs.	Oblitérés.
7.	4 s. brun	1ᶠ »	» 05
8.	8 » vert	2ᶠ50	» 75

1863. *Idem. dentelés.*

| 9. | 4 s. brun . . . . . . | 1ᶠ50 | » 20 |
| 11. | 16 » lilas *(sable)* . . | » » | » » |

1864-65. *Couronne et armes, dentelés.*

12.	2 s. bleu	» 30	» 15
13.	3 » lilas	» 60	» 35
14.	4 » rouge	» 75	» 05
15.	8 » bistre	» »	» 75
16.	16 » olive.	» »	» 60

1870-71. *Couronne, chiffre, dentelés.*

21.	2 sk. gris et bleu . .	» 25	» 10
22.	3 » gris et lilas . .	» 50	» 35
23.	4 » gris et carmin .	» 35	» 05
24.	8 » gris et brun . .	1ᶠ »	» 20
25.	16 » gris et vert . .	2ᶠ »	» 35
26.	48 » brun et violet .	» »	2ᶠ »

1875. *Idem, dentelés.*

32.	3 ore bleu et gris . .	» 15	» 05
33.	4 » gris et bleu . .	» 20	» 05
34.	8 » gris et carmin .	» 35	» 05
35.	12 » gris et lilas . .	» 60	» 10
36.	16 » gris et brun . .	» 75	» 10
37.	25 » gris et vert . .	1ᶠ »	» 15
38.	50 » brun et violet .	1ᶠ50	» 20

1875-79. *Idem.*

60.	5 ore bleu et rose . .	» 35	» 25
55.	20 » gris et rose . .	1ᶠ25	» 05
58.	100 » orange et gris .	2ᶠ50	» 35

1882-85. *Armes, dentelés.*

N°ˢ		Neufs.	Oblitérés.
64.	5 ore vert	» 15	» 05
66.	10 » rose, *1885*. . .	» 25	» 05
65.	20 » bleu.	» 50	» 10

Timbres de service

1871. *Armes, dentelés.*

28.	2 sk. bleu.	» 50	» 40
29.	4 » carmin	» 50	» 10
30.	16 » vert.	2ᶠ »	1ᶠ »

1875. *Idem.*

47.	3 ore violet	» 15	» 15
48.	4 » bleu.	» 20	» 15
49.	8 » carmin	» 35	» 10
50.	32 » vert.	1ᶠ »	» 20

Timbre de retour

1878. *Couronne, fond guilloché bleu.*

| 59. | brun. . . . . | 3ᶠ » | » » |

1890. *Même genre, dentelé.*

| 91. | bistre . . . . . . | 2ᶠ50 | » » |

POSTE LOCALE
HOLTE

1870. *Chiffre.*

Nos   Neufs. Oblitérés.

1.   2 B. brun . . . . . .   »   »   »   »

1872. *Chiffre, dentelé.*

2.   2 vert . . . .   »   »   »   »

DANUBE

COMPAGNIE AUTRICHIENNE DE NAVIGATION
Europe Sud, Orient

1866. *Chiffre, ancres, dentelés.*

1.   10   violet . . . . .   » 60   » 75
2.   17   rouge . . . . .   » 60   1f »

1868-71. *Idem.*

3.   10   vert . . . . . .   » 50   » 50
4.   10   rouge . . . . .   » 60   1f »

DEUX-SICILES

ROYAUME
Europe Sud

NAPLES

1858. *Trinacrie, cadres divers.*

1.   ½ grano rose . . . .   5¼ »   »   »
2.   1   »   rose . . . .   1f »   » 50

Nos   Neufs. Oblitérés

3.   2 grani rose . . . .   1f »   » 25
4.   5   »   rose . . . .   5f »   1f »
5.   10   »   rose . . . .   7f »   2f »
6.   20   »   rose . . . .   »   »   »   »
7.   50   »   rose . . . .   »   »   »   »

GOUVERNEMENT PROVISOIRE

1860. *Idem, T remplaçant le G.*

8.   ½ tornese bleu . . .   »   »   »   »

1860. *Idem, croix de Savoie remplaçant la trinacrie*

9.   ½ tornese bleu . . .   »   »   »   »

SICILE

1859. *Effigie à gauche (Ferdinand II).*

10.   ½ grano   orange . . .   2f »   »   »
11.   1   »   vert bistre .   »   »   2f »
12.   1   »   vert . . . .   2f »   »   »
13.   2 grani   bleu clair .   » 75   »   »
14.   2   »   bleu . . . .   »   »   »   »
15.   5   »   carmin .   4f »   »   »
16.   5   »   rouge . . .   1f 50   »   »
17.   10   »   bleu foncé .   2f »   »   »
18.   20   »   violet noir .   3f »   »   »
19.   50   »   chocolat . .   5f »   »   »
La série des 7 valeurs . .   15f »   »   »

NAPLES et SICILE

GOUVERNEMENT PROVISOIRE

1861. *Effigie à droite (Victor Emmanuel II), relief et couleur.*

Nᵒˢ				Neufs.	Oblitérés.
20.	½	tornese	vert . . .	» 25	» »
21.	½	grano	brun . . .	» 25	» »
22.	1	»	noir . . .	» 25	» »
23.	2	grani	bleu . . .	» 25	» »
24.	5	»	carmin . .	» 35	» »
24a.	5	»	lilas. . . .	3f 50	» »
25.	5	»	rouge . .	» 25	» »
26.	10	»	jaune . .	» 30	» »
27.	20	»	citron . .	» 35	» »
28.	50	»	gris . . .	» 75	» »
29.	50	»	gris bleu .	2f »	» »

DIÉGO-SUAREZ

POSSESSION FRANÇAISE

Afrique, Sud Orient.

1890. *Timbres des Colonies françaises avec valeur en surcharge bleue.*

1. 15 sur divers . . . . . » » 5f »

1890. *Timbres provisoires. Types divers, lithographiés.*

6. 1 centime noir . . . . . » » 2.50
7. 5 » noir . . . . . 2f » 2f »

Nᵒˢ		Neufs.	Oblitérés.
8.	15 centimes noir	1f 25	1f 25

9. 25 centimes noir 1f 25 1f 25

1891. *Idem, déesse, lithographié.*

10. 5 centimes noir . . . » » 4f »

1891. *Timbres des Colonies françaises avec 1891, nom du pays et valeur en surcharge noire.*

13. 5 c. s. 10 ou 20 c. . . . » » » »

1892. *Idem, avec* DIÉGO-SUAREZ *en surcharge transversale rouge ou noire.*

34.	1 c.	noir sur bleu . .	»	»	»	»
35.	2 »	brun rouge. . .	»	»	»	»
36.	4 »	brun violet. . .	»	»	»	»
37.	5 »	vert	»	»	»	»
38.	10 »	noir sur violet .	» 75	»	»	
39.	15 »	bleu	» 75	»	»	
40.	20 »	bistre sur vert .	1f »	»	»	
41.	25 »	noir sur rose . .	1f »	»	»	
42.	30 »	brun	»	»	»	»
43.	35 »	noir sur jaune .	»	»	»	»
44.	75 »	rose	3f »	»	»	
45.	1 fr.	olive	3f 50	»	»	

1892. *Groupe allégorique (Navigation et Commerce),* DIEGO-SUAREZ ET DÉPENDANCES *en rose ou en bleu, dentelés.*

15. 1 cent. noir sur bleu . » 05 » »

Nᵒˢ			Neufs.	Oblitérés.
16.	2 cent.	brun rouge . .	» 05	» »
17.	4 »	brun violet . .	» 10	» »
18.	5 »	vert	» 10	» »
19.	10 »	noir sur violet	» 20	» »
20.	15 »	bleu	» 30	» »
21.	20 »	rouge sur vert.	» 35	» »
22.	25 »	noir sur rose .	» 40	» »
23.	30 »	brun	» 50	» »
24.	40 »	rouge	» 60	» »
25.	50 »	rose	» 75	» »
26.	75 »	noir sur jaune	1ᶠ25	» »
27.	1 franc olive.		1ᶠ50	» »
	La collection complète			
	des 13 timbres. . . .		6ᶠ »	» »

Timbres-taxe

1891. *Chiffre et inscriptions, lithographiés.*

11.	5 centimes violet . .	»	»	4ᶠ »		
12.	50 » noir . . .	»	»	3ᶠ »		

1892. *Timbres-taxe des Colonies avec* DIÉGO-SUAREZ *en surcharge transversale.*

46.	10 cent. noir	»	»	»	»
47.	15 » noir	»	»	»	»
48.	20 » noir	»	»	»	»
49.	30 » noir	»	»	»	»
50.	60 » noir	»	»	»	»
51.	1 franc brun rouge . .	»	»	»	»

DOMINICAINE

RÉPUBLIQUE

Amérique Centrale, Antilles

1862. *Armes, valeur écrite de bas en haut, cadre filets droits, noir sur couleur.*

1.	½ real rose	»	»	»	»
2.	1 » vert	»	»	»	»

1865. *Idem valeur écrite de haut en bas, filet imitant le dentelé.*

Nᵒˢ			Neufs.	Oblitérés.
3.	½ real vert		» »	» »
4.	1 » jaune		» »	» »

1868-68. *Armes, noir sur couleur.*

5.	½ real	chamois . . .	»	»	»	»
6.	1 »	vert clair . .	»	»	»	»
7.	½ »	rose	»	»	5ᶠ	»
8.	1 »	bleu	»	»	»	»
9.	½ »	rose pâle . .	»	»	»	»
10.	1 »	lilas pâle .	»	»	»	»
11.	½ »	gris	»	»	»	»
12.	1 »	rose pâle . .	»	»	»	»

1868-74. *Idem.*

13.	½ real	saumon . . .	»	»	»	»
14.	½ »	lilas	»	»	»	»
15.	1 »	vert	»	»	»	»
16.	1 »	chair	»	»	»	»
17.	½ »	vert	»	»	»	»
18.	1 »	carmin foncé	»	»	»	»
19.	1 »	violet	»	»	»	»
20.	½ »	noir et bleu sur rose . .	»	»	»	»
21.	½ »	noir sur jaune	»	»	3ᶠ	»
22.	½ »	bleu sur rose	»	»	»	»
23.			»	»	»	»

1879. *Armes, couleur sur blanc, dentelés.*

24.	½ real violet	» 75	» »

Nᵒˢ		Neufs.	Oblitérés.
25.	1 real rose	1ᶠ »	1ᶠ »

Idem, papier de couleur, dentelés.

| 26. | ½ r. violet sur violet. | » 75 | » › |
| 27. | 1 » rose sur saumon | 1ᶠ » | 1ᶠ » |

1880. *Armes, couleur sur blanc, dentelés.*

28.	1 centavo	vert. . . .	» 25	» »
29.	2 »	chair . . .	» 35	» »
30.	5 »	bleu. . . .	» 60	» »
31.	10 »	rose. . . .	1ᶠ25	» 50
32.	20 »	bistre . . .	2ᶠ25	1ᶠ »
33.	25 »	violet . . .	2ᶠ50	1ᶠ25
34.	50 »	orange . .	5ᶠ »	2ᶠ »
35.	75 »	bleu violet.	7ᶠ50	3ᶠ »
36.	1 peso	or	10ᶠ »	3ᶠ »

1883. *Idem, avec valeur et* CENTIMOS *ou* FRANCO *en surcharge noire.*

55.	5 c.	sur 1 c. vert .	» 50	» »
56.	10 »	sur 2 » chair.	» 75	» »
57.	25 »	sur 5 » bleu .	» 75	» 60
58.	50 »	sur 10 » rose .	1ᶠ50	» »
59.	1 fr.	sur 20 » bistre	2ᶠ50	» »
60.	1 fr. 25 s. 25 » violet		3ᶠ »	» »
61.	2 fr. 50 s. 50 » oran.		6ᶠ »	» »
62.	3 fr. 75 s. 75 » bleu v.		8ᶠ »	» »
63.	5 fr.	sur 1 peso or.	» »	» »

1885-91. *Armes, dentelés.*

64.	1 cent. vert	» 15	» 15
65.	2 » rouge	» 25	» 15
66.	5 » bleu.	» 50	» 15
67.	10 » jaune	1ᶠ »	» 25

68.	20 cent. brun	2ᶠ »	» 75
99.	50 » violet foncé .	5ᶠ »	» »
100.	1 peso carmin. . . .	10ᶠ »	» »
101.	2 » brun	20ᶠ »	» »

1891. *Timbres de 1880 avec* U. P. U. *et valeur en surcharge bleue ou carmin.*

90.	1 c. sur 5 c. bleu . .	» 50	» »
91.	2 » sur 20 » bistre .	1ᶠ »	» 75
92.	2 » sur 1 fr. bistre .	3ᶠ »	» »

1891. *Timbres de 1879, même surcharge.*

93.	50 c. sur 1 r. rose sur saumon . . .	6ᶠ »	» »
94.	80 » sur ½ r. violet sur blanc	10ᶠ »	» »
95.	90 » sur 1 r. rose sur blanc	» »	» »
96.	1 p. sur ½ r. violet s. violet	8ᶠ »	» »

Timbres - télégraphe

COMPAGNIE FRANÇAISE

1887. *Valeur au centre, dentelés.*

75.	25 centimos vert	» »	» »
73.	50 » jaune . . .	» »	» »
74.	1 peseta brun . . .	» »	» »
76.	5 » bleu. . . .	» »	» »
77.	10 » rouge . . .	» »	» »
	La série des 5 timbres. .	1ᶠ50	1ᶠ50

LA DOMINIQUE

POSSESSION ANGLAISE

Amérique Centrale, Antilles

1874-79. *Effigie à gauche (Victoria I), dentelés.*

| 4. | ½ penny bistre vert . | » 50 | » » |

Nᵒˢ				Neufs.	Oblitérés.
1.	1 penny		violet	» 50	» »

5.	2½ pence		brun carminé	3f »	2f »
6.	4	»	bleu	3f50	1f25
2.	6	»	vert	» »	» »
3.	1 shill.		carmin lilas.	» »	» »

1882. *Timbres formés de la moitié d'un timbre de 1 p. coupé en hauteur et surchargé ½ en noir.*

8.	½ noir sur 1 p. violet.	» »	» »
9.	½ rouge sur 1 p. violet.	2f »	» »
10.	Half p. noir id. .	» »	» »

1886. *Timbres de 1874 avec valeur en surcharge noire.*

12.	½ p. sur 6 p. vert. .	1f50	» »
13.	1 » sur 1 sh. carmin	1f50	» »
14.	1 » sur 6 p. vert. .	» »	» »

1886-88. *Même type, dentelés.*

15.	½ penny		vert.	» 25	» »
22.	1	»	rose carminé.	» 35	» »
17.	4	»	gris	2f »	1f »
16.	2½	»	bleu	1f »	» 75
24.	6	»	orange. . . .	» »	» »

ÉTATS DE L'ÉGLISE

Europe Sud

1852. *Tiare, clefs, cadres divers, noir sur couleur.*

1.	½	baj.	gris. . . .	» 75	» 60
2.	½	»	violet . . .	» 75	» »
3.	½	»	violet foncé	1f50	» 50
4.	1	»	vert. . . .	» 25	» 20

Nᵒˢ				Neufs.	Oblitérés.
5.	2	baj.	vert pâle .	» 25	» 10
6.	2	»	vert jaune .	» 25	» 15
7.	3	»	brun. . . .	» 75	» 25
8.	3	»	brun jaune.	» 75	» »
9.	4	»	paille . . .	» 50	» »
10.	4	»	brun. . . .	» »	» 75
11.	4	»	jaune . . .	» 50	» 35
12.	5	»	rose. . . .	» 25	» 10
13.	6	»	gris vert. .	» 25	» 20
14.	6	»	gris perle .	» 35	» 30
15.	7	»	bleu. . . .	» 50	» 40
16.	8	»	blanc . . .	» 35	» 25

Idem, grands, couleur sur blanc.

17.	50	baj.	bleu . . .	» »	15f »
18.	50	»	bleu foncé.	» »	» »
19.	1	scudo	chair . . .	6f »	» »

1867. *Mêmes genres, noir sur papier glacé de couleur.*

20.	2	cent.	vert	» 75	» 75
21.	3	»	gris violet . .	1f »	» »
22.	3	»	gris.	1f »	» »
23.	5	»	bleu.	» 75	» 60
24.	10	»	rouge	1f »	» 25
25.	20	»	carmin foncé.	» 25	» »
26.	20	»	rouge carminé	1f50	» 50
27.	40	»	jaune	2f »	» 75
28.	80	»	rose.	2f »	1f50
	La série de 7 timb. réimp.			» 70	» ▪

1868. *Les mêmes, dentelés.*

29.	2	cent.	vert.	» 15	» »
30.	3	»	gris	» 25	» »
31.	5	»	bleu.	» 20	» »
32.	10	»	rouge	» 25	» 10
33.	20	»	carmin . . .	» 75	» 60
34.	20	»	violet	» 50	» 35
35.	20	»	rouge carminé	» »	» 75
36.	40	»	jaune	1f25	1f »
37	80	»	rose.	1f25	1f »
	La série de 7 timb., réimp.			» 60	» »

ÉGYPTE

ROYAUME

Afrique Nord

1866. *Ornements, inscriptions arabes en surcharge noire, types divers. dentelés.*

Nᵒˢ		Neufs.	Oblitérés.
1.	5 paras gris vert. . .	3f 50	» »
2.	10 » brun.	3f 50	» »
3.	20 » bleu.	3f 50	» »
4.	1 piastre lilas.	1f »	» »
5.	2 » jaune	» »	» »
6.	5 » rose.	» »	» »
7.	10 » gris bleu. . .	» »	» »

1867. *Pyramide, sphinx au milieu, dentelés.*

8.	5 paras jaune	1f »	» »
9.	10 » violet. . . .	1f »	» »
10.	10 » violet vif . .	» 75	» 60
11.	20 » vert.	» 75	» 40
12.	1 piastre carmin . . .	» 50	» 15
13.	2 » bleu.	1f 50	» 50
14.	5 » brun	» »	5f »

1872. *Pyramide, sphinx sur le côté gauche, dentelés.*

15.	5 paras brun	» 60	» 50
16.	10 » violet	» 35	» »

Nᵒˢ		Neufs.	Oblitérés.
17.	10 paras lilas.	» 35	» »
18.	20 » bleu.	» 35	» 20
19.	1 piastre carmin . . .	» 50	» 10
20.	2 » jaune	1f »	» 25
21.	2½ » violet foncé .	1f 25	» »
22.	5 » vert.	2f 50	» »

1874-75. *Idem.*

23.	20 paras bleu ciel . .	» 40	» 10
24.	1 piastre rouge. . . .	» 50	» 10
25.	5 paras brun *chiffres renversés* .	» 35	» »

1877. *Timbres de 1872 avec gros chiffre,* PARAS *et inscription arabe en surcharge noire.*

27.	5 pa. sur 2½ pi. violet	» 50	» »
28.	10 » » violet	» 75	» »

1879. *Genre 1872, mieux gravés, cadres divers, dentelés.*

29.	5 paras brun.	» 15	» 10
30.	10 » violet	» 25	» 15
31.	20 » bleu.	» 35	» 15
32.	1 piastre rose.	» 50	» 05
33.	2 » jaune	1f 25	» 15
34.	5 » vert.	2f 25	» 35

1880-82. *Idem.*

36.	10 paras lilas.	» »	» »
37.	10 » gris.	» 20	» 10

1884. *Idem, avec surcharge noire.*

38.	20 pa. sur 5 pi. vert. .	» 40	» 20

1884. *Idem, sans surcharge.*

45.	10 paras vert	» 15	» 10
46.	20 » rose	» 25	» 10
47.	1 piastre bleu	» 50	» 05
48.	5 » gris	2f 25	» 25

1888-92. *Genre de 1879, inscription française en bas, dentelés.*

Nᵒˢ				Neufs.	Oblitérés.
49.	1 millième	brun . . .	» 10	» 10
50.	2 »	vert. . . .	» 15	» 10
79.	3 »	lilas brun.	» 25	» »
51.	5 »	rose. . . .	» 25	» 10
63.	10 piastres	violet. . .	» »	» 75

1893. *Idem.*

81.	3 mill. jaune.	» 20	» »
82.	2 piast. rouge brun. .	1ᶠ »	» »

Timbres-taxe

1884. *Chiffre, dentelés.*

39.	10 paras	rouge. . . .	» 75	» »
40.	20 »	rouge. . . .	» »	» »
41.	1 piastre	rouge. . . .	» 75	» »
42.	2 »	rouge. . . .	» 75	» 35
43.	5 »	rouge. . . .	5ᶠ »	» »

1888. *Idem, dentelés.*

55.	2 millièmes	vert. . . .	» »	» »
56.	5 »	rouge. . .	» »	» »
57.	1 piastre	bleu . . .	» »	» »
58.	2 »	jaune. . .	» »	» »
59.	5 »	gris. . . .	» »	» »

1889. *Chiffre dans un ovale, dentelés.*

64.	2 millièmes	vert. . . .	» 25	» 15
65.	4 »	violet brun.	» 35	» 20
66.	1 piastre	bleu. . . .	» 60	» 15
67.	2 »	jaune. . .	1ᶠ25	» 35

Timbres de service

Rond, inscriptions arabes et françaises, nom de ville en bas; plusieurs types, plus de 100 variétés.

Nᵒˢ			Neufs.	Oblitérés
26.	chaque timbre	» 15	» »

1893. *Genre des timbres-poste de 1879, inscriptions dans l'ovale, dentelé.*

83.	» brun jaune.	» 50	» 15

Canal Maritime de SUEZ

1868. *Navire.*

1.	1 cent.	noir	1ᶠ25	» »
2.	5 »	vert	» 50	» »
3.	20 »	bleu	» 15	» »
4.	40 »	carmin. . . .	» 60	» »

ÉQUATEUR

RÉPUBLIQUE

Amérique du Sud, Occident

1865. *Armes.*

1.	½ real	bleu foncé. .	1ᶠ »	» 20
2.	½ »	bleu clair . .	1ᶠ75	» 25

Nᵒˢ				Neufs.	Oblitérés.
3.	1	real	jaune	3ᶠ »	» 50
4.	1	»	jaune bistre .	2ᶠ50	1ᶠ »
5.	1	»	vert	2ᶠ »	1ᶠ25

1866. *Même genre.*

6.	4 reales	rose	»	»	»	»
7.	4 »	carminé . .	»	»	»	»

1872. *Type 1865.*

8. 1 r. jaune sur azuré . » » 4ᶠ »

1872. *Armes, types divers, dentelés.*

9.	½ real	bleu	» 75	» 10
10.	1 »	orange . . .	1ᶠ25	» 20
11.	1 peso	carmin . . .	» 75	» »

1881. *Même genre, types divers.*

12.	1 cent.	bistre	» 15	» 10
13.	2 »	carminé . . .	» 15	» 10
14.	5 »	bleu	» 50	» 10
15.	10 »	orange	» 15	» 20
16.	20 »	violet	» 25	» 30
17.	50 »	vert	» 50	1ᶠ50

1883. *Timbre de 1881 avec surcharge noire.*

Nᵒˢ			Neufs.	Oblitérés.
20.	10 c. sur 50 c. vert . . .	» »	4ᶠ »

1887. *Genre de 1881, types divers, dentelés.*

31.	1 centavo	vert	» 15	» 10
32.	2 »	rouge. . . .	» 25	» 10
33.	5 »	bleu	» 50	» 25
35.	80 »	olive	1ᶠ »	2ᶠ »

1892. *Effigie de face du général Florès, millésime, dentelés.*

42.	1 centavo	orange. . .	» 15	» 10
43.	2 »	brun noir .	» 25	» 15
44.	5 »	rouge . . .	» 50	» 20
45.	10 »	vert. . . .	1ᶠ »	» 30
46.	20 »	brun . . .	1ᶠ75	» 50
47.	50 »	carminé . .	» »	1ᶠ50
48.	1 sucre	bleu . . .	» »	1ᶠ75
49.	5 »	violet . . .	» »	» »

1893. *Idem, avec valeur en surcharge noire.*

71. 5 c. sur 1 ou 5 sucres . 1ᶠ » » »

Timbres de service

Tous les timbres de 1881-87 avec OFICIAL *en surcharge noire.*

1892. *Type des timbres-poste de 1892, avec surcharge rouge* FRANQUEO OFICIAL, *dentelés.*

50.	1 centavo	bleu	» »	» »
51.	2 »	bleu	» »	» »

Nos		Neufs.	Oblitérés.
52.	5 centavo bleu....	» »	» »
53.	10 » bleu....	» »	» »
54.	20 » bleu....	» »	» »
55.	50 » bleu....	» »	» »
56.	1 sucre bleu....	» »	» »

Timbres-télégraphe

1892. *Type des timbres-poste de 1892, avec surcharge noire ou rouge* TELEGRAFOS, *dentelés.*

63.	1 cent. gris.....	» 25	» »
64.	2 » vert.....	» 35	» »
65.	5 » jaune....	» »	1f »
66.	10 » bleu.....	» »	» 75
67.	20 » brun	» »	1f »
68.	50 » vert.....	» »	» »
69.	1 sucre bistre....	» »	» »
70.	5 » groseille...	» »	» »

1893. *Timbre-poste de 1892, même surcharge, dentelé.*

72. 10 centavos vert.... » » » »

1893. *Télégraphiste à son appareil au milieu d'un paysage, oblongs. dentelés.*

73.	10 centavos jaune...	1f50	» »
74.	20 » rouge ..	2f50	» »
75.	40 » bleu ...	4f »	» »

ÉRITRÉE

COLONIE ITALIENNE

Afrique, Orient

1893. *Timbres d'Italie avec* COLONIA ERITREA *en surcharge noire.*

1.	1 cent. vert gris ...	» 10	» »
2.	2 » brun rouge..	» 10	» »

Nos		Neufs.	Oblitérés.
3.	5 cent. vert	» 15	» »
4.	10 » carmin....	» 25	» »
5.	20 » jaune foncé..	..40	» »
6.	25 » bleu	» 50	» »
7.	40 » brun clair ..	» 80	» »
8.	45 » gris vert ...	» 90	» »
9.	60 » violet.....	1f25	» »
10.	1 lira brun et orange .	2f »	» »
11.	5 » rouge brun et bleu	8f »	» »

ESPAGNE

ROYAUME

Europe Sud, Occident

1850. *Effigie (Isabelle II) à gauche pour le 6 c. et à droite pour les autres valeurs, millésime.*

1.	6 cuartos noir. ...	3f »	» 20	
2.	12 » violet...	» »	» »	
3.	5 reales rouge brun certificado	» »	7f »	
4.	6 » bleu ...	» »	30f »	
5.	10 » vert....	» »	» »	

1851. *Même effigie à droite, millésime.*

6.	6 cuartos noir ...	5f »	» 15
7.	12 » violet...	» »	5f »
8.	2 reales rouge certificado .	» »	» »
9.	5 » rose ...	» »	6f »
10.	6 » bleu ...	» »	» »
11.	10 » vert ...	» »	20f »

1852. *Même effigie à gauche, mil-*
lésime.

Nos			Neufs.	Oblitérés.
12.	6 cuartos	rose pâle .	» »	» 15
13.	12 »	violet . . .	» »	5f »
14.	2 reales	chair *certi-*		
		ficado .	» »	» »
15.	5 »	vert. . . .	» »	3f50
16.	6 »	bleu . . .	» »	20f »

1852-53. *Couronne, ours montant*
à l'arbre (pour **Madrid**).

17.	1 cuarto bronzé . . .	» » » »
18.	3 » bronzé . . .	» » » »

1853. *Même effigie à droite, millésime.*

19.	6 cuartos carmin . . .	» » » 15
20.	12 » violet . . .	» » 4f »
21.	2 reales vermillon	
	certificado	» » » »
22.	5 » vert	» » 3f50
23.	6 » bleu	» » 20f »

1854. *Armes, types divers, millésime,*
excepté au 2 cuartos.

Nos				Neufs.	Oblitérés
28.	2 cuart.	vert	35f »	30f »
29.	4 »	rose sur azuré	» »	» 20
30.	4 »	rose sur blanc	» »	» 15
31.	6 »	carmin . . .	3f »	» 10
32.	1 real	bleu foncé. .	» »	5f »
33.	1 »	bleu pâle . .	» »	» »
34.	2 »	rouge *certifi-*		
		cado . . .	» »	1f50
35.	5 »	vert.	» »	1f50
36.	6 »	bleu.	» »	12f »

1855. *Même effigie à droite, papier*
bleu, boucles en filigrane.

 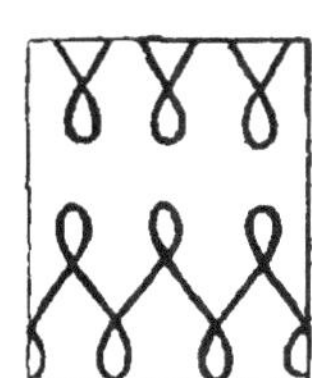

43.	2 cuartos	vert. . . .	» »	2f50
44.	4 »	carmin . .	7f »	» 15
45.	4 »	brun carm.	» »	» 10
46.	1 real	bleu. . . .	» »	» 75
47.	2 »	brun violet	» »	» 40

1856. *Idem, papier blanc, lignes droi-*
tes croisées en filigrane.

48.	2 cuartos	vert. . . .	» »	3f »
49.	4 »	carmin . .	6f »	» 15
50.	1 real	bleu. . . .	» »	2f »
51.	2 »	brun violet	5f »	» 50

1857. *Idem, papier blanc uni.*

52.	2 cuartos	vert . . .	1f »	» 25
53.	4 »	carmin . .	2f50	» 10
54.	4 »	rouge. . .	2f50	» 05
55.	1 real	bleu. . . .	1f25	» 35
56.	2 »	violet . . .	» »	1f »

1860. *Même genre (pas émis).*

Nᵒˢ				Neufs.	Oblitérés.
57.	12	cuartos jaune . . .	»	» ' » 75	

1860. *Même effigie à gauche,* CORREOS *en haut, papier teinté.*

58.	2	cuartos	vert . . .	1ᶠ »	» 35
59.	4	»	jaune . . .	» 50	» 05
60.	12	»	carmin . .	1ᶠ »	» 25
61.	19	»	brun . . .	» »	» »
62.	1	real	bleu . . .	1ᶠ »	» 50
63.	2	»	violet. . .	1ᶠ »	» 20

1862. *Même effigie à gauche,* ESPANA *en haut, papier teinté.*

64.	2	cuartos	bleu s. jaune	» 75	» 50
65.	4	»	brun s. brun	» 75	» 10
66.	12	»	bleu s. rose	1ᶠ »	» 50
67.	19	»	rose s. azuré	8ᶠ »	7ᶠ »
68.	1	real	brun s. jaune	1ᶠ »	» 50
69.	2	»	vert sur rosé	1ᶠ »	» 35

1864. *Même effigie, millésime, papier teinté.*

70.	2	cuartos	bleu s. lilas	» 60	» »
71.	4	»	carm. s. chair	» 35	» 10
72.	12	»	vert s. rosé.	» 75	» 60
73.	19	»	violet s. lilas	6ᶠ »	» »
74.	1	real	brun s. vert	1ᶠ »	» 60
75.	2	»	bleu s. rosé.	1ᶠ »	» 35

1865. *Même effigie à gauche.*

80.	2 cuartos rose. . . .	1ᶠ50	1ᶠ »

Nᵒˢ				Neufs.	oblitérés.
81.	12	cuartos	bleu et rose	2ᶠ50	» 60
82.	19	»	brun et rose	» »	» »
83.	1	real	vert . . .	2ᶠ »	» 75
84.	2	»	lilas . . .	3ᶠ »	» 60
85.	2	»	chair . . .	3ᶠ »	» 60

1865. *Idem, dentelés.*

90.	2	cuartos	rose. . . .	» »	» »
91.	4	»	bleu. . .	» 50	» 10
92.	12	»	bleu et rose	3ᶠ50	1ᶠ25
93.	19	»	brun et rose	» »	» »
94.	1	real	vert. . . .	» »	» »
95.	2	»	violet. . .	» »	» »
96.	2	»	chair . . .	» »	» »

1866. *Même effigie à gauche, dentelés.*

101.	2	cuartos	rose . . .	» 75	» 60
102.	4	»	bleu . . .	» 50	» 05
103.	12	»	orange . .	1ᶠ50	» 75
104.	12	»	jaune . .	» »	» »
105.	19	»	brun . . .	» »	» »
106.	10 c. de esc.		vert. .	1ᶠ50	» 50
107.	20	»	lilas. .	1ᶠ50	» 50

1866. *Type 1864, millésime, dentelé.*

108.	20 cent. lilas	1ᶠ50	» 50

1867. *Même effigie à gauche, cadres divers, dentelés.*

113.	2	cuartos	brun. . .	» 75	» 50
114.	4	»	bleu . . .	» 75	» 10
115.	12	»	orange . .	1ᶠ25	» 25
116.	19	»	rose . . .	» »	» »
117.	10 c. de esc.		vert. .	1ᶠ50	» 50
118.	20	»	violet .	1ᶠ50	» 25

1867. *Chiffre, dentelés (pour imprimés).*

Nᵒˢ				Neufs.	Oblitérés.
119.	5 mil. de esc.	vert .	»	»	» 20
120.	10	»	brun .	» 20	» 10

1867. *Même effigie à gauche, dentelés.*

125.	25 mil.	bleu et rose .	» 75	» 35
126.	50 »	brun clair . .	» 75	» 10

1868. *Idem.*

127.	19 cuartos brun foncé	»	» 25ᶠ »

1869. *Idem.*

133.	25 mil. de esc.	bleu .	» 50	» 35
134.	50 »	violet .	» 50	» 10
135.	100 »	brun .	1ᶠ »	» 60
136.	200 »	vert .	1ᶠ »	» 50

RÉPUBLIQUE

1868-69. *Timbres provisoires. Timbres de 1867-69 avec la surcharge noire :* HABILITADO POR LA NACION *de diverses formes.*

142.	12 cuartos	orange .	»	»	»	»
143.	19 »	rose. . .	»	»	»	·
144.	10 cent.	vert. . .	»	»	»	»
145.	20 »	violet . .	»	»	»	»
146.	5 mil.	vert. . .	»	»	»	»
147.	10 »	brun . .	»	»	»	»
148.	25 »	bl. et rose	»	»	»	»
149.	50 »	brun clair	»	»	»	»
150.	19 cuartos	brun . .	»	»	»	»
151.	25 mil.	bleu. . .	»	»	»	»
152.	50 »	violet . .	»	»	»	»
153.	100 »	brun . .	»	»	»	»
154.	200 »	vert. . .	»	»	»	»

1870-72. *Effigie (allégorie de l'Espagne) de 3/4 à gauche, dentelés.*

Nᵒˢ				Neufs.	Oblitérés.
157.	1 m.	violet s. chair .	» 10	» 10	
158.	1 »	brun s. chamois	» 15	» »	
159.	2 »	noir s. saumon	» 15	» »	
160.	4 »	bistre.	» 15	» 10	
161.	10 »	rose pâle. . .	» 15	» 05	
162.	10 »	rose vif. . . .	» 25	» 10	
163.	25 »	violet pâle . .	» 35	» 10	
164.	25 »	violet vif . . .	» 50	» 15	
165.	50 »	bleu	» 25	» 05	
166.	100 »	rosé	1ᶠ »	» 30	
167.	100 »	rouge brun . .	» 75	» 25	
168.	200 »	brun	» 50	» 15	
169.	400 »	vert	2ᶠ » o	» 25	
170.	1 esc. 600 m.	lilas. .	6ᶠ »	· 1ᶠ »	
171.	2 escudos	bleu. .	5ᶠ »	» »	
172.	12 cuartos	chair .	» 75	» 15	
173.	19 »	vert. .	» »	» »	

ROYAUME

1872. *Couronne royale, chiffre (pour imprimés).*

174.	¼ c. de p.	bleu. .	» 15	» 10
174a.	4 de ¼ c.	id.. .	» »	» »

1872. *Grand chiffre, dentelés (pour imprimés).*

175.	2 c. de pes.	violet .	» 10	» »
176.	5 »	vert .	» »	» »

1872. *Effigie de 3/4 à droite (Amédée I) dentelés.*

Nᵒˢ		Neufs.	Oblitérés.
177.	6 c. bleu.	» »	» 60
178.	10 » violet	» »	» »
179.	12 » violet pâle. . .	» 25	» 10
180.	25 » brun	» 50	» 35
181.	40 » bistre	» 75	» 2::
182.	50 » vert.	» 75	» »

Idem, effigie de profil à droite, dentelés.

183.	1 peseta violet . . .	1ᶠ	» o » 10
184.	4 » bistre . . .	3ᶠ	» o » 50
185.	10 » vert. . . .	»	» » »

1873. *Idem, type de 3/4, dentelés.*

187.	5 cent. rose	» 35	» »
188.	10 » bleu	» 20	» 05
189.	20 » violet . . .	» »	» »
190.	20 » violet pâle .	» »	» »

RÉPUBLIQUE

1873. *Couronne murale, (pour imprimés).*

186.	¼ c. de p. vert . .	» 15	» 10
186a.	4 de ¼ c. *id.*	» »	» »

1873. *Déesse à gauche assise, dentelés.*

191.	2 c. de p. orange .	» 10	» 05
192.	5 » carmin .	» 20	» 15
193.	10 » vert. . .	» 25	» 05

Nᵒˢ			Neufs.	Oblitérés.
194.	20 c. de p.	noir. . .	» »	1ᶠ »
195.	25 »	brun . .	» 60	» 35
196.	40 »	violet . .	» 75	» 25
197.	50 »	bleu. . .	» 75	» 40
198.	1 peseta	lilas. . .	1ᶠ » o	» 10
199.	4 »	bist. foncé	3ᶠ ».o	» 50
200.	10 »	brun viol.	» » o	2ᶠ »

INSURRECTION CARLISTE

BISCAYE ET NAVARRE

1873. *Effigie à gauche (Don Carlos).*

202a.	1 real bleu *sans tilde*	1ᶠ » »
202.	1 » bleu *avec tilde*	» 50 »

1874. *Même effigie laurée, à droite.*

203.	1 real violet	1ᶠ » » »

1875. *Même genre.*

204.	1 real brun	» 25	» »
205.	50 c. vert.	» 35	» »

CATALOGNE

1874. *Même effigie à droite.*

206.	16 ms. vn. rose . . .	» 50	» »

VALENCE

1874-75. *Même effigie à droite.*

N°°		Neufs.	Oblitérés.
207.	½ real carmin . . .	» »	» »
208.	½ » id *(2° type)*	» »	» »

Suite des émissions officielles.

1874. *Justice à droite assise, dentelés.*

211.	2 c. de p.	jaune . .	» 25	» 20
212.	5 »	violet . .	» 35	» 15
213.	10 »	bleu. . .	» 50	» 10
214.	20 »	vert foncé	» »	1f 25
215.	25 »	brun clair	1f 25	» 35
216.	40 »	lilas. . .	1f »	» 25
217.	50 »	orange .	1f »	» 25
218.	1 peseta	vert clair	1f 50 o	» 15
219.	4 »	rose. . .	» » o	» 50
220.	10 »	noir . . .	» » o	1f 50

1874. *Armes, dentelé.*

223.	10 cent. peseta brun.	» 20	» 05

ROYAUME

1875. *Effigie à droite (Alphonse XII), dentelés.*

N°°			Neufs.	Oblitérés.
225.	2 c. peseta	brun . . .	» 20	» 15
226.	5 »	lilas . . .	» 15	» 10
227.	10 »	bleu . . .	» 15	» 05
228.	20 »	bistre . .	» »	» »
229.	25 »	rose . . .	» 60	» 15
230.	40 »	brun foncé	1f »	» 60
231.	50 »	violet . .	1f » o	» 25
232.	1 peseta	noir . . .	1f 50 o	» 25
233.	4 »	vert foncé.	3f » o	» 50
234.	10 »	bleu ciel .	» »	» »

1876. *Même effigie de 3/4 à droite, dentelés.*

239.	5 c. peseta	brun clair.	» 10	» 10
240.	10 »	bleu . . .	» 20	» 05
241.	20 »	vert foncé.	» 75	» »
242.	25 »	brun rouge	» 50	» 05
243.	40 »	brun gris.	1f 50	» »
244.	50 »	vert . . .	» 50	» 15
245.	1 peseta	bleu foncé	1f »	» 35
246.	4 »	carminé .	2f » o	» 75
247.	10 »	rouge . .	3f » o	1f 50

1877. *Type 1873, couronne royale (pour imprimés).*

248a.	¼ c de p. vert . .	» 05	» 05
248b.	4 de ¼ c. id . .	» 15	» 15

1878. *Même effigie de profil à droite, dentelés.*

N°⁸				Neufs.	Oblitérés.
249.	2 c.	peseta	lilas pâle.	» 25	» 20
250.	5	»	jaune . .	» 35	» 25
251.	10	»	brun gris	» 20	» 05
252.	20	»	noir. . .	» »	» ⚹
253.	25	»	gris bistre	» 50	» 10
254.	40	»	brun . .	» »	» »
255.	50	»	vert. . .	» 50	» 20
256.	1	peseta	gris lilas.	» 75	» »
257.	4	»	violet . .	» »	1ᶠ »
258.	10	»	bleu. . .	3ᶠ »	» »

1879. *Même effigie à gauche,* CORREOS Y TELEGS, *dentelés.*

N°				Neufs.	Oblitérés.
259.	2 centimos	noir. .	» 05	» 05
260.	5	»	vert. . .	» 10	» 05
261.	10	»	carmin .	» 20	» 05
262.	20	»	brun clair	» 40	» 20
263.	25	»	bleu. . .	» 50	» 05
264.	40	»	brun gris	» 75	» 15
265.	50	»	orange .	1ᶠ »	» 15
266.	1	peseta	rose vif .	1ᶠ75	» 10
267.	4	»	gris violet	6ᶠ » o » 50
268.	10	»	gris bistre	14ᶠ » o » 75

1882. *Même genre, dentelés.*

271.	15 centimos	chair . .	» 30	» 05
272.	30	»	lilas. . .	» 60	» 15
273.	75	»	violet . .	1ᶠ25	» 15

1889. *Effigie à droite (Alphonse XIII), dentelés.*

N°⁸				Neufs.	Oblitérés.
280.	2 centimos	vert bleu.	» 05	» »
281.	5	»	bleu ciel.	» 10	» 05
282.	10	»	brun clair	» 20	» 05
283.	15	»	brun viol.	» 25	» 05
284.	20	»	vert jaune	» 40	o » 15
285.	25	»	bleu. . .	» 50	» 05
286.	30	»	vert gris.	» 60	» 15
287.	40	»	brun. . .	» 75	o » 20
288.	50	»	rose . . .	1ᶠ »	» 15
289.	75	»	rouge . .	1ᶠ25	» 25
290.	1	peseta	viol. foncé	1ᶠ75	» 15
291.	4	»	carmin. .	7ᶠ »	o » 35
292.	10	»	chair. . .	14ᶠ »	o » 75

Timbres de service

1854. *Armes, rectangle, millésime, noir sur couleur.*

24.	½	onza	jaune . . .	» 15	» »
25.	1	»	rose	» 15	» »
26.	4	»	vert	» 15	» »
27.	1	libra	bleu	» 35	» »

1855. *Armes dans un ovale, noir sur couleur.*

37.	½	onza	jaune . . .	» 10	» »
38.	1	»	rose	» 15	» »
39.	1	»	rose pâle . .	» 25	» »

N°°				Neufs.	Oblitérés.
40.	4	onza	vert	» 15	» »
41.	4	»	vert bleu. .	» 20	» »
42.	1	libra	bleu violet .	» 25	» »

Timbres-télégraphe

1864. *Armes, millésime.*

				Neufs.	Oblitérés.
76.	1	real	brun	» »	» »
77.	4	»	rose	» »	» »
78.	16	»	vert	» »	» »
79.	20	»	noir	» »	» »

1865. *Effigie à gauche, papier de couleur.*

86.	1 real	bleu sur rose.	» »	» »
87.	4 »	noir sur vert.	» »	» »
88.	16 »	rouge sur jaune	» »	» »
89.	20 »	rose sur rose.	» »	» »

1865. *Idem, papier blanc, millésime, dentelés.*

97.	1	real	violet. . .	» »	» »
98.	4	»	bleu . . .	» »	» »
99.	16	»	vert . . .	» »	» »
100.	20	»	rouge. . .	» »	» »

1866. *Même genre, millésime, dentelés.*

109.	10 cent. de esc.	violet.	»	» o 1f »
110.	40 »	bleu .	2f	» o » 75
111.	1 esc. 60 c.	vert .	2f	» o » 50
112.	2 escudos	carmin	»	» » »

Les timbres précédés d'un o sont annulés d'un trou à l'emporte-pièce.

1867. *Idem, millésime, dentelés.*

N°°			Neufs.	Oblitérés.
121.	10 cent. de esc.	violet.	»	» o 1f »
122.	40 »	bleu .	»	» o » 50
123.	1 esc. 60 c.	vert. .	»	» o » 75
124.	2 escudos	carmin	»	» » »

1868. *Idem, millésime, dentelés.*

128.	100 mil. de esc.	violet .	1f	» » »
129.	400 »	bleu. .	2f	» o » 50
130.	800 »	brun. .	3f	» o » 75
131.	1 esc. 600 m.	vert. .	5f	» o 1f »
132.	2 escudos	carmin.	»	» » »

1869. *Idem, effigie, millésime, dentelés.*

137.	100 mil. de e.	bleu. . .	1f	» o » 50
138.	800 »	carmin .	1f25	» »
139.	1 es. 600 m.	bistre. .	1f25	o » 50
140.	2 »	vert. . .	»	» » »

141.	400 m. violet *armes* .	1f75 o » 35

Timbres-impôt de guerre

1873. *Armes, dentelé.*

201.	5 cent. peseta noir .	» 15	» 05

1875. *Même genre, dentelé.*

224.	5 cent. vert	» 10	» 05

1876. *Effigie à gauche, dentelé.*

Nos		Neufs.	Oblitérés.
248.	5 cent. peseta vert.	» 10	» 05

Il existe de ces timbres d'impôt de guerre diverses autres valeurs. Nous ne mentionnons de chaque émission que le 5 centimos, qui était la valeur exigée en plus de l'affranchissement ordinaire pour toutes les lettres de 1874 à 1877.

Timbre de retour

1875. *Couronne et armes.*

| 237. | noir sur azuré . . . | » 50 | » » |

ÉTATS CONFÉDÉRÉS D'AMÉRIQUE

RÉPUBLIQUE

Amérique du Nord, Centre

POSTES LOCALES PROVISOIRES.

CHARLESTON

1861. *Chiffre.*

| 1. | 5 cents bleu . . . . | » » | » » |

1861. *Même genre.*

| 2. | 5 cents bleu sur teinté | » » | » » |

NOUVELLE-ORLÉANS

1861. *Chiffre.*

Nos			Neufs.	Oblitérés.
3.	2 cents	bleu	» »	» »
4.	5 »	brun	» »	» »
5.	2 »	rouge	» »	» »
6.	5 »	brun sur azuré	» »	» »

MEMPHIS

1861. *Chiffre.*

| 7. | 2 cents bleu . . . . . | » » | » » |

| 8 | 5 cents rouge . . . . | » » | » » |

NASHVILLE

1861. *Chiffre.*

9.	3 cents rouge	» »	» »
10.	5 » brun sur gris . .	» »	» »
11.	5 » carmin sur gris .	» »	» »

BATON-ROUGE

1861. *Chiffre.*

Nᵒˢ   Neufs. Oblitérés.

12.   5 cents rose et vert .   »   »   »   »

MOBILE

1861. *Étoile, chiffre.*

13.   2 cents noir . . . .   »   »   »   »
14.   5   »   bleu . . . .   »   »   »   »

KNOXVILLE

1861. *Aigle dans cercles.*

15.   5 cents noir . . . .   »   »   »   »

GREENVILLE

1861. *Ornements.*

16.   5 rouge et bleu . . .   »   »   »   »

On connaît encore un grand nombre de ces timbres des postes locales provisoires.

1861. *Effigie (A. Jackson).*

51.   2 cents vert . . . . .   10ᶠ»   »   »

1862. *Effigie (J. Davis).*

Nᵒˢ   Neufs. Oblitérés.

52.   5 cents bleu . . . .   3ᶠ   »   3ᶠ50
53.   5   »   vert 2ᶠ50   3ᶠ50

1862. *Même genre (Madison), cadre rond*

54.   10 cents bleu . . . . .   6ᶠ   »   5ᶠ   »
55.   10   »   rose. . . . .   »   »   »   »

1862-63. *Effigies, types divers.*

56.   1 c. orange *Calhoun.*   1ᶠ25   »   »
58.   2 »   carminé *Jackson*   1ᶠ25   »   »

57.   5 c. bleu *J. Davis.* .   » 35   »   »
59.   TEN c. bleu *J. Davis.* 20ᶠ   »   »   »
60.   10 c. bleu *J. Davis.* .   » 35   »   »
61.   10 »   bl. foncé *J. Davis*   » 25   »   »

62. 20 c. vert *Washington*   » 50   »   »

ÉTATS-UNIS D'AMÉRIQUE

RÉPUBLIQUE

Amérique du Nord, Centre

TIMBRES DES DIRECTEURS DE POSTE

NEW-YORK

1842-43. *Buste de Washington, papier glacé ou non.*

N°ˢ		Neufs.	Oblitérés.
1a.	3 c. noir sur brun . .	» »	» »
1b.	3 » noir sur vert . .	» »	» »
1c.	3 » noir sur bleu . .	» »	» »

1844. *Effigie (Washington), signature rose manuscrite.*

1. 5 cents noir . . . . . » » 30ᶠ »

1849. *Inscription dans un rond (droit des facteurs ou carriers)* (*).

1d.	1 c. noir sur rose . .	» »	» »
1f.	1 » noir sur jaune ou brun	» »	» »

(*) Les timbres *carriers* représentaient la rétribution payée d'avance, due aux facteurs pour la distribution à domicile des lettres et imprimés.

SAINT-LOUIS

1845. *Ours et armes.*

N°ˢ		Neufs.	Oblitérés.
5.	5 c. noir sur gris . .	» »	» »
6.	10 » noir sur gris . .	» »	» »

NEWHAVEN

1845. *Timbre ou enveloppe ? Chiffre et inscriptions, imprimé à main, signature manuscrite.*

7. 5 cents rouge . . . . . » » » »

PROVIDENCE

1846. *Inscriptions.*

2.	5 cents gris	» »	» »
3.	10 » gris	» »	» »

BRATTLEBORO

1846. *Signature et inscriptions.*

4. 5 c. noir sur chamois » » » »

BALTIMORE

1846. *Oblong, signature et valeur encadrées d'un simple filet.*

N°ˢ		Neufs.	Oblitérés.
7a.	5 cent. noir	» »	» »

1851-60. *Cavalier (pour carriers).*

7b.	1 cent noir gris . . .	» »	» »
7c.	1 » carmin	» »	» »

1842 à ? TIMBRES DES COMPAGNIES PARTICULIÈRES.

Plusieurs centaines de ces timbres ont réellement été en usage dans différentes villes avant le monopole du gouvernement, les authentiques sont généralement très rares; par exception, ceux que nous offrons ci-dessous sont des imitations :

Cent variétés de timbres et d'enveloppes des offices particuliers d'Amérique 3 fr.

ÉTATS-UNIS D'AMÉRIQUE

ADMINISTRATION GÉNÉRALE

1847. *Effigie, papier azuré.*

8.	5 c. brun *Franklin* .	8ᶠ »	4ᶠ »
9.	10 » noir *Washington*	» »	15ᶠ »

1851. *Effigie, types divers, u. s. en haut, non dentelés.*

N°ˢ			Neufs.	Oblitérés.
10.	1 c. bleu *Franklin* . .	2ᶠ »	1ᶠ »
11.	3 » rouge *Washington*	1ᶠ25 »	25
12.	5 » brun *Jefferson* . .	» »	20ᶠ »

13.	10 c. vert *Washington*	» »	2ᶠ50
14.	12 » noir id.	» »	5ᶠ »

1851. *Types divers (pour carriers).*

15.	bleu s. rose *Franklin*.	» »	» »

16.	1 cent bleu *aigle* . .	» »	» »

1857-60. *Type 1851, dentelés.*

25.	1 cent bleu	» 75	» »
26.	3 » carmin	» 50	» 15
27.	5 » brun	» »	6ᶠ »

Nᵒˢ   Neufs. Oblitérés.
28. 5 cents brun rouge. . » » » »
29. 10 » vert . . . . . 2f50 » 75
30. 12 » noir . . . . . 3f » 2f »

31. 24 c. violet *Washington* » » » »
32. 30 » orange *Franklin.* » » » »
33. 90 » bleu *Washington* » » » »

1861. *Même genre,* u. s. *en bas, dentelés.*

48. 1 cent bleu . . . . » 50 » 15
49. 3 » rose . . . . . » 50 » 10
50. 5 » brun . . . . . 2f » 1f »
51. 5 » brun jaune . . » » » »
52. 10 » vert . . . . . 2f » » 35

53. 12 cent noir . . . . . 2f » 1f »
54. 24 » violet . . . . 3f » 1f 25
55. 24 » violet gris . . 4f » 1f »

56. 30 cents jaune . . . . 5f » 1f 25
57. 90 » bleu . . . . . 15f » 7f »

1863-66. *Même genre.*

Nᵒˢ   Neufs. Oblitérés.
65. 2 c. noir *Jackson* . . » 50 » 15
85. 15 » noir *Lincoln.* . . 2f50 » 75

1865. *Très grands, effigies, types divers, dentelés (pour imprimés).*

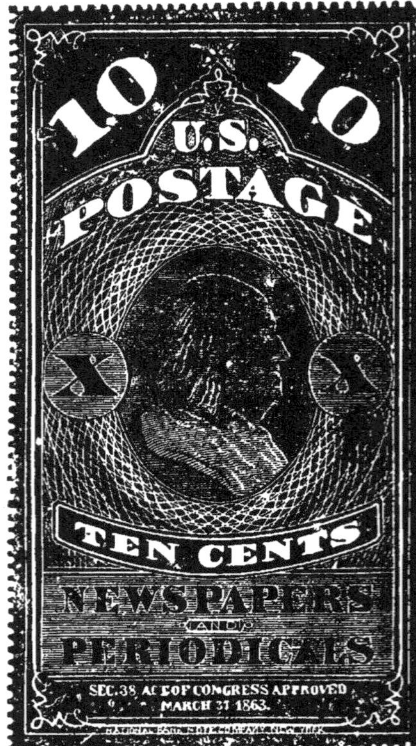

86. 5 c. bleu *Washington* » » » »
87. 10 » vert *Franklin.* . » » » »
88. 25 » rouge *Lincoln.* . » » » »

1869. *Types divers, dentelés.*

<table>
<tr><td>N^{os}</td><td></td><td>Neufs.</td><td>Oblitérés.</td></tr>
</table>

N^{os}		Neufs.	Oblitérés.
89.	1 c. bistre *Franklin*	» »	» »
90.	2 » brun *courrier* . .	» 50	» 25

| 91. | 3 c. bleu *locomotive* . | » 50 | » 25 |
| 92. | 6 » bleu *Washington* | »   » | 2f » |

| 93. | 10 c. jaune *armoiries* . | »   » | 2f 50 |
| 94. | 12 » vert *navire* . . . | »   » | 2f 50 |

| 95. | 15 c. brun et bleu *découverte de l'Amérique* . | »   » | 5f » |
| 96. | 24 c. vert et violet *déclaration de l'Indépendance* | »   » | »   » |

N^{os}		Neufs.	Oblitérés.
97.	30 c. rouge et bleu *arm.*	» »	10f »

| 98. | 90 c. rose et noir *Lincoln* | »   » | »   » |

1870. *Effigie, types divers, dentelés.*

| 99. | 1 c. bleu *Franklin* . | » 15 | » 05 |
| 100. | 2 » brun *Jackson* . . | » 35 | » 10 |

| 101. | 3 c. vert *Washingt..* | » 25 | » 05 |
| 102. | 6 » carminé *Lincoln.* | 1f » | » 05 |

| 103. | 7 c. rouge *Stanton* . | 2f 50 | 1f » |
| 104. | 10 » brun *Jefferson* . | 1f » | » 05 |

N°s   Neufs. Oblitérés.

105. 12 c. violet foncé *Clay*   »   »   » 75

106. 15 c. jaune *Webster* .   2f50   * 10

107. 24 c. violet vif *Scott* .   »   »   2f50
108. 30 » noir *Hamilton* .   4f   »   » 35

109. 90 c. carmin *Perry* .   12f   »   1f50

1875. *Même genre.*

243. 5 c. bleu *Z. Taylor*   1f   »   » 10
244. 2 » rouge *Jackson*   » 30   » 05

18'.5. *Indien en pied, dentelés (pour imprimés).*

N°s				Neufs.	Oblitérés.
315.	1 cent	gris 1885 . .	1f25	»	»
251.	2 »	gris	1f	»	» »
252.	3 »	gris	4f	»	» »
253.	4 »	gris	2f	»	» »
254.	6 »	gris	» »	»	»
255.	8 »	gris	» »	»	»
256.	9 »	gris	» »	»	»
257.	10 »	gris . . .	2f50	»	»

Même genre, déesses diverses, dentelés.

Nos				Neufs.		Oblitérés.	
258.	12	cents	rose	»	»	»	»
259.	24	»	rose	»	»	»	»
260.	36	»	rose	»	»	»	»
261.	48	»	rose	»	»	»	»
262.	60	»	rose	»	»	»	»
263.	72	»	rose	»	»	»	»
264.	84	»	rose	»	»	»	»
265.	96	»	rose	»	»	»	»
266.	1 doll. 92c	brun		»	»	»	»
267.	3 dollars	rouge		»	»	»	»
268.	6	»	bleu	»	»	»	»
269.	9	»	orange	»	»	»	»
270.	12	»	vert	»	»	»	»
271.	24	»	violet br.	»	»	»	»
272.	36	»	rouge	»	»	»	»
273.	48	»	brun	»	»	»	»
274.	60	»	violet cl.	»	»	»	»

La collection des 24 timbres pour imprimés (2 c. à 60 d.). . 600f » » »

La même collection de 24 timbres imités, parfaitement gravés et imprimés en taille-douce, de la couleur des originaux, les 24 timbres. 2f 50

1882-83. *Types divers, dentelés.*

300. 2 c. brun rouge *Washington*. . . . » 30 » 05
301. 4 » vert *Jackson* . . » 50 » 10

286. 5 c. brun foncé *Garfield* . . . . . » 60 » 10

1885. *Facteur, inscriptions, dentelé (pour lettres express).*

Nos			Neufs.	Oblitérés.
314.	10 cents	bleu	2f 50	1f 50

1888. *Idem, inscription modifiée (AT ANY POST OFFICE) dentelé (pour lettres express).*

337. 10 cents bleu . . . 1f 50 » 75

1887-88. *Types antérieurs ou refaits, dentelés.*

316.	1 c.	bleu *Franklin*	» 15	» 05
317.	2 »	vert *type 300*	» 25	» 05
332.	3 »	rouge *type 101*	» »	» 50
333.	4 »	rose *type 301*	» 50	» 15
334.	5 »	bleu foncé *286*	» 60	» 10
335.	30 »	brun rouge *108*	» »	1f »
336.	90 »	violet *type 109*	» »	2f 50

1890. *Effigies diverses, petits, dentelés.*

339. 1 c. bleu, *Franklin* . » 10 » 05
340. 2 » carmin *Washington* . . . . . . » 20 » 05

N^{os}	Neufs.	Oblitérés.

341. 3 c. violet, *Jackson* . » 30 » 15

342. 4 c. brun verdâtre,
Lincoln . . . . » 40 » 10

343. 5 » brun, *Grant* . . » 50 » 10

344. 6 c. rouge brun, *Garfield* . . . . » 60 » 50

345. 10 » vert, *Webster* . 1f » » 10

346. 15 c. bleu foncé, *Clay* 1f50 » 25

347. 30 » noir, *Jefferson*. 3f » » 30

348. 90 c. orange, *Perry*. 7f » 2f »

1893. *Même genre.*

378. 8 c. violet brun *Sherman* . . . . » 75 » 35

1893. *Timbres commémoratifs du quatrième Centenaire de la Découverte de l'Amérique, types divers, oblongs, dentelés.*

N^{os}	Neufs.	Oblitérés

359. 1 cent. bleu foncé. . » 15 » 10

360. 2 cents lilas. . . . . » 25 » 05

361. 3 cents vert. . . . . » 30 » 25

362. 4 cents bleu ciel . . » 40 » 20

363. 5 cents brun . . . . » 50 » 15

Nos   Neufs. Oblitérés.
364. 6 cents violet . . . . » 60 » »

365. 8 cents carminé. . . » 80 » »

366. 10 cents brun noir . . 1ᶠ » » 30

367. 15 cents vert bleu . . 1ᶠ50 » »

368. 30 cents brun rouge . 3ᶠ » » »

Nos   Neufs. Oblitérés
369. 50 cents bleu noir . . 5ᶠ » » »

370. 1 doll. rouge. . . . » » »

371. 2 doll. carminé. . . 20ᶠ » » »

372. 3 doll. vert jaune. . 30ᶠ » » »

373. 4 doll. rose. . . . . 36ᶠ » » »

Nᵒˢ		Neufs.	Oblitérés.
374.	5 doll. noir	45ᶠ »	» »

1893. *Type 1888, facteur, dentelé (pour lettres express).*

379.	10 cents orange . . .	1ᶠ25	» 50

Timbres-taxe

1879. *Chiffre, dentelés.*

278.	1 cent	brun	» 25	» 10
279.	2 »	brun	» 25	» 10
280.	3 »	brun	» 40	» 20
281.	5 »	brun	» 75	» 25
282.	10 »	brun	1ᶠ25	» 35
283.	30 »	brun	» »	» »
284.	50 »	brun	» »	» »

1891. *Idem.*

349.	1 cent.	rose carminé	» »	» 15
350.	2 »	rose carminé	» »	» 15
351.	3 »	rose carminé	» »	» 25
352.	5 »	rose carminé	» »	» 25
353.	10 »	rose carminé	» »	» 25
354.	30 »	rose carminé	» »	» »
355.	50 »	rose carminé	» »	» »

Timbres de service

1873. *Effigies des timbres de 1870-71 dentelés.*

Mêmes types pour chaque DÉPARTEMENT.

AGRICULTURE

Nᵒˢ			Neufs.	Oblitérés.
175	1 cent jaune		» »	» »
176.	2 » jaune		» »	» »
177.	3 » jaune		1ᶠ »	» 50
178.	6 » jaune		» »	» »
179.	10 » jaune		» »	» »
180.	12 » jaune		» »	» »
181.	15 » jaune		» »	» »
182.	24 » jaune		» »	» »
183.	30 » jaune		» »	» »

ETAT *(State)*

205.	1 cent vert	» »	» »
206.	2 » vert	» »	» »
207.	3 » vert	» »	» »
208.	6 » vert	» »	» »
209.	7 » vert	» »	» »
210.	10 » vert	» »	» »
211.	12 » vert	» »	» »
212.	15 » vert	» »	» »
213.	24 » vert	» »	» »
214.	30 » vert	» »	» »
215.	90 » vert	» »	» »

Idem, grande dimension, effigie (Steward), dentelés.

216.	2 dol. vert et noir .	» »	» »

Nᵒˢ			Neufs.		Oblitérés.	
217.	5 dol.	vert et noir	»	»	»	»
218.	10 »	vert et noir	»	»	»	»
219.	20 »	vert et noir	»	»	»	»

GUERRE (War)

Nᵒˢ			Neufs.		Oblitérés.	
231.	1 cent	rougeâtre	»	25	»	25
232.	2 »	rougeâtre	»	»	»	25
233.	3 »	rougeâtre	»	»	»	10
234.	6 »	rougeâtre	»	»	»	15
235.	7 »	rougeâtre	»	»	»	»
236.	10 »	rougeâtre	»	»	»	»
237.	12 »	rougeâtre	»	»	»	60
238.	15 »	rougeâtre	»	»	»	50
239.	24 »	rougeâtre	2f	50	»	»
240.	30 »	rougeâtre	»	»	»	60
241.	90 »	rougeâtre	»	»	»	»

INTÉRIEUR (Interior)

Nᵒˢ			Neufs.		Oblitérés.	
160.	1 cent	rouge	»	»	»	75
161.	2 »	rouge	»	»	»	25
162.	3 »	rouge	»	»	»	15
163.	6 »	rouge	»	»	»	25
164.	10 »	rouge	»	»	»	»
165.	12 »	rouge	»	»	1f	»
166.	15 »	rouge	»	»	1f	25
167.	24 »	rouge	»	»	1f	25
168.	30 »	rouge	»	»	»	»
169.	90 »	rouge	»	»	5f	»

JUSTICE

Nᵒˢ			Neufs.		Oblitérés.	
195.	1 cent	violet	»	»	»	»
196.	2 »	violet	»	»	»	»
197.	3 »	violet	»	»	»	»
198.	6 »	violet	2f	»	»	»
199.	10 »	violet	»	»	»	»
200.	12 »	violet	»	»	»	»

Nᵒˢ			Neufs.		Oblitérés.	
201.	15 cent	violet	»	»	»	»
202.	24 »	violet	»	»	»	»
203.	30 »	violet	»	»	»	»
204.	90 »	violet	»	»	»	»

MARINE (Navy)

Nᵒˢ			Neufs.		Oblitérés.	
184.	1 cent	bleu	»	»	»	»
185.	2 »	bleu	»	»	»	»
186.	3 »	bleu	1f	»	»	»
187.	6 »	bleu	»	»	»	»
188.	7 »	bleu	»	»	»	»
189.	10 »	bleu	»	»	»	»
190.	12 »	bleu	»	»	»	»
191.	15 »	bleu	»	»	»	»
192.	24 »	bleu	»	»	»	»
193.	30 »	bleu	»	»	»	»
194.	90 »	bleu	»	»	»	»

PRÉSIDENCE (Executive)

Nᵒˢ			Neufs.		Oblitérés.	
170.	1 cent	carmin	»	»	»	»
171.	2 »	carmin	»	»	»	»
172.	3 »	carmin	»	»	»	»
173.	6 »	carmin	»	»	»	»
174.	10 »	carmin	»	»	»	»

TRÉSOR (Treasury)

Nᵒˢ			Neufs.		Oblitérés.	
149.	1 cent	brun	»	»	»	»
150.	2 »	brun	»	»	»	25
151.	3 »	brun	»	»	»	15
152.	6 »	brun	»	»	»	20
153.	7 »	brun	»	»	3f	50
154.	10 »	brun	»	»	»	50
155.	12 »	brun	»	»	»	30
156.	15 »	brun	»	»	»	50
157.	24 »	brun	»	»	»	»
158.	30 »	brun	»	»	»	60
159.	90 »	brun	»	»	1f	50

POSTE (Post office)

Chiffre, papier blanc ou azuré, dentelés

N°⁵				Neufs.	Oblitérés.
139.	1 cent	noir		1f »	1f »
140.	2 »	noir		» »	» »
141.	3 »	noir		» 35	» 10
142.	6 »	noir		» »	» 30
143.	10 »	noir		» »	» »
144.	12 »	noir		» »	» »
145.	15 »	noir		» »	» »
146.	24 »	noir		» »	» »
147.	30 »	noir		» »	» »
148.	90 »	noir		» »	» »

Timbre de service pour Chargements du département de la Poste.

1872. *Inscriptions, dentelé.*

135.	vert	» »	1f 25

Timbre de retour

1877-79. *Liberté de face, dentelé, deux types.*

N°⁵		Neufs.	Oblitérés
277b.	brun *fond guilloché*	» 35	» »

1889. *Cadre, inscription :* OPENED THROUGH MISTAKE BY, *non dentelé.*

338.	noir sur rosé	» »	» »

Timbres-télégraphe

1871-84. *Inscriptions, chiffres en surcharge rouge, dentelés.*

134.	bleu	» »	» »
134a.	rouge	» »	» »
134b.	vert	4f »	» »
134d.	brun	5f »	» »
134e.	violet	1f 50 »	» »

1881. (Rapid tel. company). *Chiffre, dentelés.*

289.	1 cent. noir	» »	» »

Nos		Neufs	Oblitérés.
290.	3 cents orange . . .	» »	» »
291.	5 » brun	» »	» »
291a.	10 » violet. . . .	» »	» 25
292.	15 » vert	» »	» 25
293.	20 » rouge . . .	» »	» 25
294.	25 » rose	» »	» »
295.	50 » bleu	» »	» »

1881. *Idem,* **Taxe**. *Même genre, doubles, l'un des timbres portant* DUPLICATE, *l'autre* COLLECT, *dentelés.*

296.	1 cent. gris violet. .	» »	» »
297.	5 » bleu	» »	» »
298.	15 » rouge brun .	» »	» »
299.	20 » vert jaune .	» »	» »

La série de 16 timb. et taxe » » 5f »

FALKLAND

POSSESSION ANGLAISE

Amérique du Sud, Sud

1878-79. *Effigie à droite (Victoria I),* *dentelés.*

1.	1 penny carminé . .	» 35	» »
2.	6 pence vert	2f 50	» »
3.	4 » gris	1f 25	» »
4.	1 shill. jaune brun .	3f »	» »

1891. *Idem, avec valeur en surcharge noire.*

Nos		Neufs.	Oblitérés.
8.	½ sur moitié de 1 p. carm.	»	» »

1891. *Idem, sans surcharge, dentelés.*

9.	½ penny vert	» 20	» »
10.	2½ pence bleu	» 75	» »
12.	6 » jaune foncé.	1f 75	» »

FARIDKOT

ÉTAT INDIEN

Asie Sud

1877 ? *Petit, inscriptions orientales, impression grossière à main, non dentelé.*

1.	3 pies bleu	1f »	» »

1882. *Même genre, plus grand, rectangulaire, non dentelé.*

2.	3 pies bleu	» »	» »

1883 ? *Même genre, carré, non dentelé.*

3.	½ anna *divers. couleurs*	» 35	» »

1888. *Les trois types ci-dessus refaits plus finement et imprimés à la machine : changements fréquents et non justifiés de couleurs ; dentelés ou non dentelés.*

N°ˢ		Neufs.	Oblitérés.
20.	3 p. *petit*, div. coul. .	» 35	» »
21.	3 » *rectang.* div. coul.	» 35	» »
21ᵃ.	½ a. *carré*, div. coul. .	» 35	» »

1889. *Genre 1882, refait, plus grand.*

22. 3 pies bleu . . . . . . » 25 » »

1886. *Timbre des Indes anglaises de 1881-85 avec* FARIDKOT STATE *en surcharge noire.*

6.	½ anna	vert.	» 35	» »
7.	1 »	brun . . .	» 60	» »
8.	2 »	bleu. . . .	1ᶠ »	» »
9.	3 »	orange . . .	1ᶠ25	» »
10.	4 »	vert.	1ᶠ50	» »
11.	6 »	bistre. . .	2ᶠ50	» »
12.	8 »	lilas. . . .	3ᶠ »	» »
13.	1 rupee	gris. . .	6ᶠ »	» »

Timbres de service

1886. *Timbres surchargés de 1886, ayant en plus la surcharge noire* SERVICE.

N°ˢ		Neufs.	Oblitérés.
22a.	½ anna vert	» 35	» »
23.	1 » brun	» 60	» »

FERNANDO-PO

POSSESSION ESPAGNOLE

Afrique Occident

1868. *Effigie à gauche (Isabelle II), dentelé.*

1. 20 cent. de esc. brun . » » 25ᶠ »

1879. *Effigie à droite (Alphonse XII), dentelés.*

2.	5 cent. peseta vert . .	» » » »
3.	10 » carmin	» » » »
4.	50 » bleu. .	3ᶠ50 » »

1882. *Même genre.*

5.	1 c. de peso vert. . .	» 50 » »
6.	2 » rose. . .	» » » »
7.	5 » bleu. . .	1ᶠ25 » »

1885. *Idem, avec surcharge bleue* HABILITADO, *etc.*

8. 50 c. sur 2 c. rose . . . 6ᶠ » 5ᶠ »

1889. *Idem, sans surcharge.*

9. 10 c. de peso brun . . . 3ᶠ » 2ᶠ »

1893. *Timbre de 1882 avec surcharge noire.* HABILITADO, etc.

10. 50 c. sur 1 c. vert . . » » » »

ILES FIDJI

ROYAUME

Océanie Australasie

1870. *Service du FIJI TIMES, chif-*
fre, noir sur couleur, dentelés.

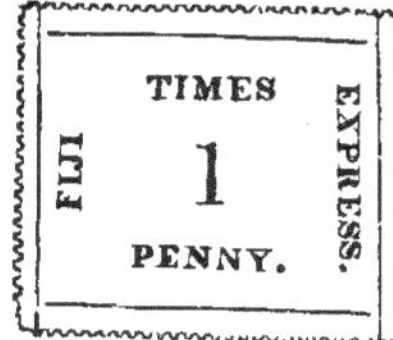

Nᵒˢ			Neufs.	Oblitérés.
1.	1 penny rose	. . . .	» »	» »
2.	3 pence rose	. . . .	» »	» »
3.	6 » rose	. . . .	» »	» »
4.	9 » rose	. . . .	» »	» »
5.	1 shill rose	. . . .	» »	» »

1871. *Couronne, C. R. dentelés.*

6.	1 penny bleu	. . . .	3ᶠ »	» »
7.	3 pence vert	. . . .	3ᶠ »	» »
8.	6 » carmin	. . .	5ᶠ »	» ›

1872. *Idem, avec valeur et cents en*
surcharge noire, dentelés.

9.	2 c. sur 1 p. bleu	. .	» »	» »
10.	6 » sur 3 » vert	. .	» »	» »
11.	12 » sur 6 » carmin	.	» »	» »

POSSESSION ANGLAISE

1875. *Même type, v. r. en surcharge*
noire, dentelés.

12.	2 c. sur 1 p. bleu	. .	» »	» ›
13.	6 » sur 3 » vert	. .	» »	» ›
14.	12 » sur 6 » carmin	.	» »	» ›

Idem, avec en plus 2 d. en surcharge
noire ou rouge.

| *13a.* | 2 d. sur 6 c. 3 p. vert | . | » » | » » |

1876-78. *Type 1872, monogramme*
V. R. entrelacé en surcharge noire,
dentelés.

Nᵒˢ			Neufs.	Oblitérés.
15.	1 penny bleu	. . . .	» »	» »
17.	6 pence carmin	. . .	3ᶠ50	2ᶠ »
16.	2 p. noir s. 3 p. vert	.	» »	» »
18.	4 » » s. 3 p. violet.	2ᶠ50	» »

1880. *Même type, V. R. gravé, sans*
surcharge, dentelés.

19.	1 penny bleu	. . . .	» 35	» 20
19a.	2 » noir s. 3 p. vert	1ᶠ25	» »
20.	2 pence vert	. . . .	» 50	» 35
21.	6 » rose	. . . .	1ᶠ50	1ᶠ »

1882. *Effigie à gauche (Victoria I),*
dentelés.

| *22.* | 1 shill. brun | . . . . | 3ᶠ » | 2ᶠ50 |
| *23.* | 5 » rouge et noir. | 15ᶠ » | » » |

1883. *Timbre de 1880 avec surcharge*
noire.

| *24.* | 4 p. sur 1 ou 2 p. violet. | » » | 1ᶠ » |

1885. *Timbres fiscaux servant com-*
me timbres-poste.

| *25.* | divers | . . . . | » » | » » |

1891-93. *Timbres antérieurs avec*
valeur en surcharge noire.

29.	½ p. sur 1 p. bleu	. .	» »	» »
26.	2½ » sur 2 p. vert	. .	3ᶠ50	» »
31.	5 » sur 4 p. violet	.	» »	» »

1892. *Même genre, sans surcharge,*
dentelés.

30.	½ penny bleu gris	. .	» 15	» »
27.	2½ pence brun clair	.	» 60	» »
28.	4 » violet	. . .	1ᶠ »	» »

1893. *Indigènes dans un canot; dentelés.*

N°s		Neufs.	Oblitérés.
33.	1 penny noir.....	» 25	» »
34.	2 pence vert.....	» 50	» »
35.	5 » bleu.....	1f25	» »

FINLANDE

PROVINCE RUSSE

Europe Nord, Orient

1856. *Armes.*

6.	5 kop. bleu.....	*2f »	» »
7.	10 » rose.....	*2f »	3f50

* Ces timbres neufs marqués d'un astérisque sont réimprimés.

1860. *Armes, dentelés.*

11.	5 k. bleu clair s. azuré	3f »	» »
12.	5 » bleu foncé s. azuré	3f »	» »
13.	10 » rose sur rosé..	2f50	» 40

1866-67. *Idem, valeur en penni, dentelés.*

14.	5 p. brun s. lilas...	1f50	» »
15.	5 » lie de vin s. lilas	» 75	» 35
16.	8 » noir s. vert...	» 60	» 35
17.	10 » noir s. chamois.	» 75	» 30

N°s		Neufs.	Oblitérés.
18.	20 p. bleu s. azuré..	» 75	» 20
19.	40 » rose s. rosé...	1f50	» 20

20.	1 mark bistre....	» »	5f »

1875. *Même genre, dentelés.*

35.	2 penni gris.....	» 10	» 10
36.	5 » jaune....	» 25	» 10
37.	8 » vert.....	1f »	» »
38.	20 » bleu.....	» 60	» 05
39.	32 » carmin...	1f50	» 50
40.	1 mark lilas *1877*..	3f »	» 50

1879-81. *Idem.*

50.	10 penni bistre....	» 25	» 10
48.	25 » rose.....	» 60	» 10

1885. *Idem.*

53.	5 penni vert....	» 25	» 10
54.	10 » rose....	» 35	» 10
55.	20 » jaune...	» 60	» 05
56.	25 » bleu....	» 60	» 05
57.	1 mark rose et gris.	2f50	» 35
64.	5 » rose et vert.	» »	» »
65.	10 » rose et brun	» »	» »

1889. *Même genre, inscriptions finlandaises et russes, dentelés.*

1890. *Type 1889, dentelés.*

69.	2 penni gris.....	» 15	» 10

Nos		Neufs.	Oblitérés.
70.	5 penni vert	» 20	» 10
71.	10 » rose. . . .	» 30	» 10
72.	20 » jaune . . .	» 60	» 15
67.	25 » bleu. . . .	» 60	» 15
75.	1 mark rose et gris .	2f 50	» 75
76.	5 » rose et vert .	12f »	» »
77.	10 » rose et brun .	20f »	» »

1891. *Timbres de Russie avec petits ronds disposés de différentes manières (spéciaux à la Finlande).*

81.	1 kop. orange. . . .	» 10	» »
82.	2 » vert clair. . .	» 15	» »
83.	3 » rose	» 25	» »
84.	4 » rose	» 30	» »
85.	7 » bleu	» 50	» »
86.	10 » bleu foncé . .	» 75	» »
87.	14 » bleu et rose .	1f »	» »
88.	20 » bleu et rose .	1f 50	» »
89.	35 » lilas et vert. .	2f 50	» »
90.	50 » lilas et vert. .	3f »	» »

92.	1 rouble brun et orange	6f »	» »
93.	3½ » noir et gris. .	20f »	» »
94.	7 » noir et jaune.	40f »	» »

POSTES LOCALES

HELSINGFORS

1866. *Inscriptions, ovale, chiffres, dentelé.*

2. 10 p. vert et rouge . . » 50 » »

1868. *Idem.*

Nos		Neufs.	Oblitérés.
3.	10 p. bistre et bleu . .	» 50	» »

1871. *Chiffre, dentelé.*

4. 10 p. rouge et vert . . » 35 » 25

1883. *Chiffre dans un écusson, dentelé.*

6. 10 p. rouge et vert . . » » » »

1885. *Chiffre traversé par le nom, dentelé.*

7. 10 p. brun sur verdâtre. » 40 » 25

TAMMERFORS

1866. *Inscriptions.*

1. 12 p. vert et bleu . . » » »

1878. *Idem.*

2. 12 p. rouge et vert . . » » » »

FRANCE

Europe Centre, Occident

RÉPUBLIQUE

1849-50. *Liberté à gauche.*

N°s			Neufs.	Oblitérés.
1. 10 cent.	bistre	4ᶠ »	2ᶠ »
2. 15 »	vert.	» »	7ᶠ »
3. 20 »	noir.	» 75	» 15
4. 25 »	bleu.	» »	» 05
5. 25 »	bleu foncé. .	5ᶠ »	» 10
6. 40 »	rouge	5ᶠ »	2ᶠ50
7. 1 fr.	vermillou. . .	» »	» »
8. 1 »	carmin . . .	» »	4ᶠ »

1852. *Effigie à gauche (Louis Napoléon).*

9. 10 cent.	bistre	» »	6ᶠ »
10. 25 »	bleu	6ᶠ »	» 15

Mêmes timbres réimprimés : Liberté
10, 15, 20, 25, 40 c. et 1 fr. *Présidence* 10 et 25 c. *Empire* 25 c. 9 timbres neufs . . . . 15ᶠ » » »

EMPIRE

1853. *Idem (Napoléon III), légende changée :* EMPIRE FRANC.

11. 10 cent.	bistre	2ᶠ »	» 05
12. 25 »	bleu.	6ᶠ »	2ᶠ50
13. 40 »	rouge	3ᶠ50	» 10
14. 1 fr.	carmin . . .	» »	» »

1854-60. *Idem.*

17. 1 cent.	olive	» 25	» 10
18. 5 »	vert.	» »	» 15
19. 10 »	jaune	» »	» 25
20. 20 »	bleu	» 50	» 05

N°s			Neufs.	Oblitérés.
21. 20 cent.	bleu noir . .	1ᶠ50	» 10
22. 80 »	carmin . . .	» »	» 25
23. 80 »	rose	4ᶠ »	» 25

1861. *Timbres de 1853-60 dentelés avec la machine Susse (larges trous: piq. 7).*
1, 5, 10, 20, 40, 80 cent.
chaque . . . . » » » 50

Ces timbres que nous offrons à » 50 c. sont dentelés par nous, avec la machine inventée par M. Susse, qui est actuellement notre propriété.

1861. *Mêmes timbres percés en lignes par diverses administrations.*

1862. *Type 1853 (Napoléon III), dentelés.*

24. 1 cent.	olive	» 10	» 05
25. 5 »	vert.	» 15	» 05
26. 10 »	bistre . . .	» 50	» 05
27. 20 »	bleu.	» 50	» 05
28. 40 »	rouge . . .	1ᶠ »	» 05
29. 80 »	rose	2ᶠ50	» 10

1863-70. *Même effigie laurée, à gauche, grands chiffres; dentelés.*

32. 1 cent.	olive	» 05	» 05
33. 2 »	marron . . .	» 15	» 05
34. 4 »	gris	» 15	» 10

1866-70. *Même genre, petits chiffres, dentelés.*

35. 10 cent.	bistre	» 25	» 05
36. 20 »	bleu	» 40	» 05
37. 30 »	brun	» 60	» 05
38. 40 »	rouge	» 75	» 05
39. 80 »	rose.	1ᶠ50	» 10

1869. *Même genre, plus grand, dentelé.*

40. 5 fr. lilas. . . . . . 10ᶠ » 1ᶠ50

RÉPUBLIQUE

Siège de PARIS

1870-71. *Type 1849 (Liberté), dentelés.*

No§   Neufs. Oblitérés.

55. 10 cent. bistre . . . . » 25 » 20
56. 20   »   bleu. . . . . » 50 » 05
57. 40   »   orange . . . » 75 » 05

PROVINCE

Emission provisoire.

1870. *Liberté à gauche, lithographiés, grands chiffres, non dentelés.*

71. 1 cent. olive . . . . » 15 » 15
72. 2   »   marron . . 1f » » 75
73. 4   »   gris. . . . . 1f50 » »

1870. *Même genre (type 1849), lithographiés, petits chiffres, non dentelés.*

74.   5 c. vert. . . . . . » 40 » »
75.   10 » bistre . . . . . » 50 » 15
76.   10 » bistre jaune . . 1f50 » 30
77.   20 » bleu 1re *Variété* » » 2f50
77bis 20 » bleu 2e   »   1f » » 10
78.   20 » bleu 3e   »   » 75 » 05
79.   30 » brun. . . . . . 1f50 » 50
80.   40 » rouge orange. . » » » 75
81.   40 » orange . . . . 1f50 » 40
82.   80 » rose . . . . . 2f50 » 75

1870. *Idem, dentelés (non officiel).*

1871. *On continue l'impression des timbres à l'effigie de Napoléon, le suivant seul offre une particularité: type 1853, dentelé.*

116. 5 c. vert *sur azuré*. » 25 » 20

1871-72. *Types 1870 (Liberté), gravés, dentelés.*

No§   Neufs. Oblitérés.

117. 1 c. olive *grd. chif.* » 05 » 05
118. 2 » marron   »   » 10 » 05
119. 4 » gris   »   » 15 » 10
120. 5 » vert   »   » 15 » 05
121. 15 » bistre *pet. chif.* » 35 » 05
122. 25 » bleu   »   » 50 » 05

123. 30 c. brun *gros chif.* » 60 » 05
124. 80 » rose   »   1f50 » 10

1873. *Idem, chiffres petits, dentelé.*

131. 10 cent. bistre s. rose » 75 » 05

1874-75. *Idem, chiffres un peu plus grands, dentelés.*

144. 15 c. bistre . . . . . » 35 » 05
145. 10 » bistre sur rose » 25 » 05
146. 15 » bistre sur rose
          erreur . . . » » » »

1876-77. *Groupe allégorique; la Paix et Mercure, chiffre, dentelés.*

147. 1 cent. vert . . . . » 15 » »
148. 2   »   vert . . . . » 15 » 10
149. 4   »   vert . . . . » 40 » 25
150. 5   »   vert . . . . » 10 » 05
151. 10 »   vert . . . . » 20 » 05
152. 15 »   gris . . . . » 40 » 05
153. 20 »   marron . . » 50 » 05
154. 25 »   bleu . . . . » » » 05
155. 25 »   bleu ciel . . » 75 » 10
156. 30 »   brun. . . . » 40 » 05
157. 75 »   rose . . . . 1f25 » 10
158. 1 fr. vert jaune . 1f25 » 05

1877-78. *Idem.*

Nᵒˢ				Neufs.	Oblitérés.
159.	1 cent.	noir s. azuré	» 05	» 05
160.	2 »	brun rouge.	» 05	» 05
161.	3 »	jaune . . .	» 10	» 05
162.	4 »	violet brun .	» 10	» 05
163.	10 »	noir s. violet	» 15	» 05
164.	15 »	bleu	» 20	» 05
165.	25 »	noir s. rouge	» 75	» 05
166.	35 »	noir s. jaune	» 75	» 10
167.	40 »	rouge . . .	» 60	» 05
168.	5 fr.	violet . . .	6ᶠ »	» 35

1879-84. *Idem.*

172.	3 cent.	gris . . .	» 05	» 05
221.	20 »	rouge s. vert	» 30	» 05
171.	25 »	jaune . . .	» 60	» 05

1886-90. *Idem.*

234.	25 c.	noir s. rose pâle	» 40	» 05
250.	30 »	rose	» 60	» 10
251.	75 »	noir sur jaune .	1ᶠ »	» 15

1892. *Idem, fond quadrillé au lieu de teinté, dentelé.*

256.	15 centimes bleu. . .	» 20	» 05

Timbres pour journaux

1868. *(Fiscaux et postaux.) Aigle dans un écusson, non dentelés.*

41.	2 cent.	violet	» »	3ᶠ »
42.	2 »	bleu	» »	» »
43.	2 »	rose	» »	» »

1868. *Idem, dentelés.*

44.	2 cent.	violet	» 25	» 20
45.	2 »	bleu	1ᶠ25	1ᶠ »
46.	2 »	rose	1ᶠ »	» »
44a.	5 »	violet	» »	25ᶠ »
45a.	5 »	bleu	» »	» »
46a.	5 »	rose	» »	» »

Timbres-taxe

1859. *Chiffre.*

Nᵒˢ			Neufs.	Oblitérés.
15.	10 c. noir *lithographié*	»	» 15ᶠ »
16.	10 » noir *typographié*	» 25	» 25

1863. *Idem.*

30.	15 cent. noir	» »	» 35
31.	15 dentelé (*non officiel*).	» »	» »

1870. *Idem, lithographié (émission provisoire de Province).*

83.	15 cent. noir.	» »	» »

1871. *Idem, typographiés.*

125.	25 cent.	noir	» 75	» 35
126.	40 »	bleu	» »	» »
127.	60 »	jaune bistre	» »	» »

1878. *Idem.*

169.	30 cent.	noir	1ᶠ »	» 35
170.	60 »	bleu	1ᶠ50	» 50

1881-84. *Chiffre, ornements, dentelés.*

189.	1 cent.	noir	» 10	» »
190.	2 »	noir	» 10	» »
191.	3 »	noir	» 10	» »
192.	4 »	noir	» 10	» 10
193.	5 »	noir	» 10	» 10

Nos				Neufs.	Oblitérés.
194.	10 cent.	noir	» 25	» 10
195.	15 »	noir	» 30	» 10
196.	20 »	noir	» 40	» 15
188.	30 »	noir	» 60	» 05
197.	40 »	noir	» 80	» 25
222.	60 »	noir	1f 25	» 25
198.	1 franc	noir	2f 50	» »
199.	2 »	noir	5f »	» »
200.	5 »	noir	12f »	» »

1884. *Idem.*

223.	1 franc brun rouge .	2f »	» 40
224.	2 » brun rouge .	5f »	2f »
225.	5 » brun rouge .	10f »	3f 50

1892. *Idem.*

257.	50 centimes noir. . .	1f 25	» 35

Timbres-télégraphe

1868. *Aigle.*

47.	25 cent.	rose	» »	» »
48.	50 »	vert. . . .	» »	1f »
49.	1 fr.	orange . . .	» »	» »
50.	2 »	violet	» »	» »

1868. *Idem, dentelés.*

51.	25 cent.	rose	» »	» »
52.	50 »	vert	1f »	» 15
53.	1 fr.	orange . . .	2f »	» 15
54.	2 »	violet	3f »	» 35

DÉPARTEMENTS ENVAHIS

(Voir Alsace-Lorraine.)

PARIS pendant la COMMUNE

1871. OFFICES PARTICULIERS *qui se chargeaient de l'expédition et de la réception de la correspondance parisienne lors de l'interruption du service postal. (Voir aux enveloppes.)* Le suivant seul eut des timbres :

Office Lorin M.

1871. *Armes, dentelés sous le chiffre.*

Nos				Neufs.	Oblitérés.
106.	5 c. vert	*imprimés* . *	» 10	» »
107.	10 » violet	*lettré* . . *	» 10	» »
108.	50 » rose	*chargement* *	» 25	» »

Timbres-taxe

1871. *Même genre sans chiffre en haut.*

109.	5 c. vert	*imprimés* . *	» 10	» »
110.	10 » violet	*lettre*. . *	» 10	» »
111.	50 » rose	*chargement* *	» 25	» »

* Ces timbres précédés d'un astérisque sont réimprimés.

GABON

(Voir Congo français)

GAMBIE

POSSESSION ANGLAISE

Afrique Occident

1866. *Effigie à gauche (Victoria I), relief.*

1.	4 pence	brun	» »	» »
2.	6 »	bleu	» »	» »

1880. *Idem, dentelés.*

3.	½ penny	orange . .	» 50	» »
4.	1 »	carminé . .	» 40	» »

Nⁿˢ				Neufs.	Oblitérés.
5.	2 pence	rose. . . .	» 60	»	»
6.	3 »	bleu clair .	1ᶠ50	»	»
7.	4 »	brun . . .	1ᶠ25	»	50
8.	6 »	bleu. . . .	3ᶠ »	»	»
9.	1 shill.	vert. . . .	» »	»	»

1886. *Idem.*

16.	½ penny	vert. . . .	» 20	»	»
17.	1 »	carmin. . .	» 30	»	»
18.	2 pence	orange. . .	» 50	»	»
12.	2½ »	bleu. . . .	» 60	»	»
13.	3 »	gris	» 75	»	»
14.	6 »	vert olive. .	1ᶠ50	»	»
15.	1 shill.	violet . . .	2ᶠ50	»	»

GIBRALTAR

POSSESSION ANGLAISE

Europe Sud

1886. *Timbres des Bermudes avec* GIBRALTAR *en surcharge noire.*

1.	½ penny	vert.	» 35	»	»
2.	1 »	carmin . . .	» 60	»	50
3.	2 pence	brun violet . .	» »	»	»
4.	2½ »	bleu ciel . . .	1ᶠ25	»	75
5.	4 »	orange	» »	»	»
6.	6 »	violet vif . . .	» »	»	»
7.	1 shill.	bistre.	» »	»	»

1886. *Effigie à gauche (Victoria I), cadres divers, dentelés.*

11.	½ penny	vert.	» 50	»	»
12.	1 »	carmin . . .	» 50	»	35
13.	2 pence	brun	1ᶠ25	1ᶠ50	
14.	2½ »	bleu.	1ᶠ »	»	35
15.	4 »	rouge brun .	» »	»	»
16.	6 »	violet. . . .	» »	»	»
17.	1 shill.	bistre. . . .	» »	»	»

1889. *Idem, avec valeur en surcharge noire.*

Nⁿˢ				Neufs.	Oblitérés.
21.	5 cent. sur ½ p. vert . .		» 50	»	»
22.	10 » sur 1 p. carmin .		» 50	»	»
23.	25 » sur 2 p. brun . .		2ᶠ50	»	»
24.	25 » s. 2½ p. bleu . .		1ᶠ »	»	60
25.	40 » sur 4 p. r. brun .		» »	»	»
26.	50 » sur 6 p. violet. .		» »	»	»
27.	75 » sur 1 sh. bistre. .		3ᶠ »	»	»

1889. *Idem, sans surcharge, dentelés.*

28.	5 centimos	vert . . .	» 15	»	15
29.	10 »	carmin. .	» 25	»	15
30.	25 »	bleu . . .	» 50	»	20
31.	40 »	orange. .	» 75	»	»
32.	50 »	violet. . .	1ᶠ »	»	»
33.	75 »	olive. . .	1ᶠ50	»	»
34.	1 peseta	bistre . .	2ᶠ »	»	»
35.	5 »	gris . . .	10ᶠ »	»	»

GRANDE-BRETAGNE

ROYAUME

Europe Nord, Occident

1840. *Effigie à gauche (Victoria I), lettres dans les angles du bas, fleurons en haut.*

3.	1 penny	noir	» »	»	25
4.	2 pence	bleu	» »	»	1ᶠ25

1841. *Idem, le 2 p. avec ligne blanche dessus et dessous l'effigie, papier bleui.*

Nᵒˢ		Neufs.	Oblitérés.
6.	1 penny brique . . .	2ᶠ 50	» 05
7.	2 pence bleu	» »	» 25

1847-54. *Même effigie, relief, cadres octogones divers.*

10.	6 pence violet. . . .	» »	3ᶠ »
11.	10 » brun	» »	6ᶠ »
12.	1 shill. vert	» »	3ᶠ »

1854. *Type 1841, dentelés.*

13.	1 p. rouge brun s. bleui	» »	» 05
14.	2 » bleu sur blanc . .	» »	» 20
15.	1 » rouge carminé *id.*	» 50	» 05

1855-56. *Même effigie, types divers, sans lettres aux angles, dentelés.*

16.	4 p. rose sur azuré . .	» »	1ᶠ 50
17.	4 » rose sur blanc. .	» »	» 10
18.	6 » violet.	» »	» 20
19.	1 sh. vert	» »	» 40

1858-64. *Types 1840-41, lettres aux quatre angles, dentelés.*

55.	2 pence bleu	» 60	» 05
61.	1 penny rouge carminé	» 30	» 05

1862. *Genre des timbres 1855-56, petites lettres aux quatre angles, dentelés.*

Nᵒˢ			Neufs.	Oblitérés.
56.	3 pence	rose	3ᶠ 50	1ᶠ »
57.	4 »	rouge	2ᶠ 50	» 05
58.	6 »	violet. . . .	3ᶠ 50	» 25
59.	9 »	bistre. . . .	6ᶠ »	2ᶠ »
60.	1 shill.	vert	» »	» 35

1865-67. *Idem, grandes lettres aux angles sur fond de couleur, dentelés.*

64.	3 pence	rose	2ᶠ 50	» 10
65:	4 »	rouge. . . .	1ᶠ »	» 05
66.	6 »	violet. . . .	2ᶠ 50	» 10
67.	9 »	bistre. . . .	» »	1ᶠ 25
68.	1 shill.	vert	5ᶠ »	» 25

69.	10 pence brun	5ᶠ »	1ᶠ 50
70.	2 shill. bleu	7ᶠ »	» 75

71.	5 shill. ro e *grand.*	» »	1ᶠ »

1870. *Même effigie, types divers. dentelés.*

Nos			Neufs.	Oblitérés
75.	½ penny rouge carm.		» 20	» 05
76.	3/2 pence rouge carm.		» »	» 15

1872-73. *Même effigie, lettres des angles sur fond de couleur, dentelés.*

77.	6 pence	brun	» »	» 75
78.	6 »	brun clair .	» »	» 75
79.	6 »	gris	» »	» 75

1873-77. *Types antérieurs, lettres des angles sur fond blanc, dentelés.*

85.	3 pence	rose....	» »	» 10
86.	6 »	gris....	2f »	» 15
87.	1 shill.	vert....	3f »	» 20
90.	2½ p.	carminé clair	1f »	» 05

93.	4 pence	rouge ...	» »	» »
98.	8 »	orange ...	» »	1f50
99.	4 »	vert pâle ..	» »	» 75

1878. *Genre des timbres 1865, dentelés.*

Nos			Neufs.	Oblitérés.
116.	10 shill. gris ...		» »	» »
117.	1 pound lilas brun .		» »	» »

1880. *Même effigie, types divers, dentelés.*

123.	½ penny	vert....	» 15	» 05
124.	1 »	brun rouge	» 25	» 05
125.	3/2 pence	brun rouge	» »	» 20
126.	2 »	rose....	» 60	» 20

1880. *Types antérieurs, dentelés.*

127.	2½ pence	bleu clair.	» 75	» 05
128.	4 »	bistre gris.	1f50	» 10
131.	1 shill.	rouge pâle.	2f50	» 25
132.	2 »	brun bistre	» »	» »

1881. *Timbres fiscaux :* receipt, draft, inland revenue, *de toutes sortes, dont l'usage comme timbres-poste est autorisé provisoirement.*

Nos   Neufs. Oblitérés.

138. 1 p. violet *inl. revenue* » » » 25
etc. etc.

1881. *Timbre-poste et fiscal, même effigie, dentelé.*

139. 1 penny violet . . . » 20 » 05

1881-82. *Même effigie, dentelés.*

140. 5 pence violet foncé » » » 15
141. 5 pound orange *gr.*
type du timbre
télégraphe n° 106 » » » »

1883. *Types des nos 85, 86, avec surcharge rouge, dentelés.*

149. 3 d. violet . . . . . 1f50 » 50
150. 6 » violet . . . . . 2f50 » 50

1883-84. *Même effigie, types divers. dentelés.*

157. ½ p. viol. gris t. n° 123 » 10 » 05
158 1½ pence lilas. . . » » » 15

Nos   Neufs. Oblitérés.

159. 2 pence lilas. . . » 40 » 15
160. 2½ » lilas. . . » 50 » 05
161. 3 » lilas. . . » » » 25
162. 4 » vert. . . . 1f » » 20
163. 5 » vert. . . . 1f25 » 20
164. 6 » vert. . . . 1f50 » 20

165. 9 pence vert. . . . » » » »
166. 1 shill. vert. . . . 2f50 » 25
167. 2 sh. 6 p. lilas. . . . 5f » » 50
168. 5 shill. rose. . . . 10f » » 35
169. 10 » bleu. . . . 20f » 2f »

170. 1 pound brun violet . » » 7f »

1887-90. *Petite effigie à gauche, cadres divers, dentelés.*

174. ½ p. rouge. . . . . » 10 » 05
175. 1½ » violet et vert. . » 25 » 15

N°ˢ		Neufs.	Oblitérés.
176.	2 p. vert et rouge .	» 35	» 10
177.	2½ » violet s. bleu .	» 40	» 05

178.	3 p. brun s. jaune . .	» 50	» 15
179.	4 » vert et brun . . .	» 75	» 15
180.	5 » violet et bleu. . .	» 85	» 25
181.	6 » brun sur rouge. .	1ᶠ »	» 25

182.	9 p. violet et bleu. .	1ᶠ50	» 50
186.	10 » violet et rose. .	2ᶠ »	» 35

183. 1 sh. vert . . . . . . 2ᶠ » » 25

1891. *Type 1884, dentelé.*

189. 1 pound vert. . . . » » 5ᶠ »

1892. *Genre de 1887, dentelé.*

190. 4½ p. vert et rouge . » 80 » 20

Timbres de service

1840. *Timbre de 1840, avec* v r *en haut.*

N°ˢ		Neufs.	Oblitérés.
5.	1 penny noir . . .	» »	» »

1882-87. *Timbres de 1872-81, avec* I. R. OFFICIAL *en surcharge noire.*

146.	½ penny rouge. . .	» »	» 25
147.	1 » violet . .	» »	» 25
148.	6 pence gris . . .	» »	1ᶠ50

1883. *Timbres de 1883 avec* GOVT PARCELS *en surcharge noire (colis postaux du gouvernement).*

» . . . . » » »

Timbres-télégraphe

1876. *Effigie à gauche (Victoria I), grandeurs et types divers, dentelés.*

94.	1 penny carminé. .	» » » . »
95.	3 pence carmin . .	» » » »
101.	4 » vert pâle .	» » » »
102.	6 » gris. . . .	» » » »
96.	1 shill. vert. . . .	» » » »
103.	3 » bleuâtre. .	» » » »
97.	5 » carmin . .	» » » »
105.	10 » gris. . .	» » » »

104.	1 pound brun violet	» » »
106.	5 » orange. . .	» » »

1880. *Idem.*

135.	½ penny orange . .	» » »
136.	1 shill. rouge brun .	» » »

Télégraphe. Compagnies particulières *antérieures au monopole du Gouvernement.*

On connaît une cinquantaine de ces timbres.

Transport des imprimés par Chemins de fer.

Il existe environ trois cents de ces timbres.

Transport des imprimés. Compagnies particulières.

Il existe une centaine de ces timbres dont quelques-uns ont été ou sont encore en service, les autres sont de fantaisie.

GRÈCE

ROYAUME

Europe Sud, Orient

1861. *Mercure à droite, impression de Paris, soignée, papier teinté.*

N°s			Neufs.	Oblitérés.
1.	1 lepton	brun	» »	» »
2.	2 lepta	bistre	2f »	» »
3.	5 »	vert	4f »	3f »
4.	10 »	orange s. azuré	15f »	» »
5.	20 »	bleu	4f »	2f »
6.	40 »	violet s. azuré	4f »	3f »
7.	80 »	rose	4f »	» »

1862. *Idem, impression d'Athènes, moins soignée.*

8.	1 lepton	brun	» 05	» 05
9.	2 lepta	bistre	» 10	» 05
10.	5 »	vert	» 10	» 05
11.	10 »	orange s. azuré	» 25	» 10
12.	20 »	bleu	» 40	» 05
13.	40 »	violet s. azuré	» 75	» 15
14.	80 »	rose	1f 50	» 25

1866-74. *Idem.*

15.	10 l.	rouille s. jaune	» 25	» 10
16.	40 »	lie de vin	» »	» 15
17.	40 »	groseille	» »	» 25
17a.	20 »	bleu foncé	» 75	» 15

1876. *Idem, impression de Paris, soignée.*

31.	30 l.	brun clair	» »	» »
32.	60 »	vert sur vert	3f »	» »

1876-77. *Idem, impression d'Athènes, moins soignée.*

30.	5 l.	vert s. blanc	» 15	» 05
34.	30 »	brun foncé	1f »	» 15
35.	60 »	vert s. jaune	» »	2f »

1882-83. *Idem.*

38.	20 lepta	carmin	» 60	» 05
39.	30 »	bleu	1f »	» 20
40.	40 »	violet	» »	» 15

1886-88. *Petite tête de Mercure à droite.*

N⁰ˢ				Neufs.	Oblitérés.
46.	1 lepton	brun.	. . . .	» 05	» 05
47.	2 lepta	bistre	. . . .	» 15	» »
48.	5 »	vert.	. . . .	» 15	» 05
49.	10 »	orange.	. . .	» 25	» 05
50.	20 »	carmin.	. . .	» 50	» 05
51.	25 »	bleu.	. . . .	» 60	» 10
53.	40 »	violet	. . . .	1ᶠ25	» »
52.	50 »	olive	. . . .	1ᶠ25	» 25
54.	1 drach.	gris	. . . .	2ᶠ50	» 50

1891. *Idem, dentelés.*

56.	1 lepton	brun	. . . .	» 05	» 05
57.	2 lepta	bistre	. . .	» 10	» »
58.	5 »	vert	. . . .	» 15	» 05
59.	10 »	orange	. . .	» 25	» 05
55.	20 »	rose rouge	.	» 40	» 10
60.	25 »	bleu	. . . .	» 50	» 10
61.	40 »	violet	. . .	1ᶠ »	» »
62.	50 »	olive	. . . .	1ᶠ »	» »
63.	1 drach.	gris	. . . .	2ᶠ »	» »

1893. *Idem, non dentelés.*

64.	25 lepta violet.	. . . .	» 50	» »
65.	40 » bleu.	. . . .	» 80	» »

1893. *Idem, dentelés.*

66.	25 lepta violet.	. . . .	» 50	» »
67.	40 » bleu.	. . . .	» 80	» »

Timbres-taxe

1875. *Chiffre, dentelés.*

18.	1 lepton	vert	. . .	» 05	» »
19.	2 lepta	vert	. . .	» 10	» »
20.	5 »	vert	. . .	» 10	» »
21.	10 »	vert	. . .	» 20	» »

N⁰ˢ				Neufs.	Oblitérés.
22.	20	lepta	vert . . .	» 40	» »
23.	40	»	vert . . .	» 75	» »
24.	60	»	vert . . .	1ᶠ25	» »
29.	70	»	vert . . .	1ᶠ50	» »
25.	80	»	vert . . .	1ᶠ50	» »
26.	90	»	vert . . .	1ᶠ75	» »
27.	1 drachme	vert . . .	3ᶠ »	» »
28.	2 »	vert . . .	5ᶠ »	» »

1879. *Idem.*

36.	100 lepta	vert	. . . .	3ᶠ »	» »
37.	200 »	vert	. . . .	6ᶠ »	» »

LA GRENADE

POSSESSION ANGLAISE

Amérique Centrale, Antilles

1861-65. *Effigie de 3/4 à gauche (Victoria I), dentelés.*

1.	1 penny	vert	. . . .	1ᶠ »	» 50
2.	6 pence	rose	. . . .	» »	1ᶠ50
3.	6 »	rouge	. . .	» »	1ᶠ25

1875. *Même genre,* POSTAGE *en surcharge bleue, dentelé.*

4.	1 shill.	violet	. . . .	7ᶠ »	3ᶠ50

1881. *Idem, valeur en surcharge noire.*

5.	½ penny	violet	. . .	» 50	» »
7.	2½ pence	carminé	. .	» »	2ᶠ »
6.	4 »	bleu	. . . .	3ᶠ »	» »

1883. *Timbre de 1875 avec couronne et valeur en surcharge bleue (fiscal),* POSTAGE *en surcharge noire.*

Nos   Neufs. Oblitérés.

10. 1 penny jaune. . . . » » » »

Le même avec double surcharge transversale POSTAGE, *en noir.*

11. 1 penny jaune. . . . » » » »

1883. *Même effigie à gauche, dentelés.*

Nos			Neufs.	Oblitérés.
12.	½ penny	vert. . .	» » 15	» 10
13.	1 »	rose. . . .	» 25	» 15
14.	2½ pence	bleu. . . .	» 60	» 25
15.	4 »	gris. . . .	1f »	» 40
16.	6 »	lilas. . . .	1f50	» »
17.	8 »	bistre gris.	1f75	» »
18.	1 shill.	violet . . .	2f50	» »

1886-91. *Type 1875 avec couronne et valeur en surcharge bleue (fiscal) plus la nouvelle valeur en surcharge noire et* POSTAGE.

33.	½ penny s. 2 sh. jaune.	» »	» »
19.	1 d. sur divers	1f »	» »
32.	4 d. sur 2 sh. jaune. .	1f50	» »

1887. *Type 1883 avec* POSTAGE & REVENUE, *dentelé.*

31. 1 penny rose . . . . . » 25 » 15

1891-92. *Timbre de 1883 avec valeur en surcharge noire.*

35.	1 d. sur 8 p. bistre gris.	1f50	» »
36.	2½ » sur 8 p. bistre gris.	2f50	» »

Timbres-taxe

1892. *Chiffre et inscriptions, dentelés.*

37.	1 penny noir.	» 60	» 50
38.	2 pence noir.	1f »	» »
39.	3 » noir.	1f50	» »

1892. *Timbres-poste de 1883 avec valeur et* SURCHARGE POSTAGE *en surcharge noire.*

Nos		Neufs.	Oblitérés.
40.	1 d. s. 6 ou 8 p. . .	» »	1f50
41.	2 » s. 6 ou 8 p. . .	» »	2f »

GRIQUALAND

POSSESSION ANGLAISE

Afrique Sud

1874. *Timbre du Cap de Bonne-Espérance rectangulaire avec surcharge manuscrite en rouge.*

00. 1 d. sur 4 p. bleu . . » » » »

1877. *Timbres du Cap de Bonne-Espérance rectangulaires avec G W ou G de différentes formes, en surcharge rouge ou noire.*

1.	½ penny	gris	» 75	» »
2.	1 »	carmin . .	1f »	» »
3.	4 pence	bleu. . . .	» »	» »
4.	6 »	violet . . .	» »	» »
5.	1 shill.	vert	» »	1f75
6.	5 »	orange . .	» »	» »

LA GUADELOUPE

POSSESSION FRANÇAISE

Amérique Centrale, Antilles

1884. *Timbres des Colonies françaises 1876 avec* G. P. E. *et valeur en surcharge noire.*

6.	20 sur 30 c. brun. . . .	2f »	» »
7.	25 sur 35 c. jaune . . .	1f50	» »

1889. *Idem (déesse), avec* GUADELOUPE *et valeur en surcharge noire, cadres divers.*

Nᵒˢ		Neufs.	Oblitérés.
16. 3 c. sur 20 c. bistre s. vert		» 30	» »
19. 5 » sur 1 c. noir s. azuré		» 35	» 20
20. 10 » sur 40 c. rouge . . .		» 75	» »
17. 15 » sur 20 c. bistre s. vert		» 75	» 35
18. 25 » sur 20 c. et 30 c. . . .		1ᶠ »	» 25

1891. *Idem, avec* G. P. E. *et valeur en surcharge noire.*

23. 5 c. sur 10 c. et 1 fr. . » 30 » 35

1891. *Idem, Liberté de 1872, avec* GUADELOUPE *en surcharge noire.*

25. 30 cent. brun. . . . . » » » »
26. 80 » rose . . . . . » » » »

1891. *Idem, déesse de 1881, même surcharge.*

27. 1 c. noir sur bleu . .	» 10	» 10
28. 2 » brun rouge. . .	« 10	» 10
29. 4 » violet brun . .	» 25	» »
30. 5 » vert	» 20	» 10
31. 10 » noir sur violet .	» 30	» »
32. 15 » bleu	« 40	» 20
33. 20 » bistre sur vert .	» 50	» »
34. 25 » noir sur rose . .	» 60	» 20
39. 30 » brun.	1ᶠ »	» »
35. 35 » noir sur jaune. .	1ᶠ 25	» »
36. 40 » rouge.	1ᶠ 50	» »
37. 75 » rose	2ᶠ 50	» »
38. 1 fr. olive	3ᶠ »	» »

1892. *Groupe allégorique (Navigation et Commerce),* GUADELOUPE ET DÉPENDANCES, *en rose ou en bleu, dentelés.*

Nᵒˢ		Neufs.	Oblitérés.
40. 1 cent. noir sur bleu.		» 05	» »
41. 2 » brun rouge. .		» 05	» »
42. 4 » brun violet. .		» 10	» »
43. 5 » vert		» 10	» »
44. 10 » noir sur violet		» 15	» »
45. 15 » bleu.		» 25	» »
46. 20 » rouge sur vert		» 30	» »
47. 25 » noir sur rose.		» 35	» »
48. 30 » brun.		» 45	» »
49. 40 » rouge		» 50	» »
50. 50 » rose		» 65	» »
51. 75 » noir sur jaune		1ᶠ »	» »
52. 1 franc olive. . . .		1ᶠ 25	» »
La Collection complète des 13 timbres. . . .		5ᶠ »	» »

Timbres-taxe

1877. *Chiffre.*

1. 25 c. noir sur blanc. . » » » »
2. 40 » noir sur blanc . » » » »

1878. *Idem.*

3. 15 c. noir s. azuré . . » » 3ᶠ50
4. 30 » noir s. blanc . . . » » 2ᶠ50

1884. *Même genre, grands, noir sur couleur.*

8. 5 cent. blanc. . . . 1ᶠ » » »

Nᵒˢ				Neufs.	Oblitérés.
9.	10 cent.	bleu	» 75	»	»
10.	15 »	violet.	1ᶠ »	» 75	
11.	20 »	rose	» »	» »	
12.	30 »	jaune.	1ᶠ50	1ᶠ25	
13.	35 »	gris	2ᶠ »	» »	
14.	50 »	vert	2ᶠ50	» »	

GUATÉMALA

RÉPUBLIQUE
Amérique Centrale

1871. *Soleil, armes, dentelés.*

1.	1 cent.	bistre	» 50	»
2.	5 »	brun.	» 50	» »
3.	10 »	bleu.	» 60	» »
4.	20 »	carmin. . . .	» 75	» »

1872. *Même genre, armes, dentelés.*

| 5. | 4 reales | violet. . . . | » » 12ᶠ » |
| 6. | 1 peso | jaune. . . | » » » » |

1875. *Liberté à gauche, dentelés.*

7.	¼ real	noir	» 50	» »
8.	½ »	vert.	» 50	» »
9.	1 »	bleu	» 75	» »
10.	2 »	rouge.	» 75	» »

1878. *Indienne de 3/4 à gauche, dentelés.*

Nᵒˢ				Neufs.	Oblitérés.
15.	½ real	vert.	» 50	» »	
16.	2 »	carmin . . .	» 60	» »	
17.	4 »	violet	» 75	» »	
18.	1 peso	jaune	1ᶠ50	» »	

1879. *Oiseau (quetzal), dentelés.*

| 19. | ¼ real | vert et brun . | » 40 | » » |
| 20. | 1 » | vert et noir . | 1ᶠ » | » » |

1881. *Types 1878 indienne et 1879 oiseau, avec valeur en surcharge noire.*

21.	1 c. sur ¼ r.	vert et brun	1ᶠ »	» »
22.	5 » » ½ »	vert . . .	1ᶠ »	» »
23.	10 » » 1 »	vert et noir	1ᶠ »	» »
24.	20 » » 2 »	rouge . .	2ᶠ »	» »

1881. *Type 1879 oiseau, dentelés.*

25.	1 c.	vert et noir . . .	» 20	» 15
26.	2 »	vert et bistre . .	» 30	» 20
27.	5 »	vert et rouge . .	» 30	» 15
28.	10 »	vert et violet noir	» 35	» 20
29.	20 »	vert et jaune . .	» 50	» 50

1886. *Timbres de chemin de fer, à l'effigie de J. R. Barrios, ayant en surcharge noire Correos, etc., valeur et ornements typographiques, dentelés.*

N^{os}			Neufs.	Oblitérés.
30.	25 c. sur 1 p. rouge .	»	»	» »
31.	50 » sur » rouge .	»	»	» »
32.	75 » sur » rouge .	»	»	» »
33.	100 » sur » rouge .	»	»	» »
34.	150 » sur » rouge .	»	»	» »
La série de 5 timbres. . .		5ᶠ	»	5ᶠ »

1886. *Oiseau (quetzal) et charte, dentelés.*

35.	1 cent. bleu	» 20	» 15
36.	2 » brun	» 30	» 15
37.	5 » violet	» 60	» 20
38.	10 » rouge	1ᶠ25	» 20
39.	20 » vert bleu. . .	2ᶠ25	» 50
40.	25 » orange. . . .	2ᶠ50	» 75
41.	50 » vert jaune . .	5ᶠ »	» »
42.	75 » carmin . . .	7ᶠ50	» »
43.	100 » rouge brun .	10ᶠ »	» »
44.	150 » bleu foncé. .	15ᶠ »	» »
45.	200 » jaune	20ᶠ »	» »
La série des 11 timbres		»	» 12ᶠ »

1886. *Idem, avec surcharge noire :*
PROVISIONAL *1886* 1 UN CENTAVO.

46. 1 c. sur 2 c. brun . . .	» 60	» »

1887. *Idem, le chiffre est plus large, dentelé.*

47. 5 centavos violet . . .	» 60	» 15

GUINÉE FRANÇAISE

Afrique Occident

1892. *Groupe allégorique (Navigation et Commerce),* GUINÉE FRANÇAISE, *en rose ou en bleu, dentelés.*

N^{os}				Neufs.	Oblitérés.
1.	1 cent.	noir sur bleu .	» 05	» »
2.	2 »	brun rouge. .	» 05	» »
3.	4 »	brun violet. .	» 10	» »
4.	5 »	vert	» 10	» »
5.	10 »	noir sur violet	» 15	» »
6.	15 »	bleu	» 25	» »
7.	20 »	rouge sur vert	» 30	» »
8.	25 »	noir sur rose.	» 35	» »
9.	30 »	brun	» 45	» »
10.	40 »	rouge	» 50	» »
11.	50 »	rose	» 65	» »
12.	75 »	noir sur jaune	1ᶠ »	» »
13.	1 franc olive		1ᶠ25	» »
La Collection complète des 13 timbres. . . .			5ᶠ »	» »

GUINÉE PORTUGAISE

POSSESSION PORTUGAISE

Afrique Occident

1881. *Timbres du Cap Vert avec* GUINÉ *en surcharge noire, grands caractères.*

1.	5 reis noir	» 50	» »
2.	10 » jaune.	» »	» »
3.	20 » bistre.	» 60	» »
4.	25 » rose	» 60	» »
6.	50 » vert	» »	» »

Nos				Neufs.	Oblitérés.
7.	100	reis violet.	1f25	»	»
8.	200	» orange	2f50	»	»
9.	300	» brun rouge . .	3f »	»	»
10.	10	» vert	» 50	»	»
11.	20	» rose.	» 60	»	»
12.	25	» violet.	» 75	»	»
13.	40	» jaune	1f50	1f50	
14.	50	» bleu	» 75	»	»

1881. *Idem, surcharge* GUINÉ *en petits caractères.*

14a.	5 reis noir	»	»	»	».
15.	10	» jaune.	»	»	»	»
16.	20	» bistre.	»	»	»	»
16a.	25	» rose	»	»	»	»
17.	40	» bleu	»	»	»	»
17a.	50	» vert	»	»	»	»
18.	100	» violet. . . .	20f	»	»	»
19.	200	» orange	»	»	»	»
20.	300	» brun rouge . .	»	»	»	»

1886-89. *Effigie (Don Luis I) de* 3/4, *dentelés.*

21.	5 reis noir	» 25	»	»
22.	10	» vert	» 35	»	»
23.	20	» rose	» 60	»	»
24.	25	» violet. . . .	» 75	»	»
25.	40	» brun rouge . .	1f »	»	»
26.	50	» bleu	1f »	»	»
27.	80	» gris	1f50	»	»
28.	100	» brun	1f50	»	»
29.	200	» lilas	2f50	»	»
30.	300	» orange	3f »	»	»

1893. *Inscriptions et chiffres (pour journaux), dentelé.*

31. 2½ reis brun. . . . . » 15   »   »

GUYANE ANGLAISE
Amérique du Sud, Nord

1850-51. *Composition typographique, signature manuscrite, noir sur couleur.*

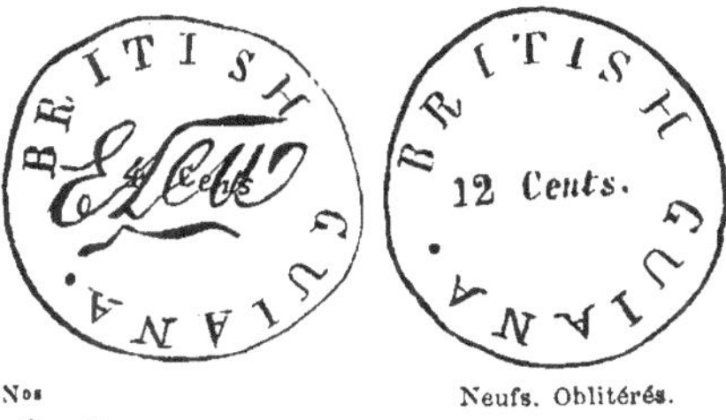

Nos				Neufs.	Oblitérés.
0.	2 cents rose.	»	»	»	»
1.	4	» jaune	»	»	»	»
2.	8	» vert.	»	»	»	»
3.	12	» bleu.	»	»	»	»

1852. *Navire, noir sur papier couché, de couleur.*

4. 1 cent. carmin foncé . » » » »
5. 4 » bleu foncé . . » » » »

1853. *Navire à gauche dans un ovale, papier blanc.*

6. 1 cent rouge brun . . » » » »
7. 1 » rouge. . . . . » » » »
8. 4 » bleu . . . . . *3f » 20f »

* Les timbres neufs dont le prix est précédé d'un astérisque sont réimprimés ; les oblitérés sont anciens.

1856. *Navire, noir sur papier cou-ché, de couleur.*

N°		Neufs.	Oblitérés.
9.	4 cents bleu	» »	» »
10.	4 » carmin foncé	» »	» »

1860. *Navire à droite, genre 1853, dentelés.*

11.	1 cent	rose	» »	» »
12.	2 »	orange	» 75	» »
13.	4 »	bleu	2f »	» »
14.	8 »	chair	3f50	» »
15.	12 »	gris lilas . . .	5f »	1f50
16.	24 »	vert	» »	4f »

1861-63. *Idem.*

17.	1 cent	brun rouge . .	» »	» »
18.	1 »	brun	» »	» »
28.	1 »	noir	» 50	» 30
29.	12 »	violet	5f »	1f50

1862. *Timbres provisoires, bordures diverses, noir sur couleur.*

22.	1 cent rose	» »	» »
23.	2 » jaune	» »	» »

19.	1 cent rose	» »	» »

N°		Neufs.	Oblitérés.
20.	2 cents jaune	» »	» »

21.	4 cents bleu	» »	» »

24.	4 cents bleu	» »	» »

25.	1 cent rose	» »	» »
26.	2 » jaune . .	» »	» »

27.	4 cents bleu	» »	» »

1863. *Navire dans un cercle, dentelés.*

30.	6 cents	bleu	» »	» »
31.	6 »	bleu terne . .	» »	» »
32.	24 »	vert	5f »	2f »
33.	48 »	rouge	10f »	3f »

1876. *Même genre, dentelés.*

36.	1 cent	gris bleu . . .	» 25	» 10
37.	2 »	orange	» 35	» 10
38.	4 »	bleu	» 60	» 35
39.	6 »	brun	1f »	» 75
40.	8 »	carmin	1f »	» 30
41.	12 »	lilas	1f50	» 50
42.	24 »	vert	3f »	» 75
43.	48 »	brun rouge . .	6f »	2f50
44.	96 »	bistre jaune .	» »	» »

1878. *Timbres provisoires. Timb. de 1860 et 1876 et t. de service avec larges barres d'encre à écrire modifiant la valeur.*

Nᵒˢ   Neufs. Oblitérés.

46. 6 cents bleu (1 c.) . . » » 2ᶠ »
     etc.

1881. *Timbres de 1876 et 1863 avec valeur barrée et chiffre en surcharge noire.*

48. 1 c. s. 96 bistre jaune . 2ᶠ50 » »
49. 1 » s. 48 rouge de 1863 5ᶠ » » »
50. 2 » s. 96 bistre jaune . 2ᶠ50 » »

1881. *Timbres de 1876 avec valeur barrée, chiffre et* OFFICIAL *en surcharge noire.*

51. 1 c. sur 12 lilas . . . » » » »
52. 1 » sur 48 brun rouge 6ᶠ » » »
53. 2 » sur 12 lilas . . . 6ᶠ » 5ᶠ »
54. 2 » sur 24 vert . . . 6ᶠ » 5ᶠ »

1882. *Navire,* SPÉCIMEN *piqué en travers, 2 types à chaque valeur : navire à 2 ou 3 mâts, dentelés.*

55. 1 c. noir sur rose . 5ᶠ » 4ᶠ50
56. 2 » noir sur jaune . 5ᶠ » 4ᶠ50

1889-90. *Navire à droite,* POSTAGE AND REVENUE, *dentelés.*

65. 1 c. violet et vert . . » 50 » 35
66. 2 » violet et orange . » 25 » 20
67. 4 » violet et bleu . . » 50 » »
68. 6 » violet et brun . » 75 » 35
69. 8 » violet et chair . . 1ᶠ50 » 75

Nᵒˢ   Neufs. Oblitérés.

70. 12 c. violet et violet . 1ᶠ25 » 50
71. 24 » violet et vert . . 2ᶠ50 » 75
72. 48 » violet et rouge . 5ᶠ » 1ᶠ50
73. 72 » violet et bistre . 7ᶠ50 1ᶠ50
74. 96 » violet et carminé 10ᶠ » » 2ᶠ »

1890. *Timbres fiscaux servant couramment comme timbres-poste, type de 1876 avec* INLAND REVENUE *et valeur en noir.*

1 c., 2 c. (chiffre rouge au milieu), 3 c., 4 c., 6 c., 8 c., 10 c., 20 c., 40 c., 72 c., tous violets.

Idem, avec one cent *en surcharge rouge.*

1 dollar, 2 d., 3 d., 4 d., tous verts.

Nous avons en vente :

1 c. à » 75, 2 c. à 1ᶠ50, 3 c. à 1ᶠ, 1 c. sur 1, 2 ou 3 dol. à 1ᶠ.

1891. *Type 1889, dentelés.*

75. 1 cent. vert . . . . . » 20 « 15
76. 5 »   bleu . . . . . » 60 » 20
77. 8 »   viol. et gris vert 1ᶠ » » »

Timbres de service

1875. *Timbres de 1860-63 avec* OFFICIAL *en surcharge noire ou rouge.*

34. 1 cent noir . . . . . » » » »
35. 2 »   orange . . . . » » » »
    etc.

1876. *Timbres de 1876 avec* OFFICIAL *en surcharge noire.*

45. 2 cents orange . . . » » » 75
    etc.

GUYANE FRANÇAISE
Amérique du Sud, Nord

1886-88. *Timbres des Colonies françaises de diverses émissions, avec millésime,* GUY. FRANC. *et valeur en surcharge noire.*

1. 5 c. sur divers . . . . 3ᶠ » » »
3. 10 » sur 75 c. rose . . » » » »
7. 20 » sur 35 c. jaune . . » » 5ᶠ »
4. 25 » sur 30 c. brun . . 5ᶠ » 5ᶠ »

1892. *Timbre des Colonies 1872, Liberté, avec* GUYANE *en surcharge transversale noire.*

Nos		Neufs.	Oblitérés.
8.	30 cent. brun	2f 50	» »

1892. *Idem, groupe allégorique de 1877, même surcharge.*

Nos		Neufs.	Oblitérés.
8a.	2 c. vert	» »	» »
9.	35 » noir sur jaune .	» »	» »
10.	40 » rouge.	1f 50	» »
11.	75 » rose	3f »	2f 50
12.	1 fr. olive	3f »	2f 50

1892. *Idem, déesse de 1881, même surcharge.*

		Neufs.	Oblitérés.
13.	1 c. noir sur bleu . .	» 15	» »
14.	2 » brun rouge . . .	» 20	» »
15.	4 » violet brun . . .	» 30	» »
16.	5 » vert.	» 25	» 20
17.	10 » noir sur violet .	» 30	» »
18.	15 » bleu	» 40	» »
19.	20 » bistre sur vert. .	» 75	» »
20.	25 » noir sur rose . .	» 60	» 35
21.	30 » brun	1f 25	» »
22.	35 » noir sur jaune. .	1f 75	» »
23.	40 » rouge.	» »	» »
24.	75 » rose	3f »	2f 50
25.	1 fr. olive	3f »	» »

1892. *Idem, avec millésime et valeur en surcharge noire.*

		Neufs.	Oblitérés.
47.	5 c. sur 15 c. bleu . .	1f 50	» »

1892. *Groupe allégorique (Navigation et Commerce),* GUYANE, *en rose ou en bleu, dentelés.*

		Neufs.	Oblitérés.
26.	1 cent. noir sur bleu.	» 05	» »
27.	2 » brun rouge. .	» 05	» »
28.	4 » brun violet. .	» 10	» »
29.	5 » vert	» 10	» »

Nos		Neufs.	Oblitérés.
30.	10 cent. noir sur violet	» 15	» »
31.	15 » bleu	» 25	» »
32.	20 » rouge sur vert	» 30	» »
33.	25 » noir sur rose .	» 35	» »
34.	30 » brun	» 45	» »
35.	40 » rouge	» 50	» »
36.	50 » rose	» 65	» »
37.	75 » noir sur jaune	1f »	» »
38.	1 franc olive	1f 25	» »
	La Collection complète des 13 timbres	5f »	» »

GWALIOR

ÉTAT INDIEN

Asie Sud

1885. *Timbres des Indes anglaises avec* GWALIOR *et caractères indiens en surcharge noire ou rouge.*

		Neufs.	Oblitérés.
1.	½ anna vert	» 25	» »
2.	1 » brun	» 50	» »
3.	1 a. 6 p. bistre. . . .	» 60	» »
4.	2 annas bleu	» 75	» »
5.	3 » orange . . .	1f »	» »
6.	4 » vert.	1f 50	» »
7.	6 » bistre. . . .	2f »	» »
8.	8 » lilas	2f 50	» »
9.	1 rupee gris	5f »	» »

1891. *Idem.*

		Neufs.	Oblitérés.
16.	9 pies carmin . . .	» »	» »
17.	12 annas brun s. rouge	4f »	» »

HAIDERABAD

ÉTAT INDIEN

Asie Sud

1866. *Inscriptions orientales, dentelé.*

		Neufs.	Oblitérés.
1.	vert olive	1f 50	» »

1871. *Gravure au trait inscriptions orientales, dentelés.*

Nos				Neufs.	Oblitérés
2.	½	anna	brun	1f50	1f25
3.	2	»	vert	2f50	» »

1871. *Idem, gravure finie, dentelés.*

4.	½	anna	brun rouge .	» 25	» 20
5.	1	»	brun violet .	» 50	» 35
6.	2	»	vert	1f »	» 75
7.	3	»	bistre . . .	1f25	» »
8.	4	»	gris	1f75	» »
9.	8	»	brun	3f50	» »
10.	12	»	bleu pâle . .	4f »	» »

1891. *Idem.*

21. ½ anna rose pâle. . . » » » »

Timbres de service

1866-71. *Tous les timbres précédents avec une inscription orientale en surcharge noire ou rouge.*

11.	¼	»	brun rouge .	»	»	» 50
12.	1	»	brun violet .	»	»	» »

HAITI

RÉPUBLIQUE

Amérique Centrale, Antilles

1881. *Effigie (Liberté) à gauche, papier teinté.*

1.	1	cent.	rouge	» 40	» 3
2.	2	»	violet	» 60	» 50
3.	3	»	brun	» 75	» 60
4.	5	»	vert	» 75	» 50
5.	7	»	bleu.	1f50	» 50
6.	20	»	brun rouge .	» »	3f »

1882-84. *Idem, dentelés.*

Nos				Neufs.	Oblitérés.
9.	1	cent.	rouge	» 30	» 25
10.	2	»	violet	» 35	» 25
11.	3	»	brun	» 60	» 40
12.	5	»	vert.	» 60	» 25
13.	7	»	bleu	1f »	» 50
14.	20	»	brun rouge . .	2f50	» 75

1887. *Effigie de face (général Salomon), dentelés.*

15.	1	cent.	rouge	» 20	» 15
16.	2	»	violet	» 30	» 20
17.	3	»	bleu.	» 60	» 50
18.	5	»	vert.	» 75	» 20

1890. *Idem avec valeur en surcharge rouge.*

19. 2 c. sur 3 c. bleu . . » 50 » 30

1891. *Armes, dentelés.*

20.	1	cent.	violet	» 20	» 15
21.	2	»	bleu.	» 30	» 20
22.	3	»	gris	» 50	» 35
23.	5	»	orange . . .	» 75	» 15
24.	7	»	rouge	1f »	» 50

1892. *Idem avec valeur en surcharge rouge.*

25. 2 c. sur 3 c. gris violet » 50 » »

1893. *Type 1891 modifié; dentelés.*

26.	1	cent.	violet bleu . .	» 15	» 15
27.	2	»	bleu.	» 25	» 20
28.	3	»	gris	» 40	» »
29.	5	»	orange	» 60	» »
30.	7	»	rouge	» 75	» »

HAMBOURG

VILLE LIBRE

Europe Centre

1859 *Chiffre, armes (trois tours)*

N°s				Neufs.		Oblitérés.	
1.	½	sch.	noir	3f	»	»	»
2.	1	»	brun	5f	»	»	»
3.	2	»	rouge . . .	5f	»	»	»
4.	3	»	bleu	5f	»	»	»
5.	4	»	vert	4f	»	»	»
6.	7	»	orange . . .	5f	»	2f50	
7.	9	»	jaune . . .	7f	»	»	»

1864. *Même genre.*

9.	1¼	sch.	violet . . .	* » 25	»	»
10.	1¼	»	lilas . . .	* » 25	»	»
11.	2½	»	vert	* » 25	»	»
12.	2½	»	vert foncé .	* » 25	»	25

1864. *Types 1859 et 1864, dentelés.*

13.	½	sch.	noir	» 25	»	»
14.	1	»	brun	» 75	»	»
15.	1¼	»	gris	* » 15	»	»
16.	1¼	»	violet . . .	* » 15	»	»
17.	2	»	rouge . . .	» 75	»	»
18.	2½	»	vert	* » 25	»	»
19.	2½	»	vert foncé .	* » 25	»	»
20.	3	»	bleu terne .	» »	»	»
21.	4	»	vert	» 50	»	»
22.	7	»	orange . . .	» »	»	»
23.	9	»	jaune . . .	1f »	»	»

Les timbres précédés d'un * sont réimprimés

1865. *Idem.*

N°s				Neufs.		Oblitérés.	
24.	3	sch.	bleu ciel . .	1f50		1f25	
25.	7	»	violet	» 50	»	»	
26.	2½	»	vert foncé (2e type) . . .	» 50	»	»	

1866. *Même genre, relief et couleur, dentelés.*

27.	1¼	sch.	violet . . .	» 50	»	»
28.	1½	»	rose	» 50	»	»

Timbre local

1868. *Légende dans l'ovale, dentelé.*

36.	violet brun	»	»	» 15

Timbre de retour

1859. *Inscriptions.*

8.	noir	»	»	»	»

Entreprises particulières Hamer et Co

1860. *Chiffre, noir sur couleur.*

Nos			Neufs.	Oblitérés.
1 à 8. ½ vert, ½ brun, ½ bleu, ½ jaune, ½ jaune foncé, ½ gris, ½ rose, ½ vert jaune . . . . . chaque.			» 10	» »

H. Scheerenbeck

1862. *Armes (fort à trois tours), noir sur couleur.*

11 à 20. chamois, bleu, vert gris, rosé, jaune, brun foncé, vert, violet, vert clair, chair . . chaque.			» 10	» »

Ch. Van Diemen

1865. *Grand chiffre couleur sur blanc inscriptions en surcharge noire, dentelés.*

Nos			Neufs.	Oblitérés.
21.	1	lilas	» 10	» »
22.	2	jaune	» 10	» »
23.	3	carmin.	» 10	» »
24.	4	vert	» 10	» »

Nos			Neufs.	Oblitérés.
25.	6	bleu	» 10	» »
26.	8	rouge	» 10	» »
La collection des 26 timbres particuliers.			1f »	» »

NOTA. — Nous n'indiquons pas les autres timbres connus des offices Kranzt, Hamonia, Lafranz, etc., qui n'ont jamais été mis en cours.

HANKOW

PORT CHINOIS

Asie, Orient

1893. *Types divers, dentelés en haut et en bas.*

1.	2 c. violet s. lilas *Chinois*	» 35	» 35
2.	5 » vert s. saumon *id.*	» 75	» 75
3.	10 » rouge sur rose *id.*	1f 25	» »
4.	20 » bleu s. cham. *pagode*	2f »	» »

| 5. | 30 c. rouge s. jaune *palais* | 3f » | » » |

HANOVRE

ROYAUME

Europe Centre

1850-51. *Chiffres, armes, noir sur couleur.*

3.	1 gutengr.	bleu . .	» »	» »
4.	1 »	vert . .	2f »	» 25
5.	1/30 thaler	chair. .	4f »	» »
6.	1/30 »	carmin.	4f »	» »
7.	1/15 »	bleu . .	4f »	» »
8.	1/10 »	jaune .	4f »	» »

1853. *Chiffre, couronne.*

Nos		Neufs.	Oblitérés
9.	3 pf. rose sur blanc	1f50	» »

1856. *Idem, fond burelé noir.*

10. 3 pf. rose sur blanc » » » »

1856. *Type 1850, chiffre et armes, noir sur fond burelé de couleur.*

11. 1 ggr. vert . . . 2f50 » »
12. 1/30 thaler rose . . . » » » 75
13. 1/15 » bleu . . . 4f » » »
14. 1/10 » jaune . . » » » »

1856. *Idem, burelé serré.*

15. 1/10 thaler jaune . . 5f » » »

1859. *Effigie à gauche.*

24. 1 gros. carmin . . . 1f50 » 25
25. 2 » bleu . . . . 3f50 » 75
26. 3 » jaune . . . 4f » 1·25

1860. *Couronne et cor.*

27. ½ gros. noir . . . . 2f » 5f »

1861. *Effigie à gauche, type 1859.*

32. 3 gros. bistre . . . 2f50 » 75
31. 10 » vert . . . . » » » »

1863. *Type 1853 (chiffre, couronne).*

36. 3 pf. vert . . . . 6f » 8f »

1864. *Types antérieurs, dentelés.*

Nos				Neufs.	Oblitérés.
37.	3 pf.	vert *chiffre*	.	5f »	3f »
38.	½ gros.	noir *cor.*	.	» »	8f »
39.	1 »	rose *effigie*	.	» »	» 35
40.	2 »	bleu »	.	» »	1f25
41.	3 »	bistre »	.	» »	1f25

HAWAII

ROYAUME
Océanie Polynésie

1851-53. *Chiffre, vignettes.*

1. 2 cents bleu. . . . . » » » »
2. 5 » bleu. . . . » » » »
3. 13 » bleu. . . . . » » » »

4. 13 cents bleu *(2o type).* » » » »

1853. *Effigie de face (Kamehaméha III), deux types.*

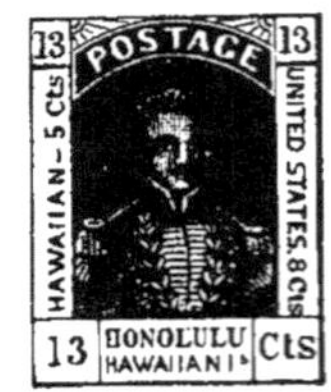

5. 5 c. bleu s. blanc . *1f50 »
6. 5 » bleu s. azuré . 8f » » »
7. 13 » rouge s. blanc . 20f » » »

1859. *Chiffre,* HAWAIIAN POSTAGE *à gauche.*

8. 1 c. bleu s. azuré . . » » » »
9. 2 » noir s. azué . . » » » »

1862. *Effigie de face (Kamchameha IV)*

Nᵒˢ		Neufs.	Oblitérés.
10.	2 c. rose *lithographié* 5ᶠ	»	» »
11.	2 » rouge carm. *gravé* 2ᶠ	»	» »

1863. *Type de 1859, chiffre.*

| *12.* | 1 c. noir s. azuré . . | » » » » |
| *13.* | 2 » bleu s. azuré . . | » » » » |

1864. *Idem.*

| *14.* | 1 c. noir s. blanc . . | 7ᶠ » » » |
| *15.* | 2 » noir s. blanc . . | 3ᶠ » » » |

1864. *Effigie de face (Kameha-meha IV), dentelé.*

| *16.* | 2 cents rouge . . . . | » 75 » » |

1865. *Type de 1859, chiffre,* INTERIS-LAND *à gauche.*

| *17.* | 1 c. bleu sur blanc . | » » » » |
| *18.* | 2 » bleu sur blanc . | » » » » |

1865. *Idem.*

| *21.* | 5 c. bleu sur azuré . | 3ᶠ » » |

1865. *Idem,* HAWAIIAN POSTAGE, *à gauche et à droite.*

| *19.* | 5 c. bleu sur azuré . | » » » » |

1866. *Effigie de face (Kamehameha V), dentelé.*

Nᵒˢ		Neufs.	Oblitérés.
20.	5 c. bleu	1ᶠ50	» »

1871. *Effigies diverses, dentelés.*

| *22.* | 1 c. *Kamamalu* violet . . | » 50 » » |
| *23.* | 6 » vert *Kamehameha V* | » 75 » » |

| *24.* | 18 c. carminé *Kekuanoa* | 3ᶠ50 » » |

1875. *Même genre, dentelés.*

| *25.* | 2 c. brun *Kalukaua* | » 25 » 15 |
| *26.* | 12 » noir *Leleiohoku* | 2ᶠ50 » » |

1882. *Même genre, dentelés.*

Nos   Neufs. Oblitérés.

27. 1 c. bleu *Likelike*. . » 35 » »

28. 10 c. noir *Kalukaua*.   1f 25 » 50
29. 15 » brun *Kapiolani*.   3f » » »

1882. *Types antérieurs, dentelés.*

33. 1 c. vert   *type n° 27*   » 30 » 20
34. 2 » carmin »   *n° 25*   » 35 » 25
35. 5 » bleu ciel »   *n° 20*   » 60 » 30

1883-85. *Types divers, dentelés.*

36. 10 c. rouge *type n° 28.*   1f 25 » »
37. 12 » lilas   *type n° 26.*   » » » »

38. 25 c. violet *Kameha-*
     meha I. . . . . . 3f » » »
39. 50 » rouge *Lunalilo* . 6f » » »

Nos   Neufs. Oblitérés.

40. 1 dol. rouge rose *Emma* » » » »
48. 10 c. br. rouge *type n° 28*   1f 25 » 50

1891. *Même genre, dentelé.*

49. 2 c. violet, *Liliuokalani* » 30 » 25

1983. *Timbres antérieurs avec Provisional Govt et millésime en surcharge rouge ou noire.*

No.	Val.	Couleur	Neufs	Oblitérés	
54.	1 cent.	violet.	1f »	»	»
55.	1 »	bleu	1f »	»	»
56.	1 »	vert	» 30	»	»
57.	2 »	rouge	» »	»	»
58.	2 »	brun.	1f 25	»	»
59.	2 »	carmin. . . .	» 50	»	»
60.	2 »	violet. . . .	» 40	»	»
61.	5 »	bleu	» »	»	»
62.	5 »	bleu ciel . . .	» 75	»	»
63.	6 »	vert	» »	»	»
64.	10 »	noir	2f »	»	»
65.	10 »	rouge	2f50	»	»
66.	10 »	brun rouge. .	» »	»	»
67.	12 »	noir	3f »	»	»
68.	12 »	lilas	» »	»	»
69.	15 »	brun.	4f »	»	»
70.	18 »	carminé . . .	3f 50	»	»
71.	25 »	violet	» »	»	»
72.	50 »	rouge.	6f »	»	»
73.	1 doll.	rouge rose . .	12f »	»	»

HÉLIGOLAND

POSSESSION ANGLAISE

Europe Nord, Occident

1867. *Effigie (Victoria I) à gauche, relief et couleur, dentelés.*

N°ˢ				Neufs.	Oblitérés.
1.	½ sch.	vert et carmin	* » 25	»	»
2.	1 »	carmin et vert	* » 25	»	»
3.	2 »	carmin et vert	* » 25	»	»
4.	6 »	vert et carmin	* » 25	»	»

1873. *Idem, angles blancs autour de l'ovale, dentelés.*

5.	¼ sch.	carm. et vert	* » 15	»	»
6.	¼ »	vert et carm.	* » 25	»	»
7.	3/4 »	carm. et vert	* » 25	»	»
8.	1 ½ »	vert et carm.	* » 25	»	»

1875. *Même effigie, relief et couleur, dentelés.*

12.	1 f.	1 pf.	carm. et vert	* » 15	»	»
13.	2 »	2 »	vert et carm.	* » 20	»	»
14.	3 »	5 »	carm. et vert	» 35	»	»
15.	1 ½ p.	10 »	vert et carm.	» 60	»	»
16.	3 »	25 »	carm. et vert	1ᶠ »	»	»
17.	6 »	50 »	vert et carm.	2ᶠ »	»	»

1876. *Armes en jaune, vert et rouge, dentelés.*

20.	2 ½ fa.	3 pf. vert	. * » 25	»	»
21.	2 ½ pe.	20 pf. carm.	. » 75	»	»

1879. *Chiffre, ruban tricolore, dentelés.*

N°ˢ			Neufs.	Oblitérés.
26.	1 sh. ou mk.	noir. vert, rose	3ᶠ50	» »
27.	5 sh. ou mk.	noir, vert, rose, jaune .	17ᶠ	» » »

HOLKAR

ÉTAT INDIEN

Asie Sud

1886. *Effigie de face (Tukaji Rao Holkar), dentelé.*

1.	½ anna lilas	» 50	»	»

1889. *Effigie de face (Shivaji Rao Holkar), dentelé.*

3.	¼ anna	orange	» 15	»	»
2.	½ »	violet foncé.	» 30	»	»
4.	1 »	vert foncé. .	» 40	»	»
5.	2 »	rouge	» 75	»	»

HONDURAS

POSSESSION ANGLAISE

Amérique Centrale

1865-79. *Effigie à gauche (Victoria I), dentelés.*

Nos			Neufs.	Oblitérés.
1.	1 penny	bleu	1f »	» ,
4.	3 pence	brun	» »	» >
5.	4 »	violet. . . .	3f »	1f >
2.	6 »	rose	» »	» >
3.	1 shill.	vert	7f »	» ,

1884-86. *Idem.*

7.	1 penny	rose	» 50	» ·
8.	6 pence	jaune. . . .	» »	»
9.	1 shill.	gris.	» »	» ,

1888. *Timbres en cours, avec valeur en surcharge noire ou rouge.*

10.	2 cents sur 1 p. rose .	» 40	»
11.	3 » sur 3 » brun .	» 60	»
12.	10 » sur 4 » violet .	1f 50	» 75
13.	20 » sur 6 » jaune .	3f »	» »
14.	50 » sur 1 sh. gris. .	6f 50	» »
16.	two » rouge sur 1 sh. gris *déjà surchargé* 50 c.	» »	» »

1891. *Idem.*

17.	6 c. s. 4 p. violet, *déjà surchargé 10 c.*	2f 50	» »
18.	6 c. s. 3 p. bleu . . .	1f 50	» »

1891. *Petite effigie dans un cercle, dentelés.*

20.	2 cents	rouge	» 25	» »
21.	3 »	brun	» 35	» »
22.	6 »	bleu	» 60	» 35
23.	12 »	violet et vert.	1f 25	» »
24.	24 »	jaune et bleu.	2f 50	» »

1891. *Timbres type de 1865, avec valeur en surcharge.*

Nos			Neufs.	Oblitérés.
25.	1 c. noir s. 1 p. vert.	» 25	» »
26.	5 » noir s. 3 p. brun *déjà surch. 3 c.*	1f »	» »
27.	15 » rouge s. 3 p. bleu *déjà surch. 6 c.*	3f »	»

HONDURAS

RÉPUBLIQUE

Amérique Centrale

1866. *Pyramide, armes, noir sur couleur.*

1.	2 reales	vert	» 50	» »
2.	2 »	rose	» 50	» »

1877. *Idem, valeur et real en surcharge mal imprimée.*

3.	½ r.	noir s. 2 r. . .	3f »	» »
4.	1 r.	noir sur 2 r. vert	4f »	» »
4a.	1 r.	bleu sur 2 r. vert	» »	» »
5.	2 r.	bleu sur 2 r. rose	» »	» »

1878. *Effigie à gauche (Morazan), cadres divers, dentelés.*

6.	1 cent.	violet	» 10	» »
7.	2 »	brun	» 15	» 15
8.	½ real	noir . . , . .	» 20	» 35
9.	1 »	vert	» 50	» 35
10.	2 »	bleu	» 50	» 50
11.	4 »	rouge	1f »	1f »
12.	1 peso	jaune	1f 50	2f »

1890. *Armes (pyramide), dentelés.*

Nos			Neufs.	Oblitérés.

24.	1 centavo	vert jaune .	» 15	» »
25.	2 »	rouge . . .	» 25	» »
26.	5 »	bleu. . . .	» »	» »
27.	10 »	orange . .	» »	» »
28.	20 »	brun jaune.	» »	» »
29.	25 »	rose. . . .	» »	» »
30.	30 »	violet . . .	» »	» »
31.	40 »	bleu. . . .	» »	» »
32.	50 »	brun . . .	» »	» »
33.	75 »	bleu vert .	» »	» »
34.	1 peso	rose	» »	» »

La série des 11 timbres. 3f » » »

1891. *Effigie de 3/4 à droite (général Bogran), dentelés.*

50.	1 centavo	bleu. . . .	» »	» »
51.	2 »	bistre . . .	» »	» »
52.	5 »	vert. . . .	» »	» »
53.	10 »	rouge . . .	» »	» »
54.	20 »	carminé. .	» »	» »
55.	25 »	lilacé . . .	» »	» »
56.	30 »	violet gris .	» »	» »
57.	40 »	vert. . . .	» »	» »
58.	50 »	brun noir .	» »	» »
59.	75 »	violet . . .	» »	» »
60.	1 peso	brun . . .	» »	» »

La série des 11 timbres.. 2f 50 » »

1891. *Même genre, grands, effigie de 3/4 à gauche, dentelés.*

Nos			Neufs.	Oblitérés.

61.	2 pesos	noir et brun .	» »	» »
62.	5 »	noir et violet.	» »	» »
63.	10 »	noir et vert .	» »	» »

La série des 3 timbres. . 3f » » »

1892. *Groupe allégorique (découverte de l'Amérique), millésime, dentelés.*

76.	1 centavo	gris. . . .	» 15	» »
77.	2 »	bleu foncé.	» »	» »
78.	5 »	vert jaune.	» »	» »
79.	10 »	vert foncé.	» »	» »
80.	20 »	rouge. . .	» »	» »
81.	25 »	brun jaune	» »	» »
82.	30 »	bleu ciel. .	» »	» »
83.	40 »	orange . .	» »	» »
98.	50 »	brun . . .	» »	» »
84.	75 »	carmin . .	» »	» »
85.	1 peso	violet. . .	» »	» »

La série des 11 timbres. 2f 75 » »

1893. *Effigie de face du général Cabanas, dentelés.*

99	1 centavo vert . . .	» »	» »

Nᵒˢ			Neufs.	Oblitérés.
100.	2 centavos	rouge . .	» »	» »
101.	5 »	bleu . . .	» · »	» »
102.	10 »	brun jaune	» »	» »
103.	20 »	brun rouge	» »	» »
104.	25 »	bleu foncé	» »,	» »
105.	30 »	orange . .	» »	» »
106.	40 »	noir . . .	» »	» »
107.	50 »	brun . . .	» »	» »
108.	75 »	violet . .	» »	» »
109.	1 peso	carminé .	» »	» »

Timbres de service

1890. *Timbres de 1890, avec* OFICIAL *en surcharge rouge.*

35.	1 centavo	jaune . . .	» »	» »
36.	2 »	jaune . . .	» »	» »
37.	5 »	jaune . . .	» »	» »
38.	10 »	jaune . . .	» »	» »
39.	20 »	jaune . . .	» »	» »
40.	25 »	jaune . . .	» »	» »
41.	30 »	jaune . . .	» »	» »
42.	40 »	jaune . . .	» »	» »
43.	50 »	jaune . . .	» »	» »
44.	75 »	jaune . . .	» »	» »
45.	1 peso	jaune . . .	» »	» »
	La série des 11 timbres.	1ᶠ25	»	»

HONG-KONG

POSSESSION ANGLAISE

Asie Orient

1862. *Effigie à gauche (Victoria I), dentelés.*

1.	2 cents	brun	» 50	» 25
2.	8 »	jaune	1ᶠ50	» 35
3.	12 »	bleu. . . .	1ᶠ75	» 50
4.	18 »	violet	3ᶠ50	1ᶠ25
5.	24 »	vert.	3ᶠ50	» 50
6.	48 »	rose.	5ᶠ50	» 75
7.	96 »	gris vert . .	10ᶠ »	» 50

1863-65. *Idem.*

8.	4 cents	gris.	» 50	» 25
9.	6 »	lilas.	» 75	» 35
10.	30 »	rouge	5ᶠ »	» 75
11.	96 »	jaunâtre. . .	» »	» »

1871. *Idem.*

Nᵒˢ		Neufs.	Oblitérés.
12. 30 cents violet vif . .	3ᶠ »	» 25	

1874. *Timbres fiscaux servant de timbres-poste. Même effigie, dentelés.*

13.	2 dollars	olive . . .	» »	2ᶠ »
14.	3 »	violet . . .	»	2ᶠ25
15.	10 »	carmin . .	» »	» »

1876. *Timbres antérieurs, avec valeur en surcharge noire.*

16. 28 c. sur 30 c. violet.	» »	2ᶠ »
17. 16 » » 18 » violet.	» »	» »

1877. *Même type sans surcharge, dentelé.*

18. 16 cents jaune	» »	» »

1880. *Timbres antérieurs avec valeur en surcharge noire.*

24.	5 c. sur 8 c. jaune.	1ᶠ75	» »
25.	5 » sur 18 c. violet.	1ᶠ25	» »
26.	10 » sur divers . . .	» »	1ᶠ25
30.	12 » sur 10 dol. carm .	» »	» »

1880-81. *Même type sans surcharge, dentelés.*

31.	2 cents	rose.	» 25	» 10
32.	5 »	bleu.	» 60	» 15
33.	10 »	violet	1ᶠ25	» 25
34.	48 »	brun clair . .	» »	2ᶠ »

1884. *Idem.*

39. 10 cents vert	1ᶠ »	» 20

1885. *Timbres antérieurs, avec valeur en surcharge noire.*

40.	20 cents sur 30 c. rouge	2ᶠ50	» 75
41.	50 » sur 48 c. brun.	6ᶠ »	1ᶠ25
42.	1 dollar s. 96 c. gris vert	12ᶠ »	2ᶠ50

1890. *Type 1862, dentelés.*

45.	10 c. brun sur rouge .	1ᶠ25	» 25
46.	30 » vert	3ᶠ50	» 40

1890-91. *Idem, avec valeur en surcharge noire.*

N°ˢ		Neufs.	Oblitérés.
52.	7 c. sur 10 c. vert. . .	1ᶠ25	» 75
53.	14 » sur 30 c. violet vif	2ᶠ50	» »
47.	20 » sur 30 c. vert. . .	2ᶠ50	1ᶠ »
48.	50 » sur 48 c. violet. .	5ᶠ »	1ᶠ50
49.	1 dol. s.96 c. br. s. rouge	10ᶠ »	2ᶠ50

1890. *Timbre fiscal servant couramment à la poste, type 1875, dentelé.*

50.	5 doll. sur 10 d. brun sur rouge . .	» »	» »

1891. *Timbre en cours avec 1841 — Hong-Kong — JUBILEE — 1891 en surcharge noire (cinquantenaire de la fondation de la colonie).*

51.	2 cents rose	» »	1ᶠ »

HONGRIE

ROYAUME

Europe Centre

1871. *Effigie à droite (François-Joseph I), lithographiés, dentelés.*

3.	2 kr. jaune	» »	» »
4.	2 » jaune foncé . .	» »	» »
5.	3 » vert.	» »	» »
6.	5 » carmin	» »	» 25
7.	5 » rouge	» »	» »
8.	10 » bleu.	» »	» 75
9.	15 » brun	» »	1ᶠ25
10.	25 » violet	» »	1ᶠ25

1871-72. *Idem, gravés, dentelés.*

17.	2 kr. jaune	» »	» 15
18.	2 » orange	» 15	» 15
19.	3 » vert.	» 20	» 20
20.	5 » carmin	» 25	» 05
21.	5 » rouge	» »	» 10
22.	10 » bleu.	» 50	» 10
23.	15 » brun	» 75	» 15
24.	25 » violet	1ᶠ25	» 20

1871. *Couronne et cor, embouchoir à droite (pour journaux).*

N°ˢ		Neufs.	Oblitérés.
16.	rouge	» 25	» 15

1872. *Idem, embouchoir du cor à gauche.*

25.	rouge	» 10	» 05

1874. *Couronne, chiffre sur une lettre, cor, non dentelé.*

36.	1 kr. jaune	» 25	» 15

1874-76. *Idem, dentelés.*

37.	2 kr. violet	» 15	» 05
38.	3 » vert.	» 20	» 05
39.	5 » carminé	» 25	» 05
40.	5 » rouge	» »	» 05
41.	10 » bleu.	» 50	» 05
54.	20 » gris noir . . .	1ᶠ »	» 10

1887. *Idem, dentelé.*

64.	1 kr. noir	» 10	» 10

1887. *Idem, lignes verticales de couleur et valeur en surcharge noire.*

65.	8 kr. orange et jaune .	» 40	» 15
66.	12 » brun et vert . . .	» 60	» 15
67.	15 » rose et bleu . . .	» 75	» 15
68.	24 » lilas et rose . . .	1ᶠ25	» 10
69.	30 » olive et gris . . .	1ᶠ50	» 10

N°s		Neufs.	Oblitérés.
70. 50 kr. rouge et brun		2f50	» 10

1887. *Idem, avec valeur en surcharge rouge.*

71.	1 fl. bl. gris et argent.	4f »	» 25
72.	3 » rouge et or. . . .	11f »	1f »

1891. *Type 1887, dentelé.*

| 77. | 5 kr. rose et rose pâle | » 25 | » 05 |

Timbres-taxe pour journaux

1868. *Chiffre.*

1.	1 kr. bleu	» 25	» 10
2.	2 » brun	» »	» 20

Timbres-Télégraphe

1873. *Chiffre, lithographiés, dentelés.*

26.	5 kr. bleu	» 50	» 20
27.	10 » bleu	» »	» 20
28.	20 » bleu	1f25	» 20
29.	25 » bleu	» »	» 25
30.	40 » bleu	» »	» 35
31.	50 » bleu	» »	» 35

Idem, plus grand, deux génies, foudre, dentelés.

N°s		Neufs.	Oblitérés.
32.	1 fl. gris	» »	1f50
33.	2 » gris sur jaunâtre	4f »	» 75

1874-75. *Mêmes types, gravés, dentelés.*

46.	5 kr. bleu	» 25	» 15
47.	10 » bleu	» 25	» 15
48.	20 » bleu	» 25	» 15
49.	25 » bleu	» 25	» 15
50.	40 » bleu	» 25	» 20
51.	50 » bleu	» 25	» 05
52.	1 fl. gris	» 50	» 15
53.	2 » gris sur jaunâtre	» »	» 75

INDES ANGLAISES
Asie Sud

1854. *Effigie à gauche (Victoria I), types divers.*

1.	½ anna bleu	4f »	1f »
2.	1 » rouge	3f50	1f »
3.	2 » vert	» »	1f »

| 4. | 4 annas rouge et bleu. | » » | 1f50 |

1856. *Même effigie à gauche, papier azuré, dentelés.*

N°			Neufs.	Oblitérés.
5.	4 annas	noir	» »	1f »
6.	8 »	rose . . . ,	» »	» 75

Idem sur blanc.

7.	½	anna	bleu	» 50	» 10
8.	1	»	brun . . .	» 50	» 10
9.	2	»	vert	» »	» »
10.	4	»	noir	2f 50	» 75
11.	8	»	rose	3f 50	» 50

1859-61. *Idem.*

12.	2 annas	chair. . .	» »	1f »
13.	2 »	bistre. . . .	2f »	» 50
14.	2 »	jaune orange	» 75	» 10
15.	8 p.	violet *même genre*	» 50	» 10

1866-68. *Types divers, dentelés.*

18.	4 a.	vert *type 1858*. .	» »	» 75

19.	6 a.	violet *timbre fiscal coupé et surchargé* POSTAGE *en vert*. .	» »	8f »
20.	4 a.	vert	1f 25	» 10

21.	6 a. 8 p.	gris	3f »	» 50
51.	8 a.	rose, *t. 1858, refait*	2f 25	» 10

1874-76. *Même genre, cadres divers, dentelés.*

N°			Neufs.	Oblitérés.
56.	9 pies	violet. . . .	» 50	» »
54.	6 annas	histre. . . .	1f 75	» 35
55.	12 »	chocolat. . .	5f »	» 75

53.	1 rupee	gris	5f »	» 25

1882-88. *Idem, légende :* INDIA POSTAGE.

70.	9 pies	carmin	» 40	» »
71.	½ anna	vert.	» 20	» 10

66.	1 anna	brun rouge .	» 35	» 10
67.	1 a. 6 p.	bistre gris .	» 50	» 15

72.	2 annas	bleu.	» 75	» 10
68.	3 »	orange. . . .	1f »	» 15

N^{os}		Neufs.	Oblitérés.
77.	4 annas gris vert . . .	1f 25	» 25

N^{os}		Neufs.	Oblitérés.
78.	4 a. 6 p. vert jaune . .	1f 50	» 25
73	8 annas violet.. . . .	» »	» 25
80.	12 » brun. s. rouge	4f »	» 50
74.	1 rupee gris..	5f »	» 25

1891. *Idem, avec valeur en surcharge noire.*

89.	2 ½ a. sur 4 a. 6 p. vert jaune.	1f »	» 50

1891-93. *Même genre, sans surcharge.*

97.	2 a. 6 pies vert . . .	1f »	» 20
105.	8 annas rose.	» »	» »
90.	1 rupee vert et carmin	» »	» 50

Timbres de service

1866-76. *Tous les timbres avec* SERVICE *ou* ON H. S. M. *en surcharge noire.*

Nous avons en vente :

22.	½	anna	bleu	1f »	» 15
23.	1	»	brun	1f 50	» 15
24.	2	»	jaune . . .	2f »	» 20
25.	4	»	vert	» »	» 20
26.	8	»	rose	» »	» 25

1881-88. *Idem, avec* ON H. S. M. *en surcharge noire.*

35.	½	anna vert.	» »	» 15
36.	1	» brun rouge. .	» »	» 15
37.	4	»	» »	» »

Idem, surcharge noire BENGAL SECRETARIAT SERVICE.

38.	Divers timbres en cours	» »	» »

1865-68. *Timbres de service provisoires, formés de timbres fiscaux avec surcharges vertes ou noires.*

N^{os}			Neufs.	Oblitérés
30.	½	anna violet . . .	» »	» »
31.	2	» violet *petit* .	» »	» »
32.	2	» violet *grand*	» »	» »
33.	4	» violet	» »	» »
34.	8	» violet *id.*	» »	» »

Timbres-télégraphe

1865-79. *Timbres doubles*, effigie à gauche, cadres divers, dentelés.*

40.	2 annas carminé . .	» »	» 60
41.	4 » bleu	2f »	» 40

Nᵘˢ				Neufs.	Oblitérés.
42.	8 annas	brun	»	»	» 35
43.	1 rupee	gris	»	»	» 15
44.	2 r. 8 a.	bistre. . . .	»	»	» 50
45.	5 rupees	brun rouge .	»	»	» 60
46.	10 »	vert	»	»	» 75
47.	14 r. 4 a.	violet. . . .	»	»	2ᶠ »
48.	25 rupees	lilas	»	»	1ᶠ50
49.	28 r. 8 a.	vert jaune	»	›	2ᶠ50
50.	50 rupees	rose	»	»	2ᶠ50
57.	1 anna	vert *1879*. .	» 50	» 25

1881. *Timbres-télégraphe provisoires :
timbre fiscal oblong surchargé* TELE-
GRAPH.

| 65. | 2 annas | lilas . . . . | » | » | » | » |
| 66a. | 4 » | vert . . . . | » | » | 1ᶠ | » |

1891-92. *Genre 1867 : à la partie
supérieure l'effigie est remplacée
par la valeur.*

91.	1 anna	vert	» 40	» 20
92.	2 »	carminé . .	» 75	» 20
93.	4 »	bleu	1ᶠ50	» 30
94.	8 »	brun	3ᶠ »	» 30
95.	1 rupee	gris	5ᶠ »	» 15
98.	2 r. 8 a.	orange . . .	» »	» 50

* La partie inférieure de ces timbres
est appliquée sur le télégramme, l'autre
moitié sur le récépissé ; on n'obtient
comme timbres oblitérés que cette partie supérieure.

Nᵒˢ				Neufs.	Oblitérés.
99.	5 rupees	brun jaune.	»	»	» 50
100.	10 »	vert	»	»	» 50
101.	25 »	violet vif. .	»	»	» 75
102.	50 »	carmin. . .	»	»	1ᶠ50

INDE FRANÇAISE

ÉTABLISSEMENTS

Asie Sud

1892. *Groupe allégorique (Navigation
et Commerce),* ÉTABLISSEMENTS DE
L'INDE *en rose ou en bleu, dentelés.*

1.	1 cent.	noir sur bleu.	» 05	»	»
2.	2 »	brun rouge. .	» 05	»	»
3.	4 »	brun violet. .	» 10	»	»
4.	5 »	vert	» 10	»	»
5.	10 »	noir sur violet	» 15	»	»
6.	15 »	bleu	» 25	»	»
7.	20 »	rouge sur vert	» 30	»	»
8.	25 »	noir sur rose .	» 35	»	»
9.	30 »	brun. . . .	» 45	»	»
10.	40 »	rouge. . . .	» 50	»	»
11.	50 »	rose	» 65	»	»
12.	75 »	noir sur jaune	1ᶠ »	»	»
13.	1 franc	olive. . . .	1ᶠ25	»	»
	*La Collection complète
des 13 timbres.* . . .			5ᶠ »	»	»

INDES NÉERLANDAISES

Océanie Malaisie

1864-69. *Effigie de 3/4 à gauche
(Guillaume III).*

| 1. | 10 cent | carmin . . . | 3ᶠ » | » | » |
| 2. | 10 » | carmin *dent.* | » » | 3ᶠ » |

1870-88. *Effigie à droite, dentelés.*

Nos			Neufs.	Oblitérés
3.	1 cent	olive.....	» 10	» 10
17.	2 »	brun.....	» 25	» 15
18.	2½ »	jaune....	» 25	» 15
4.	5 »	vert.....	» 25	» 10
5.	10 »	brun rouge..	» 50	» 10
39.	12½ »	gris.....	» 60	» 20
6.	15 »	bistre....	» 75	» 25
7.	20 »	bleu....	1f »	» 20
8.	25 »	violet....	1f25	» 20
45.	30 »	vert....	1f50	» 50
9.	50 »	carmin...	2f50	» 20
10.	2gl.50c.	violet et vert.	10f »	» 60

1883-87. *Chiffre, dentelés.*

34.	1 cent	gris vert....	» 10	» 10
35.	2 »	brun.....	» 15	» 10
36.	2½ »	jaune....	» 20	» 10
43.	5 »	vert.....	» 25	» 10

1890-91. *Idem.*

52.	3 cent	lilas.....	» 15	» 15
50.	5 »	bleu.....	» 25	» 15

1892-93. *Effigie à droite (Reine Wilhelmine), dentelés.*

1890-91. *Idem.*

70.	10 cent	rouge brun..	» »	» »
71.	15 »	brun.....	» »	» »
55.	20 »	bleu.....	1f »	» 20

Nos			Neufs.	Oblitérés.
56.	25 cent.	violet....	1f25	» 20
57.	50 »	carmin...	2f50	» 50
72.	2gld50c.	brun et bleu.	» »	» »

Timbres-taxe

1874-75. *Chiffre, dentelés.*

13.	5	bistre jaune s. blanc	» »	» »
14.	10	bleu sur jaune...	1f »	» »
15.	15	bistre sur chamois.	1f50	» »
16.	20	vert sur bleu....	2f »	» 60

1882-88. *Chiffre noir, cadre couleur dentelés.*

27.	2½ c.	noir et carmin	» 25	» »
28.	5 »	noir et carmin	» 35	» »
32.	10 »	noir et carmin	» 50	» »
33.	15 »	noir et carmin	» 60	» »
46.	30 »	noir et carmin	1f50	» »
29.	20 »	noir et carmin	1f »	» 35
30.	40 »	noir et carmin	2f »	» »
40.	50 »	noir et carmin	2f50	» »
31.	75 »	noir et carmin	3f50	» »

1892. *Genre 1881, avec* CENT *au-dessous du chiffre.*

58.	2½ cent	carmin....	» »	» »
59.	5 »	carmin....	» »	» »
60.	10 »	carmin....	» 50	» »
61.	15 »	carmin....	» »	» »
62.	20 »	carmin....	» »	» »
63.	30 »	carmin....	» »	» »
64.	40 »	carmin....	» »	» »
65.	50 »	carmin....	» »	» »
66.	75 »	carmin....	» »	» »

INDES PORTUGAISES

Asie Sud

1871. *Chiffre, papier blanc, dentelés.*

Nos		Neufs.	Oblitérés.
1.	10 reis noir	» »	» »
2.	20 » rouge	» »	» »
3.	40 » bleu	4f »	» »
4.	100 » vert	10f »	» »
5.	200 » jaune	» »	» »
6.	300 » violet	» »	»⸴ »
7.	600 » violet	» »	» »
8.	900 » violet	» »	» »

Pour simplifier la classification, nous n'avons fait que deux séries 1° sur papier blanc, 2° sur papier azuré; mais il y a les différences suivantes dans les gravures du type : lignes horizontales écartées ou serrées, — fleurons ou croix séparant les légendes, — V de SERVICO barré ou non.

1872-76. *Idem sur azuré, dentelés.*

Nos		Neufs.	Oblitérés.
9.	10 reis noir	» »	» »
10.	20 » rouge	1f50 »	»
11.	40 » bleu	» »	» »
12.	100 » vert	» »	» »
13.	200 » jaune	» »	» »
14.	300 » violet	» »	» »
15.	600 » violet	» »	» »
15a.	900 » violet	» »	» »
16.	15 » rose	» »	» »

1877. *Idem, petit fleuron, dentelés.*

Nos		Neufs.	Oblitérés.
17.	10 reis noir	» »	» »
18.	15 » rose	» »	» »
19.	20 » rouge	1f50 »	»
20.	40 » bleu	» »	» »
21.	100 » vert	» »	» »
22.	200 » jaune	» »	» »

Nos		Neufs.	Oblitérés.
23.	300 reis violet	» »	» »
24.	600 » violet	20f »	» »
25.	900 » violet	30f »	» »

1879. *Couronne, dentelés.*

Nos		Neufs.	Oblitérés.
26.	5 reis noir	» 50	» »
27.	10 » jaune	» 50	» »
28.	20 » bistre	» 50	» »
29.	25 » rose	» 75	» »
30.	40 » bleu	2f »	» »
31.	50 » vert	1f25	» »
32.	100 » violet	1f50	» »
33.	200 » orange	4f »	» »
34.	300 » brun rouge	» ⱱ	» »

1880. *Idem.*

Nos		Neufs.	Oblitérés.
35.	10 reis vert	» 35	» 35
36.	25 » violet gris	» 75	» »
37a.	40 › jaune	» »	» »
37.	50 » bleu	» »	» »

1881. *Types 1873 et 1877 (chiffre) avec surcharges.*

Nos		Neufs.	Oblitérés.
38.	1½ noir s. 20 r. rouge	» »	» »
39.	5 rouge s. 10 r. noir	1f »	» »
40.	5 noir s. 15 ou 20 r.	1f50 »	»

1881. *Idem. Type 1877 (couronne), surcharges noires.*

Nos		Neufs.	Oblitérés.
42.	1½ s. 5, 10, 20, 25, 100 r.*	» 35	» »
43.	4½ sur 20 r.	» 60	» »
44.	6 sur 20, 25, 40, 50 r.	1f25	» »
45.	1 T s. 10, 40, 50, 200 r.	» »	» »
46.	2 » s. 50, 100, 200 r.	» »	» »
47.	4 » s. 10, 50, 200 r.	» »	» »
48.	8 » s. 20, 40, 100, 200, 300 r.	» »	» »

1881. *Type 1877 (couronne), dentelés.*

Nos		Neufs.	Oblitérés.
49.	1½ reis noir	» 15	» 15
50.	4½ » vert olive	» 25	» 20
51.	6 » vert jaune	» 35	» 25

* Les prix de vente indiqués à ces timbres surchargés des Indes portugaises s'appliquent seulement aux sortes que nous avons en nombre.

Nos				Neufs.	Oblitérés.
52.	1 tanga	rose	» 35	» 35
53.	2 »	bleu. . . .	» 50	» 50
54.	4 »	lilas. . . .	1f »	» »
55.	8 »	orange . .	1f50	» »

1883. *Timbres de 1871-76 avec surcharges noires.*

58.	4½ sur 40, 100 r . . .	» »	» »

1883. *Type 1877, petit fleuron, non dentelés.*

59.	1½ reis noir	» 30	» 20
60.	4½ » olive	» »	» 60
61.	6 » vert	1f »	» »

1886. *Effigie à gauche (Don Luis I), relief et couleur, dentelés.*

64.	1½ reis	noir.	» 15	» 10
65.	4½ »	bistre	» 25	» 20
66.	6 »	vert.	» 35	» 20
67.	1 tanga	rose.	» 50	» »
68.	2 »	bleu.	1f »	» »
69.	4 »	lilas.	1f50	» »
70.	8 »	orange. . . .	3f »	» »

INDO-CHINE

PROTECTORAT FRANÇAIS

Asie Sud, Orient.

ANNAM ET TONKIN

1888. *Timbres des Colonies françaises (déesse), avec A-T ou A & T et valeur en surcharge noire.*

1.	1 sur 2 c. brun rouge .	» 60	» »
2.	1 sur 4 » violet brun. .	» 75	» »
3.	5 sur 10 » noir s. violet.	» 60	» »

COCHINCHINE

1886. *Timbre des Colonies françaises avec chiffre en surcharge noire.*

Nos		Neufs.	Oblitérés.
1.	5 sur 25 c. jaune. . .	1f50	» »

1886-87. *Idem avec 5 c. CH. en surcharge noire.*

2.	5 sur 25 c. jaune. . . .	» 75	» »
3.	5 sur 2 c. brun rouge .	» 35	» »

Idem, avec chiffre gras seulement en surcharge noire.

4.	5 sur 25 c. noir s. rose	» 75	» »

INDO-CHINE

1889. *Timbre des Colonies françaises en cours avec* INDO-CHINE, *millésime et valeur en surcharge.*

1.	5 sur 35 c. noir sur jaune surcharge noire. . . .	» 30	» 50
2.	5 sur 35 c. noir sur jaune surcharge rouge . . .	2f »	» »

1892. *Groupe allégorique (Navigation et Commerce),* INDO-CHINE, *en rose ou en bleu, dentelés.*

3.	1 cent. noir sur bleu .	» 05	» »
4.	2 » brun rouge. .	» 05	» »
5.	4 » brun violet. .	» 10	» »
6.	5 » vert	» 10	» »

Nᵒˢ	Neufs.	Oblitérés.
7. 10 cent. noir sur violet	» 15	» »
8. 15 » bleu	» 25	» »
9. 20 » rouge sur vert	» 30	» »
10. 25 » noir sur rose .	» 35	» »
11. 30 » brun	» 45	» »
12. 40 » rouge	» 50	» »
13. 50 » rose	» 65	» »
14. 75 » noir sur jaune	1ᶠ »	» »
15. 1 franc olive	1ᶠ25	» »
La Collection complète des 13 timbres	5ᶠ »	» »

ILES IONIENNES

POSSESSION ANGLAISE

Europe Sud, Orient

1859. *Effigie à gauche (Victoria I).*

1.	jaune	2ᶠ50	» »
2.	bleu	2ᶠ50	» »
3.	carminé	2ᶠ50	» »

ISLANDE

POSSESSION DANOISE

Europe Nord, Occident

1873. *Chiffre, couronne, dentelés.*

1. 2 sk.	bleu	» »	» »
2. 3 »	gris	» »	» »
3. 4 »	carmin	» 75	» »
4. 8 »	brun	2ᶠ50	» »
5. 16 »	jaune	2ᶠ25	» »

1876. *Même type, dentelés.*

8. 5 aur.	bleu	1ᶠ »	» »
9. 6 »	gris	» 30	» 30
10. 10 »	carmin	» 40	» 25

Nᵒˢ	Neufs.	Oblitérés.
11. 16 aur. brun	» 60	» 40
12. 20 » violet	2ᶠ »	» »
13. 40 » vert	2ᶠ50	» »

1882. *Idem.*

22. 3 aur. jaune	» 15	» 15
23. 5 » vert	» 20	» 15
24. 20 » bleu	» 75	» 35
25. 40 » violet	1ᶠ50	» 40

1892. *Idem.*

31. 50 aur bleu et rouge .	1ᶠ75	» »
32. 100 » brun et violet .	3ᶠ »	» »

Timbres de service

1873. *Type des timbres 1873.*

6. 4 sk. vert	1ᶠ »	» »
7. 8 » lilas	» »	» »

1876-82. *Même genre, dentelés.*

26. 3 aur. jaune	» 20	» »
17. 5 » bistre	» 25	» »
14. 10 » bleu	» 50	» 25
15. 16 » carmin	» 75	» »
16. 20 » vert	1ᶠ »	» 35

ITALIE

—

SARDAIGNE

ROYAUME

Europe Sud

1851. *Effigie à droite (Victor-Emmanuel II), sans relief.*

7. 5 cent. noir	» » 15ᶠ »
8. 20 » bleu	» » 2ᶠ50
9. 20 » bleu clair . .	8ᶠ » » »
10. 40 » carmin . . .	» » » »

1853. *Idem, relief sur papier de couleur.*

Nos			Neufs.	Oblitérés.
11.	5 cent.	vert.....	10f »	10f »
12.	5 »	vert jaune..	» »	» »
13.	20 »	bleu.....	8f »	2f »
14.	40 »	rose.....	10f »	6f »

1854. *Idem, relief, cadre tout en couleur, centre blanc.*

15.	5 cent.	vert.....	3f »	8f »
16.	5 »	vert jaune..	*1f »	» »
17.	20 »	bleu clair..	3f »	2f »
18.	20 »	bleu.....	*1f »	» »
19.	40 »	carmin...	5f »	» »
20.	40 »	carmin vif.	*1f »	*1f »

1856. *Idem, légendes blanches.*

21.	5 cent.	vert foncé..	» 10	» 10
22.	5 »	vert jaune..	» 50	» 25
23.	20 »	bleu foncé..	» 10	» 05
24.	40 »	carmin...	» 10	» 10

1858-61. *Idem.*

25.	5 cent.	vert clair..	» 10	» 15
26.	10 »	jaune....	» 15	» 15
27.	10 »	brun....	» 15	» 15
28.	10 »	bistre....	» 05	» 05
29.	20 »	bleu clair.	» 20	» 10
30.	40 »	rouge....	» 50	» 20
31.	80 »	jaune....	» »	1f »
32.	80 »	orange...	» 10	» »
33.	3 lire	doré....	» 50	» 15

* Les timbres de 1854 marqués d'un * sont réimprimés, les autres timbres de toutes dates sont garantis non réimprimés

1861. *Chiffre en relief (pour imprimés).*

Nos			Neufs.	Oblitérés.
34.	1 cent.	noir.....	» 10	» 15
35.	2 »	noir.....	» 10	» »

ITALIE

ROYAUME

1862. *Chiffre en relief (type 1860 de Sardaigne, pour imprimés).*

36.	2 cent.	bistre....	» 10	» »

1863. *Type 1855 de Sardaigne, dentelés.*

37.	5 cent.	vert.....	» »	» »
38.	10 »	bistre....	» 20	» »
39.	20 »	bleu.....	» 10	» »
40.	40 »	carmin...	» 10	» »
41.	80 »	orange...	» 10	» »
42.	3 lire	doré....	» »	» »

1863. *Idem, non dentelé.*

43.	15 cent.	bleu.....	» 10	» 10

1863. *Effigie à gauche, sans relief.*

44.	15 cent.	bleu.....	» 10	» 05

1863. *Chiffre, dentelés.*

Nᵒˢ			Neufs.	Oblitérés.
46.	1 cent.	vert gris . . .	» 05	» 05
47.	2 »	brun rouge .	» 05	» 05

1863. *Effigie à gauche, cadres divers, dentelés.*

48.	5 cent.	gris vert . .	» 10	» 05
49.	10 »	bistre	» 20	» 05
50.	15 »	bleu.	» 35	» 05
51.	30 »	brun	» 60	» 05
52.	40 »	carmin . . .	» 75	» 05
53.	60 »	violet	1ᶠ »	» 10
54.	2 lire	rouge	3ᶠ »	» 15

1865. *Idem, avec surcharge noire, dentelé.*

55.	20 c. noir s. 15 c. bleu	» 50	» 05

1867. *Même effigie, dentelé.*

56.	20 cent. bleu.	» 40	» 05

1878. *Timbres de service (type de 1875) employés provisoirement comme timbres ordinaires, barres ondulées et 2 c en surcharge bleue.*

82.	2 c. sur 2 c.	lie de vin	» 15	» 10
83.	2 » sur 5 »	lie de vin	» 25	» 05
84.	2 » » 20 »	lie de vin	» 25	10

Nᵒˢ			Neufs.	Oblitérés.
85.	2 c. sur 30 c.	lie de vin	» 25	» 10
86.	2 » » 1 l.	lie de vin	» 30	» 10
87.	2 » » 2 »	lie de vin	» 35	» 10
88.	2 » » 5 »	lie de vin	» 35	» 15
89.	2 » » 10 »	lie de vin	» 50	» 25

1877. *Types 1863-65, dentelés.*

90.	10 cent.	bleu	» 20	» 05
91.	20 »	jaune	» 40	» 05

1879. *Effigie de face (Humbert), cadres divers, dentelés.*

94.	5 cent.	vert	» 10	» 05
95.	10 »	carmin . . .	» 20	» 05
96.	20 »	jaune foncé.	» 40	» 05
97.	25 »	bleu	» 50	» 05
98.	30 »	brun rouge .	2ᶠ 50	» »
99.	50 »	violet. . . .	1ᶠ »	» 10
100.	2 lire	orange . . .	2ᶠ 50	» »

1889. *Types divers, armes au 5 c. et effigie aux autres valeurs, dentelés.*

115.	5 cent. vert.	» 10	» 10

116.	40 cent.	brun clair. .	» 75	» 15
117.	45 »	gris vert . .	» 85	» 10
118.	60 »	violet. . . .	1ᶠ 20	» 25
119.	1 lira	brun et orange.	1ᶠ 75	» 10
120.	5 »	carmin et vert .	5ᶠ »	2ᶠ »

1890. *Timbres de 1879 avec valeur en surcharge noire.*

N°°		Neufs.	Oblitérés.
137.	2 c. sur 5 c. vert . . .	» 15	» »
127.	20 c. s. 30 c. br. rouge	» 50	» 25
128.	20 » s. 50 » violet . .	» 75	» 35

1890. *Timbres pour colis postaux avec* Valevole per le stampe *et valeur en surcharge noire.*

129.	2 c. sur 10 c. olive . . .	» 15	» »
134.	2 » sur 20 c. bleu . . .	» 15	» »
130.	2 » sur 50 c. carminé .	» 15	» »
131.	2 » sur 75 c. vert . . .	» 15	» »
135.	2 » sur 1 l. 25 c. jaune	» 15	» »
136.	2 » sur 1 l. 75 c. brun .	» 20	» »

1891-93. *Genre 1889, dentelés.*

138.	5 cent. vert *refait* . .	» 10	» 05
139.	5 l. rouge brun et bleu	8f »	2f »
146.	25 cent. bleu clair . .	» 40	» 05

Timbres de service

1875. *Chiffre, cadres divers dentelés.*

| 72. | 0.02 lie de vin . . . | » 15 | » 10 |
| 73. | 0.05 lie de vin . . . | » 25 | » 15 |

N°°			Neufs.	Oblitérés.
74.	0.20	lie de vin . . .	» 20	» 05
75.	0.30	lie de vin . . .	» 40	» 15
76.	1.00	lie de vin . . .	» 40	» 25
77.	2.00	lie de vin . . .	» 40	» »
78.	5.00	lie de vin . . .	» 50	» »
79.	10.00	lie de vin . . .	» 75	» »

Timbres-taxe

1863. *Chiffre.*

| 45. | 10 c. jaune . . . . . . | 1f » | » » |

1869. *Même genre, dentelé.*

| 57. | 10 cent. bistre . . . . . | » » | » 75 |

1870-71. *Chiffre carmin, cadre bistre, dentelés.*

58.	1 c.	jaune et carmin .	» 05	» 05
59.	2 »	jaune et carmin .	» 05	» 05
60.	5 »	jaune et carmin .	» 10	» 05
61.	10 »	jaune et carmin .	» 20	» 10
62.	30 »	jaune et carmin .	» 60	» 15
63.	40 »	jaune et carmin .	» 75	» 15
64.	50 »	jaune et carmin .	1f »	» 15
65.	60 »	jaune et carmin .	1f 20	» 20

1870-74. *Chiffre brun, cadre bleu, dentelés.*

66.	1 lira	bleu et brun .	4f 75	» 35
67.	2 »	bleu et brun .	3f »	» 20
68.	5 »	bleu et brun .	7f 50	1f 25
69.	10 »	bleu et brun .	15f »	1f »

1884. *Chiffre, grands, dentelés.*

N°ˢ		Neufs.	Oblitérés
107.	50 lire vert	» »	» »
108.	100 » rouge	» »	» »
	La série des 2 timbres. .	» »	1ᶠ50

1890-91. *Timbres-taxe de 1870 avec valeur en surcharge noire.*

140.	10 c. sur 2 c. jaune	» 30	» »
132.	20 » sur 1 c. jaune	» 50	» »
141.	30 » sur 2 c. jaune	» 75	» »

Timbres des colis postaux

1884. *Même effigie à droite, cadres divers, dentelés.*

113.	10 cent. olive.	» »	» 75
114.	20 » bleu.	» »	» 75
109.	50 » carminé. . .	1ᶠ50	» 10
110.	75 » vert.	2ᶠ »	» 10
111.	1 lira 25 c. jaune . .	» »	» 05
112.	1 » 75 c. brun . .	4ᶠ »	1ᶠ »

LA JAMAIQUE

POSSESSION ANGLAISE

Amérique Centrale, Antilles

1860-63. *Effigie à gauche (Victoria I), types divers, dentelés.*

N°ˢ				Neufs.	Oblitérés
1.	1	penny	bleu	» 35	» 10
2.	2	pence	rose	» 60	» 10
3.	3	»	vert.	1ᶠ50	» 50
4.	4	»	orange . . .	1ᶠ »	» 25
5.	6	»	violet. . . .	1ᶠ50	» 25
6.	1	shill.	brun	2ᶠ50	» 50

1872-75. *Même genre, dentelés.*

7.	½ penny carminé . .	» 25	» 15

8.	2	shill.	brun rouge .	5ᶠ »	» »
9.	5	»	lilas	12ᶠ »	» »

1885. *Idem.*

22.	½	penny	vert	» 20	» 10
23.	1	»	carmin . . .	» 35	» 10
24.	2	»	gris.	» 60	» 15
25.	3	»	olive	1ᶠ »	» 60

1887. *Timbres fiscaux servant comme timbres-poste.*

Divers.

1889. *Petite effigie à droite,* POSTAGE & REVENUE *dentelés.*

N°ˢ		Neufs.	Oblitérés.
29.	1 penny lilas	» 25	» 10
30.	2 » vert	» 50	» 10

1890. *Type 1860, dentelé.*

33. 6 pence jaune . . . . 1ᶠ50 » »

1890. *Idem, avec valeur en surcharge noire.*

36. 2½ p. sur 4 p. orange 1ᶠ25 » »

1891. *Type 1889, dentelé.*

39. 2½ pence violet et bleu » 60 » 25

Timbres de service

1890. *Timbres de 1885-86 avec* OFFICIAL *en surcharge noire.*

34. ½ penny vert . . . . » 50 » »
35. 1 » rose . . . . » » » »
     etc., etc.

1890. *Timbres de 1889, même surcharge.*

37. 1 penny rose . . . . » 50 » 20
38. 2 pence gris . . . . » 75 » 40

Timbres-télégraphe

1879. *Même effigie, cadres et formats divers, dentelés.*

16. 3 pence violet . . . 1ᶠ » » 50
17. 1 shill. brun lilas . 3ᶠ » » 40

JAPON

EMPIRE

Asie Orient

1871. *Caractères orientaux noirs, dragons et cadre de couleur.*

N°ˢ			Neufs.	Oblitérés.
1.	48 mons brun	» 75	» »
2.	100 » bleu	1ᶠ »	» »
3.	200 » rouge . . .	» »	» »
4.	500 » vert	» »	» »

1872. *Idem, caractères petits, dentelés.*

5.	½ sen brun	» »	» »
6.	¼ » brun gris . . .	» »	» »
7.	1 » bleu	1ᶠ25	» »
8.	2 » rouge	» »	» »
9.	5 » vert	» »	» »

1872. *Chrysanthème, inscriptions, types variés, dentelés.*

10.	½ sen brun	» 50	» »
11.	1 » bleu	» 50	» »
12.	2 » chair	1ᶠ75	» »
13.	4 » rose	2ᶠ50	» 75

Nos	Neufs.	Oblitérés.
14. 10 sen vert	3f »	» »

15. 20 sen violet . . . . » » » »
16. 30 » gris . . . . . . » » » »

1873-74. *Même genre.*

17. 2 sen jaune foncé . . » » » 60
18. 6 » brun violet . . » » 2f50

1875. *Oiseaux divers, dentelés.*

29. 12 sen chair . . . . . 3f50 » »
30. 15 » violet . . . . . » » 3f50

31. 45 sen carmin . . . . 6f » 1f75

1875. *Types 1872-73, dentelés.*

32. ½ sen gris . . . . . » 60 » »
33. 1 » brun . . . . . » » » 40
34. 2 » jaune clair . . 1f25 » 50
35. 4 » vert . . . . . 2f » » »
40. 5 » vert . . . . . » » » »
36. 6 » orange . . . . 1f50 » 75
37. 10 » bleu . . . . . » » 1f »

Nos	Neufs.	Oblitérés.
38. 20 sen carmin	2f50 »	50

39. 30 sen violet 3f75 1f50

1876-77. *Mêmes armoiries, types divers, dentelés.*

41. 5 rin gris . . . . . . » 15 » 10
42. 1 sen noir . . . . . . » 25 » 15
43. 2 » gris bistre . . . » 35 » 15

44. 4 sen vert bleu . . . » 60 » 25
45. 5 » brun . . . . . . » 75 » 25
46. 6 » orange . . . . 1f » » »
47. 8 » brun violet . . 1f » » 35
48. 10 » bleu clair . . . 1f25 » 10
49. 12 » rose . . . . . . » » » »

50. 15 sen vert . . . . . » » » 25
51. 20 » bleu foncé . . . 2f50 » 75

Nᵒˢ		Neufs.	Oblitérés.
52.	30 sen violet	3f50	1f50
53.	45 » carmin	» »	» »

1879. *Idem.*

58.	1 sen brun rouge . .	» 25	» 15
59.	2 » violet	» 35	» 10
60.	3 » jaune	» 50	» »
61.	50 » carmin	5f50	» 50

1883-88. *Idem.*

63.	1 sen vert.	» 25	» 10
64.	2 » carmin . . .	» 35	» 10
84.	4 » bistre	» 60	» 25
65.	5 » bleu ciel. . . .	» 60	» 10
85.	8 » violet	1f »	» 30
86.	10 » bistre orange. .	1f25	» 15
87.	15 » violet vif. . . .	1f75	» 25
88.	20 » orange.	2f25	» 25

89.	25 sen vert clair. . . .	2f25	» 25
90.	50 » brun.	5f »	1f25
91.	1 yen carmin *relief*. .	10f »	1f »

1892. *Idem, dentelé.*

92.	3 sen lilas.	» 40	»

Timbre de retour

1885. *Chrysanthème, inscriptions. dentelé.*

67.		bistre . . . » »	» »

Timbres-télégraphe

1885. *Chrysanthème, types divers, dentelés.* (C'est par erreur que notre graveur a fait figurer sur ces timbres une marque ronde d'annulation).

Nᵒˢ			Neufs.	Oblitérés.
74.	1 sen	brun	» 25	» 15
75.	2 »	rose	» 35	» 15
76.	3 »	jaune.	» 50	» 15

77.	4 sen	vert.	» 50	» 15
78.	5 »	bleu clair. . .	» 60	» 10
79.	10 »	rouge.	1f25	» 10
80.	15 »	brun rouge . .	1f75	» 10
81.	25 »	bleu foncé. . .	2f50	» 10
82.	50 »	violet.	5f »	» 25

83.	1 yen	bleu et rouge.	» »	1f »
La collection complète, 10 t.			» »	2f »

JHALAWAR

ÉTAT INDIEN

Asie Sud

1887. *Danseuse (apsara), caractères orientaux.*

1.	1 paisa vert.	» 35	» »

1890. *Même genre.*

Nᵒˢ				Neufs.	Oblitérés.
2.	1 paisa vert	. . . . .	» 25	»	»

JHIND

ÉTAT INDIEN

Asie Sud

1875. R *et caractères orientaux.*

1.	½	anna	gris bleu . .	» 75	»	»
2.	1	»	carminé . .	» 75	»	»
3.	2	»	jaune. . . .	1f »	»	»
4.	4	»	vert foncé .	1f75	»	»
5.	8	»	violet. . . .	3f50	»	»

1882-84. R *plus petite, types divers*

12.	¼	anna	orange *petit.*	» 25	»	»
6.	½	»	jaune. . . .	» 35	»	»
7.	1	»	brun	» 50	»	»
8.	2	»	bleu	1f »	»	»
9.	4	»	vert . . .	2f »	»	»
10.	8	»	rouge . . .	3f50	»	»

1884. *Idem, dentelés.*

13.	¼	anna	orange . . .	» 35	»	»
14.	½	»	jaune . . .	» 35	»	»
15.	1	»	brun	» 60	»	»
16.	2	»	bleu	1f »	»	»
17.	4	»	vert	2f25	»	»
18	8	»	rouge . . .	3f50	»	»

1885-86. *Timbres des Indes anglaises avec* JHIND STATE *ou* JEEND STATE *en surcharge noire ou rouge.*

Nᵒˢ				Neufs.	Oblitérés.
19.	½	anna	vert	» 35	» »
20.	1	»	brun	» 50	» »
21.	2	»	bleu	75	» »
22.	4	»	vert	1f50	» »
23.	8	»	violet. . . .	3f »	» »
24.	1	rupee	gris	5f »	» »

1892. *Timbres des Indes anglaises avec* JHIND STATE *en surcharge noire.*

31.	1 a. 6 p.	bistre gris .	»	»	»	»
32.	3 annas	orange. . .	»	»	»	»
33.	6 »	bistre . . .	»	»	»	»
34.	12 »	br. s. rouge	»	»	»	»

Timbres de service

1885-86. *Timbres surchargés de 1885-86 ayant en plus la surcharge* SERVICE.

25.	½	anna vert.	»	»	» 25
25 a.	1	»	brun	»	»	» 40

JOHORE

ÉTAT MALAIS

Asie Sud

1884. *Timbre de Malacca avec* JOHOR *ou* JOHORE *en surcharge noire.*

1.	2 cents rose	. . . . . .	» 50	» 35

1892. *Effigie de trois quarts à droite (sultan Abou-Bakar,) dentelés.*

2.	2 c.	violet et jaune . .	» 25	» 20
3.	4 »	violet et noir . .	» 40	» »
4.	5 »	violet et vert . .	» 50	» »
5.	6 »	violet et bleu . .	» 60	» »
6.	1 dol.	vert et rose. . .	8f »	» »

JUMMO-CACHEMIRE

ÉTAT INDIEN

Asie Centre

1865-74. *Timbres pour* **JUMMO.**
Ronds, inscriptions orientales.

Chaque valeur a été imprimée en noir, bleu, vert, orange, rouge carmin et jaune pâle.

N^{os}				Neufs.	Oblitérés

1. ½ anna. . . . .   » » » »
4. 1 » . . . . » » » »
8. 4 » . . . . » » » »

Nous avons en vente :

½ noir 1ᶠ, ½ bleu 3ᶠ, ½ rouge 3ᶠ.
1 noir 2ᶠ, 1 bleu 2ᶠ, 1 orange 4ᶠ, 1 rouge 2ᶠ.
4 vert 5ᶠ, 4 orange 5ᶠ, 4 rouge 3ᶠ.

1866-75. *Timbres pour*

CACHEMIRE. *Rectangulaires, inscriptions orientales.*

12b. ½ anna noir . . . . » » » »
12c. 1 » noir . . . . » » » »
13. ¼ » noir . . . . » » » »
14. ½ » bleu . . . . » » » »
15. 1 » orange . . . 1ᶠ » » »
16. 2 » jaune . . . 2ᶠ » » »
17. 4 » vert . . . . 4ᶠ » » »
18. 8 » rougeâtre . 5ᶠ » » »
19. 2 » jaune ocre . » » » »

1880 ? *Idem.*

34. ¼ anna violet . . . . 1ᶠ » » »
35. 2 » violet . . . . 2ᶠ50 » »

1866-75. *Timbres pour* **JUMMO.**
Rectangulaires, genre des précédents.

Chaque valeur a été imprimée en noir, bleu, carmin, rouge, orange et vert.

N^{os}		Neufs. Oblitérés.

20. ½ anna . . . . » » » »
21. 1 » . . . . » » » »

Nous avons en vente :

½ carmin 50 c., ½ rouge 50 c., ½ bleu 2ᶠ, ½ orange 1ᶠ.
1 carmin 75 c., 1 rouge 1ᶠ 50.

1878. *Inscriptions orientales, types divers. Les numéros 29 et 30 sont pour Jummo ? le numéro 31 pour Jummo-Cachemire ? les suivants pour Cachemire ?*

29. ½ a. rouge *dentelé* . 2ᶠ » » »
32. ⅓ » ardoise . . . . » » » »
30. 1 » violet . . . . . » » » »
31. 2 » violet . . . . . » » » »
33. ½ » lilas *dentelé* . . » » » »

1878-80. *Idem, non dentelés.*

36. ¼ anna rouge . . . » 30 » »
37. ½ » rouge . . . » » » 50
38. 1 » rouge . . . » » » »
39. 2 » rouge . . . » » » »
40. 4 » rouge . . . » » » »
41. 8 » rouge . . . 5ᶠ » » »

1880. *Idem.*

48. ½ anna bleu . . . . » 75 » »

1883. *Idem.*

49. 1/8 anna jaune . . . . » 20 » »
50. 1/4 » brun . . . . » 25 » »
51. 1/2 » rouge . . . . » 35 » »
52. 1 » gris vert . . . » 75 » »
53. 1 » vert vif . . . » 60 » »
54. 2 » rouge s. jaune 1ᶠ » » »
55. 4 » vert . . . . . 2ᶠ » » »
56. 8 » bleu . . . . . 4ᶠ » » »

1886. *Idem, inscription modifiée pour le ¼ anna.*

57. ¼ anna rouge . . . . . » 40 » »

Timbres de service

1878-80. *Type des timbres 1878.*

N°s				Neufs.	Oblitérés.
42.	¼	anna	noir	» 25	» »
43.	½	»	noir	» 35	» »
44.	1	»	noir	» 50	» »
45.	2	»	noir	1f »	» »
46.	4	»	noir	2f »	» »
47.	8	»	noir	4f »	» '

Timbres-télégraphe.

1884-90. *Armes, inscriptions sur les côtés.*

60.	1 anna	vert	1f »	» »
61.	2 annas	brun	» »	» »
62	4 »	bleu	» »	» »
62a.	8 »	jaune	» »	» »
63.	1 rupee	rouge	» »	» »
68.	2 »	vert foncé . .	» »	» »
69.	5 »	brun rouge .	» »	» »
70.	10 »	vermillon . .	» »	» »
71.	25 »	violet	» »	» »

1884-90. *Idem (pour service officiel).*

64.	1 anna	noir	» »	» »
65.	2 »	noir	1f »	» »
66.	4 »	noir	2f »	» »
66a.	8 »	noir	» »	» »
67.	1 rupee	noir	» »	» »
72.	2 »	noir	» »	» »
73.	5 »	noir	» »	» »
74.	10 »	noir	» »	» »
75.	25 »	noir	» »	» »

LABUAN

POSSESSION ANGLAISE

Océanie Malaisie

1879-80. *Effigie à gauche (Victoria I), dentelés.*

1.	2 cents vert	» »	» »

N°s				Neufs.	Oblitérés.
2.	6 cents	bistre orange.	» »	» »
3.	10 »	bistre foncé .	2f »	» »
4.	12 »	carmin . . .	» »	» »
5.	16 »	bleu	» »	» »

1880-93. *Idem, valeur en surcharge.*

6.	6 c. sur divers	» »	» »
7.	8 » s. 12 c. carmin . .	» »	» »

1881-83. *Idem, sans surcharge.*

9.	8 cents carmin. . . .	» »	» »
10.	40 » bistre	6f »	» »

1885-93. *Idem, avec valeur en surcharge noire.*

11.	2 c. sur divers	» »	» »

1886. *Idem, sans surcharge.*

12.	2 cents	carmin	» 35	» »
13.	8 »	violet	1f 25	» »
14.	10 »	brun foncé . .	1f 50	» »
15.	16 »	gris bleu . . .	2f 50	» »

1892. *Idem.*

17.	6 cents vert	1f »	» »
18.	12 » bleu	1f 50	» »

LAGOS

POSSESSION ANGLAISE

Afrique Occident

1874-75. *Effigie à gauche (Victoria I), dentelés.*

1.	1 penny	violet. . . .	» »	» »
2.	2 pence	bleu	1f 25	» »
3.	3 »	brun	» »	2f »
4.	4 »	rose	2f 50	» 75
5.	6 »	vert	» »	» »
6.	1 shilling	orange . . .	5f »	2f »

1885-86. *Idem.*

N°ˢ				Neufs.	Oblitérés.
12	½ penny	vert.	» 15	»	»
8	1 »	rose.	» 25	»	»
9.	2 pence	gris.	» 75	»	»
10.	4 »	violet. . . .	» »	» 75	
11.	6 »	vert bistre .	» »	» »	
13.	2 sh. 6 p.	brun noir. .	» »	» »	
14.	5 shill.	bleu	» »	» »	
15.	10 »	rouge brun .	» »	» »	

1887-91. *Idem, valeur de couleur différente, dentelés.*

16.	2 pence	violet et bleu.	» 50	»	»
24.	2½ »	bleu	» 60	» 35	
25.	3 »	violet brun..	» 75	»	»
17.	4 »	violet et noir.	1ᶠ »	» 50	
18.	6 »	violet et lilas.	1ᶠ50	»	»
19.	1 shill.	vert et noir .	2ᶠ50	»	»
20.	2 s. 6 p.	vert et carmin	6ᶠ »	»	»
21.	5 shill.	vert et bleu .	12ᶠ »	»	»
22.	10 »	vert et brun .	23ᶠ »	»	»

1893. *Timbre en cours avec valeur en surcharge noire.*

26.	½ p. s. 4 p.	violet et noir	1ᶠ »	»	»

LEEWARD ISLANDS

(Iles-sous-le-Vent)

POSSESSION ANGLAISE

Amérique centrale, Antilles

1890. *Effigie à gauche (Victoria 1ʳᵉ), valeur dans un cartouche de couleur différente, dentelés.*

1.	½ p.	violet et vert. .	» 15	» 15	
2.	1 »	violet et rouge .	» 25	» 15	
3.	2½ »	violet et bleu .	» 60	» 25	
4.	4 »	violet et orange	1ᶠ »	» »	
5.	6 »	violet et brun .	1ᶠ50	» »	
6.	7 »	violet et vert. .	1ᶠ75	» »	
7.	1 sh.	vert et rose . .	2ᶠ50	» »	
8.	5 »	vert et bleu . .	12ᶠ »	» »	

LEVANT

Europe et Afrique

COMPAGNIE RUSSE DE NAVIGATION

1864. *Aigle et cors.*

N°ˢ		Neufs.	Oblitérés.
1.	6 kop. bleu	» »	» »

1866. *Vaisseau.*

2.	carmin s. lignes bleues	4ᶠ »	»	»
3.	bleu s. lignes roses. .	10ᶠ »	»	»

1868. *Même genre, moins soigné, lettres blanches.*

4.	brun et bleu	» »	» »
5.	bleu et rouge	» »	» »

1868. *Chiffre, dentelés.*

N**		Neufs.	Oblitérés.
6.	1 kop. brun	» 25	» 20
7.	3 » vert	» 35	» 25
8.	5 » bleu	» 60	» 20
9.	10 » carm. lig. bleu.	» »	» 25

1876-79. *Idem, avec chiffre en surcharge noire ou bleue.*

| *10.* | 8 sur 10 k. carmin. . | » » | 1f 50 |
| *11.* | 7 » 10 k. id . . . | » » | » » |

1879. *Type 1868, dentelés.*

12.	1 kop. noir et jaune .	» 25	» 10
13.	2 » noir et rose. .	» 35	» 25
14.	7 » carmin et gris	1f »	» 25

1884. *Idem.*

15.	1 kop. orange. . . .	» 15	» 10
16.	2 » vert.	» 25	» 15
17.	5 » violet. . . .	» 60	» 35
18.	7 » bleu.	» 75	» 20

LEVANT, Bureaux Allemands

1884. *Timbres d'Allemagne 1880 avec valeur en surcharge noire.*

1.	10 paras s. 5 pf. violet .	» 50	» »
2.	20 » s. 10 » rose . .	1f »	» »
3.	1 piast. s. 20 » bleu . .	1f »	» 35
4.	1¼ » s. 25 » brun . .	» »	» »
5.	2½ » s. 50 » gris vert	2f »	» »

1889. *Timbres d'Allemagne de 1889 avec valeur en surcharge noire.*

N*		Neufs.	Oblitérés.
6.	10 paras sur 5 pf. vert. .	» 20	» »
7.	20 » s. 10 » carmin	» 30	» »
8.	1 piast. s. 20 » bleu .	» 60	» »
9.	1¼ » s. 25 » orange	» 75	» »
10.	2½ » s. 50 » brun r.	1f 50	» »

LEVANT, Bureaux Anglais

1885. *Timbres anglais de 1883-84 avec valeur en surcharge noire.*

1.	40 pa. sur 2½ p. lilas .	» 60	» 50
2.	80 » sur 5 » vert .	1f 25	» »
3.	12 pi. sur 2sh.6 p. lilas.	6f »	» »

1887. *Timbres anglais de 1887, même surcharge.*

| *4.* | 40 pa. sur 2 ½ p. bleu. . | » 60 | » 25 |
| *5.* | 80 » sur 5 p. violet et bl. | 1f » | » 40 |

1893. *Idem, avec valeur en surcharge noire.*

| *6.* | 40 pa. sur ½ p. rouge . | » » | » » |

LEVANT, Bureaux Autrichiens

1867. *Types d'Autriche 1867, valeur en soldi, dentelés.*

Nos		Neufs.	Oblitérés.
1.	2 soldi jaune....	» 35	» »
2.	3 » vert.....	» 35	» 25
3.	5 » rose.....	» 35	» 15
4.	10 » bleu.....	» 60	» 15
5.	15 » brun.....	» 75	» 25
6.	25 » violet....	1f50	» 35
7.	50 » chair, *grand*.	3f50	1f50

1883. *Types d'Autriche 1883, dentelés.*

17.	2 soldi bistre.....	» 25	» »
18.	3 » vert.....	» 30	» »
19.	5 » rose.....	» 35	» 10
20.	10 » bleu.....	» 50	» 10
21.	20 » gris.....	1f50	» 25
22.	50 » violet.....	3f »	» 75

1886. *Idem, avec valeur en surcharge noire.*

25.	10 paras sur 3 s. vert.	» 20	» 20

1888. *Timbres d'Autriche de 1883 avec valeur en surcharge noire.*

27.	10 pa. sur 3 kr. vert.	» 25	» 20
28.	20 » sur 5 » rose.	» 30	» »
29.	1 pi. sur 10 » bleu.	» 50	» 10
30.	2 » sur 20 » gris.	1f »	» 25
31.	5 » sur 50 » violet	2f50	» 50

1890. *Timbres d'Autriche 1890 (effigie), avec valeur en surcharge noire.*

Nos		Neufs.	Oblitérés.
35.	10 pa. sur 3 kr. vert.	» 20	» »
36.	20 » sur 5 » rose.	» 30	» »
37.	1 pi. sur 10 » bleu.	» 50	» 10
38.	2 » sur 20 » olive.	2f50	» »
39.	5 » sur 50 » violet	5f »	» »

1891-92. *Timbres d'Autriche 1890-91, avec valeur en surcharge noire.*

46.	8 pa. sur 2 kr. brun.	» 25	» 20
44.	2 pi. s. 20 kr. vert gris	1f »	» »
45.	5 » s. 50 kr. violet.	2f50	» »
47.	10 » sur 1 fl. bleu..	5f »	» »
48.	20 » sur 2 fl. carmin	10f »	» »

LEVANT, Bureaux Français

1885. *Timbres français de 1876, avec valeur en surcharge noire.*

1.	1 pi. sur 25 c. jaune.	» »	» »
2.	3 » sur 75 » rose.	2f »	» 60
3.	4 » sur 1 fr. vert.	2f »	» 35

1886. *Idem, surcharge rouge.*

4.	1 pi. sur 25 c. rose..	» 50	» 20

1889. *Idem, surcharge noire.*

Nᵒˢ		Neufs.	Oblitérés.

5.   2 pi.   sur 50 c. rose.   1ᶠ »   » 25
6. 20   »   sur   5 fr. violet 10ᶠ »   4ᶠ »

Cavalle

1893. *Timbres de France avec nom du pays, et en plus la valeur pour les trois derniers timbres.*

1.   5 c. vert . . . .   »   »   »   »
2. 10   » noir sur lilas . . .   »   »   »   »
3. 15   » bleu . . . .   »   »   »   »
4.   1 pi. sur 25 c. noir s. rose   »   »   »   »
5.   2   » sur 50 c. rose. . .   »   »   »   »
6.   4   » sur 1 fr. olive. . .   »   »   »   »
La série des 6 timbres . .   4ᶠ »   »   »

Dédéagh

1893. *Timbres de France avec nom du pays, et en plus la valeur pour les trois derniers timbres.*

1.   5 c. vert . . . .   »   »   »   »
2. 10   » noir sur lilas. . .   »   »   »   »
3. 15   » bleu . . . .   »   »   »   »
4.   1 pi sur 25 c. noir s. rose   »   »   »   »
5.   2   » sur 50 c. rose. . .   »   »   »   »
6.   4   » sur 1 fr. olive. . .   »   »   »   »
La série des 6 timbres . .   4ᶠ »   »   »

Port-Lagos

1893. *Timbres de France avec nom du pays, et en plus la valeur pour les trois derniers timbres.*

Nᵒˢ		Neufs.	Oblitérés.

1.   5 c. vert . . . .   »   »   »
2. 10   » noir sur lilas . . .   »   »   »   »
3. 15   » bleu . . . .   »   »   »   »
4.   1 pi. sur 25 c. noir s. rose   »   »   »   »
5.   2   » sur 50 c. rose. . .   »   »   »   »
6.   4   » sur 1 fr. olive. . .   »   »   »   »
La série des 6 timbres . .   4ᶠ »   »   »

Vathy

1893. *Timbres de France avec le nom de la ville, et en plus la valeur pour les trois derniers timbres.*

1.   5 cent. vert. . . . . .   »   »   »   »
2. 10   »   noir sur lilas .   »   »   »   »
3. 15   »   bleu. . . . . .   »   »   »   »
4.   1 pi. sur 25 c. noir s. rose   »   »   »   »
5.   2   » sur 50 c. rose . . .   »   »   »   »
6.   4   » sur 1 fr. olive . . .   »   »   »   »
La série des 6 timbres . .   4ᶠ »   »   »

LEVANT, Bureaux Italiens

1874. *Timbres d'Italie, chiffre ou effigie de 1866-65, sauf modification des angles,* ESTERO *en surcharge noire. dentelés.*

1.   1 cent.   vert gris. . .   » 10   »   »
2.   2   »   brun rouge .   » 25   »   »

3.   5 cent. gris vert. . .   1ᶠ »   » 75
4. 10   »   bistre . . . .   »   »   1ᶠ50
5. 20   »   bleu. . . . . .   »   »   2ᶠ »

Nᵒˢ	Neufs.	Oblitérés.
6. 30 cent. brun	1ᶠ50	» 75
7. 40 » carmin . . .	2ᶠ »	1ᶠ »
8. 60 » violet	2ᶠ50	» »
9. 2 lire rouge	4ᶠ »	» »

1879. *Idem.*

10. 10 cent. bleu	» 75	» »
11. 20 » jaune	» »	» 75

1881. *Timbres d'Italie 1879-80,* ESTERO *en surcharge noire.*

12. 5 cent. vert	» 25	» »
20. 10 » carmin	» 35	» »
14. 20 » jaune	» 75	» »
15. 25 » bleu	» 75	» »
17. 50 » violet	2ᶠ »	» »
19. 2 lire rouge	3ᶠ50	» »

LIBERIA

REPUBLIQUE

Afrique Occident

1860. *Déesse assise, navire, dentelés.*

1. 6 cents rouge	1ᶠ50	»	»
2. 12 » bleu	2ᶠ50	»	»
3. 24 » vert	3ᶠ »	»	»

1864. *Idem, non dentelés.*

4. 6 cents rouge	»	»	»	»
5. 12 » bleu	»	»	»	»
6. 24 » vert	»	»	»	»

1880. *Idem, dentelés.*

Nᵒˢ	Neufs.	Oblitérés.
7. 1 cent bleu	» 35	» »
8. 2 » rose lilas . . .	» 40	» »
9. 6 » violet	1ᶠ25	» »
10. 12 » jaune	2ᶠ »	» »
11. 24 » rose rouge . .	3ᶠ »	» »

1881. *Paysage, dentelé.*

12. 3 cents noir	» 60	»	»

1882. *Chiffre, dentelés.*

14. 8 cents bleu	1ᶠ50	»	»
15. 16 » rouge rose . .	2ᶠ50	»	»

1886. *Grand chiffre, dentelés.*

17. 1 cent rose	» 20	»	»
18. 2 » vert	» 35	»	»
19. 3 » violet	» 50	»	»
20. 4 » brun	» 60	»	»
21. 6 » gris lilas	» 75	»	»

Idem, petit chiffre dans un ovale, dentelés.

Nos		Neufs.	Oblitérés.
22.	8 cents bleu ciel . . .	1f »	» »
23.	16 » jaune.	2f »	» »

Idem, navire, charrue, etc., dentelé.

| 24. | 32 cents bleu . . . . . | 3f50 | » » |

1892. *Types divers, dentelés.*

28.	1 c. rouge *étoile*. . .	» 15	» »
29.	2 » bleu *étoile*. . . .	» 25	» »
20.	4 c. noir et vert *éléphant*	» 40	» »

| 31. | 6 c. vert *palmier* . . | » 60 | » » |
| 32. | 8 » noir et brun *Johnson* . . . . . . | » 80 | » » |

| 33. | 12 c. carmin *négresse*. | 1f25 | » » |
| 34. | 16 » lilas *armes* . . . | 1f75 | » » |

Nos		Neufs.	Oblitérés.
35.	24 c. vert s. jau. *étoile* .	2f50	» »

36.	32 c. bleu vert *armes* .	3f25	» »
37.	1 d. noir et bleu ciel *hippopotame* . .	10f »	» »
38.	2 » brun sur jaune *étoile*	18f »	» »

| 39. | 3 d. noir et carmin *Johnson*. . . . | 40f » | » » |

1893. *Timbre de 1892 avec valeur en surcharge noire.*

| 54. | 3 c. sur 6 c. vert . . . | » 75 | » » |

1894. *R. et inscriptions, valeur en surcharge noire (pour chargements) dentelés.*

55.	10 c. bleu s. rose *pour Buchanan*.	1f50	» »
56.	10 c. vert s. jaune *pour Harper*	1f50	» »
57.	10 c. rouge s. jaune *pour Monrovia*	1f50	» »
58.	10 c. rose s azure *pour Robertsport*	1f50	» »

Timbres de service

1892. *Timbres de 1892 avec* OFFICIAL *en surcharge rouge ou noire.*

Nᵒˢ				Neufs.	Oblitérés.
40.	1 cent. rouge	» 20	» »
41.	2 » bleu	» 30	» »

etc., etc.

Timbres-Taxe

1892. *Timbres de 1885, avec* POSTAGE DUE *en surcharge noire dans un cadre.*

46.	3 cents violet	» 75	» »
47.	6 » gris lilas . .	1f25	» »

1894. *Inscriptions, valeur en surcharge noire, papier teinté, dentelés.*

59.	2 c. orange s. jaune . .	» 35	» »
60.	4 » rose s. rose	» 60	» »
61.	6 » brun s. brun . . .	» 75	» »
62.	8 » bleu s. bleu . . .	1f »	» »
63.	10 » vert s. rose . . .	1f »	» »
64.	20 » violet s. gris . . .	2f »	» »
65.	40 » bistre vert	4f »	» »

LOMBARDO-VÉNÉTIE

ROYAUME

Europe Sud

1850. *Armes (aigle).*

1.	5 cent. jaune foncé .	» » 1f50
2.	5 » jaune ocre .	» » 1f25
3.	10 » noir . . .	» » 1f »
4.	15 » rouge . . .	» » » 10
5.	30 » brun . . .	» » » 10
6.	45 » bleu . . .	» » » 10

1858. *Petite effigie à gauche (François-Joseph I), relief et couleur, cadres divers, dentelés.*

Nᵒˢ				Neufs.	Oblitérés.
10.	2 soldi	jaune . . .	1f »	» »
11.	3 »	noir . . .	2f50	1f25
12.	3 »	vert . . .	2f50	1f »
13.	5 »	rouge . . .	2f »	» 10
14.	10 »	brun . . .	1f »	» 10
15.	15 »	bleu	2f50	» 15

1861. *Effigie à droite, relief, ovale, dentelés.*

16.	5 soldi	rouge . . .	1f50	» 15
17.	10 »	brun . . .	3f »	» 25

1861. *Idem. Réimpressions, dentelés.*

18.	2 soldi	jaune . . .	*» 35	» »
19.	3 »	vert . . .	*1f »	» »
20.	15 »	bleu	*1f »	» »

1863. *Aigle, relief et couleur, dentelés.*

29.	2 soldi	jaune . . .	» 50	» 50
30.	3 »	vert	» 50	» 40
31.	5 »	rose	» 75	» 25
32.	10 »	bleu	» 75	» 15
33.	15 »	brun	1f »	» 15

Les timbres neufs précédés d'un astérisque * sont réimprimés.

Timbres-taxe fiscale des journaux

1858. *Aigle.*

Nᵒˢ   Neufs. Oblitérés.

7.   1 kr.   noir..... 2f » » »
8.   2 »   rouge.... » » » 10
9.   4 »   rouge.... » » ꞌꞌ »

LUBECK

VILLE LIBRE

Europe Centre

1859. *Armes (aigle), rectangulaire.*

1.   ½   sch.   violet... » 75 » »
2.   1   »   jaune... 2f » » »
3.   1   »   orange.. » » » »
4.   2   »   brun... 1f » » »
5.   2 (erreur 2 ½) brun » » » »
6. 2½   »   rose.... 1f50 » ꞌ
7.   4   »   vert.... » 75 » »

1863. *Aigle, relief et couleur, ovale, dentelés.*

8.   ½   sch.   vert.... 2f » » »
9.   1   »   rouge... 5f » » »
10.   2   »   rose.... 1f » » ꞌꞌ
'11. 2½   »   bleu.... 2f » » »
12.   4   »   bistre.. 2f » » »

1864. *Même genre sans relief.*

Nᵒˢ   Neufs. Oblitérés.

18.   1¼ sch.   brun... 1f25 » »
19.   1¼ »   brun *dent.* » » » »

1866. *Genre 1863, octogone, dentelé.*

25.   1½ sch.   violet... » 75 » »

LUXEMBOURG

GRAND-DUCHÉ

Europe Centre, Occident

1852. *Effigie à gauche (Guillaume III).*

1. 10 cent. gris noir... » » » 75
2.   1 silbg. rose..... » » » »
3.   1   »   rouge brun.. » » 2f »

1859-63. *Armes, types divers.*

4.   1 cent.   bistre... 1f50 » »
5.   2   »   noir.... 1f50 » ꞌꞌ
6.   4   »   jaune... 1f50 1f50
7.   10   »   bleu.... 1f25 » 25
8. 12½   »   rose.... 1f25 » »
9.   25   »   brun... 2f50 » ꞌꞌ
10.   30   »   lilas carm. 2f50 » ꞌꞌ
11. 37½   »   vert.... 3f » » ꞌꞌ
12.   40   »   rouge... 3f » » 75

1865-72. *Idem, dentelés.*

13.   1 cent. jaune foncé » 25 » »

Nᵒˢ		Neufs.	Oblitérés.
14.	2 cent. noir. . . .	» 15	» 10
15.	4 » jaune . . .	» »	3ᶠ »
16.	10 » lilas. . . .	» 40	» 05
17.	12½ » rose. . . .	» 50	» 15
18.	20 » bistre . . .	» 60	» 25
19.	25 » bleu ciel. .	» 60	» »
20.	30 » lilas carm .	1ᶠ »	» 30
21.	37½ » bistre . . .	» »	» »
22.	40 » orange. . .	1ᶠ »	» »

1871-78. *Idem.*

		Neufs.	Oblitérés.
25.	1 c. brun clair. . . .	» 05	» 05
26.	4 » vert	» 25	» 15
27.	10 » violet.	» 25	» 05
27a.	12½ lilas rose	» 50	» »
28.	20 » bistre gris. . . .	» 50	» 25
29.	25 » bleu terne . . .	» 50	» 15
30.	1 fr. bistre *surc. noire*	» »	» »
31.	4 c. vert *non dentelé*	» »	» »
32.	5 » jaune *dentelé* . .	» 20	» 15

1882. *Armes, groupe allégorique, dentelés.*

80.	1 cent. violet pâle. .	» 05	» 05
81.	2 » gris bronze. .	» 05	» 05
82.	4 » bistre pâle. .	» 10	» 10
83.	5 » vert clair. . .	» 10	» 05
84.	10 » rose.	» 20	» 05
85.	12½ » gris bleu. . .	» 25	» 15
86.	20 » jaune	» 40	» 15
87.	25 » bleu.	» 50	» 10
88.	30 » vert olive . .	» 60	» 20
89.	50 » brun clair. .	1ᶠ »	» 20
90.	1 fr. violet	2ᶠ »	» 35
91.	5 » orange. . . .	8ᶠ »	» »

1891-93. *Effigie de face du grand-duc Adolphe de Nassau, dentelés.*

118.	10 cent. rose.	» 20	» 10

Nᵒˢ		Neufs.	Oblitérés.
122.	12½ cent. gris vert . .	» 25	» 15
123.	20 » orange . . .	» 40	» 15
119.	25 » bleu	» 50	» 10
124.	30 » olive	» 60	» »
125.	37½ » vert. . . .	» 75	» 30
126.	50 » brun clair. .	1ᶠ »	» 20
127.	1 franc lilas	1ᶠ75	» »
128.	2½ » noir . . .	4ᶠ »	» »
129.	5 » rouge brun .	7ᶠ »	» »

Timbres de service

1875-80. *Tous les timbres de 1865-76, avec* OFFICIEL *en surcharge noire.*

40.	1 cent. brun clair. .	» 50	» »
41.	2 » noir.	» 50	» »
	etc.		

1881. *Idem, avec* S P *en surcharge noire.*

71.	1 cent brun clair. . .	» »	» »
72.	2 » noir	» 25	» »
	etc.		

1882. *Tous les timbres de 1882 avec* S P *en surcharge noire.*

92.	1 cent violet pâle . .	» 05	» »
93.	2 » gris bronze . .	» 10	» »
94.	4 » bistre pâle . .	» 15	» »
	etc.		

1891. *Tous les timbres de 1891-93 avec* S. P. *en surcharge noire.*

120.	10 centimes rose. . .	» 30	» »
121.	25 » bleu. . .	» 60	» »
	etc.		

Timbres-télégraphe

1883. *Armes, dentelés.*

108.	5 cent. gris	» 15	» »
109.	25 » orange . . .	» 50	» »
110.	50 » vert	1ᶠ »	» »
111.	1 fr. rose	2ᶠ »	» »
112.	5 » bleu ciel . .	7ᶠ50	» »

MACAO

POSSESSION PORTUGAISE

Asie Orient

1884. *Couronne, dentelés.*

Nᵒˢ				Neufs.	Oblitérés.
1.	5 reis	noir	» 25	»	»
2.	10 »	jaune	» 75	»	»
3.	20 »	bistre	» 75	»	»
4.	25 »	rose	» 50	»	»
5.	40 »	bleu	2ᶠ50	»	»
6.	50 »	vert	1ᶠ50	»	»
7.	100 »	violet	1ᶠ25	»	»
8.	200 »	orange	2ᶠ »	2ᶠ50
9.	300 »	brun rouge . . .	3ᶠ »	» »

Idem, valeur en surcharge dans un cercle.

10. 80 r. noir s. 100 violet.   1ᶠ50   3ᶠ »

1885. *Idem, sans surcharge.*

11. 80 reis gris . . . . . .   1ᶠ50   » »

1885. *Idem, avec valeur barrée, chiffre suivi du mot* REIS *en surcharge transversale.*

			Neufs.		
12.	5 r. noir sur 25 rose.	» 75	»	»
13.	10 » bleu s. 25 rose.	1ᶠ »	»	»
14.	10 » bleu s. 50 vert.	6ᶠ »	»	»
15.	20 » noir s. 50 vert.	2ᶠ »	»	»
16.	40 » rouge s. 50 vert.	3ᶠ »	»	»

1885. *Idem, chiffre droit, imprimé en noir sur la couronne.*

17. 5 sur 25 r. rose . . .   » 75   » »
18. 10 sur 50 » vert . . .   1ᶠ »   » »

1885. *Type 1884, dentelés.*

22.	10 reis vert	» 75	»	»
23.	20 » rose	» 75	»	»
24.	25 » violet	» 75	»	»
25.	40 » jaune	1ᶠ »	»	»
26.	50 » bleu	1ᶠ25	»	»

1887. *Idem, avec valeur primitive barrée et nouvelle valeur au centre surcharge noire.*

Nᵒˢ		Neufs.	Oblitérés.
37.	5 r. sur 80 r. ou 100 r.	1ᶠ »	» »
38.	10 » sur 80 r. ou 200 r.	2ᶠ »	» »
39.	20 » sur 80 r. gris . . .	» »	» »

1887. *Timbres fiscaux* IMPUESTO DE SELLO *avec surcharge* CORREIO *et valeur.*

40.	5 r. rouge sur vert . .	1ᶠ »	» »
41.	10 » rouge sur vert . .	1ᶠ50	» »
42.	40 » rouge sur vert . .	» »	» »

1888. *Effigie à gauche (Don Luis I), relief et couleur, dentelés.*

27.	5 reis noir	» 15	»	»
28.	10 » vert	» 25	»	»
29.	20 » rose	» 35	»	»
30.	25 » lilas	» 40	»	»
31.	40 » brun	» 60	»	»
32.	50 » bleu	» 75	»	»
33.	80 » gris	1ᶠ25	»	»
34.	100 » brun rouge . .	1ᶠ25	»	»
35.	200 » violet	2ᶠ50	»	»
36.	300 » orange	4ᶠ »	»	»

1892. *Idem, avec valeur en surcharge rouge.*

43. 30 r. sur 200 r. violet .   »   »   1ᶠ50

1892. *Idem, avec* JORNAES *et valeur en surcharge noire (pour journaux).*

44. 2½ r. sur *divers* . . .   » 60   » 30

1893. *Inscriptions et chiffres pour
journaux (dentelé).*

Nos   Neufs. Oblitérés.

48. 2 ½ reis brun . . . . .   » 15 » »

MADAGASCAR

PROTECTORAT FRANÇAIS

Afrique Sud, Orient.

1889-91. *Timbres des Colonies françaises, déesse, avec valeur en surcharge noire.*

1. 05 sur divers. . . . . .   » » 2f50
5. 15 sur 25 c. noir s. rose   » » 2f50
2. 25 sur 40 c. rouge . . .   » » » »

1891. *Composition typographique,
gros chiffre et cadre.*

 6. 5 c. noir sur vert . . » » 1f »
 7. 10 » noir sur bleu . . » » 1f »
 8. 15 » bleu sur bleu . . » » 1f »
 9. 25 » brun clair s. cha-
                mois. . . . . » 75 » »
10. 1 fr. noir sur jaune. . » » » »
11. 5 » violet sur lilas. . » » » »

MADÈRE

POSSESSION PORTUGAISE

Afrique Nord

1868. *Timbres portugais de 1867-68
avec* MADEIRA *en surcharge noire.*

Nos   Neufs. Oblitérés.

1.   5 reis noir. . . . .   » » » »
2. 20 »   bistre . . . .   » » » »
3. 50 »   vert . . . . .   » » » »
4. 80 »   orange . . .   » » » »
5. 100 »   violet . . . . » » » »

1868-70. *Idem, dentelés,* MADEIRA
*en rose sur le 5 r. et en noir sur les
autres valeurs.*

 6.   5 reis noir. . . . .   » » » »
 7. 10 »   jaune . . . .   » » » »
 8. 20 »   bistre . . . .   » » » »
 9. 25 »   rose. . . . .   » » » »
10. 50 »   vert. . . . .   » » » »
11. 80 »   orange . . .   » » » »
12. 100 »   violet . . . . » » » »
13. 120 »   bleu . . . .   » » » »
14. 240 »   violet . . . . » » » »
15. 100 »   violet pâle. . » » » »

1871. *Même genre, dentelés.*

16.   5 reis noir. . . . .   » » » »
17. 10 »   jaune . . . . 1f » » »
18. 20 »   bistre . . . . » » » »
19. 25 »   rose. . . . . 1f » » »
20. 50 »   vert. . . . . 1f50 » »
21. 80 »   orange . . .   » » 2f »
22. 100 »   violet pâle. . » » » »
23. 120 »   bleu. . . . . » » » »
24. 240 »   violet . . . . » » » »

1875-76. *Idem.*

N°°			Neufs.	Oblitérés.
25.	15 reis	brun	» »	» »
26.	150 »	bleu.	» »	» »
27.	300 »	lilas.	» »	» »

1876. *Chiffre, même surcharge, dentelé (pour imprimés).*

28.   2½ reis verdâtre . . .   » 40   »   »

1879-80. *Type 1871, dentelés.*

37.	10 reis	vert.	»	»	»	»
38.	50 »	bleu	»	»	»	»
39.	150 »	jaune . . .	»	»	»	»

1880. *Effigie à gauche, sans relief,
types divers, dentelés.*

40.	5 reis	noir.	»	»	»	»
41.	25 »	bleu gris . .	1f »	»	»
42.	25 »	violet 2° type	» 75	»	»

FUNCHAL

1892-93. *Effigie de trois quarts à
gauche (Don Carlos Ier) dentelés.*

1.	5 reis	jaune.	» 15	»	»
2.	10 »	lilas	» 20	»	»

N°°			Neufs.	Oblitérés.
3.	15 reis	brun rouge . .	» 25	»	»
4.	20 »	violet clair . .	» 30	»	»
5.	25 »	vert	» 35	»	»
6.	50 »	bleu	» 60	»	»
11.	75 »	carmin. . . .	» 90	»	»
7.	80 »	vert clair. . .	1f »	»	»
12.	100 »	brun s. jaune .	1f 25	»	»
13.	150 »	rose s. rose. .	2f »	»	»
14.	200 »	bleu s. bleu. .	2f 50	»	»
15.	300 »	bleu s. cham.	3f 25	»	»

MALACCA

Asie Sud

1867. *Timbres des Indes anglaises
de 1858, couronne et valeur en surcharge de diverses couleurs, dentelés.*

1.	3/2	c.	rouge sur bleu .	2f 50	»	»
2.	2	»	rouge sur brun.	5f »	»	»
3.	3	»	bleu sur brun .	5f »	»	»
4.	4	»	noir sur brun .	» »	»	»
5.	6	»	violet sur orange	» »	»	»
6.	8	»	vert sur orange.	» »	2f 50
7.	12	»	carmin sur vert	» »	»	»
8.	24	»	bleu sur carmin	» »	»	»
9.	32	»	noir sur orange	5f »	2f »

1868. *Effigie à gauche, dentelés.*

10.	2 cents	brun	» 25	» 25
11.	4 »	carmin . . .	» 50	» 20
12.	6 »	violet	» 75	» 20
13.	8 »	orange . . .	1f »	» 20
14.	12 »	bleu.	2f »	» 35
15.	24 »	vert.	2f 50	» 35

Nos		Neufs. Oblitérés.
16.	32 cents rouge	3f 50 » 75
17.	96 » gris vert . .	10f » » 60

1873. *Même genre, dentelé.*

18. 30 cents carminé . . . 4f » » »

1879-83. *Mêmes timbres avec valeur en surcharge noire.*

19. 2 c. sur divers . . . . » » » »
20. 5 » sur divers . . . . » » » »
21. 7 » sur 32 c. rouge . 3f » » »
22. 10 » sur divers . . . . » » » »

Nous avons en vente :
2 c. à 1f 50 et 2f 30, 5 c. à 1f 50, 10 c. à 60 et 75 c., etc.

1882-83. *Idem, sans surcharge.*

37. 2 cents rose . . . . . » 25 » 10
38. 4 » brun . . . . . » 50 » 25
30. 5 » brun lilas. . . » » » »
31. 10 » violet. . . . . 1f 25 » 25
40. 12 » brun violet . . 1f 25 » 25
39. 5 » bleu . . . . . » 60 » 20

1884-87. *Idem, avec valeur en surcharge.*

41. 2 cents sur 5 bleu. . . » » » »
47. 3 » sur divers. . . » » » »
42. 4 » sur 5 bleu. . . » » » »
44. 8 » sur divers. . . » » » »

Nous avons en vente :
2 c. à 1f et 2f, 3 c. à 1f.

1891-92. *Idem.*

57. 1 c. sur divers . . . » 25 » »
54. 10 » sur 24 c. vert. . 1f 50 » »
63. 30 » sur 32 c. rouge . 5f » » »

1892. *Petite effigie à gauche, dentelés.*

64. 1 cent. vert . . . . . » 15 » »
65. 25 » violet et vert . 2f 50 » »
66. 50 » olive et rose . 4f 50 » 75

MALTE

POSSESSION ANGLAISE

Europe Sud

1860. *Effigie à gauche (Victoria I), dentelés.*

Nos		Neufs. Oblitérés.
1.	½ p. bistre sur bleu .	» » » »
2.	½ » bistre sur blanc.	» 50 » 35

1875. *Idem.*

3. ½ penny jaune. . . . » » » »

1885. *Idem.*

4. ½ penny vert. . . . . » 15 » 15

1885. *Même effigie, cadres divers, croix de Malte aux angles, dentelés.*

5. 1 penny rose . . . . » 25 » 20
6. 2 pence gris. . . . . » 50 » 35
7. 2½ » bleu . . . . » 60 » 15
8. 4 » brun . . . . 1f » » 50
9. 1 shill. violet. . . . 2f 50 » 75

14. 5 shill. rose. . . . . . 12f » 6f »

MAROC

Afrique Nord Occident

Bureaux français

1891-93. *Timbres de France avec valeur en surcharge carmin ou noire.*

Nᵒˢ				Neufs.	Oblitérés.
1.	5 centimos	vert	» 20	» 15
5.	10 »	noir s. violet	» 25	» 15
6.	20 »	bistre s. vert	» 40	» »
2.	25 »	noir s. rose	» 75	» »
3.	50 »	rose	1ᶠ25	» »
4.	1 peseta	olive	2ᶠ »	» »

1893. *Timbres-taxe de France avec* TIMBRE-POSTE *en surcharge rouge.*

7.	5 cent. noir	» »	» »
8.	10 » noir	» »	» »

Tanger-Fez

1892. *Portique et paysage, dentelés.*

1.	5 cent.	vert	» 15	» »
2.	10 »	noir sur violet .	» 20	» »
3.	15 »	bleu	» 30	» »
4.	25 »	noir sur rose .	» 50	» »
5.	50 »	rose	1ᶠ »	» »
6.	1 franc	olive	2ᶠ »	» »
7.	5 »	violet	8ᶠ »	» »

MARTINIQUE

Amérique Centrale, Antilles

1886-92. *Timbres des Colonies françaises, surcharge noire* MARTINIQUE *et valeur.*

Nᵒˢ			Neufs.	Oblitérés.
10.	1 sur divers	» 25	» »
5.	5 sur divers	» 35	» 30
8.	15 sur divers	» 60	» 60

1887. *Idem, surcharge noire* M Q E.

9.	15 s. 20 c. bistre et vert.	1ᶠ50	» »

1891-92. *Timbres-taxe des Colonies servant comme timbres-poste, avec* TIMBRE-POSTE, *valeur et* MARTINIQUE *en surcharge rouge ou noire.*

23.	5 c. sur divers	» 50	» »
25.	15 » sur 20 c. et 30 c.	1ᶠ »	» »

1892. *Groupe allégorique (Navigation et Commerce),* MARTINIQUE, *en rose ou en bleu, dentelés.*

27.	1 cent.	noir sur bleu .	» 05	» »
28.	2 »	brun rouge . .	» 05	» »
29.	4 »	brun violet . .	» 10	» »
30.	5 »	vert	» 10	» »

Nos			Neufs.	Oblitérés.
31.	10 cent.	noir sur violet	» 15	» »
32.	15 »	bleu	» 25	» »
33.	20 »	rouge sur vert	» 30	» »
34.	25 »	noir sur rose .	» 35	» »
35.	30 »	brun.	» 45	» »
36.	40 »	rouge	» 50	» »
37.	50 »	rose	» 65	» »
38.	75 »	noir sur jaune	1f »	» »
39.	1 franc olive		1f25	» »
	La Collection complète			
	des 13 timbres. . . .	5f »	» »	

MAURICE

POSSESSION ANGLAISE

Afrique Orient

La classification des premiers timbres de Maurice, rectifiée ici d'après les notes de M. Evans, diffère de celle de *l'Album universel.*

1847. *Effigie diadémée (Victoria I).* POST OFFICE *à gauche.*

| 6. | 1 penny rouge . . . | » » » » |
| 7. | 2 pence bleu . . . . | » » » » |

1848. *Idem,* POST PAID *à gauche.*

1.	1 p. rouge sur azuré .	» » » »
2.	1 » rouge pâle . . .	» » 15f »
3.	1 » rouge s. blanc. .	» » » »
4.	2 » bleu foncé . . .	» » » »
5.	2 » bleu pâle. . . .	» » » »

1859. *Même genre, effigie ceinte d'un bandeau,* MAURITIUS *écrit de bas en haut.*

| 8. | 2 pence bleu . . . . . | » » |

1859. *Même genre, petite effigie.* MAURITIUS *écrit de haut en bas.*

Nos			Neufs.	Oblitérés.
9.	2 pence bleu	» »	» »
10.	2 » bleu pâle . .	» » 20f »

1858. *Déesse assise,* FOUR PENCE *en surcharge noire.*

| 16. | 4 p. noir sur vert . . | » » » » |

1858-59. *Idem, sans surcharge.*

11.	vert.	» » 15f »
12.	rouge sur bleu. .	1f25 » »
13.	rouge sur blanc .	1f75 » »
14.	carminé.	» » » »
15.	bleu.	1f » » »

1859. *Idem, valeur en bas.*

| 17. | 6 pence bleu . . . . | 6f » 2f50 |
| 18. | 1 shill. rouge . . . | » » 5f » |

1859. *Effigie à gauche, grecques sur les côtés.*

| 19. | 1 penny rouge . . . | » » » » |
| 20. | 2 pence bleu . . . . | » » 20f » |

1860-63. *Effigie à gauche, dentelés.*

Nos				Neufs.	Oblitérés.
21.	1 penny	brun clair .	» 50	» 25
22.	2 pence	bleu. . . .	1f »	» 25
23.	4 »	rose. . . .	1f 50	» 20
24.	6 »	vert. . . .	2f 50	» 50
25.	9 »	violet . . .	6f »	4f »
26.	1 shill.	jaune . . .	5f »	» 75
35.	6 pence	violet . . .	» »	2f »
36.	1 shill.	vert. . . .	» »	» »
37.	3 pence	rouge . . .	1f 25	» 75
38.	5 shill.	violet . . .	» »	5f »
38a.	5 »	lilas carm .	15f »	4f »

1861. *Type 1859, déesse, non dentelés.*

27.	6 pence	brun violet .	2f »	» »
28.	1 shill.	vert	» »	» »

1862. *Idem, dentelés.*

29.	6 pence	gris violet .	2f »	» »
30.	1 shill.	vert	» »	» »

1870. *Type 1860 (effigie.)*

39.	9 pence	vert	» »	» »
40.	1 shill.	bleu	» »	2f »

1872. *Même effigie, dentelé.*

41.	10 pence	carminé . .	» »	2f 50

1876-77. *Timbres de 1861-72, avec valeur en surcharge noire.*

44.	½ p. sur 9 p. ou 10 p.	» 25	» 20
47.	1 » sur 4 » rose .	» »	» »
48.	1 sh. sur 5 sh. lilas .	» »	» 75

1878. *Idem.*

Nos				Neufs.	Oblitérés.
51.	2 c. carminé			» 30	» 25
52.	4 » s. 1 p. brun cl.			» 60	» 25
53.	8 » s. 2 » bleu . .			1f »	» 30
54.	13 » s. 3 » rouge. .			2f 50	1f 50
55.	17 » s. 4 » rose . .			2f 50	» 60
56.	25 » s. 6 » bleu gris			2f 50	» 75
57.	38 » s. 9 » violet. .			4f 50	» »
58.	50 » s. 1 sh. vert . .			4f »	» 50
59.	2 rup. 50 c. s. 5 sh. violet			14f »	» »

1879-80. *Même effigie, cadres divers, dentelés.*

63.	2 cents	brun rouge .	» 15	» 10
64.	4 »	orange . .	» 25	» 05
65.	8 »	bleu. . . ,	» 50	» 20
66.	13 »	gris vert. .	» »	» »
67.	17 »	rose. . . .	1f 50	» 40
68.	25 »	bistre jaune	1f 25	» 25
69.	38 »	violet . . .	5f »	» »
70.	50 »	vert. . . .	3f 50	1f 50
71.	2 r. 50 c.	brun violet.	12f »	» »

1883-85. *Idem, avec valeur en surcharge noire.*

80.	16 c. sur 17 c. rose . .	2f »	1f »
81.	SIXTEEN c. sur 17 rose .	4f »	» 50
83.	2 CENTS sur 38 c. violet	2f »	2f »

1885-87. *Idem, sans surcharge.*

85.	2 cents vert.	» 15	» 05
86.	4 » carmin . . .	» 25	» 05

87.	16 cents bistre brun . .	1f »	» 25
89.	50 » orange. . . .	2f 50	1f »

1887-93. *Idem. avec valeur en surcharge.*

98.	1 c. sur divers . . .	» 40	» »
90.	2 » sur divers . . .	» 30	» 25

1893. *Idem sans surcharge.*

N°⁸		Neufs.	Oblitérés
100.	1 cent violet	» 10	» »
101.	15 « brun rouge. .	1ᶠ25	» 60

MAYOTTE

COLONIE FRANÇAISE

Afrique Sud Orient

1892. *Groupe allégorique (Navigation et Commerce),* MAYOTTE, *en rose ou en bleu, dentelés.*

1.	1 cent.	noir sur bleu .	» 05	» »
2.	2 »	brun rouge. .	» 05	» »
3.	4 »	brun violet. .	» 10	» »
4.	5 »	vert	» 10	» »
5.	10 »	noir sur violet	» 15	» »
6.	15 »	bleu	» 25	» »
7.	20 »	rouge sur vert	» 30	» »
8.	25 »	noir sur rose .	» 35	» »
9.	30 »	brun	» 45	» »
10.	40 »	rouge	» 50	» »
11.	50 »	rose	» 65	» »
12.	75 »	noir sur jaune	1ᶠ »	» »
13.	1 franc olive. . . .		1ᶠ25	» »
	La Collection complète des 13 timbres. . . .		5ᶠ »	» »

MECKLEMBOURG-SCHWERIN

GRAND-DUCHÉ

Europe Centre

1856. *Armes (tête de bœuf), fond pointillé.*

1.	4 de ¼ sch. rouge .	6ᶠ »	4ᶠ »

1856. *Armes (couronne et tête de bœuf).*

2.	3 sch.	jaune. . . .	2ᶠ50	» »
3.	5 »	bleu	10ᶠ »	» »

1864-66. *Idem, dentelés.*

N°⁸			Neufs.	Oblitérés.
14.	4 de ¼ sch. rouge *fond pointillé* . . .		»	» » »

17.	4 de ¼ sch. rouge *fond blanc.*	1ᶠ »	1ᶠ50
15.	3 sch. jaune.	1ᶠ50	» »
16.	5 » bistre.	» »	» «
18.	2 » lilas	» »	» »
19.	2 » violet. . . .	3ᶠ50	» »

MECKLEMBOURG-STRELITZ

GRAND-DUCHÉ

Europe Centre

1864. *Couronne, tête de bœuf, relief et couleur, dentelés.*

1.	¼ silb.	rouge *rectang.*	3ᶠ »	» »
2.	⅓ »	vert	1ᶠ50	» »
3.	1 sch.	violet . . .	» »	» »

4.	1 silb.	rose *octog.* . .	» »	» »
5.	2 »	bleu	1ᶠ25	» »
6.	3 »	bistre . . .	» 60	» »

MEXIQUE

RÉPUBLIQUE

Amérique du Nord, Sud

1856. *Effigie de trois quarts à gauche (curé Hidalgo), couleur sur blanc.*

1.	½ real bleu.	4ᶠ »	» 75
2.	1 » jaune	4ᶠ »	» 50

Nos			Neufs.	Oblitérés.
3.	2 reales vert	4f »	» 50

			Neufs.	Oblitérés.
4.	4 reales rouge	» »	6f »
5.	8 » violet	» »	» »

1861. *Idem, noir sur couleur.*

6.	½ real	chamois . . .	5f »	» »
7.	1 »	vert	3f »	» 50
8.	2 »	rose	2f »	» 50
9.	4 »	jaune . . .	10f »	» »
10.	8 »	fauve . . .	12f »	12f »

1861. *Idem, couleur sur couleur.*

11.	4 r. rouge brun s. jaune	» »	5f »
12.	8 » vert sur fauve . .	» »	12f »

1864. *Même genre, gravure soignée, dentelés.*

13.	1 real	rouge	» 50	» »
14.	2 »	bleu	» 60	» »
15.	4 »	brun	» 60	» »
16.	1 peso	noir	» 75	» »
	La collection		2f »	» »

EMPIRE

1864. *Aigle.*

17.	3 centavos brun . . .	» »	» »

Nos			Neufs.	Oblitérés.
18.	½ real	brun . . .	» »	» »
19.	½ »	brun lilas.	2f 50	» »
20.	½ »	violet. . .	» »	» »
21.	1 »	bleu ciel .	4f »	1f »
22.	1 »	bleu . . .	1f »	» 50
23.	2 »	jaune. . .	1f »	» 20
24.	4 »	vert . . .	1f »	» »
25.	8 »	rouge . .	1f »	» »

1866. *Effigie à gauche (Maximilien I), lithographiés.*

26.	1 cent.	gris lilas foncé	» »	» »
27.	7 »	gris lilas pâle .	7f »	» »
28.	13 »	bleu	4f »	» »
29.	25 »	jaune	4f »	1f »
30.	25 »	orange . . .	» »	2f »
31.	50 »	vert jaune . .	3f »	» »
32.	50 »	vert. . . .	3f »	» »

1867. *Idem, gravés.*

33.	7 cent.	violet	2f »	» »
34.	13 »	bleu	1f »	2f »
35.	25 »	jaune	1f »	1f25
36.	50 »	vert	» »	» »

RÉPUBLIQUE

1867. *Type 1857 (effigie de Hidalgo).*

49.	½ r.	vert bleu s. azuré	» »	» »
50.	1 »	bleu	» »	40f »
51.	2 »	vert sur azuré .	» »	4f »
52.	4 »	lie de vin s. azuré	» »	10f »
53.	4 »	rouge sur jaune	12f »	4f »

On remet en cours également les nos 6 à 10 de 1861, mais avec le nom de ville en gothique ; cette surcharge était en lettres droites en 1861.

1868. *Même effigie de face.*

54.	6 cent.	noir s. cham.	1f50	» 75
55.	12 »	noir s. vert .	2f »	» 35
56.	25 »	bleu s. rose .	3f50	» 25
57.	50 »	noir s. jaune.	5f »	1f25

Nº			Neufs.	Oblitérés.
58. 100 cent. noir s. fauve.	»	» 3f »
59. 100 » brun s. fauve.	»	» » »

1868. *Idem, dentelés.*

60.	6 cent. noir s. cham.	1f »	» »
61.	12 » noir s. vert .	1f50	» 75
62.	25 » bleu s. rose .	3f »	» 35
63.	50 » noir s. jaune.	6f »	» »
64. 100 » noir s. fauve.	»	» 3f50
65. 100 » brun s. fauve	»	» »

1872. *Même effigie à gauche.*

66.	6 centavos vert. . .	» 75	» »
67.	12 » bleu. . .	1f50	» 3.
68.	25 » rouge . .	3f »	» 35
69.	50 » jaune . .	» »	2f50
70. 100 » lilas. . .	5f »	4f »

1872. *Idem, dentelés.*

71.	6 centavos vert. . .	» »	» »
72.	12 » bleu. . .	» »	» »
73.	25 » rouge . .	» »	» »
74.	50 » jaune . .	» »	2f50
75. 100 » lilas. . .	10f »	4f »

1874. *Même effigie à gauche, cadres divers, dentelés.*

76.	5 centavos brun . .	» 25	» 20

Nºs			Neufs.	Oblitérés.
77.	10 centavos noir. . .	» 35	» 25
78.	25 » bleu. . .	» 15	» 10

79.	50 centavos vert . . .	» 50	» 50
80. 100 » carmin .	1f »	1f »

1878-80. *Idem.*

95.	4 centavos rouge pâle	» 60	» »
94.	10 » jaune . .	» 35	» 15

1879. *Effigie de 3/4 à gauche (Juarez), dentelés.*

98.	1 cent. brun . . .	» 20	» »
99.	2 » violet foncé.	» 25	» »
100.	5 » orange . .	» 25	» »
101.	10 » bleu. . . .	» 25	» »
102.	25 » rouge carm.	1f25	» »
103.	50 » vert foncé .	2f50	» »
104.	85 » violet vif. .	7f »	» »
105. 100 » noir. . . .	7f »	» »

1882. *Chiffre, dentelés.*

116.	2 cent. vert	» 35	» »
117.	3 » carmin . . .	» 50	» »
118.	6 » bleu	» 75	» »

1882. *Type 1879 (effigie), dentelés.*

Nᵒˢ				Neufs.	Oblitérés.
119.	12 cent.	brun	1ᶠ	» 30
120.	18 »	bistre jaune	1ᶠ50	» »
121.	24 »	violet	1ᶠ50	» »
122.	50 »	bistre	20ᶠ »	» »
123.	100 »	orange	20ᶠ »	» »

1884. *Effigie à gauche (Hidalgo), dentelés.*

127.	1 centavo	vert	» 15	» 15
128.	2 »	vert	» 25	» 15
129.	3 »	vert	» 35	» 30
130.	4 »	vert	» 50	» 25
131.	5 »	vert	» 60	» 25
132.	6 »	vert	» 70	» 25
133.	10 »	vert	1ᶠ »	» 20
134.	12 »	vert	1ᶠ25	» 20
135.	20 »	vert	2ᶠ »	» 50
136.	25 »	vert	2ᶠ50	1ᶠ »
137.	50 »	vert	5ᶠ »	1ᶠ50
138.	1 peso	bleu	10ᶠ »	4ᶠ »
139.	2 »	bleu	18ᶠ »	» »
140.	5 »	bleu	» »	» »
141.	10 »	bleu	» »	» »

1885. *Idem.*

148.	1 cent.	vert clair	» 20	» 15
149.	2 »	carmin	» 35	» 20
150.	3 »	brun rouge	» 50	» 25
151.	4 »	rouge	» 60	» 35
152.	5 »	bleu ciel	» 60	» 20
153.	6 »	brun	1ᶠ »	» 35
154.	10 »	jaune foncé	1ᶠ25	» 25
155.	12 »	noir vert	1ᶠ50	1ᶠ »
156.	25 »	bleu	» »	2ᶠ »

1886. *Chiffre, dentelés.*

63.	1 centavo vert	» 15	» 10

Nᵒˢ				Neufs.	Oblitérés.
164.	2 centavos	carmin	» 25	» 15
165.	3 »	lilas brun	» 35	» 20
166.	4 »	lilas brun	» 50	» 20
167.	5 »	bleu ciel	» 60	» 10
168.	6 »	lilas brun	» 75	» 35
169.	10 »	lilas brun	1ᶠ »	» 20
170.	12 »	lilas brun	2ᶠ »	» »
171.	20 »	lilas brun	3ᶠ »	» »
172.	25 »	lilas brun	4ᶠ »	» »
173.	50 »	lilas brun	» »	» »
174.	1 peso	carm. s. cham.	» »	» »
175.	2 »	carm. s. cham.	» »	» »
176.	5 »	carm. s. cham.	» »	» »
177.	10 »	carm. s. cham.	» »	» »

1887-89. *Idem.*

183.	3 centavos	rouge	» 35	» 15
186.	4 »	rouge	» 40	» 20
187.	5 »	bleu vert	» »	» »
194.	6 »	rouge	» 60	» 30
188.	10 »	rouge	1ᶠ »	» 15
189.	20 »	rouge	2ᶠ »	» 50
190.	25 »	rouge	2ᶠ50	» 60

1893. *Idem.*

226.	5 pesos	vert foncé	» »	» »
227.	10 »	vert foncé	» »	» »

Timbres de service

1884. *Effigie, dentelé.*

145.		rouge	» 35	» 20

1885. *Idem.*

157.		gris vert	» »	» 20

1890. *Idem.*

213.		orange	» »	» »

1893. *Idem.*

233.		vert	» 25	» 15

<table>
<tr><td>

Timbres-taxe

1875. *Chiffre.*

</td><td>

GUADALAXARA

1867. *Rond, valeur et millésime, noir sur couleur.*

</td></tr>
</table>

N⁰ˢ				Neufs.	Oblitérés.
83.	2	centavos	noir . .	» 35	» »
83a.	5	»	noir . .	» 50	» »
84.	10	»	noir . .	» 35	» 75
85.	12	»	noir . .	» 50	» »
86.	20	»	noir . .	» 50	» »
87.	25	»	noir . .	» 60	» »
88.	35	»	noir . .	1f25	» »
89.	50	»	noir . .	» 50	» »
90.	60	»	noir . .	1f25	» »
91.	75	»	noir . .	2f50	» »
92.	85	»	noir . .	4f »	» »
93.	100	»	noir . .	» 75	» »

1879. *Chiffre.*

106.	2	centavos	brun . .	» 35	» »
107.	5	»	jaune. .	» 50	» »
108.	10	»	rouge .	» 35	» »
109.	25	»	bleu . .	» »	» »
110.	50	»	vert . .	» 35	» »
111.	100	»	violet. .	» »	» »

La collection de 6 valeurs   2f50   » »

Timbre de retour

188? *Armes, inscriptions, grand.*

192. brun . . . . » 50   » »

N⁰ˢ   Neufs. Oblitérés.

				Neufs.		Oblitérés.	
37.	½	real	blanc	»	»	»	»
38.	1	»	vert.	»	»	»	»
39.	1	»	bleu.	»	»	»	»
40.	1	»	blanc	»	»	»	»
41.	2	»	vert.	»	»	»	»
42.	2	»	rose.	»	· »	15f	»
42a.	2	»	lilas	»	»	»	»
43.	4	»	bleu.	10f	»	»	»
44.	4	»	rose.	»	»	»	»
45.	1	peso	lilas.	15f	»	»	»

1868. *Idem.*

46.	1	real	vert	10f	»	»	»
47.	2	»	rose	»	»	»	»
48.	2	»	lilas	10f	»	12f	»

1867 et 68. *Mêmes timbres dentelés en rond.*

MODÈNE

DUCHÉ

Europe Sud

1852. *Aigle, noir sur couleur.*

				Neufs.	Oblitérés.
1.	5	cent.	vert.	» 50	» 60
2.	10	»	rose.	» 50	» 60
3.	10	»	lilas.	» 50	» »
4.	15	»	jaune	» 50	» 40
5.	25	»	chamois clair	» 50	» 40
6.	40	»	bleu	» 50	1f »
7.	1	lira	blanc. . . .	2f »	» »

GOUVERNEMENT PROVISOIRE

1859. *Croix de Savoie, couleur sur blanc.*

N°		Neufs.	Oblitérés.
11.	5 cent. vert	1f »	» »
12.	15 » brun	» 75	» »
13.	20 » violet	1f »	» »
14.	20 » lilas.	» 75	» »
15.	40 » carmin . . .	1f »	» »
16.	80 » jaune	1f50	» »

Les mêmes, 1852 et 1859, avec erreurs typographiques dans l'inscription du bas, comme : CNET, CEN1, CCNT, EENT, C Z ET, CENE, CEGT, CETN, ECNT *au lieu de* CENT ; 49, 4C, *au lieu de* 40, *etc.*

Chaque . . . . 5f » » »

Timbres-taxe fiscale

1853-54. *Type des timbres de 1852, noir sur couleur.*

8.   9 cent. B. G. violet   »   »   » »
9.   9 »   B. G. violet.   3f »   » 50

1859. *Idem, aigle dans un cercle.*

10.   10 cent. blanc . . .   2f50   » »

MOLDAVIE

Voir **ROUMANIE**

MONACO

PRINCIPAUTÉ

Europe Centre, Occident

1885. *Effigie à droite (Prince Charles III), dentelés.*

1.   1 c. olive . . . . . .   » 05   » »
2.   2 » violet. . . . . .   » 10   » »

N°		Neufs.	Oblitérés.
3.	5 c. bleu.	» 20	» »

4.	10 c. brun s. jaune. .	» 30	» »
5.	15 » carmin	» 40	» 15
6.	25 » vert.	» 60	» »
7.	40 » bleu sur rose. . .	1f25	» »
8.	75 » noir s. rose pâle.	2f50	» »
9.	1 fr. noir s. jaune. . .	3f50	» »
10.	5 » carmin s. vert pâle	» »	» »

1891. *Petite effigie à gauche d'Albert Ier, dentelés*

22.	1 cent. vert olive . .	» 05	» »
23.	2 » violet	» 10	» »
24.	5 » bleu.	» 15	» »
25.	10 » brun s. jaune	» 20	» »
26.	15 » carmin . . .	» 35	» »
27.	25 » vert.	» 50	» »
28.	40 » bleu sur rose	» »	» »
29.	50 » viol. s. orange	1f »	» »
30.	75 » lilas brun . .	1f30	» »
31.	1 franc noir sur jaune clair. . . .	2f »	» »
32.	5 » carmin s vert pâle. . . .	7f50	5f »

MONTÉNÉGRO

PRINCIPAUTÉ

Europe Sud, Orient

1874. *Effigie de 3/4 à droite (Nicolas Petrowich), dentelés.*

1.   2 nov. jaune . . . .   » 20   » »
2.   3 » vert . . . . .   » 25   » 25
3.   5 » rouge rosé . .   » 40   » 35
4.   7 » lilas . . . . .   » 60   » »

Nos   Neufs. Oblitérés.

5. 10 nov. bleu . . . . . » 75 » 35

6. 15 nov. bistre . . . . 1f » » »
7. 25 » violet . . . . 1f50 » »

1893. *Idem, avec caractères slaves et millésimes en surcharge noire ou rouge (Jubilé du quatrième centenaire de l'introduction de l'imprimerie).*

18. 2 nov. jaune. . . . . » » » »
19. 3 » vert . . . . . » » » »
20. 5 » rouge rose . . » » » »
21. 7 » lilas . . . . . » » » »
22. 10 » bleu . . . . . » » » »
23. 15 » bistre. . . . . » » » »
24. 25 » violet . . . . » » » »
La collection des 7 timbres 6f » » »

MONTSERRAT

POSSESSION ANGLAISE

Amérique Centrale, Antilles

1876. *Timbres d'Antigua avec* MONT- SERRAT *en surcharge noire, dentelés.*

1. 1 penny rouge . . . » 75 » »
2. 6 pence vert. . . . . 4f » » »

1879. *Effigie à gauche (Victoria I), dentelés.*

3. 2½ penny brun rouge » » » »
4. 4 pence bleu . . . . » » » »

1884-85. *Idem.*

Nos   Neufs. Oblitérés.

6. ½ penny vert. . . . . » 35 » »
7. 2½ pence bleu . . . . 1f50 » »
8. 4 » lilas . . . . 3f50 » »

MOZAMBIQUE

Afrique Orient

1877. *Couronne, dentelés.*

1. 5 reis noir. . . . . . » 25 » »
2. 10 » jaune . . . . » 50 » »
3. 20 » bistre . . . . » 35 » »
4. 25 » rose. . . . . » 35 » »
5. 40 » bleu. . . . . 2f » » »
6. 50 » vert. . . . . » » » »
7. 100 » violet . . . . » 50 1f »
8. 200 » orange . . . 1f25 1f50
9. 300 » brun rouge . 2f » 1f50

1881-85. *Idem.*

10. 10 reis vert . . . . . » 25 » »
13. 20 » rose . . . . . » » » »
14. 25 » violet. . . . . » 60 » »
11. 40 » jaune . . . . 1f » » »
12. 50 » bleu . . . . . » 50 » 50

1886. *Effigie à gauche (don Luis I), relief et couleur, dentelés.*

18 5 reis noir. . . . . . » 15 » »
19. 10 » vert. . . . . . » 25 » »
20 20 » rose. . . . . . » 35 » »
21. 25 » lilas. . . . . . » 40 » »
22. 40 » chocolat. . . . » 60 » »
23. 50 » bleu . . . . . » 75 » »
24. 100 » brun clair. . . 1f25 » »
25. 200 » violet. . . . . 2f50 » »
26. 300 » orange . . . . 4f » » »

1893. *Idem, avec* PROVISORIO *et valeur en surcharge noire.*

N°°		Neufs.	Oblitérés.
36.	5 r. sur 40 r. chocolat.	» »	» »

1893. *Idem,* JORNAES *et valeur en surcharge de diverses couleurs.*

| 37. | 2½ r. sur 40 r. chocolat | » » | » » |
| 38. | 5 » sur 40 r. chocolat | » » | 3f |

1893. *Inscription et chiffre (pour journaux), dentelé.*

| 39. | 2½ reis brun | » 15 | » » |

Compagnie de Mozambique.

1892. *Timbres de 1886 avec* COMPª DE MOÇAMBIQUE *en surcharge rouge pour le 5 reis et noire pour les autres valeurs.*

27.	5 reis noir	» 25	» »
28.	10 » vert	» 40	» »
29.	20 » rose	» 60	» »
30.	25 » lilas	» 75	» »
31.	40 » chocolat	1f »	» »
32.	50 » bleu	1f 25	» »
33.	100 » brun clair	» »	» »
34.	200 » violet	» »	» »
35.	300 » orange	» »	» »
	La série des 9 timbres.	8f »	» »

NABHA

ÉTAT INDIEN

Asie Sud

1885-93. *Timbres des Indes anglaises avec* NABHA STATE *en surcharge ronde ou en deux lignes horizontales.*

20.	9 pies carmin	» »	» »
1.	½ anna vert	» 25	» »
2.	1 » brun	» 50	» »

N°°			Neufs.	Obitérés.
19.	1 a 6 p. bistre gris		» 60	» »
4.	2 annas bleu		» 75	» »
14.	3 »	orange	1f »	» »
6.	4 »	vert	1f 50	» »
13.	6 »	bistre	2f »	» »
8.	8 »	lilas	2f 50	» »
17.	12 »	brun s. rouge	4f »	» »
9.	1 rupee gris		5f »	» »

Timbres de service

1885. *Timbres-poste surchargés de 1885 ayant en plus, la surcharge* SERVICE.

| 10. | ½ anna vert | » 25 | » » |

NANDGAON

ÉTAT INDIEN

Asie Sud

1891. *Cadre, ovale blanc avec inscriptions.*

| 1. | ½ anna bleu | » 50 | » » |
| 2. | 2 » rose | 1f » | » » |

1892. *Inscriptions orientales, petits.*

| 3. | 1 anna vert | » 25 | » » |
| 4. | 2 » rouge | » 75 | » » |

NATAL

POSSESSION ANGLAISE

Afrique Sud

1857. *Couronne relief sur papier de couleur.*

| 1. | 1 penny bleu | » » | » » |
| 2. | 1 » rose | » » | » » |

Nᵒˢ		Neufs.	Oblitérés
3.	1 penny chamois...	» »	» »

4.	3 pence rose....	» »	» »
5.	6 » vert...	» »	» »
6.	9 » bleu....	» »	» »
7.	1 shill. chamois..	» »	» »

1860-62. *Effigie de 3/4 à gauch. (Victoria I), dentelés.*

8.	1 penny carmin terne	2f50	1f5₀
9.	3 pence bleu....	» »	1f ,
10.	6 » gris lilas..	» »	1f5₀

1864. *Idem, dentelés.*

| 11. | 1 penny carmin foncé | » 75 | » 5₀ |
| 12. | 6 pence violet.... | » » | 1f2₅ |

1864. *Même genre, effigie à gauche, dentelé.*

| 13. | 1 shill. vert...... | » » | » » |

1869. *Timbres de 1860-64, avec* POSTAGE *en surcharge noire.*

14.	1 penny carmin...	» 60	» »
15.	3 pence bleu....	» »	» »
16.	6 » violet...	3f »	» 7₅
17.	1 shill. vert....	5f »	» 7₅

Idem, Postage *en surcharge noire.*

| 18. | 1 penny carmin... | » » | » » |
| 19. | 6 pence violet.... | » » | » » |

Idem, POSTAGE *en surcharge verte cintrée.*

| 20. | 1 shill. vert..... | 5f » | » 75 |

1870-73. *Idem,* POSTAGE *en surcharge noire sur les côtés.*

Nᵒˢ		Neufs.	Oblitérés.
21.	1 p. carmin......	» »	» 60
23.	6 » violet......	» »	» »
22.	3 » bleu *surch. rouge*	» »	» »

Idem, POSTAGE *en surcharge noire verticale.*

| 24. | 1 shill. lilas..... | » » | » » |

1874-80. *Effigie à gauche, cadres divers, dentelés.*

35.	½ penny vert.....	» 15	» 10
25.	1 » rose....	» 25	» 15
26.	3 pence bleu....	1f »	» »
33.	4 » brun....	1f »	» 25
27.	6 » violet...	1f50	» 25

| 28. | 5 shill. carmin *grand* | 12f » | 6f » |

1876. *Type 1860, avec* POSTAGE *en surcharge noire.*

| 29. | 1 penny jaune... | » » | » » |

1877-79. *Idem, avec valeur en surcharge noire.*

30.	½ p. s. 1 p. jaune..	» 50	» »
31.	1 » s. 6 » violet..	» »	» »
32.	1 » s. 6 » rose...	» »	» »
34.	½ » s. 1 » rose *1874*	» »	» »

1885-86. *Timbres de 1874, avec valeur en surcharge noire.*

| 45. | One Half P. sur 1 p. rose | » » | » 35 |
| 50. | 2 p. sur 3 p. gris bleu.. | » 75 | » » |

1887. *Même effigie à gauche, dentelé.*

Nos		Neufs.	Oblitérés.
51.	2 pence gris vert. . .	» 50	» 30

1888. *Timbre de 1878,* POSTAGE *en surcharge rouge cintrée.*

| 52. | 1 shill. orange. . . . | 2f50 | » 50 |

1889-90. *Types 1874, dentelés.*

| 54. | 1 penny brun carminé. | » » | » 20 |
| 55. | 3 pence bleu gris . . . | » 75 | » 50 |

1891. *Timbre de 1874 avec valeur en surcharge noire.*

| 56. | 2½ p. sur 4 p. brun . | 2f50 | » » |

1891. *Même genre, sans surcharge.*

| 57. | 2½ pence bleu. . . . | » 60 | » 35 |

Timbres-télégraphe

1882. *Effigie à gauche, dentelés.*

36.	1 penny brun rouge.	» 35	» »
37.	3 pence carmin. . .	» 75	» »
38.	6 » gris vert . .	1f50	» »

Nos				Neufs.	Oblitérés.
39.	1 shill.	vert	2f50	»	»
40.	2 »	violet . . .	5f	»	»
41.	5 »	bleu	12f	»	»
42.	10 »	gris foncé .	»	»	»
43.	1 pound	brun rouge.	»	»	»
44.	5 »	orange . . .	»	»	»

NEGRI SEMBILAN

ÉTAT MALAIS

Asie Sud

1891. *Timbre de Malacca avec* Negri Sembilan *en surcharge noire.*

| 1. | 2 cents rose . . . . . . | » 50 | » » |

1891. *Tigre, dentelés.*

2.	1 cent vert	» 15	» »
3.	2 » rose	» 25	» »
4.	5 » bleu.	» »	» »

NEPAL

ÉTAT INDIEN

Asie Sud

1881. *Ornements et inscriptions orientales.*

1.	1 anna bleu	» 50	» »
2.	2 » violet.	1f25	» »
3.	4 » vert.	2f	» »

Idem, dentelés.

4.	1 anna bleu	» »	» »
5.	2 » violet.	» »	» »
6.	4 » vert.	» »	» »

NEVIS

POSSESSION ANGLAISE

Amérique Centrale, Antilles

1861. *Groupe de trois femmes, cadres divers, dentelés.*

Nᵒˢ			Neufs.		Oblitérés.	
1.	1 penny	carmin . . .	»	»	»	»
2.	4 pence	rose	»	»	»	»
3.	6 »	violet gris .	»	»	»	»
4.	1 shill.	vert	»	»	»	»

1867-79.

5.	1 penny	rouge	»	»	»	»
5a.	1 »	carminé . . .	»	»	»	»
6.	4 pence	jaune	»	»	»	»
7.	6 »	gris bistre .	»	»	»	»
8.	1 shill.	vert jaune .	»	»	»	»

1879-80. *Effigie à gauche, dentelés.*

11.	1 penny	violet . . .	»	»	»	»
12.	2½ pence	brun rouge	»	»	»	»
13.	4 »	bleu . . .	»	»	»	»

1883-84. *Idem.*

15.	½ penny	vert	» 35	»	»
16.	1 »	carmin . .	» 75	»	»
17.	2½ pence	bleu	1ᶠ 25	»	»
18.	4 »	gris	3ᶠ 50	»	»
19.	6 »	vert	»	»	»	»

1884-89. *Idem.*

| 23. | 6 pence brun clair . . | 6ᶠ | » | » | » |
| 24. | 1 shill. violet . . . . | » | » | » | » |

NICARAGUA

RÉPUBLIQUE

Amérique Centrale

1862-71. *Montagnes, dentelés.*

Nᵒˢ			Neufs.		Oblitérés.	
1.	2 centavos	bleu	» 25	»	»
2.	5 »	noir	» 60	» 50
3.	10 »	rouge . . .	» 50	»	»
4.	25 »	vert	» 75	»	»
5.	1 »	bistre . . .	» 20	»	»

1882-88. *Triangle, montagnes, dentelés.*

7.	1 centavo	vert	» 15	» 10
8.	2 »	carmin . .	» 15	» »
9.	5 »	bleu	» 15	» 20
10.	10 »	violet . . .	» 15	» »
11.	15 »	jaune . . .	» 60	» »
12.	20 »	gris	» 50	» »
19.	50 »	lilas	1ᶠ 50	» »

1890. *Armes, chemin de fer et appareil télégraphique, dentelés.*

32.	1 centavo	bistre jaune	» 10	»	»
33.	2 »	rouge . . .	» 15	»	»
34.	5 »	bleu foncé .	» 20	» 20
35.	10 »	gris bleu . .	»	»	»	»

Nᵒˢ			Neufs.	Oblitérés.
36. 20 centavos rouge carm.	»	»	»	»
37. 50 » violet vif. .	»	»	»	»
38. 1 peso brun . . .	»	»	»	»
39. 2 » vert. . . .	»	»	»	»
40. 5 » carmin . .	»	»	»	»
41, 10 » orange . .	»	»	»	»
La série des 10 timbres .	3ᶠ50	»	»	

1891. *Déesse, millésime, dentelés.*

56. 1 cent. brun	» 15	»	»
57. 2 » rouge	» 25	»	»
58. 5 » bleu	» 35	» 25
59. 10 » gris	»	»	»	»
60. 20 » carminé . . .	»	»	»	»
61. 50 » violet	»	»	»	»
62. 1 peso brun	»	»	»	»
63. 2 » vert.	»	»	»	»
64. 5 » carmin . . .	»	»	»	»
65. 10 » orange . . .	»	»	»	»
La série des 10 timbres .	3ᶠ	»	»	»

1892. *Sujet allégorique (découverte de l'Amérique par Christophe Colomb), dentelés.*

97. 1 cent. brun jaune. .	»	»	»	»
98. 2 » rouge	»	»	»	»
99. 5 » bleu.	»	»	»	»
100. 10 » gris.	»	»	»	»
101. 20 » carmin . . .	»	»	»	»
102. 50 » violet	»	»	»	»

Nᵒˢ			Neufs.	Oblitérés.
103. 1 peso brun	»	»	»	»
104. 2 » vert.	»	»	»	»
105. 5 » carmin foncé	»	»	»	»
106. 10 » orange . . .	»	»	»	»
La série des 10 timbres.	3ᶠ	»	»	»

1893. *Armes, dentelés.*

140. 1 cent. brun jaune .	» 15	»	»
141. 2 » rouge. . . .	» 25	»	»
142. 5 » bleu.	»	»	»	»
143. 10 » gris.	»	»	»	»
144. 20 » brun rouge .	»	»	»	»
145. 50 » violet. . . .	»	»	»	»
146. 1 peso brun noir. .	»	»	»	»
147. 2 » vert.	»	»	»	»
148. 5 » rose.	»	»	»	»
149. 10 » orange . . .	»	»	»	»
La série des 10 timbres.	2ᶠ 90	»	»	

Timbres de service

1890. *Type 1890, avec* FRANQUEO OFI-CIAL *en surcharge transversale rouge.*

42. 1 centavo bleu ciel. .	»	»	»	»
43. 2 » bleu ciel. .	»	»	»	»
44. 5 » bleu ciel. .	»	»	»	»
45. 10 » bleu ciel. .	»	»	»	»
46. 20 » bleu ciel. .	»	»	»	»
47. 50 » bleu ciel. .	»	»	»	»
48. 1 peso bleu ciel. .	»	»	»	»
49. 2 » bleu ciel. .	»	»	»	»
50. 5 » bleu ciel. .	»	»	»	»
51. 10 » bleu ciel. .	»	»	»	»
La série des 10 timbres.	3ᶠ25	»	»	

1891. *Type 1891, même surcharge rouge.*

66. 1 cent. vert.	»	»	»	»
67. 2 » vert.	»	»	»	»
68. 5 » vert.	»	»	»	»
69. 10 » vert.	»	»	»	»
70. 20 » vert.	»	»	»	»
71. 50 » vert.	»	»	»	»
72. 1 peso vert.	»	»	»	»
73. 2 » vert.	»	»	»	»
74. 5 » vert.	»	»	»	»
75. 10 » vert.	»	»	»	»
La série des 10 timbres .	2ᶠ75	»	»	

1892. *Type 1892, même surcharge noire.*

N°ˢ			Neufs.		Oblitérés.	
107.	1 cent.	brun jaune .	»	»	»	»
108.	2 »	brun jaune .	»	»	»	»
109.	5 »	brun jaune .	»	»	»	»
110.	10 »	brun jaune .	»	»	»	»
111.	20 »	brun jaune .	»	»	»	»
112.	50 »	brun jaune .	»	»	»	»
113.	1 peso	brun jaune .	»	»	»	»
114.	2 »	brun jaune .	»	»	»	»
115.	5 »	brun jaune .	»	»	»	»
116.	10 »	brun jaune .	»	»	»	»
	La série des 10 timbres .		2ᶠ 80		»	»

1893. *Type 1893, même surcharge rouge.*

150.	1 centavo	gris . . .	»	»	»	»
151.	2 »	gris . . .	»	»	»	»
152.	5 »	gris . . .	»	»	»	»
153.	10 »	gris . . .	»	»	»	»
154.	20 »	gris . . .	»	»	»	»
154a	25 »	gris . . .	»	»	»	»
155.	50 »	gris . . .	»	»	»	»
156.	1 peso	gris . . .	»	»	»	»
157.	2 »	gris . . .	»	»	»	»
158.	5 »	gris . . .	»	»	»	»
159.	10 »	gris . . .	»	»	»	»
	La série des 11 timbres .		3ᶠ	»	»	»

Timbres-télégraphe

1891. *Type 1891 avec* TELEGRAFOS *en surcharge bleue ou rouge.*

96.	1 cent.	bistre	»	»	»	»
76.	5 »	violet	»	»	»	»
77.	10 »	bleu	»	»	»	»
78.	20 »	jaune	»	»	»	»
79.	50 »	brun clair . .	»	»	»	»
80.	1 peso	brun	»	»	»	»
81.	2 »	vert	»	»	»	»
82.	5 »	carmin . . .	»	»	»	»
83.	10 »	orange . . .	»	»	»	»

1892. *Type 1892, même surcharge rouge ou noire.*

117.	1 cent.	bleu ciel . .	»	»	»	»
118.	2 »	brun	»	»	»	»
119.	5 »	vert	»	»	»	»
120.	10 »	orange . . .	»	»	»	»
121.	20 »	gris	»	»	»	»
122.	25 »	jaune	»	»	»	»
123.	50 »	carmin . . .	»	»	»	»
124.	1 peso	bleu	»	»	»	»
125.	2 »	rouge . . .	»	»	»	»
127.	10 »	carmin . . .	»	»	»	»
	La série des 10 timbres .		3ᶠ 10		»	»

NORVÈGE

ROYAUME

Europe Nord, Occident

1854. *Couronne et lion.*

N°ˢ			Neufs.	Oblitérés.
1.	4 skill.	bleu	» »	» 35

1856. *Effigie (Oscar I) à gauche, dentelés.*

2.	2 skill.	jaune	2ᶠ50	1ᶠ25
3.	3 »	violet	2ᶠ »	» 75
4.	4 »	bleu	» 75	» 10
5.	8 »	carmin	2ᶠ »	» 25

1863. *Couronne et lion, dentelés.*

6.	2 skill.	jaune	3ᶠ »	» »
7.	3 »	violet	6ᶠ »	5ᶠ »
8.	4 »	bleu	1ᶠ »	» 10
9.	8 »	rose	2ᶠ »	» 35
10.	24 »	brun	3ᶠ »	1ᶠ25

1867. *Même type, chiffre avant et après skill., dentelés.*

11.	1 skill.	noir	» 35	» 23
12.	2 »	orange	» »	» 50
13.	3 »	violet	1ᶠ50	» 75
14.	4 »	bleu	» 75	» 10
15.	8 »	rose	1ᶠ50	» 25

1872-75. *Couronne, chiffre dans un cor, dentelés.*

N°°		Neufs.	Oblitérés.
16.	1 skill. vert	» 15	» 15
17.	2 » bleu	» 25	» 15
18.	3 » rose	» 35	» 05
19.	4 » violet	» 50	» 20
20.	7 » brun	1f 25	» 40
21.	6 » brun	1f »	» 35

1877-78. *Idem, dentelés.*

28.	1 ore bistre gris . . .	» 10	» 05
29.	3 » orange	» 15	» 05
30.	5 » bleu	» 25	» 10
31.	10 » carmin	» 50	» 05
32.	12 » vert	» 60	» 25
33.	20 » brun	» 75	» 10
34.	25 » violet	1f »	» 25
35.	50 » carminé	1f 75	» 10
37.	35 » vert bleu	1f 25	» 60
38.	60 » bleu foncé . . .	2f »	» 60

1878. *Effigie de 3/4 à droite (Oscar II), dentelés.*

39.	1 kr. vert pâle . . .	3f »	» 50
40.	1 » 50 bleu ciel . .	4f »	2f 50
41.	2 » brun et rose . .	5f »	» 75

1883-84. *Type 1877, dentelés.*

N°°		Neufs.	Oblitérés.
54.	5 ore vert	» 25	» 05
55.	12 » roux	» »	» »
56.	20 » bleu	» 75	» 05

1888. *Idem, avec valeur en surcharge noire.*

60.	2 ore sur 12 o. roux . .	» 25	» 25

1890. *Types 1877, dentelés.*

75.	1 ore brun foncé . . .	» 10	» 05
61.	2 » bistre	» 10	» 15

Timbres-taxe.

1889-93. *Chiffre, cor et inscriptions, dentelés.*

65.	1 ore olive	» 10	» »
80.	4 » lilas vif	» 20	» »
66.	10 » rose	» 50	» 20
71.	20 » bleu	» 75	» 25
67.	50 » brun rouge . .	1f 75	» »

Timbres de retour

1872. *Inscriptions, noir sur couleur, dentelés.*

26.	vert	» »	» »
27.	rose	» »	» »

POSTES LOCALES

Les postes locales de Bergen, Drammen et Drontheim ont été sérieuses, pensons-nous, dans le principe, mais il est impossible de suivre les émissions nombreuses de timbres de toutes les postes locales de la Norvège qui, certainement, ne sont faites qu'en vue des collectionneurs.

NOSSI-BÉ

POSSESSION FRANÇAISE

Afrique Sud, Orient.

1889-90. *Timbres des Colonies françaises avec chiffre en surcharge bleue.*

N^{os}		Neufs.	Oblitérés.

1.	5 sur 10 c. ou 20 c. . . .	» »	» »
2.	15 sur 20 c. bistre et vert.	» »	» »
3.	25 sur 30 c. ou 40 c. . . .	» »	» »
5.	25 sur 40 c. rouge *groupe*	» •	» »

1890-93. *Idem, avec N S B ou nom du pays et valeur en surcharge noire.*

7.	25 c. sur divers	1f50	»	»	»
24.	50 » s. 10 c. noir s. violet	3f	»	»	»
25.	75 » sur 15 c. bleu . .	»	»	»	»
26.	1 fr. sur 5 c. vert . . .	3f	»	»	»

1893. *Idem, avec nom du pays seulement, en surcharge de diverses couleurs.*

27.	10 c. noir sur violet. .	»	»	»	»
28.	15 » bleu.	»	»	»	»
29.	20 » bistre sur vert. .	»	»	»	»

Timbres-taxe

1891. *Timbres-poste des Colonies françaises avec Nossi-Bé, valeur et à PERCEVOIR, en surcharge noire (deux types).*

16.	5 c. s. 20 c. bistre s. vert	»	»	»	»
17.	10 » sur 5 et 15 c. . . .	3f	»	»	»
18.	15 » sur 10 et 20 c. . .	3f	»	»	»
10.	20 » sur 1 c. noir s. bleu.	»	»	»	»
19.	25 » sur 5 et 75 c. . . .	»	»	»	»
11.	30 » sur 2 c. brun. . . .	»	»	»	»
12.	35 » sur 4 et 20 c.	»	»	»	»

N^{os}			Neufs.	Oblitérés.
14.	50 c. sur 30 c. brun . . .		» »	» »
15.	1 fr. s. 35 c. noir s. jaune		» »	» »

NOUVEAU-BRUNSWICK

POSSESSION ANGLAISE

Amérique du Nord, Nord

1851. *Fleurs. couronne, papier azuré.*

1.	3 pence rouge brun .	»	»	»	»
2.	6 » jaune. . . .	»	»	»	»
3.	1 shill. violet. . . .	»	»	»	»

1860. *Types divers, dentelés.*

4.	1 cent brun violet . .	1f50	»	»	
5.	5 » vert *Victoria* .	» 60	»	»	
6.	10 » rouge *id.* . .	1f75	»	»	

7.	12½ c. bleu *steamer* .	2f	»	»	»
8.	17 » noir *Prince de Galles* . . .	2f	»	»	»

1863. *Idem.*

9.	2 c. jaune *Victoria* .	» 75	»	»	
10.	1 » lilas *locomotive*.	1f	»	»	

NOUVELLE-CALÉDONIE

POSSESSION FRANÇAISE

Océanie Australasie

1860. *Effigie à gauche (Napoléon III).*

Nᵒˢ		Neufs.	Oblitérés.
1. 10 cent. gris noir . .	» »	»	»

*La feuille de 50 types diffé-
rents en photolithogra-
phie . . . .* » 50 » » »

1881. *Timbres des Colonies françaises de 1876, avec* N C E *et valeur en
surcharge noire.*

5. 5 sur 40 ou 75 c. . .	» 75	1ᶠ50	
4. 25 sur 35 ou 75 c. . .	7ᶠ »	»	»

1886-92. *Timbres des Colonies de
1881 avec* N. C. E. *et valeur en surcharge.*

7. 5 c. sur divers	» 75	»	»
9. 10 » sur divers	» 75	1ᶠ	»

1892. *Timbres des Colonies, type 1877,
groupe, avec* Nⁱˡᵉ-CALÉDONIE *en surcharge transversale.*

11. 20 c. bistre sur vert. .	8ᶠ »	»	»
12. 35 c. noir sur jaune. .	4ᶠ »	»	»
12a 40 » rouge.	» »	15ᶠ	
13. 1 fr. olive	» »	»	»

1892. *Idem, type de 1881, déesse,
même surcharge.*

Nᵒˢ			Neufs.	Oblitérés.
14. 5 c. vert		» 25	»	»
15. 10 » noir sur violet .	1ᶠ50	»	»
16. 15 » bleu	» 60	»	»
17. 20 » bistre sur vert .	» 75	»	»
18. 25 » noir sur rose. .	1ᶠ »	»	»
19. 30 » brun	2ᶠ50	»	»
20. 35 » noir sur jaune .	2ᶠ »	»	»
21. 40 » rouge	12ᶠ »	10ᶠ	»
22. 75 » rose	4ᶠ »	»	»
23. 1 fr. olive	4ᶠ »	»	»
24. 25 c. jaune	1ᶠ25	»	»

1892. *Groupe allégorique (Navigation
et Commerce),* Nⁱˡᵉ-CALÉDONIE ET DÉ-
PENDANCES, *en rose ou en bleu, dentelés.*

25. 1 cent. noir sur bleu.	» 05	»	»
26. 2 » brun rouge. .	» 05	»	»
27. 4 » brun violet. .	» 10	»	»
28. 5 » vert	» 10	»	»
29. 10 » noir sur violet	» 15	»	»
30. 15 » bleu	» 25	»	»
31. 20 » rouge sur vert	» 30	»	»
32. 25 » noir sur rose .	» 35	»	»
33. 30 » brun	» 45	»	»
34. 40 » rouge	» 50	»	»
35. 50 » rose	» 65	»	»
36. 75 » noir sur jaune	1ᶠ »	»	»
37. 1 franc olive	1ᶠ25	»	»

*La Collection complète
des 13 timbres . . . . ᵖ 5ᶠ » » »*

NOUVELLE-ÉCOSSE

POSSESSION ANGLAISE

Amérique du Nord, Nord

1851. *Fleurs, couronne, papier azuré.*

2. 3 pence bleu	» »	6ᶠ	»
3. 6 » vert	» »	»	»
4. 1 shill. violet	» »	»	»

1853. *Buste (Victoria I), papier azure.*

Nos		Neufs.	Oblitérés.
1.	1 penny brun rouge .	» »	» »

1860-63. *Effigie à gauche, dentelés.*

5.	1 cent noir	1f50	1f50
6.	2 » lilas	1f50	1f50
7.	5 » bleu	1f50	» 75

Même genre, effigie de face, dentelés.

8.	8½ cents vert	10f »	» »
9.	10 » rouge . . .	3f50	3f »
10.	12½ » noir. . . .	2f50	2f »

NOUVELLE-GALLES DU SUD

POSSESSION ANGLAISE

Océanie Australasie

1850. *Groupe allégorique et vue de Sidney, cadres divers.*

2.	1 p. carmin	»	»	»	»
3.	1 » rose	»	»	»	»
4.	1 » carmin sur azuré	»	»	»	»

5.	2 p. bleu sur azuré. .	»	»	»	»
6.	2 » bleu sur blanc. .	»	»	»	»
7.	2 » bleu noir	»	»	»	»
8.	2 » bleu *fond ligné verticalement.*	»	»	»	»

Nos		Neufs.	Oblitérés
9.	3 p. vert sur azuré . .	» »	» »

10.	3 p. vert sur blanc .	»	»	»	»

1851. *Effigie laurée à gauche (Victoria I), étoile aux angles, papier azuré.*

14.	2 pence bleu	»	»	»	»

1851-53. *Même genre, fleuron aux angles, papier azuré.*

11.	1 penny rouge.	»	»	10f »
12.	1 » carmin	»	»	10f »
13.	2 pence bleu	»	»	2f50
15.	2 » bleu ciel . . .	»	»	3f »
16.	3 » vert	»	»	» »
17.	6 » brun	»	»	» »
18.	8 » jaune.	»	»	» »

Idem, papier blanc.

19.	1 penny rouge. . . .	»	»	3f50
20.	2 pence bleu	»	»	2f »
21.	3 » vert	»	»	6f »

1853-60. *Effigie à gauche, ovale (pour chargements).*

22.	bleu et rouge . .	»	»	»	»
30.	bleu et rouge *dent.*	»	»	7f »

1854. *Grands, effigie diadémée à gauche, cadres divers.*

N°s			Neufs.		Oblitérés.	
23.	5 pence	vert	»	»	»	›
24.	6 »	gris vert . .	»	»	4f	›
25.	6 »	gris	»	»	4f	›
26.	6 »	brun	»	»	»	›
27.	8 »	orange . .	»	»	»	›
28.	1 shill.	rouge pâle .	»	»	»	›
29.	1 »	rouge vif . .	»	»	»	›

1856. *Effigie diadémée à gauche.*

31.	1 penny	vermillon. .	»	»	1f50
32.	1 »	orange . . .	»	»	»	»
33.	2 pence	bleu	»	»	1f	›
34.	3 »	vert	»	»	»	›
35.	3 »	vert jaune .	»	»	»	»

1860. *Idem, dentelés.*

36.	1 penny	rouge . . .	1f50	» 75
37.	1 »	rouge orange	»	»	»	»
38.	2 pence	bleu	»	»	1f50
39.	3 »	vert	1f50	» 25
40.	3 »	vert bleu . . .	2f50	» 60

1861. *Buste à gauche, dentelé.*

| 46. | 5 shill. | violet . . . . . | » | » | 3f | » |

1860-82. *Types 1854, grands, dentelés.*

N°s			Neufs.		Oblitérés.	
41.	5 pence	vert foncé .	5f »	» »
42.	6 »	gris vert . .	» »	» »
43.	6 »	brun . . .	» »	» »
44.	8 »	orange . .	5f »	2f »
44a.	8 »	jaune . . .	2f »	» 75
45.	1 shill.	rougeâtre .	» »	» »
47.	5 pence	vert clair .	2f »	» 75
48.	6 »	violet . . .	2f »	» 75
49.	1 shill.	carmin . .	» »	1f25

1862-63. *Effigie à gauche, dentelés.*

51.	1 p.	rouge *glacé*. . .	»	»	»	»
52.	1 »	rouge *mat* . . .	» 35	» 10
50.	2 »	bleu	» 60	» 10

1867-71-76. *Même effigie, cadres divers, dentelés.*

55.	4 p.	brun rouge . .	1f25	» 20
58.	6 »	violet	2f »	» 25
57.	NINE P.	*surch. noire* sur		
		10 p. brun rouge. . .	3f »	1f50
56.	10 p.	violet	3f »	» »

| 69. | 1 sh. | noir . . . . . › | 3f50 | » 35 |

1885. *Timbres fiscaux, avec surcharge noire* POSTAGE.

N°⁵   Neufs. Oblitérés.
75. 5 shill. violet et vert.   »   »   »   »
76. 10 »   viol. et carmin. 25ᶠ »   »   »
77. 1 pound violet et carm.   »   »   »   »

1888-89. *Légende :* ONE HUNDRED YEARS *(Centenaire de fondation), types divers, dentelés.*

79. 1 p. violet *Sidney*. . .   » 25   » 05
80. 2 » bleu *émou*. . . .   » 50   » 05

84. 4 pence brun *Cook*. .   1ᶠ »   » 35
83. 6   »   carm. *Victoria* 1ᶠ50   » 25

87. 8 p. lilas *oiseau-lyre*.   1ᶠ75   »   »

N°⁵   Neufs. Oblitérés
88. 1 sh. brun *kanguroo* .   2ᶠ50   » 30

89. 5 sh. violet foncé *carte* 12ᶠ »   4ᶠ

81. 20 sh. bleu ciel *Carrington et Philip* . . . . . 45ᶠ »   »   »

1891. *Déesse sur un globe, dentelé.*

97. 2½ pence bleu ciel . .   » 60   » 25

1891. *Timbres de 1867-76, avec valeur en surcharge noire.*

98.   ½ p. sur 1 p. gris.   » 35   » 35
99.   7½ » sur 6 p. brun 2ᶠ50   »   »
100. 12½ » s. 1 sh. rouge 3ᶠ50   »   »

1892. *Genre 1862, dentelé.*

114. ½ penny gris . . . .   » 15   » 10

Timbres-taxe

1891. *Chiffre, dentelés.*

115. ½ penny vert. . . . .   »   »   »   »

Nᵒˢ		Neufs.	Oblitérés.
101.	1 penny vert. . . .	» 50	» 35

102.	2 pence vert. . . .	1ᶠ »	» 35
103.	3 » vert. . . .	1ᶠ50	» 60
104.	4 » vert. . . .	1ᶠ75	» 75
105.	6 » vert. . . .	2ᶠ50	» »
106.	8 » vert. . . .	3ᶠ »	» »
116.	1 shill. vert. . . .	» »	» »
107.	5 » vert. . . .	» »	» »
108.	10 » vert. . . .	» »	» »
109.	20 » vert. . . .	» »	» »

Timbres de service

1880-88. *Timbres de 1862-88, avec* o s *en surcharge rouge ou noire.*

70.	1 p. ou 2 p.	» »	» 10
70a.	4 p. ou 6 p.	» »	» 50

Timbres-télégraphe

1871. *Le Temps, cadres divers, papier azuré, dentelés.*

60.	1 penny	rouge . . .	» »	» »
61.	2 pence	bleu	» »	» »
62.	6 »	brun rouge .	» »	» »
63.	1 shill.	bleu	» »	» »
64.	2 »	brun	» »	» »
65.	4 »	violet . . .	» »	» »
66.	6 »	carmin . . .	» »	» »
67.	8 »	lilas	» »	» »

NOUVELLE-RÉPUBLIQUE
Afrique Sud

1886. *Inscriptions, millésime différant à chaque émission, imprimés sur papier jaune ou gris bleu, dentelés.*

Nᵒˢ		Neufs.	Oblitérés.
2.	1 penny violet.	» »	» »
3.	2 pence violet.	» »	» »
4.	3 » violet.	» »	» »
5.	4 » violet.	» »	» »
6.	6 » violet.	» »	» »
7.	9 » violet.	» »	» »
8.	1 shill.* violet. . . .	» »	» »

1887. *Idem, sans millésime, armes en relief, imprimés sur papier jaune ou gris bleu, dentelés.*

19.	1 penny violet.	» »	» »
20.	2 pence violet.	» »	» »
21.	3 » violet.	» »	» »
22.	4 » violet.	» »	» »
23.	6 » violet.	» »	» »
24.	9 » violet.	» »	» »
25.	1 shill. violet.	» »	» »

* Nous ne cataloguons pas les timbres de : 1 sh. 6 p., 2 sh., 2 sh. 6 p., 3 sh., 5 sh., 5 sh. 6 p., 7 sh. 6 p., 10 sh., 12 sh., 13 sh., 1 pound, 30 sh., n'ayant pas la preuve qu'ils ont un usage postal.

NOUVELLE-ZÉLANDE

POSSESSION ANGLAISE

Océanie Australasie

1855. *Effigie de 3/4 à gauche (Victoria I), papier azuré.*

Nᵒˢ		Neufs.	Oblitérés.
1.	1 penny rouge . . .	» »	» »
2.	2 pence bleu	» »	» »
3.	1 shill. vert	» »	» »

1858. *Idem, papier blanc épais.*

4.	1 penny rouge pâle .	» »	» »
5.	2 pence bleu clair . .	» »	2ᶠ50
6.	6 » brun clair. .	» »	3ᶠ50
7.	1 shill. vert clair . .	» »	» »

1861-63. *Idem, papier filigrané.*

8.	1 penny rouge vif . .	» »	2ᶠ50
9.	2 pence bleu	» »	1ᶠ50
10.	6 » brun rouge .	» »	2ᶠ »
11.	1 shill. vert	» »	5ᶠ »
12.	3 pence violet brun .	» »	» »
13.	6 » brun foncé .	» »	1ᶠ50
14.	1 shill. vert vif . . .	» »	» »

1863-66. *Idem, dentelés.*

15.	1 penny rouge pâle .	» »	1ᶠ »
16.	1 » rouge vif . .	4ᶠ »	» »
17.	2 pence bleu foncé .	» »	» 50
18.	2 » bleu clair. .	3ᶠ »	» 50
19.	3 » violet. . . .	» »	1ᶠ25
23.	4 » rose	» »	» »
24.	4 » jaune. . . .	4ᶠ »	1ᶠ50
20.	6 » brun foncé .	» »	» »
21.	6 » brun rouge .	» »	» 60
22.	1 shill. vert	» »	1ᶠ25

1871. *Idem.*

25.	1 penny brun	2ᶠ »	» 50
26.	2 pence rouge . . .	3ᶠ »	» 50
27.	6 · » bleu	5ᶠ »	» 75

1873. *Effigie à gauche, dentelé (pour imprimés).*

Nᵒˢ		Neufs.	Oblitérés.
28.	½ penny rose. . . .	» 25	» 15

1874-78. *Effigie à gauche, cadres divers, dentelés.*

29.	1 penny violet. . . .	» 50	» 20
30.	2 pence rose	» 75	» 10
31.	3 » brun	1ᶠ50	» »
32.	4 » rouge brun .	1ᶠ50	» 25
33.	6 » bleu	2ᶠ50	» 25
34.	1 shill. vert	3ᶠ50	» 50
37.	2 » carminé. . .	5ᶠ »	» »
38.	5 » gris noir. . .	12ᶠ »	» »

1882. *Timbres fiscaux employés provisoirement pour affranchir.*

39.	1 penny bleu	» »	» 50
42.	2 shill. bleu	» »	» 75

1882. *Timbres postaux et fiscaux. Genre 1874, cadres divers, dentelés.*

43.	1 penny carmin . . .	» 25	» 10
44.	2 pence violet. . . .	» 50	» 10
45.	3 » jaune . . .	» 75	» 30
46.	4 » vert bleu . .	1ᶠ »	» 25
47.	6 » bistre . . .	1ᶠ50	» 15
48.	8 » bleu	» »	» 60
49.	1 shill. brun rouge .	2ᶠ50	» 25

1891. *Genre 1882, dentelés.*

Nos		Neufs.	Oblitérés.
54.	2½ pence bleu ciel .	» 60	» 20
55.	5 » gris vert .	1f 25	» 40

Timbres de service

1892. *Timbres de 1882 avec* o. p. s. o. *en surcharge transversale violette.*

56. 1 penny carmin. . . . » » » »
57. 2 pence violet . . . . » » » »

NOWANUGGUR

ÉTAT INDIEN
Asie Sud

1877. *Talwar (cimeterre indien).*

1. bleu gris *dentelé*. . . » » » »
2. bleu gris *non dentelé*. » 25 » »

 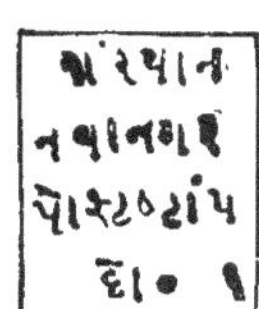

1880. *Caractères orientaux, noir sur couleur.*

3. 1 rose . . . . » 30 » »
4. 2 vert . . . . » 35 » »
5. 3 jaune. . . . . » 50 » »

1893. *Armes, inscriptions orientales, dentelés.*

6. 1 docra noir . . . . . . » 25 » »
7. 2 » vert . . . . . . » 25 » »
8. 3 » jaune. . . . . . » 35 » »

OBOCK

COLONIE FRANÇAISE
Afrique Orient

1892. *Timbres des Colonies françaises avec* OBOCK *en surcharge noire, droite ou cintrée.*

Nos			Neufs.	Oblitérés.
1.	1 c.	noir sur bleu . .	» »	» »
2.	2 »	brun rouge . . .	» »	» »
3.	4 »	violet brun . . .	» »	» »
4.	5 »	vert	» »	» »
5.	10 »	noir sur violet .	» 60	» 50
6.	15 »	bleu	» 60	» 50
7.	20 »	bistre sur vert .	» »	» »
8.	25 »	noir sur rose . .	» 75	» »
9.	30 »	brun	» »	» »
10.	35 »	noir sur jaune .	» »	» »
11.	40 »	rouge	1f 50	» »
12.	75 »	rose	» »	3f »
13.	1 fr.	olive	3f »	» »

1892. *Idem, avec* OBOCK *et valeur en surcharge rouge ou noire.*

14.	1 c. s. 25 c. noir s. rose	» 25	» »
15.	2 » s. 10 et 15 c. . . .	1f 25	» »
17.	4 » s. 15 et 25 c. . . .	» 50	» »
19.	5 » s. 25 c. noir s. rose	» 50	» »
20.	20 » s. 10 c. noir s. viol.	3f »	» »
21.	30 » s. 10 c. noir s. viol.	3f »	» »
22.	35 » s. 25 c. noir s. rose	2f »	» »
23.	75 » s. 1 fr. olive . . .	» »	» »
24.	5 fr. s. 1 fr. olive . . .	15f »	» »

1892. *Groupe allégorique (Navigation et Commerce),* OBOCK, *en rose ou en bleu, dentelés.*

35.	1 cent.	noir sur bleu.	» 05	» »
36.	2 »	brun rouge. .	» 05	» »
37.	4 »	brun violet. .	» 10	» »
38.	5 »	vert	» 10	» »
39.	10 »	noir sur violet	» 20	» »
40.	15 »	bleu	» 30	» »
31.	20 »	rouge sur vert	» 35	» »

Nos		Neufs.	Obliférés.
42.	25 cent. noir sur rose.	» 40	» »
43.	30 » brun.	» 50	» »
44.	40 » rouge	» 60	» »
45.	50 » rose	» 75	» »
46.	75 » noir sur jaune	1f 25	» »
47.	1 franc olive. . . .	1f 50	» »

La Collection complète des 13 timbres. . . . 6f » » »

1893. *Courriers sur chameaux, triangulaire.*

57. 5 francs rose . . . . 8f » » »

Timbres-taxe

1892. *Timbres-taxe des Colonies françaises avec* OBOCK *en surcharge noire.*

		Neufs.	Obliférés.
25.	5 cent. noir	» »	» »
26.	10 » noir	» »	» »
27.	15 » noir	» »	» »
28.	20 » noir	» »	» »
29.	30 » noir	1f 50	» »
30.	40 » noir	» »	1f 50
31.	60 » noir	» »	» »
32.	1 franc brun rouge. .	» »	» »
33.	2 » brun rouge. .	» »	» »
34.	5 » brun rouge. .	» »	» »

OCÉANIE

ÉTABLISSEMENTS FRANÇAIS

Polynésie

1892. *Groupe allégorique (Navigation et Commerce),* ÉTABLISSEMENTS DE L'OCÉANIE, *en rose ou en bleu, dentelés.*

1. 1 cent. noir sur bleu. » 05 » »

Nos		Neufs.	Obliférés.
2.	2 cent. brun rouge. .	» 05	» »
3.	4 » brun violet. .	» 10	» »
4.	5 » vert	» 10	» »
5.	10 » noir sur violet	» 15	» »
6.	15 » bleu	» 25	» »
7.	20 cent. rouge sur vert	» 30	» »
8.	25 » noir sur rose .	» 35	» »
9.	30 » brun.	» 45	» »
10.	40 » rouge	» 50	» »
11.	50 » rose	» 65	» »
12.	75 » noir sur jaune	1f »	» »
13.	1 franc olive. . . .	1f 25	» »

La Collection complète des 13 timbres. . . . 5f » » »

OLDENBOURG

GRAND-DUCHÉ

Europe Centre

1852. *Valeur au centre, armes, noir sur couleur.*

1.	1/3 silbg. vert . . .	» »	» »
2.	1/30 thaler bleu . . .	6f »	» 75
3.	1/15 » rose . . .	» »	» »
4.	1/10 » jaune . .	» »	» »

1858. *Armes au centre, noir sur couleur.*

5.	1/3 gros. vert	» »	» »
6.	1 » bleu	10f »	» »
7.	2 » rose	» »	» »
8.	3 » jaune . . .	» »	» »

1860. *Idem, couleur sur blanc.*

9.	¼ gros. orange. . .	» »	» »
10.	⅓ » vert	30f »	» »
11.	½ » brun . . .	» »	» »
12.	1 » bleu. . . .	» »	» »
13.	2 » rouge . . .	» »	» »
14.	3 » jaune . . .	» »	» »

1862. *Armes, ovale, relief et couleur, dentelés.*

Nᵒˢ				Neufs.	Oblitérés.
19.	⅓	gros.	vert. . . .	1ᶠ »	» »
20.	½	»	orange . .	1ᶠ »	» »
21.	1	»	rose. . . .	» 50	» »
22.	2	»	bleu. . . .	1ᶠ »	» »
23.	3	»	bistre . . .	2ᶠ »	» »

ORANGE

RÉPUBLIQUE

Afrique Sud

1868. *Oranger et cors, dentelés.*

1.	1 penny	brun	» 25	» 20
2.	6 pence	rose	1ᶠ50	» 25
3.	1 shill.	orange . . .	2ᶠ50	» 75

1877. *Idem, chiffre 4 en surcharge noire.*

4. 4 sur 6 p. rose . . . » » » »

1878. *Idem, sans surcharge.*

5.	4 pence bleu	1ᶠ »	» 40
6.	5 shill. vert	12ᶠ »	» »

1881-82. *Idem, valeur et barre en surcharge noire.*

8.	½ d. sur 5 sh. vert.	» 50	» »
7.	1 » sur 5 sh. vert.	1ᶠ50	» »
9.	3 » sur 4 p. bleu.	2ᶠ »	» »

1883-84. *Idem, sans surcharge.*

10.	½ penny	brun . . .	» 15	» 15
11.	2 pence	violet . . .	» 50	» 15
12.	3 »	bleu . . .	» 75	» 35

1882-83. *Timbres fiscaux divers servant comme timbres-poste.*

Nᵒˢ			Neufs.	Oblitérés.
14.	1 shill. violet brun .	» »	» »
15.	»	» .	» »	» »

1888-92. *Timbres antérieurs avec valeur en surcharge noire.*

26.	1 d. sur 3 p. ou 4 p.	1ᶠ50	1ᶠ »
21.	2 » sur 3 p. bleu. .	1ᶠ »	» 60
31.	2½ » sur 3 p. bleu . .	» »	» »

Timbres-télégraphe

1885. *Timbres-poste de 1868-84 avec surcharge verticale* tele graaf *en violet ou rose d'aniline.*

16.	1 penny	brun . . .	» 75	» »
17.	3 pence	bleu. . . .	» »	» »
18.	6 »	rose. . . .	» »	» »
19.	1 shilling	orange . .	» »	» »

1886. *Idem, timbre fiscal avec la même surcharge.*

20. 1 shill. violet brun. . » » » 75

1888. *Timbres-poste de 1868-84 avec* T F *en surcharge noire.*

22.	3 pence bleu.	» »	» »
23.	6 » rose.	» »	» 75

1888. *Idem, timbre fiscal, même surcharge et valeur.*

24. Een sh. sur 9 sh. bistre » » 1ᶠ25

PAHANG

ÉTAT MALAIS

Asie Sud.

1889. *Timbre de Malacca avec* PAHANG *en surcharge noire.*

1. 2 cents rose . . . . » » » »

1891. *Tigre, dentelés.*

N°ˢ		Neufs.	Oblitérés.
2.	1 cent vert	» »	» »
3.	2 » rose	» 25	» 20
4.	5 » bleu	» 60	» »

PARAGUAY

RÉPUBLIQUE

Amérique du Sud, Centre

1870. *Lion debout, types divers.*

1.	1 real rose	1ʳ50	»	»
2.	2 reales bleu	4ʳ	»	»

| 3. | 3 reales noir . . . . . | 6ʳ | » | 3ʳ50 |

1878. *Idem, avec chiffre 5 en surcharge noire ou bleue.*

| 4. | 5 sur 2 r. ou 3 reales. | » | » | » | » |

1879. *Lion, dentelés. Ces deux timbres, portant par erreur reales au lieu de centavos, n'ont pas été mis en circulation.*

5.	5 reales brun clair. .	» 50	»	»
6.	10 » brun	» 50	»	»

1879. *Idem, dentelés.*

7.	5 centavos brun clair.	» 75	»	»
8.	10 » vert . . .	» »	»	»

1881. *Idem, avec chiffre en surcharge noire.*

N°ˢ		Neufs.	Oblitérés.
9.	1 sur 10 c. vert . . .	2ʳ50	» »
10.	2 sur 10 c. vert . . .	2ʳ50	» »

1881. *Genre de 1870, dentelés.*

11.	1 centavo	bleu . . .	» 50	» »
12.	2 »	carmin . .	» 60	» »
13.	4 »	brun . . .	1ʳ »	» »

1884. *Timbre de 1870 avec surcharge noire.*

| 20. | 1 c. sur 1 r. rose. . . | 1ʳ » | » » |

1884. *Lion petit, dentelés.*

21.	1 cent. vert.	» 25	» 25
22.	2 » rouge.	» 25	» 25
23.	5 » bleu	» 50	» 35

1887. *Chiffre, lion, dentelés.*

40.	1 centavo vert	» 15	» 15
41.	2 » carmin . . .	» 25	» 20
42.	5 » bleu	» 50	» 20
43.	7 » brun	» 75	» 50
44.	10 » violet. . . .	1ʳ »	» 35
45.	15 » orange foncé	1ʳ50	» »
46.	20 » rose	2ʳ »	» 75

1892. *Effigie de Bareiro, surcharge ovale violette, dentelé (pour le quatrième centenaire de la découverte de l'Amérique).*

N°s		Neufs.	Oblitérés.
58.	10 centavos bleu ciel .	» » 4f	»

1892. *Effigies diverses, dentelés.*

| 64. | 1 c. gris *Rivarola*. . | » 15 | » | » |
| 65. | 2 » vert *Jorellanos* . | » 20 | » | » |

66.	4 c. carmin *Gill*. . .	» 40	»	»
67.	5 » violet *Uriarte* . .	» 50	»	»
68.	10 » bleu *Bareiro* (troué au milieu).	» 80	»	»

| 69. | 14 c. brun clair *Caballero* . . . . . . | 1f | » | » | » |
| 70. | 20 » rouge *Escobar*. . | 1f 75 | » | » |

N°s			Neufs.	Oblitérés.
71.	30 c. vert jaune *Gonzales*.	2f 25	»	»

1892. *Type 1887, dentelés.*

72.	40 cent. bleu foncé. .	3f	»	»	»
73.	60 » jaune	4f	»	»	»
74.	80 » bleu clair . .	5f	»	»	»
75.	1 peso olive	6f	»	»	»

Timbres-télégraphe

1892. *Petites armes, oblong, chiffre de valeur en noir, dentelés.*

59.	2 centavos brun . . .	» 35	»	»
60.	4 » jaune . .	»	»	»	»
61.	30 » vert . . .	»	»	»	»

Timbres de service

1886. *Types divers,* OFICIAL *en surcharge noire, non dentelés.*

26.	1 centavo orange . . .	»	»	»	»
27.	2 » violet	»	»	»	»
28.	5 » rouge	»	»	»	»

| 29. | 7 centavos vert . . . . . | » | » | » | » |

30. 10 centavos marron . .   »   »   »   »

31. 15 centavos bleu . . . .   »   »   »   »
32. 20   »   carmin . .   »   »   »   »

1886. *Idem, mêmes types, même sur-*
charge, dentelés.

33. 1 centavo vert . . . .   »   »   »   »
34. 2   »   rouge . . .   »   »   »   »
35. 5   »   bleu . . . .   »   »   »   »
36. 7   »   orange . . .   »   »   »   »
37. 10   »   carminé . .   »   »   »   »
38. 15   »   brun. . . .   »   »   »   »
39. 20   »   bleu . . . .   »   »   »   »
La série des 7 timbres. . . 10ᶠ »   »   »

1889. *Même genre, sans surcharge,*
dentelé.

49. 15 centavos carminé. .   »   »   »   »

1890. *Idem, avec* OFICIAL *et valeur en*
surcharge noire.

50. 1 s. 15 c. lilas brun,
                dentelé. .   »   »   3ᶠ »
51. 2 s. 15 c. lilas brun,
                dentelé. .   »   »   3ᶠ »
52. 3 s. 15 c. violet, *non*
                dentelé. .   »   »   3ᶠ »
53. 5 s. 15 c. carm. brun,
                non dentelé. .   »   »   2ᶠ50

1891. *Timbres-poste de 1887 avec*
OFICIAL *en surcharge bleue*

54. 1 centavo vert. . . .   »   »   »   »
55. 2   »   carmin . .   »   »   »   »
            etc., etc.

1892. *Idem.*

63. 50 centavos gris. . . . .   »   »   »   »

PARME

DUCHÉ

Europe Sud

1852. *Couronne, fleur de lis, noir sur*
couleur.

6. 5 cent. jaune . . .   » 75   1ᶠ »
2. 10   »   blanc . . .   » 75   1ᶠ »
7. 15   »   rose. . . .   »   »   1ᶠ »
8. 25   »   violet . . .   »   »   1ᶠ75
5. 40   »   bleu. . . .   5ᶠ »   4ᶠ »

1854. *Idem, couleur sur blanc.*

1. 5 cent. jaune . . .   »   »   »   »
3. 15   »   rouge . . .   »   »   3ᶠ »
4. 25   »   brun. . . .   »   »   4ᶠ »

1857-59. *Idem, petit écusson, couleur*
sur blanc.

9. 15 c. rouge. . . . .   1ᶠ »   »   »
10. 25   »   brun . . . .   1ᶠ »   »   »
11. 40   »   bleu . . . . .   1ᶠ50   »   »

GOUVERNEMENT PROVISOIRE

1859. *Inscriptions, couleur sur blanc.*

14. 5 c. vert . . . . .   1ᶠ »   »   »
15. 10   »   brun . . . . .   1ᶠ »   »   »
16. 20   »   bleu . . . . .   2ᶠ »   »   »
17. 40   »   rouge. . . . .   1ᶠ50   »   »
18. 80   »   jaune. . . . .   »   »   »   »

Timbres-taxe fiscale pour journaux

1853-57. *Inscriptions, type des timbres de 1859, noir sur couleur.*

N°ˢ			Neufs.	Oblitérés.
12	9 c. bleu	1ᶠ »	»	»
13.	6 » rose	1ᶠ »	»	»

PAYS-BAS

ROYAUME

Europe Centre, Occident

1852. *Effigie à droite (Guillaume III).*

1.	5 c. bleu	1ᶠ »	» 25
2.	10 » carmin	1ᶠ »	» 20
3.	15 » jaune	1ᶠ 50	» 75

1864. *Même genre, dentelés.*

4.	5 c. bleu	1ᶠ 25	» 35
5.	10 » carmin	1ᶠ 50	» 20
6.	15 » jaune	2ᶠ »	» 75

1867. *Même effigie à gauche, dentelés.*

7.	5 cent. bleu	» 25	» 05
8.	10 » carmin	» 50	» 05
9.	15 » brun	» 75	» 20
10.	20 » vert	1ᶠ »	» 25
11.	25 » violet	1ᶠ 50	» 50
12.	50 » doré	3ᶠ »	1ᶠ »

1869-70. *Armes, dentelés (pour imprimés).*

13.	1 cent. noir	» 75	» 75
14.	2 » jaune	» 15	» 10

N°ˢ				Neufs.	Oblitérés.
17.	½ cent. brun	» 20	» 10
15.	1 » vert	» 15	» 10
16.	1½ » rose	» »	» 20
18.	2½ » violet	» 25	» 20

1872-75. *Effigie à gauche, dentelés.*

24.	5 cent. bleu	» 25	» 05
25.	10 » carmin	» 50	» 05
31.	12½ » gris 1875	» 50	» 05
26.	15 » brun clair	» 75	» 15
27.	20 » vert	» 75	» 15
28.	25 » violet	1ᶠ 25	» 20
29.	50 » bistre	2ᶠ »	» 25
30.	2 gl. 50 c. carmin et bleu *(grand)*	10ᶠ »	2ᶠ 50

1876. *Chiffre, dentelés (pour imprimés).*

37.	½ cent. rose	» 10	» 05
38.	1 » vert	» 10	» 05
39.	2 » jaune	» 15	» 05
40.	2½ » violet	» 15	» 05

1889. *Type 1872, dentelés.*

69.	7½ cents brun rouge	» »	» 35
70.	22½ » vert bleu	» »	» 60
71.	1 guld. violet	5ᶠ »	1ᶠ »

1891-92. *Effigie à droite de la reine Wilhelmine, dentelés.*

Nos				Neufs.	Oblitérés.
82.	3	cent.	jaune . . .	» 15	» 10
72.	5	»	bleu. . . .	» 20	» 05
83.	7 ½	»	brun rouge	» 35	» 30
73.	10	»	rose. . . .	» 40	» 05
74.	12 ½	»	gris	» 50	» 05
75.	15	»	brun clair .	» 60	» 15
76.	20	»	vert. . . .	» 80	» 20
77.	22 ½	»	vert bleu .	1f »	» 30
78.	25	»	violet . . .	1f »	» 10
79.	50	»	bistre . . .	2f »	» 20
84.	1	guld.	violet noir.	» »	» »
88.	2 gl. 50	carmin et bleu.		8f »	» »

Timbres-taxe

1870. *Chiffre, dentelés.*

19.	5 c.	brun sur jaune .	» 35	» »
20.	10 »	violet sur bleu .	» 60	» »

1881. *Même genre, valeur surchargée en noir, dentelés.*

52.	1 cent	bleu	» 10	» »
53.	1 ½ »	bleu	» 10	» »
54.	2 ½ »	bleu	» 15	» 15
55.	5 »	bleu	» 35	» 20
56.	10 »	bleu	» 50	» 20
57.	12 ½ »	bleu	» 50	» 25

Nos				Neufs.	Oblitérés.
58.	15 cent	bleu	» 60	» 25
59.	20 »	bleu	» 75	» 40
60.	25 »	bleu	1f »	» 40
61.	1 gul.	bleu, surcharge rouge .	3f 50	1f 50

Timbres-télégraphe

1877-79. *Inscriptions, foudres, valeur en surcharge noire, dentelés.*

					Neufs.	Oblitérés.
49.	1 cent	lilas	1879	. .	» 10	» »
50.	3 »	lilas	»	. .	» 15	» »
51.	5 »	lilas	»	. .	» 25	» »
41.	12.5 »	lilas	1877	. .	1f »	» »
42.	15 »	lilas	»	. .	» 60	» »
43.	20 »	lilas	»	. .	» 75	» 40
44.	30 »	lilas	»	. .	1f 25	» »
45.	50 »	lilas	»	. .	2f »	» »
46.	60 »	lilas	»	. .	2f 25	» »

1877. *Idem, valeur en surcharge rouge.*

47.	1 gulden	lilas	3f 75	» »
48.	2 »	lilas	6f 50	» »

PÉRAK

ÉTAT MALAIS

Asie Sud

1881-82. *Timbre de Malacca avec croissant, étoile et* P *en surcharge noire, ou seulement* PERAK *ou seulement* P.

1.	2 cents brun	» »	» »

1883-91. *Idem,* PERAK *en surcharge.*

3.	2 c. rose	» 50	» 40

Nos   Neufs. Oblitérés.

4. 2 c. sur divers .... » » » »
6. 1 » sur 2 et 6 c. ... » 35 » »
9. 1 » sur 6 c. violet .. » » » »

1891-92. *Tigre, dentelés.*

10. 1 cent vert ..... » 15 » 10
11. 2 » rose ..... » 25 » 15
12. 5 » bleu ..... » 60 » 35
13. 8 » orange .... » » » »

PÉROU

RÉPUBLIQUE

Amérique du Sud, Occident

Cie de Navigation à vapeur de l'Océan Pacifique

1857-58. *Navire.*

1. 1 real bleu .... » » » »
2. 2 » carmin .... » » » »
3. 2 reales bleu .... » » » »
4. 2 » brun .... » » » »
5. 1 » carmin .... » » » »
6. 1 » vert .... » » » »
7. 2 » jaune .... » » » »
8. 1 » jaune .... » » » »
9. 2 » vert .... » » » »

Émissions du Gouvernement

1857. *Armes, fond ondulé.*

1. 1 dinero bleu .... » » 1f50

Nos   Neufs. Oblitérés

2. 1 peseta brique ... » » 4f »
3. ½ peso jaune. ... » » » »
3a. ½ » rose .... » » » »

1858. *Même genre, lettres plus grandes.*

4. 1 dinero bleu .... » » 1f25
5. 1 peseta rouge ... » » 2f50
6. 1 » rose .... » » 5f »

1860. *Même genre, fond en zigzag.*

7. 1 dinero bleu .... 1f50 1f »
8. 1 peseta rouge ... 4f » 3f »
9. 1 » rouge pâle . 2f50 2f »

1862-63. *Armes, relief et couleur, deux types.*

10. 1 dinero rouge ... 1f » » 35
11. 1 » rose .... 1f50 » 50
12. 1 peseta brun .... 3f » » »

1866. *Deux lamas, dentelés.*

13. 5 centavos vert . . » 75 » 35
14. 10 » rouge .. 1f25 » 35
15. 20 » brun ... 2f50 » 60

1868-72. *Type 1863, relief et couleur.*

N°⁸		Neufs.	Oblitérés.
16.	1 dinero vert	1f 50	» 30
17.	1 peseta jaune. . . .	3f »	1f »

1871. *Chemin de fer et armes, relief et couleur.*

| 18. | 5 centavos rouge . . | 2f » | 1f » |

1873. *Lama, relief et couleur, dentelé.*

| 19. | 2 centavos bleu . . . | 1f » | » » |

1874. *Types divers, dentelés.*

| 20. | 2 c. violet, *armes* . | » 30 | » » |

| 21. | 50 c. vert, *soleil* . . | 2f 50 | 1f » |
| 22. | 1 sol carmin *idem* . . | 2f 50 | 2f 50 |

1877-79. *Armes, types divers, dentelés.*

N°⁸			Neufs.	Oblitérés.
41.	1 c.	orange *1879* . .	» 15	» »
38.	5 »	bleu	» 50	» 15
39.	10 »	vert	1f »	» 15
40.	20 »	carmin	2f »	» 30

1880-89. *Types 1874-77-79, avec diverses variétés de surcharges :* 1° UNION POSTAL UNIVERSAL, PERU, PLATA, *formant ovale;* 2° *La même, avec* LIMA *au lieu de* PERU ; 3° *Armes du Chili;* 4° UNION POSTAL UNIVERSAL, PERU, *formant fer à cheval;* 5° *La même, plus les armes du Chili;* 6° PERU *dans un triangle (plusieurs variétés:* 7° *La même, avec la surcharge, fer à cheval.*

43a.	1	centavo	vert. . . .	» 35	» 30
43b.	1	»	jaune. . .	» 35	» 25
43d.	2	»	carmin . .	» 50	» 25
43e.	2	»	violet. . .	» 60	» »
43f.	2	»	rouge. . .	» 75	» 25
43g.	5	»	bleu . . .	» 75	» 15
43h.	10	»	vert. . . .	» »	» 75
43i.	20	»	carmin . .	» »	» »
43j.	50	»	vert. . . .	6f »	2f »
43k.	50	»	carmin . .	6f »	» »
43l.	1	sol	carmin . .	12f »	3f »
43m.	1	»	bleu. . . .	12f »	» »

1883-84. *Types en cours, dentelés.*

114.	1 cent.	vert.	1f »	» »
129.	2 »	carmin . . .	1f »	» »
113.	10 »	violet noir. .	1f »	15

1886. *Idem.*

N^os			Neufs.	Oblitérés.
131.	1 cent.	violet. . . .	» 15	» 10
132.	2 »	vert	» 25	» 15
133.	5 »	orange. . .	» 50	» 15
134.	20 »	bleu	2f »	» 30
135.	50 »	rouge. . . .	5f »	1f »
136.	1 sol	gris	10f »	2f »

Timbres-taxe

1874. *Bateau à vapeur, lama, dentelés.*

23.	5 centavos	rouge . .	» 75	» 75
25.	10 »	jaune. . .	» 50	» »
26.	20 »	bleu . . .	2f 50	» »
27.	50 »	brun . . .	3f 50	2f »

1879. *Armes, dentelé.*

42. 1 centavo brun . . . » 35 » »

1881-83. *Les mêmes avec diverses variétés de surcharges :* 1° UNION POSTAL UNIVERSAL, LIMA, PLATA, *formant ovale;* 2° LIMA, CORREO *dans un cercle;* 3° *Triangle;* 4° *Double surcharge : les n°s 2 cercle et 3 triangle;* 5° *Double surcharge : les n°s 1 ovale et 3 triangle.*

51a.	1 centavo	brun . . .	» 50	» 40
51b.	5 »	rouge. . .	2f »	» 75
51d.	10 »	jaune. . .	4f »	1f »
51e.	20 «	bleu . . .	8f »	1f 50
51f.	50 »	brun . . .	» »	2f 50

Timbres spéciaux à divers départements ou villes

1881-83. *Timbres du Pérou 1877-79, de 5 c. et quelquefois d'autres valeurs avec noms en surcharge de diverses formes et couleurs :* **Arequipa, Ayacucho, Cuzco, Lima, Moquegua, Paita, Pasco, Pisco, Piura, Puno, Yca,** *etc.*

Nous avons en vente les suivants :

N^os			Neufs.	Oblitérés.
100a.	Arequipa	5 c. bleu.	» »	1f »
100b.	Lima	5 c. bleu.	» »	» 50
100d.	Piura	5 c. bleu.	» »	1f »

2° *Types divers avec ou sans surcharge de noms de villes.*

1881. *Armes, impression grossière.*

101a.	10 centavos bleu. . .	» »	6f »
101b.	25 » carmin..	» »	» »

1883. *Même genre.*

101d. 10 centavos carmin. . 2f 50 3f »

1885. *Même genre.*

101e.	5 cent.	olive . . .	3f »	» »
101f.	10 »	gris bleu .	3f »	4f »

1885. *Effigies diverses, mauvaise lithographie.*

N°s		Neufs.	Oblitérés.
101g.	5 c. bleu pâle *Grau*	1f 25	1f 50
101h.	10 » vert gris *Bolognesi*	2f »	2f 50

Timbres de service

1890. *Timbres de 1886 avec* GOBIERNO *en surcharge rouge.*

149.	1 centavo violet. . .	» 20	» »
150.	2 » vert . . .	» 30	» »
	etc., etc.		

Timbres-télégraphe

1876. *Armes, genre des timbres 1877, types divers, dentelés.*

35.	5 centavos violet. . .	» 35	» »
36.	20 » vert . . .	» 75	» »
37.	50 » brun . . .	1f 50	» »

PERSE

ROYAUME

Asie Occident

1868 ? *Soleil, lion tenant un sabre, dentelés ou non dentelés. (Nous considérons ces premiers timbres, sans chiffre sous le corps du lion, comme des essais.)*

A. 1 shahi coul. diverses » 35 » »

N°s				Neufs.	Oblitérés.
B.	2 shahi coul. diverses			» 75	» »
C.	4 »	»	»	» 35	» »
D.	8 »	»	»	1f »	» »
La collection de 4 timbres .				2f »	» »

1875. *Idem, chiffre sous le corps du lion, non dentelés, ou dentelés sur les côtés.*

1.	1 shahi	noir. · . . .	1f 50	*» 15
2.	2 »	bleu	3f »	*» 25
3.	4 »	rouge	2f 50	*» 35
4.	8 »	vert	3f 50	*» 35

1876. *Idem.*

6.	2 shahi	noir	*» 35	» »
5.	1 kran	carmin . . .	» »	1f 50
5.	1 »	carmin. . . .	» »	*» 35
7.	4 »	jaune	» »	2f 50
7.	4 »	jaune	» »	*» 35
8.	4 »	bleu. . . .	» »	2f 50
8.	4 »	bleu	» »	*» 35

1877-78. *Idem.*

9.	1 kran	rouge s. jaune.	» »	*» 50
9a.	5 »	lilas sur blanc.	» »	*1f »
9b.	5 »	or »	» »	*1f »
9d.	5 »	bronze »	» »	*1f »
9e.	5 »	bronze violet. .	» »	*1f »
9g.	1 toman	bronze s. azuré	» »	*1f »

1876. *Effigie du shah Nasser-ed-Din, noir sur fond imprimé en couleur, bordure blanche, dentelés.*

10.	1 shahi violet	» 75	» 50
11.	2 » vert	1f »	» »
12.	5 » rose.	1f »	» 30
13.	10 » bleu.	2f 50	» 50

* Les timbres précédés d'un astérisque sont réimprimés.

1877. *Timbres de 1877 coupés en deux et surchargés (fantaisie?)*

Nᵒˢ		Neufs.		Oblitérés.	
15a.	5 sh. sur bleu . . .	»	»	»	»
16a.	2½ » sur rose . . .	»	»	»	»

1879-80. *Timbres de 1877 effigie, noir et couleur, bordure de couleur, dentelés.*

17.	1 shahi	rouge	1f50	»	»
18.	2 »	jaune	»	»	»
19.	5 »	vert	1f25	»	25
20.	10 »	violet	2f	»	40
21.	1 kran	brun. . . .	2f50	»	25
22.	5 »	bleu. . . .	10f	»	» 50

1881. *Soleil, lithographiés, dentelés.*

24.	5 cent.	violet	» 60	»	»
25.	10 »	carmin . . .	1f	»	»
26.	25 »	vert	»	»	2f50

1881. *Idem, gravés, bordure foncée, dentelés.*

27.	5 cent.	violet	» 35	»	25
28.	10 »	carmin . . .	» 60	»	35
29.	25 »	vert	1f25	»	»

1881. *Même genre, effigie du Shah, noir et couleur, dentelés.*

34.	50 cent.	orange	»	»	1f »
35.	1 franc	bleu	2f50	»	50
38.	5 »	rouge	3f	»	1f »
39.	10 »	jaune *grand*.	2f50		1f50

1882. *Idem, chiffre du bas couleur sur fond blanc, dentelés.*

36.	5 shahi	vert	» 60	»	35
37.	10 »	orange et noir	1f25	»	50

1884. *Timbre de 1881, effigie du Shah, sans le fond de couleur, dentelé.*

46.	50 cent. noir	2f	»	» 75

1885. *Lion aux 1. 2 et 5 ch., effigie du Shah aux 10 ch., 1 et 5 kran, dentelés.*

Nᵒˢ			Neufs.		Oblitérés.	
40.	1 chahi	vert	» 25		»	»
41.	2 »	rose.	» 35		»	»
42.	5 »	violet	» 75		»	25
43.	10 »	brun clair . .	1f50		»	35
44.	1 kran	gris	2f50		»	60
45.	5 »	violet	10f		»	1f50

1886. *Timbres de 1880, soleil, gravés, avec Officiel et valeur en surcharge noire transversale.*

47.	6 ch. sur 5 vert . . .	»	»	»	»
48.	12 » sur 10 carmin . .	»	»	»	»

1886-89. *Timbres de 1880, soleil et 1881-82 effigie du Shah, avec* OFFICIEL *et valeur en surcharge horizontale, noire ou rouge.*

66.	3 ch. sur 5 vert . . .	»	»	»	»
49.	6 » sur divers . . .	1f	»	»	35
68.	8 » sur divers . . .	»	»	»	»
50.	12 » sur 10 et 50 c. .	1f50	»	»	35
51.	18 » sur 10 et 50 c. .	2f	»	»	50
52.	1 toman s. 5 f. rouge.	20f	»	1f25	

1889. *Petit lion aux 1, 2, 5 et 7 ch., effigie du Shah aux autres valeurs, dentelés.*

80.	1 chahi	rouge	» 20	» 20
81.	2 »	bleu	» 25	» 20
82.	5 »	lilas	» 60	» 20
83.	7 »	brun	» »	» 30
84.	10 »	noir	1f »	» 50
85.	1 kran	orange . . .	2f »	» 60
86.	2 »	rose	3f50	» 75
87.	5 »	vert	7f »	1f25

1892. *Deux types, lion pour les valeurs en chahis et effigie du shah
pour les valeurs en krans.*

Nos				Neufs.	Oblitérés.
88.	1 chahi	noir.		» 15	» 15
89.	2 »	bistre. . . .		» 25	» 15
90.	5 »	bleu foncé. .		» 60	» 20
91.	7 »	gris bleu . .		» 75	» 30
92.	10 »	carmin . . .		» »	» 35
93.	14 »	orange . . .		» »	» 50
94.	1 kran	vert.		» »	» 50
95.	2 »	orange . . .		» »	» 75
96.	5 "	jaune		» »	1f »

Timbres-taxe

1886. *Inscriptions, dentelés.*

56.	1 chahi	bleu foncé . .	» 15	»	»
57.	2 »	bleu foncé . .	» 25	»	»
58.	5 »	bleu foncé . .	» 50	»	»
59.	6 »	bleu foncé . .	» 60	»	»
60.	10 »	bleu foncé . .	1f »	»	»
61.	15 »	bleu foncé . .	» »	»	»
62.	1 kran	bleu foncé . .	» »	»	»
63.	2 »	bleu foncé . .	» »	»	»
64.	5 »	bleu foncé . .	» »	»	»
65.	1 toman	bleu foncé . .	» »	»	»
	La série des 10 timbres.		6f »	»	»

Timbres de service

1881. *Lion, relief et couleur, dentelés.*

30.	1 sh.	vert et rose . .	» 25	»	»
31.	2 »	rose et vert . .	» 25	»	»

Nos		Neufs.	Oblitérés.
32.	5 sh. orange et bleu .	» 50	» »

| 33. | 10 sh. bleu et violet . . | 1f » | » » |

PHILIPPINES

POSSESSION ESPAGNOLE

Océanie Malaisie

1854-55. *Effigie à droite (Isabelle II),
gravés.*

1.	5 cuartos	orange. . .	»	»	»	»
2.	10 »	carm. foncé	»	»	»	»
3.	10 »	rose pâle .	»	»	»	»
4.	1 real fte	ardoise . .	»	» 30f	»	
5.	2 »	vert	»	» 25f	»	

6.	5 c. rouge pâle *lithog* .	»	»	»	»

1859. *Même effigie,* CORREOS . INTERIOR, *
perlé du cercle apparent.*

7.	5 cuartos	rouge . . .	»	» 3f	»
8.	10 »	rose. . . .	3f	»	»

1861. *Même genre, lettres grasses,
perlé du cercle peu apparent.*

9.	5 cuartos rouge . . .	10f »	6f »

1862. *Même genre, lettres petites, réseau des angles large.*

N°ˢ		Neufs.	Oblitérés.
10.	5 cuartos rouge pâle.	7ᶠ »	7ᶠ »

1863. *Même genre, réseau serré, deux points entre* CORREOS *et* INTERIOR.

11.	5 cuartos rouge . . .	1ᶠ50	2ᶠ50
12.	10 » carmin . .	» »	» »
13.	1 real violet . . .	» »	» »
14.	2 » bleu	» »	» »

1863. *Même genre,* CORREOS *en haut.*

15.	1 real vert olive . . .	» »	» »
16.	1 » vert	» »	» »

1864. *Effigie à gauche.*

17.	3 ¹/₈ c. p.f.noir s.cham.	1ᶠ »	» 75
18.	6 ²/₈ » vert s. rosé.	1ᶠ »	» »
19.	12 ⁴/₈ » bleu s. chair	1ᶠ25	» 60
20.	25 » rouge s. rosé	1ᶠ75	» »

1869. *Idem avec* HABILITADO POR LA NACION *en surcharge noire.*

21.	3 ¹/₈ c. p.f.noir s.cham.	» »	1ᶠ25
22.	6 ²/₈ » vert s. rosé.	2ᶠ »	» 75
23.	12 ⁴/₈ » bleu s. chair	» »	» »
24.	25 » rouge s. rosé	» »	» »

1870-73. *Timbres de 1854 à 63 remis en cours avec la même surcharge; nous avons vu les n°ˢ suivants 4, 8, 10, 11, 13, 14, 16, 17; nous ne cataloguons que les plus connus :*

N°ˢ			Neufs.	Oblitérés
25.	5 c. rouge (n° 11) .	»	» 3ᶠ »
25a.	10 » rose (n° 8) . .	»	» » »
26.	1 r. vert (n° 16) . .	3ᶠ50	2ᶠ50

1871. *Effigie de ³/₄ à gauche (l'Espagne), dentelés.*

34.	5 c. de e. bleu . . .	2ᶠ50	1ᶠ25
35.	10 » vert . . .	1ᶠ50	» 60
36.	20 » brun . . .	2ᶠ »	» 75
37.	40 » rose . . .	4ᶠ »	2ᶠ50

1872. *Effigie de ³/₄ à droite (Amédée I), dentelés.*

38.	12 cents de p. rose .	2ᶠ »	1ᶠ »
39.	16 » bleu .	» »	» »
39a.	25 » lilas .	3ᶠ »	2ᶠ »
40.	62 » lilas .	2ᶠ50	» »
41.	1 peseta 25 c. bistre.	5ᶠ »	5ᶠ »

1874. *Déesse assise, dentelés.*

42.	12 c. de peseta lilas .	» »	» 60
42a.	25 » bleu .	2ᶠ »	» 75
43.	62 » rose .	2ᶠ50	» 75
44.	1 peseta 25 c. bistre.	» »	» »

1875-77. *Effigie à droite (Alphonse XII), valeur en* Cˢ DE PESO, *fleuron avant et après* FILIPINAS; *dentelés.*

46.	2 c. de peso rose . . .	» 75	» 50
47.	2 » bleu . . .	20ᶠ »	» »

Nᵒˢ		Neufs.	Oblitérés.
48.	6 c. de peso orange . .	2f »	» »
49.	10 » bleu . . .	1f25	» »
50.	12 » violet. . .	1f50	» 50
51.	20 » violet brun	2f »	1f »
52.	25 » vert . . .	2f »	» 35

Idem avec surcharge noire : HABILITADO 12 cˢ PTA

53.	12 c. sur 2 c. rose . .	» »	» ,

1877-79. *Même type, valeur en* MILˢ DE PESO, *pas de fleurons avant et après* FILIPINAS; *dentelés.*

Nᵒ		Neufs.	Oblitérés.
54.	0,0625 m. de p. lilas pâle.	2f50	» »
55.	25 » noir. . .	» 75	» 25
56.	25 » vert . . .	3f50	» »
57.	50 » lilas. . .	3f50	» »
58.	100 » carmin. .	6f »	» »
59.	100 » vert jaune	2f50	» »
60.	125 » bleu. . .	1f25	» 15
61.	200 » rose. . .	» »	» »
61a.	200 » lilas rosé	» »	» »
62.	250 » brun clair	2f50	» 75

Idem avec surcharge noire ou bleue; HABILITADO 12 cˢ PTA.

63.	12 c. sur 25 m. noir. .	3f »	» »

1879. *Idem avec surcharge noire :* CONVENIO UNIVERSAL DE CORREOS HABILITADO *et valeur.*

64.	2 c. de pᵒ s. 25 c. vert .	2f50	» »
65.	8 » s.100 m. carmin	2f50	» 75

1880. *Même effigie, dentelés.*

68.	2 c. de peso carmin .	» 35	» 20
69.	2½ » br. foncé.	» 50	» 10
70.	8 » brun clair	1f50	» 50

1881-88. *Timbres-poste, timbres-télégraphe et timbres fiscaux surchargés* HABILITADO CORREOS, *ou* PARA CORREOS, *ou* P. U. POSTAL, *ou* PARA COMUNICACIONES, *etc., et valeur, servant tous comme timbres-poste.*

(Nombreuses variétés.)

78a.	1 cent.	» 50	» »
78b.	2 »	» 75	» 75

Nᵒˢ		Neufs.	Oblitérés.
78d.	2 4/8 cent.	» 75	» 75
78e.	6 2/8 »	7f »	» »
78f.	8 »	1f50	» 75
78g.	10 »	1f25	» »
78h.	20 »	7f »	» »
78i.	10 cuartos.	5f »	3f »
78j.	16 »	» »	3f »
78k.	1 real	» »	1f »
78l.	2 »	» »	2f »

1882. *Type 1880, effigie, dentelés.*

Nᵒ		Neufs.	Oblitérés.
85.	2 4/8 c. de pᵒ bleu ciel.	» 60	» 15
87.	5 » bleu . .	1f »	» 35
88.	6 2/8 » vert . .	1f25	»
89.	10 » viol. brun	1f25	» 0
90.	12 4/8 » rose . .	1f50	» 25
91.	20 » bist. vert	2f »	» 50
92.	25 » brun . .	2f50	» 50

1885-89. *Idem (pour imprimés).*

113.	1/8 de c. vert jaune. .	» 10	» »
147.	1 mil. rose	› 15	» »
148.	2 » bleu	» 15	» »
149.	5 » brun	» 20	» »

1887-88. *Type 1880, dentelés.*

128.	50 mill. bistre clair	1f »	» 75
129.	1 c. de p. vert. . . .	» 30	» 20
130.	6 » brun jaune	» »	» »

1890. *Effigie à droite (Alphonse XIII) dentelés.*

N°ˢ			Neufs.	Oblitérés.
152.	2 c. de p.	carmin . .	» 30	» 15
153.	2 ⁴/₆ »	bleu ciel. .	» 40	» 20
154.	5 »	bleu gris. .	» 60	» 25
155.	5 »	vert olive .	» 60	» 20
156.	8 »	vert clair .	1ᶠ »	» 35
157.	10 c. de p.	vert bleu. .	1ᶠ25	» 35
158.	12 ⁴/₈ »	vert jaune .	1ᶠ50	» 25
159.	20 »	rose. . . .	2ᶠ25	» 60
160.	25 »	brun clair .	2ᶠ50	» 75

1890. *Idem (pour imprimés).*

161.	¹/₈ c. de p.	violet noir	» 10	» »
162.	1 m. de p.	violet noir	» 10	» »
163.	2 »	violet noir	» 15	» »
164.	5 »	violet noir	» 20	» »

1891. *Idem.*

176.	5 c. de p.	vert bleu	»	»	» 25
177.	10 »	carminé .	»	»	» 30
178.	25 »	bleu . . .	»	»	» 75

1892. *Idem.*

201.	1 c. de p.	brun violet	»	»	»	»
179.	2 »	violet. . .	»	»	»	»
202.	2 ⁴/₈ »	vert gris. .	»	»	»	»
203.	5 »	violet. . .	»	»	»	»
180.	6 »	brun clair.	»	»	»	»
181.	8 »	bleu ciel. .	»	»	» 50
204.	12 ⁴/₈ »	orange . .	»	»	»	»
182.	15 »	brun rouge	»	»	» 40
183.	20 »	bistre vert.	»	»	»	»

1892. *Idem (pour imprimés).*

184.	¹/₈ c. de p.	vert. . .	»	»	»	»
185.	1 m. de p.	vert. . .	»	»	»	»
186.	2 »	vert . . .	»	»	»	»
187.	5 »	vert . . .	»	»	»	»

Timbres-télégraphe

1874. *Armes, dentelé.*

N°ˢ		Neufs.	Oblitérés
45.	1 peseta 25 c. violet .	3ᶠ »	» »

1878. *Effigie à droite (Alphonse XII), dentelé.*

66.	250 milˢ de peso brun .	1ᶠ50	» »

1880. *Même effigie, plus forte, dentelés.*

72.	25 c. de peso	bleu . .	»	»	»	»
73.	1 peso	bistre .	»	»	1ᶠ	»
74.	2 »	vert . .	»	»	»	»
75.	5 »	bleu . .	»	»	»	»
76.	10 »	rose . .	»	»	»	»

1881-88. *Timbres-poste et timbres fiscaux avec surcharge* HABILITADO TELEGRAFOS *et valeur, servant tous comme timbres-télégraphe.*

(Diverses variétés.)

77a.	2 reales bleu	»	»	»	»
77b.	1 cent.	» 50	»	»
77d.	2 4/8 »	» 75	»	»
77f.	5 »	1ᶠ50	»	»
77g.	20 »	3ᶠ50	»	»
77h.	25 »	»	»	»
77i.	1 peso *(submarinos)*	»	»	1ᶠ50

15

1882. *Type 1878.*

Nos			Neufs.	Oblitérés.
86.	250 mil. de p. bleu . .		» »	1f50

1886-88. *Type 1880, dentelés.*

135.	1 c. de p.	bistre . . .	» 30	» »
136.	2 »	carmin . .	» »	» 30
137. 24/8	»	brun jaune	» 60	» 35
138.	5 »	bleu . . .	» »	» 35
139.	10 »	vert. . . .	» »	» 50
140.	10 »	lilas . . .	» »	» 40
141.	20 »	violet. . .	3f »	» 75
120.	25 »	bronze . .	» »	» 50
121.	2 pesos	bistre. . .	» »	1f50
124.	5 »	vert jaune.	» »	2f50
125.	10 »	bleu . . .	» »	4f »

1888, *Idem.*

125a.	1 peso	rose	» »	1f »
125b.	2 »	carmin. . .	» »	2f »
125d.	5 »	vert	» »	2f50
125e.	10 »	brun. . . .	» »	4f »

1890. *Armes, dentelés.*

165.	1 c. de p.	vert	» 30	» »
166.	2 4/8 »	brun violet .	» »	» 25
167.	5 »	rose. . . .	» »	» 35
168.	10 »	bistre . . .	» »	» 50
169.	12 4/8 »	rouge brun.	» »	» 60
170.	20 »	bleu foncé .	» »	» 75
171.	25 »	bistre . . .	» »	1f »
172.	1 peso	vert gris. .	» »	1f25
173.	2 »	brun jaune.	» »	1f50
174.	5 »	vert jaune .	» »	2f50
175.	10 »	violet foncé	» »	3f »
175a.	5 »	bleu ciel. .	» »	2f50

1892. *Idem, inscription du haut :*
FILIPos TELEGRAFOS, *dentelés.*

188.	1 c. de p.	rose . . .	» »	» »
189.	2 4/8 »	bleu ciel .	» »	» »
190.	5 »	vert gris .	» »	» »
191.	10 »	vert jaune	» »	» »
192.	12 4/8 »	brun noir.	» »	» »
193.	20 »	brun clair.	» »	» »
194.	25 »	vert . . .	» »	» »

Nos				Neufs.	Oblitérés.
195.	1 peso	orange. .	» »	» »	
196.	2 »	bistre vert	» »	» »	
197.	5 »	violet . .	» »	» »	
198.	10 »	chair. .	» »	» »	

POLOGNE

ROYAUME

Europe Nord, Orient

1860. *Couronne et manteau, aigle, dentelé.*

3.	10 kop. rose et bleu . .	5f »	» »

PORTUGAL

ROYAUME

Europe Sud, Occident

1853. *Effigie à gauche (Dona Maria II), relief et couleur, types divers.*

1.	5 reis	brun	» »	» »
2.	25 »	bleu.	» »	» 50
3.	50 »	vert	» »	10f »
4.	100 »	violet	» »	» »

1855. *Même genre, effigie à droite (Don Pedro V), cheveux lisses, types divers.*

5.	5 reis	brun rouge .	» »	» »
6.	25 »	bleu.	» »	» 40

Nos				Neufs.		Oblitérés.	
7.	50	reis	vert	2f	»	1f	»
8.	100	»	violet	3f	»	2f	»

cheveux lisses   *cheveux bouclés*

1856-57. *Même genre, cheveux bouclés, types divers.*

9.	5	reis	chocolat . . .	»	»	»	40
10.	5	»	brun	1f50		»	75
11.	25	»	bleu (*1er type*)	»	»	»	30
12.	25	»	bleu (*2e type*)	2f50		»	15
13.	25	»	rose	2f50		»	10

1862. *Même genre, effigie à gauche
(Don Luis I), types divers.*

14.	5	reis	brun	»	75	»	10
15.	10	»	jaune	1f25		»	»
16.	25	»	rose	1f25		»	05
17.	50	»	vert	3f	»	»	»
18.	100	»	violet	4f	»	»	35

1866. *Effigie à gauche, rectangulaire,
relief et couleur.*

19.	5	reis	noir	1f	»	»	35
20.	10	»	jaune	»	»	»	»
21.	20	»	bistre	2f	»	»	»
22.	25	»	rose	2f	»	»	20
23.	50	»	vert	7f	»	»	»
24.	80	»	orange . . .	6f	»	1f50	
25.	100	»	violet	»	»	3f	»
26	120	»	bleu	5f	»	»	»

1867-70. *Idem, dentelés.*

27.	5	reis	noir	»	75	»	25
28.	10	»	jaune	1f25		»	»
29.	20	»	bistre	»	»	2f50	
30.	25	»	rose	»	75	»	10
31.	50	»	vert	4f	»	»	»
32.	80	»	orange . . .	»	»	1f	»
33.	100	»	violet	»	»	1f50	
34.	120	»	bleu	3f	»	1f	»
35.	240	»	violet	»	»	»	»
36.	100	»	violet pâle . .	»	»	1f50	

1870. *Même genre, dentelés.*

Nos				Neufs.		Oblitérés.	
37.	5	reis	noir	»	20	»	05
38.	10	»	jaune	»	30	»	15
39.	20	»	bistre	»	40	»	15
40.	25	»	rose	»	35	»	05
41.	50	»	vert	1f	»	»	15
42.	80	»	orange . . .	1f25		»	25
43.	100	»	violet pâle . .	1f25		»	20
44.	120	»	bleu	2f	»	»	60
45.	240	»	violet	»	»	»	»

1875. *Idem.*

46.	15	reis	brun	»	25	»	10
47.	150	»	bleu	3f	»	1f25	
48.	300	»	lilas	3f50		»	50

1876. *Chiffre, dentelé (pour imprimés).*

49.	2½	reis	verdâtre . . .	»	10	»	05

1879-80. *Type 1870, dentelés.*

58.	10	reis	vert	»	50	»	15
59.	50	»	bleu	»	»	»	25
60.	150	»	jaune	2f	»	»	75

1880-82. *Même effigie à gauche, sans
relief, types divers, dentelés.*

62.	5	reis	noir	»	15	»	15
61.	25	»	bleu gris . .	»	75	»	15
63.	25	»	violet 2e *type.*	»	60	»	10
64.	50	»	bleu	»	»	»	25

1882-84. *Chiffre ou effigie de 3/4 à droite, types divers, dentelés.*

N^{os}				Neufs.	Oblitérés.
71.	2 reis	gris *chiffre* . .	» 05	» »
69.	5 »	gris *effigie* . .	» 10	» 05
70.	10 »	vert » .	» 20	» 10
67.	25 »	brun » .	» 35	» 05
68.	50 »	bleu » .	» 70	» 10
75.	500 »	noir » .	5f50	» »

1884. *Type de 1870, relief et couleur, dentelés.*

74.	20 reis carmin . . .	» 50	» »
76.	1000 » noir.	10f »	1f50

1887. *Effigie de trois quarts à droite, types de 1882-85, dentelés.*

77.	20 reis rose.	» 25	» 10
78.	25 » violet.	» 35	» 05
79.	500 » violet.	5f »	1f »

1892-93. *Timbres antérieurs avec surcharge* PROVISORIO, *horizontale ou transversale, rouge ou noire.*

85.	5 reis noir.	» 15	» 10
86.	10 » vert	» 25	» 20
100.	15 » brun	» 35	» »
87.	20 » rose	» 40	» »
88.	25 » lilas.	» 50	» 25
115.	50 » bleu	» 75	» »
116.	80 » orange. . . .	1f »	» »

1893. *Idem, valeur et millésime en surcharge noire.*

112.	20 r. sur 25 r. violet .	» 75	» »
113.	50 » sur 80 » orange	1f50	» »
114.	75 » sur 80 » orange	2f »	» »

1892-93. *Effigie de 3/4 à gauche (Don Carlos Ier) dentelés.*

N^{os}				Neufs.	Oblitérés.
89.	5 reis orange . . .	» 10	» 05
90.	10 » lilacé	» 15	» 05
91.	15 » brun rouge .	» 20	» »
92.	20 » violet clair .	» 25	» »
93.	25 » vert.	» 30	» 05
94.	50 » bleu ciel. . .	» 50	» 10
95.	75 » carmin . . .	» 75	» 25
96.	80 » vert clair . .	» 80	» »
101.	100 » brun s. jaune	1f »	» 35
102.	150 » rose sur rose.	1f50	» »
103.	200 » bleu sur bleu.	2f »	» »
104.	300 » bleu s. cham.	3f »	» »

Timbre de franchise

1890. *Timbre de franchise officiellement accordée à la Société de la Croix-Rouge, croix dans un écusson, dentelé.*

84.	rose et noir	» »	» 75

POUNTCH

TERRITOIRE INDIEN

Asie Centre

1884. *Caractères orientaux. La dimension des timbres grandit avec la valeur; papier blanc, jaune ou azuré.*

1.	½ anna rouge. . . .	» 40	» »
2.	1 » rouge. . . .	» 75	» »

N°s				Neufs.	Oblitérés.
3.	2	annas rouge.	. . . .	1f50	» »
4.	4	» rouge.	. . . .	2f50	» »

1887. *Caractères orientaux dans un cercle.*

5.	¼ anna rouge.	. . . . .	» 25	» »

Timbres de service

1888. *Types de 1885 et 1887.*

10.	¼	anna noir.	. . . . . .	»	»	»	»
6.	½	» noir.	. . . . . .	»	»	»	»
7.	1	» noir.	. . . . . .	»	»	»	»
8.	2	» noir.	. . . . . .	»	»	»	»
9.	4	» noir.	. . . . . .	»	»	»	»

PRINCE-ÉDOUARD

POSSESSION ANGLAISE

Amérique du Nord, Nord

1861. *Effigie à gauche (Victoria 1), types divers, dentelés.*

1.	1 penny	jaune.	. . . .	2f50	» »
2.	2 pence	rose	. . . .	» 40	» »
3.	3 »	bleu	. . . .	» 60	» »
4.	6 »	vert	. . . .	» 75	» »
5.	9 »	violet.	. . . .	1f25	» »

1868. *Même genre, dentelé.*

6.	4 pence noir	. . . .	» 50	» »

1870. *Même genre, effigie de 3/4 à gauche, dentelé.*

N°s		Neufs.	Oblitérés.
7.	3 d. s = 4½ d. cy. brun.	» »	» »

1872. *Effigie à gauche, types divers dentelés.*

8.	1 cent	orange	. . . .	» 35	» »
9.	2 »	bleu	. . . . .	» 35	» »
10.	3 »	rose	. . . . .	» 40	» »
11.	4 »	vert	. . . . .	» 60	» »
12.	6 »	noir	. . . . .	» 50	» »
13.	12 »	violet.	. . . . .	» 75	» »

PRUSSE

ROYAUME

Europe Centre

1850. *Effigie à droite (Frédéric-Guillaume IV), couleur sur blanc.*

1.	4	pfen.	vert.	. . . .	* » 35	» »
2.	½	silb.	vermillon	.	* » 35	» 40

Idem. noir sur couleur.

3.	1	silb.	rose.	. . . .	»	»	» 25
4.	2	»	bleu.	. . . .	»	»	» 25
5.	3	»	jaune	. . .	»	»	» 25

Les timbres neufs dont le prix est précédé d'un * sont réimprimés.

1856. *Type 1850, fond uni.*

Nos				Neufs.	Oblitérés.
18.	1	silb.	rose. . . .	» »	» 25
19.	2	»	bleu. . . .	» »	1f 50
20.	3	»	jaune . . .	» »	» 35

1858. *Idem, fond quadrillé.*

21.	4	pfen.	vert	» »	» »
22.	1	silb.	rose. . . .	2f »	» 15
23.	2	»	bleu. . . .	2f »	» 20
24.	3	»	jaune . . .	2f »	» 20

1861. *Aigle, relief et couleur, octo-gone, dentelés.*

25.	3	pfen.	violet . . .	» 75	» »
26.	4	»	vert. . . .	» 40	» 20
27.	6	»	orange. . .	» 40	» 20

1861. *Idem, ovale.*

28.	1	silb.	rose. . .	» 20	» 05
29.	2	»	bleu terne.	» »	» 50
30.	2	»	bleu. . . .	» 20	» 10
31.	3	»	bistre . . .	» 20	» 10

1866. *Chiffre, sur baudruche, den-telés (pour contrôle).*

46.	10	silb.	rose. . . .	1f 50	» »
47.	30	»	bleu. . . .	2f »	» »

1867. *Aigle, relief et couleur, octo-gone, dentelés.*

52.	1	kr.	vert. . . .	1f »	» »
53.	2	»	orange . . .	2f »	» »

Nos				Neufs.	Oblitérés.
54.	3	kr.	rose. . . .	» 75	» »
55.	6	»	bleu. . . .	» 75	» »
56	9	»	bistre . . .	» 75	» »

Timbres-télégraphe

1864. *Chiffre, dentelé.*

36.	2½	silb.	gris	» »	» »
37.	5	»	gris	» »	» »
38.	8	»	gris	» »	» »
39.	10	»	gris	» »	» »
40.	12	»	gris	» »	» »
41.	15	»	gris	» »	» »
42.		»	?	» »	» »

BERLIN
OFFICE PARTICULIER

1873. *Chiffre, noir sur couleur, dentelé.*

63.	2	pfen.	rose . . .	» 25	» »

PUTTIALLA
ÉTAT INDIEN
Asie Sud

1884-94. *Timbres de l'Inde anglaise* avec PUTTIALLA STATE *ou* PATIALA STATE *en surcharge ovale ou sur deux lignes horizontales.*

14.	9	pies	carmin . . .	» »	» »
1.	½	anna	vert. . . .	» 25	» »
2.	1	»	brun	» 50	» 25

Nᵒˢ				Neufs.	Oblitérés.
15.	1 a. 6 p.	bistre gris .	» »	»	»
3.	2 annas	bleu.	» 75	»	»
16.	3 »	orange . . .	» »	»	»
4.	4 »	vert.	1ᶠ50	»	»
17.	6 »	bistre. . . .	» »	»	»
5.	8 »	violet. . . .	2ᶠ50	»	»
18.	12 »	brun s. rouge	» »	»	»
6.	1 rupee	gris.	5ᶠ »	»	»

Timbres de service

Les mêmes avec, en plus, la surcharge SERVICE.

7.	½ anna	vert.	» »	» 25
8.	1 »	brun.	» »	» 25

QUEENSLAND

POSSESSION ANGLAISE

Océanie Australasie

1860. *Effigie de 3/4 à gauche (Victoria I), gravés, non dentelés.*

1.	1 penny	carmin . . .	» »	» »
2.	2 pence	bleu	» »	» »
3.	6 »	vert foncé .	» »	» »
4.	1 shill.	violet foncé.	» »	» »

Idem, dentelés.

5.	1 penny	carmin . . .	15ᶠ »	» »
6.	2 pence	bleu foncé .	» »	5ᶠ »
7.	3 »	brun	15ᶠ »	» »
8.	6 »	vert foncé .	» »	3ᶠ »
9.	1 shill.	violet foncé.	» »	» »
10.		jaune registered ..	12ᶠ »	6ᶠ »

1864. *Même type, dentelés.*

11.	1 penny	rouge . . .	2ᶠ50	» 50
12.	2 pence	bleu	2ᶠ »	» 35
13.	3 »	brun clair .	3ᶠ50	» »
14.	4 »	lilas	3ᶠ »	2ᶠ »
15.	6 »	vert jaune .	5ᶠ »	» 75
16.	1 shill.	gris	7ᶠ »	2ᶠ »
17.	5 »	rose	» »	7ᶠ »

1872-75. *Idem, dentelés.*

Nᵒˢ				Neufs.	Oblitérés.
18.	3 pence	brun verdâtre	» »	1ᶠ50
19.	4 »	jaune	» »	1ᶠ50
20.	6 »	vert clair . .	» »	» 75
21.	1 shill.	carminé . . .	» »	» »
21a.	1 »	violet vif . . .	» »	2ᶠ »

1879. *Même effigie à gauche, dentelés.*

22.	1 penny	rouge . . .	» 75	» 25
23.	2 pence	bleu	1ᶠ »	» 20
24.	4 »	jaune . . .	1ᶠ50	» 40
25.	6 »	vert jaune .	2ᶠ »	» 50
26.	1 shill.	violet . . .	3ᶠ50	1ᶠ25

1880. *Idem, avec* HALF PENNY, *verticalement, en surcharge noire.*

27.	½ p. sur 1 p. rouge .	» »	» »

1880. *Type 1861, petits, lithographiés, dentelés.*

28.	2 shill.	bleu.	» »	» »
29.	2 sh. 6 p.	rouge	» »	» »
30.	5 »	orange . . .	» »	» »
31.	10 »	brun	» »	» »
32.	20 »	rose.	» »	» »

1882. *Type 1879, mieux gravé, lettres plus grandes, dentelés.*

37.	1 penny	rouge. . . .	» 25	» 10
38.	2 pence	bleu ciel. . .	» 50	» 10
39.	4 »	jaune. . . .	1ᶠ »	» 25
40.	6 »	vert.	1ᶠ50	» 25
42.	1 shill.	violet	2ᶠ50	» 40

1882. *Effigie de face, grands, dentelés.*

N^{os}		Neufs.	Oblitérés.

```
Nos                              Neufs. Oblitérés.
33.  2 shill.  bleu. . . .   7f »   2f50
34.  2 sh. 6 p. rouge . . .  7f »   3f »
35.  5   »   carmin. . . . . 12f »  3f50
37a. 10 shill.  brun . . .   23f »  8f »
41.  1 pound vert . . . .    35f »  12f »
```

1889. *Type de 1882, petit, dentelé.*

```
42.  2 shill. brun rouge . .  5f »  2f50
```

1891. *Même genre, dentelés.*

```
46.  ½ penny vert . . . .   » 15  » 10
47.  2½ pence carmin . .    » 60  » 20
```

1892. *Type 1882, dentelé.*

```
48.  3 pence brun clair. . .  » 75  » 40
```

RAJPEEPLA

ÉTAT INDIEN

Asie Sud

1880. *Sabre, inscriptions orientales, dentelés.*

```
5.  ¼ anna bleu carré .  » 50   »  »
6.  2   »  vert rectang. 1f50   »  »
7.  4   »  rouge  » .    3f »   »  »
```

LA RÉUNION

POSSESSION FRANÇAISE

Afrique Orient

1852. *Ornements typographiques, noir sur couleur.*

```
Nos                        Neufs. Oblitérés.
1. 15 cent.  azuré . . . . »  »   »  »
2. 30   »    azuré . . . . »  »   »  »
```

Idem, réimpressions authentiques.

```
1a. 15 cent.  azuré . . .  »  »   »  »
2a. 30   »    azuré . . .  »  »   »  »
    La série des 2 timbres.  3f »   »  »
```

1885. *Timbres des Colonies françaises d'émissions diverses, avec valeur et R en surcharge noire.*

```
4.  5 c. sur divers . . . .  » 60  » 60
9.  10  »  40 c. groupe .   1f »   » 75
10. 20  »  30 c. groupe .   1f25  1f »
11. 25  »  40 c. aigle . .  1f50  1f »
```

1891. *Timbres des Colonies françaises, Liberté de 1872, avec* RÉUNION *en surcharge transversale noire.*

```
16. 40 c. rouge . . . . .   »  »   »  »
17. 80  »  rose . . . . . . 2f50   »  »
```

1891. *Groupe allégorique de 1877, même surcharge.*

```
18. 30 c.  brun . . . . .   »  »   »  »
19. 40  »  rouge . . . . .  1f25   »  »
20. 75  »  rose. . . . . .  »  »   »  »
21. 1 fr.  olive. . . . . . 3f »   »  »
```

1891. *Déesse de 1881, même surcharge.*

N⁰ˢ				Neufs.	Oblitérés.
22.	1 c.	noir sur bleu . .	» 10	»	»
23.	2 »	brun rouge. . .	» 25	»	15
24.	4 »	violet brun . . .	» 25	»	»
25.	5 »	vert	» 15	»	05
26.	10 »	noir sur violet .	» 25	»	15
27.	15 »	bleu	» 35	»	15
28.	20 »	bistre sur vert .	» 50	»	»
29.	25 »	noir sur rose. .	» 50	»	15
30.	35 »	noir sur jaune .	1f 50	»	»
31.	40 »	rouge	2f 50	»	»
32.	75 »	rose	» »	»	»
33.	1 fr.	olive.	» »	»	»

1891. *Idem, avec valeur en surcharge noire.*

34.	2 c. s. 20 c. bistre s. vert	» 25	»	»
35.	15 » s. 20 c. bistre s. vert	» 75	»	»

1892. *Groupe allégorique (Navigation et Commerce),* RÉUNION, *en rose ou en bleu, dentelés.*

36.	1 cent.	noir sur bleu .	» 05	»	»
37.	2 »	brun rouge. .	» 05	»	»
38.	4 »	brun violet. .	» 10	»	»
39.	5 »	vert	» 10	»	»
40.	10 »	noir sur violet.	» 15	»	»
41.	15 »	bleu	» 25	»	»
42.	20 »	rouge sur vert	» 30	»	»
43.	25 »	noir sur rose.	» 35	»	»
44.	30 »	brun.	» 45	»	»
45.	40 »	rouge	» 50	»	»
46.	50 »	rose	» 65	»	»
47.	75 »	noir sur jaune	1f »	»	»
48.	1 franc	olive.	1f 25	»	»
	La collection complète des 13 timbres. . . .	5f »	»	»

Timbres-taxe.

1889-93. *Ornements typographiques.*

N⁰ˢ				Neufs.	Oblitérés.
12.	5 cent.	noir	»	»	» 75
13.	10 »	noir	»	»	1f »
55.	15 »	noir	»	»	1f »
14.	20 »	noir	1f 50	1f 50	
15.	30 »	noir	2f 50	» 75	

ROMAGNE

GOUVERNEMENT PROVISOIRE

Europe Sud

1859. *Chiffre, noir sur couleur.*

1.	½ baj.	jaune	» 75	»	»
2.	1 »	gris	» 50	»	»
3.	2 »	jaune foncé .	» 50	»	»
4.	3 »	vert foncé . .	» 50	»	»
5.	4 »	fauve	1f 50	»	»
6.	5 »	violet	» 50	»	»
7.	6 »	vert.	» 50	»	»
8.	8 »	rose.	» 75	»	»
9.	20 »	bleu clair . .	2f »	»	»

ROUMANIE

PRINCIPAUTÉ

Europe Sud, Orient

MOLDAVIE

1858. *Tête de bœuf et cor dans un rond.*

1.	27	noir sur rose .	»	»	»	»

N°s		Neufs.	Oblitérés.
2. 54	vert sur vert .	» »	» »

| 3. 81 | bleu sur bleu . | » » | » » |
| 4. 108 | bleu sur rose . | » » | » » |

1858. *Idem dans un rectangle, papier azuré.*

5. 40 paras bleu.	» »	» »
6. 80 » rouge	» »	» »

1858. *Idem, papier blanc.*

7. 40 paras bleu.	10f »	8f »
8. 80 » rouge	» »	» »

1858. *Même genre (pour journaux).*

9. 5 paras noir	» »	» »

ROUMANIE

1862. *Aigle, tête de bœuf et cor.*

10. 3 paras jaune	» 75	» »
11. 3 » orange . . .	» »	» »
12. 6 » rouge	» 75	» »
13. 6 » carmin . . .	» 50	» »
14. 30 » bleu.	» 50	» »

1865. *Effigie à droite (Prince Couza).*

15. 2 parale jaune. . . .	» »	» »
16. 2 » orange . . .	» 75	» »
17. 5 » bleu	» 35	» »
18. 20 » rouge . . .	» 25	» »

1866. *Effigie à gauche (Prince Charles I), noir sur couleur.*

N°s		Neufs.	Oblitérés.
19. 2 parale jaune . . .	»	» »
20. 2 » jaune pâle .	» 35	» »
21. 5 » bleu	» 75	» »
22. 20 » rose	» »	» »
23. 20 » rose pâle . .	» 25	» 25

1868-70. *Même genre, couleur sur blanc.*

24. 2 bani orange	» 60	» »
25. 2 » jaune.	» »	» »
37. 3 » violet	» 75	» »
26. 4 » bleu foncé . .	1f »	» »
27. 4 » bleu	1f »	» »
28. 18 » rose	2f »	» 50
29. 18 » rouge	» »	» 50

1869. *Effigie à gauche.*

30. 5 bani jaune.	1f 25	» »
31. 10 » bleu	1f »	» »
32. 10 » bleu foncé . .	1f 25	» »
33. 15 » rouge	1f »	» »
34. 15 » rouge carmin .	» »	» »
35. 25 » jaune et bleu .	2f »	» 75
36. 50 » bleu et rouge .	3f »	2f »

1871. *Même genre, effigie avec barbe.*

39. 5 bani vermillon . . .	1f »	» »
40. 5 » rouge carmin .	» 75	» »
41. 10 » jaune.	1f »	» »
44. 10 » bleu	1f »	» »
45. 15 » carmin	» »	» »
42. 25 » brun	2f »	» »
43. 25 » brun foncé	2f »	» 75

1871-72. *Idem, dentelés.*

Nᵒˢ			Neufs.	Oblitérés.
53.	5 bani	vermillon . . .	» »	» »
54.	5 »	rouge carmin .	» 75	» »
55.	10 »	bleu	1ᶠ »	» »
56.	25 »	brun	1ᶠ »	» »
57.	25 »	brun foncé . .	1ᶠ50	» »

1872. *Timbres antérieurs, dentelés.*

58.	3 bani	violet	» »	» »
59.	5 »	jaune.	» »	» »
60.	15 »	rouge carmin .	» »	» »

1872. *Type 1871, défectueux, non dentelés.*

61.	10 bani	bleu ciel . . .	1ᶠ50	» »
62.	50 »	bleu et rouge .	» »	» »

1872. *Effigie à gauche, bien imprimés, dentelés.*

63.	1½ banu	olive	» 10	» 10
64.	3 bani	vert	» 15	» 10
65.	5 »	bistre	» 20	» 10
66.	10 »	bleu.	» 25	» 10
67.	15 »	brun	» 40	» 20
68.	25 »	rouge orange.	» 60	» 25
69.	50 »	rose.	1ᶠ50	» 40

1876-78. *Idem, impression défectueuse, dentelés.*

76.	1½ banu	olive.	» »	» 05
77.	1½ »	vert clair. . .	» »	» 10
78.	5 bani	bistre . . .	» 15	» 05
79.	10 »	bleu ciel. . .	» »	» 10
80.	10 »	bleu Prusse .	» »	» 15
81.	15 »	brun rouge .	» »	» 05
82.	30 »	rouge terne .	» »	» 35

1879. *Type 1872, dentelés.*

91.	1½ banu	noir.	» 10	» 05
92.	3 bani	olive.	» 15	» 10
93.	5 »	vert.	» 10	» 05
94.	10 »	rose.	» 35	» 10
95.	15 »	rouge rosé. .	» »	» 35
96.	15 »	rouge pâle. .	» »	» 30
97.	25 »	bleu.	» 75	» 25
98.	50 »	jaune bistre .	1ᶠ50	» 25

1880. *Effigie à gauche, dentelés.*

Nᵒˢ			Neufs.	Oblitérés.
105.	15 bani	brun	» 30	» 05
106.	25 »	bleu.	» 50	» 05

ROYAUME

1885-86. *Même effigie, aigle au-dessus, dentelés.*

109.	1½ banu	noir	» 10	» 05
110.	3 bani	vert	» 25	» 10
113.	5 »	vert	» 15	» 05
114.	10 »	rouge carm.	» 25	» 05
111.	15 »	brun	» 30	» 05
115.	25 »	bleu	» 50	» 05
112.	50 »	jaune bistre .	1ᶠ »	» 15

1886. *Idem.*

116.	3 bani	violet . . .	» 20	» 10

1890. *Même effigie à gauche, dentelés.*

123.	1½ banu	carminé .	» 10	» 05
124.	3 bani	violet . .	» 15	» 10
125.	5 »	vert . . .	» 15	» 05
126.	10 »	rouge . .	» 25	» 05
127.	15 »	brun noir.	» 30	» 05
128.	25 »	bleu ciel .	» 50	» 05
129.	50 »	orange . .	1ᶠ »	» 25

1891. *Genre de 1890, dentelés (pour le Jubilé de 25 ans de règne).*

N°º			Neufs.	Oblitérés.
132.	1 ½ banu carminé .	» »	» 75	
133.	3 bani violet . .	» »	» »	
134.	5 » vert . . .	» »	» »	
135.	10 » rouge . .	» »	» »	
136.	15 » brun noir	» »	» · »	

1893. *Effigie à gauche, grands, dentelés.*

147.	1 leu rose et gris. .	2f »	» »
148.	2 lei brun et orange	4f »	» »

Timbres-taxe

1881. *Chiffre, dentelés.*

99.	2 bani brun	» 20	» »
100.	5 » brun	» »	» 50
101.	10 » brun	» 50	» 20
102.	30 » brun	1f »	» 20
103.	50 » brun . . .	1f50	» 75
104.	60 » brun	» »	2f50

1887-93. *Idem.*

N°º			Neufs.	Oblitérés.
121.	2 bani vert	» 20	» 20
118.	5 » vert	» 20	» 20
119.	10 » vert	» 35	» 25
120.	30 » vert	1f »	» 25
140.	50 » vert	1f50	» »

Timbres-télégraphe

1871. *Chiffre, dentelés.*

48.	25 bani brun	» »	» 25
49.	50 » bleu	» »	» 25

1871. *Idem, grand oblong, effigie à gauche, relief et couleur, dentelés.*

50.	1 leu lilas.	» »	» 25
51.	2 lei jaune	» 50	» 30
52.	5 » vert	» »	» 30

ROUMÉLIE ORIENTALE

Europe Sud, Orient

1881. *Timbres turcs de 1876, deux types, avec* R O *en surcharge bleu clair.*

1.	10 paras lilas et noir .	» »	» »
2.	20 » vert et violet	» »	» »

N°⁵			Neufs.		Oblitérés.	

3. ½ piastre vert *typ. 1864* » » » »
4. 1 » bleu et noir. » » » *r*
5. 2 » chair et noir » » » »
6. 5 » bleu et rouge » » » »

1881. *Idem, avec* ROUMÉLIE ORIENTALE *en surcharge bleu clair.*

7. 10 paras lilas et noir . » » » »

1881. *Idem avec* ROUMELIE ORIENTALE *et* R O *en surcharge bleue.*

7a. 10 paras lilas et noir. » » » »

1881. *Genre des timbres turcs de 1876, dentelés.*

9. 5 paras noir et jaune » 20 » 20
10. 10 » noir et vert . » 50 » 20
11. 20 » noir et rose. » 60 » 20
12. 1 piastre noir et bleu. 1ᶠ » » 30
13. 5 » bleu et rouge » » » »

1884. *Idem, dentelés.*

15. 5 p. violet et viol. pâle » 15 » »
16. 10 » vert et vert pâle » 25 » »

Voir à la suite de Bulgarie les timbres de Roumélie *surchargés.*

RUSSIE

EMPIRE

Europe Nord, Orient

1857. *Couronne et manteau, armes, relief et couleur, non dentelé.*

N°⁵		Neufs.	Oblitérés.

6. 10 kop. brun et bleu . » » 10ᶠ »

1858. *Idem, dentelés.*

7. 10 kop. brun et bleu . 1ᶠ » » 05
8. 20 » bleu et orange 1ᶠ50 » 25
9. 30 » carmin et vert. 2ᶠ50 » 50

1863. *Armes, dentelé. (Poste locale de* **Saint-Pétersbourg.)**

10. 5 k. noir s. blanc et bleu 1ᶠ50 » »

1864. *Couronne et armes, dentelés.*

11. 1 kop. noir et jaune. . » 10 » 05
12. 3 » noir et vert . . » 25 » 10
13. 5 » noir et violet . » 50 » 10

1875. *Idem, dentelé.*

28. 2 kop. noir et rouge . » 20 » 05

1875. *Type 1857 (manteau) chiffres romains, inscription du bas en ligne droite, dentelés.*

N⁰ˢ		Neufs.	Oblitérés.
29.	8 kop. gris et rose . .	» 60	» 05
30.	10 » brun et bleu .	1ᶠ »	» 25
31.	20 » bleu et orange	2ᶠ »	» 25

1879. *Idem.*

32.	7 kop. gris et rose . .	» 50	» 05

1884. *Types 1857-64, dentelés.*

38.	1 kop. orange.	» 10	» 05
39.	2 » vert foncé . . .	» 15	» .05
40.	3 » rose.	» 25	» 10
41.	5 » violet	» 35	» 10
42.	7 » bleu.	» 50	» 05
43.	14 » bleu et rose . .	1ᶠ »	» 15
44.	35 » lilas et vert. . .	2ᶠ »	» 50
45.	70 » bistre et orange.	4ᶠ »	» »

1884. *Armes, grands, dentelés.*

46.	3½ roubles noir et gris.	» »	» »
47.	7 » noir et jaune	40ᶠ »	» »

1889. *Armes et chiffre, octogone, dentelés.*

55.	4 kop. rose	» 30	» 10
56.	10 » bleu foncé . .	» 75	» 05

N⁰ˢ		Neufs.	Oblitérés.
57.	20 kop. bleu et rose .	1ᶠ50	» 20

58.	50 kop. lilas et vert. .	3ᶠ »	» 50
59.	1 rouble brun rouge et orange, *grand* . . .	5ᶠ »	1ᶠ »

1890-93. *Genre 1884, cors et foudres sous l'aigle, dentelés.*

70.	1 kop. orange . . .	» 10	» 05
71.	2 » vert.	» 15	» 10
72.	3 » rose.	» 25	» 10
73.	5 » violet	» 35	» 15
74.	7 » bleu.	» 50	» 05
75.	14 » bleu et rose .	1ᶠ »	» 20
76.	35 » lilas et vert .	» »	» »
77.	70 » bist. et orange	» »	» »
78.	3½ r. noir et gris,	15ᶠ »	7ᶠ »
79.	7 » noir et jaune	30ᶠ »	14ᶠ »

Timbre-télégraphe

1886. *Armes, surcharge rouge, dentelé.*

14.	10 kop. noir et brun .	» »	» »

POSTES RURALES

Vu la difficulté des communications, le gouvernement russe a autorisé, en 1869, l'établissement de *postes rurales particulières*, lesquelles peuvent se servir de timbres spéciaux à la condition qu'ils diffèrent totalement des timbres de l'Empire.

Ces timbres *ruraux* sont déjà au nombre de plusieurs centaines.

SAINT-CHRISTOPHE

POSSESSION ANGLAISE

Amérique Centrale, Antilles

1870-79. *Effigie à gauche (Victoria I), dentelés.*

Nᵒˢ			Neufs.	Oblitérés.
1.	1 penny rose lilas .	1f50	»	»
3.	2½ pence brun rouge	»	»	» »
4.	4 » bleu . . .	»	»	» »
2.	6 » vert . . .	3f	»	» 75

1882-86. *Idem, dentelés..*

6.	½ penny vert . . .	» 25	» »
8.	1 » rosé . . .	» 35	» 20
9.	2½ pence bleu . . .	1f50	» 75
10.	4 » gris bleu .	2f »	» 75

1885-88. *Idem, avec valeur en surcharge noire.*

11.	½ p. sur moitié de 1 p.	» »	» »
14.	1 p. sur ½, 2½ ou 6 p.	1f25	» »
15.	4 p. sur 6 p. vert. . .	4f »	» »

1887-90. *Idem, sans surcharge, dentelé.*

Nᵒˢ		Neufs.	Oblitérés.
25.	6 pence bistre vert . .	10f »	» »
20.	1 shill. violet	10f »	» »

SAINTE-HÉLÈNE

POSSESSION ANGLAISE

Afrique Occident

1857. *Effigie à gauche (Victoria I), non dentelé.*

1.	6 pence bleu	8f »	7f »

1862. *Idem, dentelé.*

2.	6 pence bleu	» »	8f »

1863. *Idem, valeur en surcharge noire, non dentelés.*

3.	1 penny sur carmin .	4f »	» »
4.	4 pence » rose . .	12f »	» »

1864-68. *Idem, dentelés.*

5.	1 penny sur carmin .	» 35	» »
6.	2 pence » jaune. .	1f »	» »
7.	3 » » violet. .	» 75	» »
8.	4 » » rose . .	1f50	» »
9.	1 shill. » vert . .	2f50	1f50
10.	5 » » orange .	12f »	» »

1873. *Idem, sans surcharge, dentelé.*

11.	6 pence bleu ciel . .	» »	» »

1884. *Idem, avec surcharge, dentelé.*

12.	½ penny sur vert . .	» »	25 » »

1887. *Idem, sans surcharge, dentelés.*

14.	4 pence brun gris . .	1f »	» »
13.	6 » gris	2f »	» »

1890. *Petite effigie à gauche, dentelé.*

N°°			Neufs. Oblitérés
15.	1½ d. brun clair et vert	» 40	» »

SAINTE-LUCIE

POSSESSION ANGLAISE

Amérique Centrale, Antilles

1859. *Effigie à gauche (Victoria I), dentelés.*

1.	carmin foncé	10.f »	» »
2.	bleu	» »	» »
3.	vert jaune	» »	» »

1863. *Idem.*

4.	carmin	6.f »	» »
5.	bleu gris	8.f »	» »
6.	vert clair	8.f »	» »

1865. *Idem.*

7.	noir	1.f50	» »
8.	jaune	3.f50	2.f »
9.	violet	3.f50	2.f50
10.	orange	6.f »	» »

1881-84. *Idem, valeur en surcharge.*

11.	½ p. noir sur vert	» »	» »
12.	1 » rose sur noir	» 75	» »
13.	2½ » noir sur rouge	2.f »	» »
15.	4 » noir sur jaune	5.f »	» »
16.	6 » noir sur violet	3.f »	» »
17.	1 shill. noir s. orange	» »	» »

1883-87. *Effigie à gauche, dentelés.*

N°°			Neufs.	Oblitérés.
18.	½ penny vert	» 15	» »
19.	1 » carmin	» 75	» »
20.	2½ pence bleu	» 60	» 30
23.	4 » brun	1.f »	» 50
29.	6 » violet	» »	» »
28.	1 shill. brun clair	» »	» »

1887. *Idem, dentelé.*

30.	1 penny violet	» 50	» 40

1888. *Timbres fiscaux servant comme timbres-poste.*

26.	1 p. violet et noir	» »	» 75

1890-91. *Type 1883, dentelés.*

27.	3 pence violet et vert.	» 75	» »
37.	6 » violet et bleu.	1.f50	» »
36.	1 shill. violet et rouge	3.f »	» »
38.	5 » viol. et orange	12.f »	» »
39.	10 » violet et noir	23.f »	» »

1892. *Idem, avec valeur en surcharge noire.*

40.	½ p. s. 3 p viol. et vert.	» »	8.f »
41.	½ d. sur moitié de 6 p. violet et bleu	» »	5.f »
43.	1 p. sur 4 p. brun	3.f »	» »

SAINT-MARIN

RÉPUBLIQUE

Europe Sud

1877. *Chiffre ou armes, dentelés.*

1.	2 cent. vert, *chiffre*	» 10	» »
2.	10 » bleu, *armes*	» 50	» »

Nᵒˢ			Neufs.	Oblitérés.

3. 20 cent. rouge . . . . » 50 » »
4. 30 » brun . . . . 1f 50 » »
5. 40 » violet . . . . » » » »

1890. *Idem, armes, dentelés.*

8. 5 cent. jaune foncé . » 50 » »
9. 25 » carmin brun. » 50 » »

1892. *Idem, avec valeur en surcharge noire.*

11. 5 c. sur 10 c. ou 30 c.. » » » »
13. 10 » sur 20 c. rouge . . » » » »

1892. *Idem, sans surcharge, dentelés.*

14. 5 cent. vert gris . . . » 15 » »
15. 30 » jaune . . . . » 60 » »
16. 40 » brun foncé. . » 80 » »
17. 45 » vert olive. . . » 90 » »
18. 1 lira carm. s. jaune. 2f » » »

SAINT-PIERRE & MIQUELON

POSSESSION FRANÇAISE

Amérique du Nord, Nord

1885. *Timbres des Colonies françaises, avec valeur et* s. p. m. *en surcharge noire.*

1. 5 sur 2 c. brun *déesse* » » » »
2. 5 sur 4 » violet *id.* » » » »
3. 25 sur 1 fr. olive *groupe* » " » »

1885. *Idem avec valeur et* s p m *en surcharge noire.*

4. 05 sur 40 c. rouge *groupe* 1f50 » »
5. 10 sur 40 » rouge *id.* 1f50 » »
6. 15 sur 40 » rouge *id.* 1f50 » »

1886. *Idem, avec valeur et* s p m *en surcharge noire.*

7. 05 sur 35 c. jaune . . 2f » » »
8. 05 sur 75 c. rose. . . » » 5f »
9. 05 sur 1 fr. olive . . 2f » » »

Même surcharge sur le type déesse assise, dentelé.

10. 05 sur 20 c. bistre s. vert. 1f » » »

1891. *Timbres des Colonies françaises avec valeur et* s. p. m. *en surcharge noire.*

Nᵒˢ			Neufs.	Oblitérés.

11. 15 c. sur divers . . . » » 1f50

1891. *Idem, avec* st pierre mon *en surcharge transversale noire ou rouge.*

14. 1 c. noir sur bleu . . » 25 » »
15. 2 » brun rouge . . . » 35 » »
16. 4 » violet brun. . . . » 50 » »
17. 5 » vert. . . . . . . » 25 » »
18. 10 » noir sur violet. . » 35 » »
19. 15 » bleu. . . . . . . » 40 » »
20. 20 » bistre sur vert . . » » » 50
21. 25 » noir sur rose . . » 75 » »
22. 30 » brun . . . . . . » » 1f25
23. 35 » noir sur jaune. . » » » »
24. 40 » rouge . . . . . . » » 1f50
25. 75 » rose. . . . . . . 3f50 » »
26. 1 fr. olive . . . . . . 3f50 » »

1892. *Idem, en plus valeur en surcharge noire.*

27. 1 cent. sur divers. . . » 25 » »
30. 2 » sur divers. . . » 25 » »
33. 4 »· sur divers. . . » 50 » »

1892. *Timbres-taxe des Colonies avec nom du pays et* t p *en surcharge transversale rouge ou noire (servant comme timbres-poste).*

62. 10 cent. noir. . . . . » 50 » »
63. 20 » noir. . . . . » 75 » »
64. 30 » noir. . . . . 1f » »
65. 40 » noir. . . . . 1f25 » »
66. 60 » noir. . . . . » » » »
67. 1 franc brun rouge. . » » » »
68. 2 » brun rouge. . » » » »
69. 5 » brun rouge. . » » » »
La série des 8 timbres. 25f » » »

1892. *Groupe allégorique (Navigation et Commerce),* SAINT-PIERRE ET MIQUE- LON *en rose ou en bleu, dentelés.*

Nᵒˢ					Neufs.	Oblitérés.
37.	1 cent.	noir sur bleu.	»	05	»	»
38.	2 »	brun rouge.	»	05	»	»
39.	4 »	brun violet.	»	10	»	»
40.	5 »	vert.	»	10	»	»
41.	10 »	noir sur violet	»	15	»	»
42.	15 »	bleu.	»	25	»	»
43.	20 »	rouge sur vert	»	30	»	»
44.	25 »	noir sur rose.	»	35	»	»
45.	30 »	brun.	»	45	»	»
46.	40 »	rouge	»	50	»	»
47.	50 »	rose	»	65	»	»
48.	75 »	noir sur jaune	1ᶠ	»	»	»
49.	1 franc olive.		1ᶠ25	»	»	
	La Collection complète des 13 timbres.		5ᶠ	»	»	»

Timbres-taxe

1892. *Timbres-taxe des Colonies avec nom du pays en surcharge transver- sale rouge ou noire.*

70.	5 cent.	noir.	»	35	»	»
71.	10 »	noir.	»	50	»	»
72.	15 »	noir.	»	60	»	»
73.	20 »	noir.	»	75	»	»
74.	30 »	noir.	1ᶠ	»	»	»
75.	40 »	noir.	1ᶠ25	»	»	»
76.	60 »	noir.	»	»	»	»
77.	1 franc	brun rouge.	»	»	»	»
78.	2 »	brun rouge.	»	»	»	»
	La série des 9 timbres.		20ᶠ	»	»	»

SAINT-THOMAS

La Guaira,
Puerto-Cabello et Curaçao

Antilles et Vénézuela

COMPAGNIE ROBERT TOOD.

1864. *Navire, chiffre, noir sur couleur.*

1.	½ centavo	blanc	1ᶠ	»	»	»
2.	1 »	rose	»	»	»	»

Nᵒˢ			Neufs.		Oblitérés.	
3.	2 centavos	vert	»	»	»	»
4.	3 »	jaune	»	»	»	»
5.	4 »	bleu.	»	»	»	»
6.	1 »	violet *1870*.	»	»	»	»

1864. *Navire, couleur sur blanc, dentelés.*

7.	½ real	rose	»	50	»	»
8.	2 »	vert	2ᶠ	»	»	»
9.	½ »	bleu gris.	1ᶠ	»	»	»
10.	2 »	jaune	1ᶠ50	»	»	»

COMPAGNIE I. A. I. Z.

1869. *Navire, dentelés.*

1.	½ real	vert	1ᶠ25	»	»
2.	2 »	rose	1ᶠ25	1ᶠ	»

SAINT-THOMAS ET PRINCE

POSSESSION PORTUGAISE

Afrique Occident

1870-75. *Couronne, dentelés.*

1.	5 reis	noir	»	25	»	»
2.	10 »	jaune	»	60	»	»
3.	20 »	bistre	»	»	»	»

Nos				Neufs.	Oblitérés
4.	25 reis	rouge ...	» 60	»	»
4a.	25 »	rose	» 35	»	»
7.	40 »	bleu	1f 50	»	»
5.	50 »	vert	1f 50	»	»
6.	100 »	violet....	1f »	»	»
8.	200 »	orange ...	2f »	»	»
9.	300 »	brun rouge .	2f 50	»	»

1881-85. *Idem.*

10.	10 reis	vert	» 25	»	»
13.	20 »	rose	» 35	»	»
14.	25 »	violet	» 50	» 75	
11.	40 »	jaune.....	1f »	»	»
12.	50 »	bleu	» 40	» 50	

1887. *Effigie à gauche (Don Luis I), relief et couleur. dentelés.*

18.	5 reis	noir	» 15	»	»
19.	10 »	vert.....	» 25	»	»
20.	20 »	rose	» 35	»	»
21.	25 »	lilas	» 40	»	»
22.	40 »	brun	» 60	»	»
23.	50 »	bleu	» 75	»	»
24.	100 »	brun clair ..	1f 25	»	»
25.	200 »	violet.....	2f 50	»	»
26.	300 »	orange	4f »	»	»

1889-92. *Idem, avec valeur en surcharge noire.*

27.	5 reis sur 10 ou 20 r.	»	»	»	»
29.	50 » sur 40 r. brun.	»	»	»	»

1892. *Idem, avec valeur en surcharge noire ou verte (pour journaux).*

30.	2 ½ reis sur divers ..	»	»	»	»

1893. *Inscriptions et chiffres (pour journaux). dentelé.*

33.	2 ½ reis brun.....	» 15	»	»

SAINT-VINCENT

POSSESSION ANGLAISE

Amérique Centrale, Antilles

1861-81. *Effigie à gauche (Victoria I), dentelés.*

Nos				Neufs.	Oblitérés.
1.	1 penny carminé.	1861	1f 25	1f »	
2.	6 pence vert ..	»	5f »	2f »	
3.	4 » bleu ..	1866	» »	» »	
4.	1 shill. ardoise.	»	25f »	» »	
5.	1 » bleu ..	1869	» »	» »	
6.	4 pence jaune..	»	» »	» »	
7.	1 shill. brun ..	»	» »	» »	
8.	1 penny noir ..	1871	» 60	» »	
9.	1 shill. carminé.	»	» »	» »	
10.	1 » lie de vin	1874	» »	» »	
11.	6 pence vert pâle	1876	5f »	1f 30	
12.	1 shill. vermillon	1877	» »	6f »	
13.	1 penny vert jau.	1880	1f 25	» »	
14.	4 pence bleu ciel	1881	» »	» »	
15.	1 penny gris ..	»	1f »	» »	

1880-82. *Mêmes timbres, surchargés.*

16.	½ d. rouge sur moitié de 6 p. vert pâle	»	»	»	»
17.	1 » idem	»	»	»	»
18.	4 d. noir s. 1 sh. verm.	»	»	»	»
20.	one p. noir s. 6 p. vert.	»	»	»	»

1882. *Genre des timbres 1861, plus petit, dentelé.*

21.	½ penny orange ...	» 50	»	»

1882. *Groupe, dentelé.*

N°ˢ		Neufs.	Oblitérés.
23.	5 shill. carminé. . . .	12ᶠ »	» »

1883. *Type 1861 avec surcharge noire.*

| 24, | 2½ sur 1 p. carmin. . | 1ᶠ50 | 1ᶠ » |

1884. *Type 1882, petit.*

| 25. | ½ penny vert. . . . . | » 20 | » » |

1885. *Timbre de 1 p. déjà surchargé 2½ p. avec seconde surcharge 1 d, la première étant barrée.*

| 28. | 1 d. sur 1 p. carmin . | 1ᶠ75 | » » |

1885-89. *Type 1861, dentelés.*

29.	1 penny	rose	» 25	» 15
30.	4 pence	brun rouge .	» »	1ᶠ25
31.	4 »	brun violet .	2ᶠ »	» 75
33.	6 »	violet. . . .	1ᶠ50	» »
32.	1 shill.	orange . . .	2ᶠ50	» »

1889-93. *Idem avec valeur en surcharge noire.*

34.	2½ p. sur 1 p. bleu . . .	» 75	» 50
35.	2½ » sur 4 p. brun violet	» »	» »
37.	5 » sur 4 et 6 p. . . .	2ᶠ »	» »

1893. *Idem, sans surcharge.*

| 39. | 4 pence jaune. . . . . | 1ᶠ » | » » |

SALVADOR

Amérique Centrale

1867. *Volcan, dentelés.*

| 1. | ½ | real | bleu . . . . . | » 25 | » » |
| 2, | 1 | » | rouge . . . . | » 35 | » 75 |

N°ˢ			Neufs.	Oblitérés.
3.	2 reales vert.		» 60	1ᶠ »

| 4. | 4 reales bistre . . . . | 2ᶠ » | » » |

1874. *Idem, avec timbre rond en surcharge noire.*

5.	½	real	bleu.	1ᶠ50	» 60
6.	1	»	rouge	1ᶠ50	» 75
7.	2	»	vert.	2ᶠ »	» »
8.	4	»	bistre	5ᶠ »	» »

1879. *Volcan, types divers, dentelés.*

9.	1 cent.	vert.	» 15	» 10
10.	2 »	carmin . . .	» 25	» 15
11.	5 »	bleu.	» 60	» 25
12.	10 »	noir.	1ᶠ25	» »
13.	20 »	violet	2ᶠ50	» »

1882. *Timbres de 1879, avec surcharge ronde comme en 1874, mais sans millésime ; servant comme timbres-télégraphe et fiscaux.*

| 19. | 1 cent. vert . . . . . | » » | » » |
| 19a. | 2 » carmin. . . . | » » | » » |

1887-89. *Types divers, dentelés.*

N°ˢ				Neufs.	Oblitérés.
27.	1 c. vert, *Liberté*. . .	» 30	» 25
30.	2 » rouge *id.* . . .	» 75	» »
20.	3 » brun *id.* . . .	» 50	» 40
25.	5 » bleu *id.* . . .	» 60	» 35
21.	10 » orange *volcan*. .	1ᶠ25	» 50

1889. *Idem, avec valeur en surcharge noire.*

26. 1 cent. sur 3 c. brun . 1ᶠ » 1ᶠ »

1889. *Idem, avec millésime en surcharge noire.*

31.	1 centavo vert. . . .	» »	» »
32.	3 » brun . . .	» »	» »
33.	5 » bleu. . . .	» »	» »
34.	10 » orange . .	» »	» »

1890. *Même genre, Liberté en pied, millésime, dentelés.*

35.	1 centavo vert. . . .	» 15	» 15
36.	2 » bistre . . .	» 15	» 15
37.	3 » jaune . . .	» 35	» 25
38.	5 » bleu. . . .	» 30	» 15
39.	10 » violet . . .	» »	» 35
40.	20 » jaune orange	» »	» »
41.	25 » brun rouge	» »	» »
42.	50 » carm. foncé	» »	» »
43.	1 peso carmin . .	» »	» »
	La série des 9 timbres .	2ᶠ50	» »

1891. *Volcan, navire et chemin de fer, millésime, dentelés.*

N°ˢ				Neufs.	Oblitérés.
57.	1 cent. rouge. . . .	» 15	» 15
58.	2 » vert jaune . .	» »	» 15
59.	3 » violet clair .	» »	» 20
60.	5 » carmin . . .	» »	» 15
61.	10 » bleu.	» »	» 35
62.	11 » violet	» »	» 50
63.	20 » vert.	» »	» »
64.	25 » brun clair . .	» »	» »
65.	50 » bleu foncé. .	» »	» »
66.	1 peso brun rouge .	» »	» »
	La série des 10 timbres.	3ᶠ »	» »

1891. *Idem, avec valeur en surcharge noire.*

67. 1 c. sur 2 c. vert jaune » 35 » 50
68. 5 » sur 3 c. viol. clair » » » »

1892. *Sujet allégorique (Christophe Colomb débarquant en Amérique), dentelés.*

85.	1 centavo vert	» »	» 15
86.	2 » brun jaune .	» »	» 15
87.	3 » bleu ciel . .	» »	» 20
88.	5 » gris	» »	» 15
89.	10 » rouge . . .	» »	» 35
90.	11 » brun. . . .	» »	» »
91.	20 » orange . . .	» »	» »
92.	25 » carm. foncé.	» »	» »
93.	50 » jaune. . . .	» »	» »
94.	1 peso carmin . . .	» »	» »
	La série des 10 timbres.	3ᶠ »	» »

1892. *Idem, avec valeur en surcharge noire.*

95. 1 c. sur divers . . . . » 35 » »

1893. *Effigie de trois quarts à droite du général Carlos Ezeta, dentelés.*

N°s				Neufs.	Oblitérés.
113	1 centavo	bleu. . . .		» 15	» 15
114.	2 »	rouge brun		» »	» »
115.	3 »	violet. . .		» »	» »
116.	5 »	brun foncé.		» »	» »
117.	10 »	jaune brun		» »	» »
118.	11 »	rouge. . .		» »	» »
119.	20 »	vert. . .		» »	» »
120.	25 »	olive . . .		» »	» »
121.	50 »	orange . .		» »	» »
122.	1 peso	noir. . . .		» »	» »
	La série des 10 timbres.	2'75		»	»

1893. *Idem, avec valeur en surcharge*

142. 1 c. sur 2 c. rouge brun   » 50   »   »

1893. *Timbres commémoratifs du quatrième centenaire de la découverte de l'Amérique, sujets allégoriques, dentelés.*

123.	2 pesos vert. . . .		» »	» »
124.	5 » violet. . . .		» »	» »

125. 10 pesos orange . . .   » »   » »
La série des 3 timbres.   3f   »   »   »

1882. *Volcan, dentelé.*

N°s		Neufs.	Oblitérés.
14.	1 réal vert.	» »	» »

SAMOA

Océanie Australasie

1877-82. *Ornements, dentelés.*

1.	1 penny	bleu	*» 10	»	»
8.	2 pence	carminé. . .	*» 10	»	»
2.	3 »	rouge . . .	*» 10	»	»
3.	6 »	violet. . . .	*» 20	»	»
6.	9 »	orange foncé	*» 20	»	»
4.	1 shill.	jaune. . . .	*» 20	»	»
5.	2 »	brun	*» 25	»	»
7.	5 »	vert	*» 25	»	»
	La collection des 8 timbres réimprimés. . .		*» 75	»	»

1887-88. *Palmier, dentelés.*

8a.	½ penny brun violet. .	» 20	»	»
9.	1 » vert.	» 35	»	»
10.	2 pence orange. . . .	» 60	»	»

Nᵒˢ		Neufs.	Oblitérés.
11.	4 pence bleu.	1ᶠ25	» »
14.	6 » brun.	1ᶠ50	» »
12.	1 shill. rose lilas. . .	3ᶠ »	» »
13.	2 sh. 6 p. violet	7ᶠ »	» »
La collection des 7 timbres.		» »	6ᶠ »

1892. *Effigie de face (roi Malietoa) dentelé.*

15. 2½ pence rose . . . . » 60 » 50

SARAWAK

PROVINCE DE BORNÉO

Océanie Malaisie

1869. *Effigie de 3/4 à droite (J. Brooke), dentelé.*

1. 3 cents brun sur jaune 1ᶠ » » »

1871-74. *Même genre, effigie à gauche (C. Brooke), dentelés.*

2.	3 cents	brun sur jaune	» 75	» 50
3.	2 »	violet sur lilas	» 60	» 35
4.	4 »	brun sur jaune	1ᶠ »	» »
5.	6 »	vert sur vert .	1ᶠ50	» »
6.	8 »	bleu sur bleu	2ᶠ »	» »
7.	12 »	rouge sur rose	2ᶠ50	» »

1876. *Timbre de 1871 avec* TWO CENTS *en surcharge noire, dentelé.*

8. 2 c. sur 3 c brun s. jaune » » » »

1889. *Même effigie de trois quarts à droite, dentelés.*

Nᵒˢ			Neufs.	Oblitérés.
9.	2 c. violet et rouge. .		» 30	» 15
10.	3 » violet et bleu . .		» 40	» »
11.	4 » violet et jaune. .		» 50	» »
12.	6 » violet et brun . .		» 75	» »
13.	8 » vert et rouge . .		1ᶠ »	» »
14.	12 » vert et bleu . . .		1ᶠ50	» »
15.	25 » vert et brun . . .		2ᶠ50	» »

1889-92. *Idem, avec valeur en surcharge noire.*

20.	1 c. sur divers.	» 40	» »
16.	2 » sur 8 c. vert et rouge	1ᶠ50	» 50
17.	5 » sur 12 c. vert et bleu	1ᶠ25	» »

1891. *Idem, sans surcharge.*

22.	1 cent	violet et noir .	» 15	» »
18.	5 »	violet et vert .	» 60	» »
19.	10 »	vert et rouge .	1ᶠ »	» »

SAXE

ROYAUME

Europe Centre

1850. *Chiffre.*

1. 3 pf. rouge . . . . » » » »

1850. *Effigie à droite (Frédéric-Auguste II), noir sur couleur.*

2.	½ neugr.	gris . . .	3ᶠ50	» »
3.	1 »	rose . . .	3ᶠ50	» 35
4.	2 »	bleu foncé	» »	1ᶠ »
5.	2 »	bleu clair.	6ᶠ »	» »
6.	3 »	jaune. . .	» »	» 40

1854. *Même genre, armes, couleur sur blanc.*

Nos — Neufs. Oblitérés.

7. 3 pf. vert . . . . 1f 25 » »

1854. *Type 1850, effigie à gauche (Jean), noir sur couleur.*

8.	½	neugr.	gris . . .	1f »	» 15
9.	1	»	rose . . .	1f 25	» 15
10.	2	»	bleu . . .	1f 25	» 15
11.	3	»	jaune . . .	1f 50	» 15

1856. *Idem, couleur sur blanc.*

| 12. | 5 | neugr. | rouge . . | 5f » | » 75 |
| 13. | 10 | » | bleu . . . | » » | 10f » |

1863. *Armes, relief et couleur, dentelés, deux types.*

24.	3	pfen.	vert	» 20	» »
25.	½	neugr.	orange clair	» 10	» »
26.	½	»	rouge orang.	» 25	» »
27.	1	»	rose	» 10	» 10
28.	2	»	bleu	» 15	» 15
29.	3	»	bistre . . .	» 15	» 15
30.	5	»	lilas	» 75	» »
31.	5	»	gris bleu . .	1f 25	» »

SCHLESWIG ET HOLSTEIN

DUCHÉS

Europe Nord, Occident

SCHLESWIG-HOLSTEIN

1850. *Armes en relief blanc, cadre couleur.*

Nos — Neufs. Oblitérés.

1 1 sch. bleu . . . . . » » » »

2. 2 sch. rose . . . . . » » » »

HOLSTEIN

1864, *Inscriptions, couleur sur fond gris.*

3. 1¼ s. bleu *grand. lettres* 3f » 2f »
4. 1¼ » bleu *petites lettres* 5f » » »

1864. *Même genre, fond rosé, dentelé.*

6. 1¼ sch. bleu . . . . . 1f 50 » 50

SCHLESWIG

1864. *Chiffre, relief et couleur, dentelés.*

8. 1¼ sch. vert . . . . . 1f 50 » 50
7. 4 » rose . . . . . 3f 50 » »

SCHLESWIG-HOLSTEIN

1865. *(Mars) Même genre.*

9.	½	sch.	rose	2f »	» »
10.	1¼	»	vert	1f 25	» 50
12.	1⅓	»	violet	2f 50	» »
11.	2	»	bleu	3f 50	» »
13.	4	»	bistre	4f »	» »

SCHLESWIG

1865. *(Novembre) Même genre.*

N[os]				Neufs.	Oblitérés.
14.	½	sch.	vert	1f50	» »
15.	1¼	»	violet. . . .	1f25	» 75
16.	1⅓	»	-rose	» »	» »
17.	2	»	bleu	2f50	» »
18.	4	»	bistre . . .	2f50	» »

HOLSTEIN

1865. *(Novembre) Même genre, sans relief, lettres blanches dans ovales perlés.*

19.	½	sch.	vert	» »	» »
20.	1¼	»	lilas	3f50	1f50
22.	2	»	bleu	3f50	» »

1865-67. *Même genre, relief et couleur, lettres de couleur dans ovales filets.*

21.	1⅓	sch.	rose	2f »	2f »
23.	4	»	bistre . . .	3f50	» »
24.	1¼	»	lilas	3f »	» »
25.	2	»	bleu	» »	» »

SELANGOR

ÉTAT MALAIS

Asie Sud

1881-82. *Timbre de Malacca avec croissant, étoile et s en surcharge noire, ou seulement* SELANGOR *ou seulement* s.

1, 2 cents brun . . . . . » » » »

1883. *Idem,* SELANGOR *en surcharge.*

3. 2 cents rose . . . . . » 50 » 35

1891. *Tigre, dentelés.*

N[os]				Neufs.	Oblitérés
4.	1 cent	vert	» 15	» »
5.	2 »	rose	» 25	» 20
6.	5 »	bleu	» 60	» 35
7.	8 »	orange.	» »	» »

SÉNÉGAL

POSSESSION FRANÇAISE

Afrique Occident

1887. *Timbres des Colonies françaises (déesse) avec surcharge noire en différents caractères.*

1.	5 sur 20 ou 30 c.. . . .	1f50	» »
3.	10 sur 4 ou 20 c.. . . .	» »	2f50
5.	15 sur 20 c. bistre et vert	» »	2f50

1892. *Idem, avec* SÉNÉGAL *et valeur en surcharge noire.*

6.	75 c. sur 15 c. bleu . .	» »	7f »
7.	1 fr. sur 5 c. vert . .	» »	6f »

1892. *Groupe allégorique (Navigation et Commerce),* SÉNÉGAL ET DÉPENDANCES *en rose ou en bleu, dentelés.*

8.	1 cent.	noir sur bleu.	» 05	» »
9.	2 »	brun rouge . .	» 05	» »
10.	4 »	brun violet. .	» 10	» »
11.	5 »	vert	» 10	» 10
12.	10 »	noir sur violet	» 15	» »
13.	15 »	bleu	» 25	» 10
14.	20 »	rouge sur vert	» 30	» »
15.	25 »	noir sur rose .	» 35	» 10
16.	30 »	brun	» 45	» »

Nos		Neufs.	Oblitérés.
17.	40 cent. rouge	» 50	» »
18.	50 » rose	» 65	» »
19.	75 » noir sur jaune	1f »	» »
20.	1 franc olive	1f25	» 75
	La Collection complète des 13 timbres. . . .	5f »	» »

SERBIE

PRINCIPAUTÉ

Europe Sud, Orient

1866. *Armes.*

1.	1 para vert sur rose .	»	»	»	»
2.	1 » vert sur violet.	3f »	»	»	
3.	2 » brun sur lilas .	»	»	»	»

1866. *Effigie à gauche (Michel III), dentelés.*

5.	1 para vert	1f25	» »
6.	2 » brun	» »	» »
10.	10 » jaune.	2f »	» »
11.	20 » rose	1f »	» »
12.	40 » bleu	» »	1f50

1868. *Idem papier jaunâtre, dentelé*

13.	20 paras carmin . . .	» 50	» »

1868. *Idem, papier ordinaire, non dentelés.*

14.	1 para vert	1f25	» »
15.	2 » bistre.	» »	» »
16.	2 » brun	» »	» »

1869-79. *Effigie à gauche (Milan IV Obrenovitch), dentelés.*

17.	1 para jaune	» 25	» »
18.	10 » brun	» 35	» 20

Nos			Neufs.	Oblitérés.
18a.	10 paras orange foncé.		» 25	» 25
19.	15 » orange . . .		» 50	» »
20.	20 » bleu.		» 25	» 10
20a.	20 » bleu foncé .		» 25	» 25
21.	25 » carmin . . .		» 25	» 25
22.	35 » vert pâle. . .		» 35	» 35
23.	40 » violet		» 40	» 15
24.	50 » vert.		» 50	» 25

1872. *Idem, non dentelé.*

25.	1 para jaune	» 25	» 20

1873. *Même genre, non dentelé.*

26.	2 paras noir	» 15	» 10

ROYAUME

1880. *Même effigie à gauche, dentelés.*

36.	5 paras vert.	» 15	» 05
37.	10 » rose.	» 20	» 05
38.	20 » orange . . .	» 20	» 20
39.	25 » bleu.	» 20	» 15
40.	50 » gris brun . .	» 35	» 35
41.	1 dinar violet	» 50	» 50

1890. *Effigie à gauche (Alexandre Ier), dentelés.*

42.	5 paras vert.	» 15	» 10
43.	10 » rose.	» 25	» 10

N°ˢ		Neufs.	Oblitérés.
44.	15 paras violet clair. .	» 35	» 10
45.	20 » orange . . .	» 40	» 10
46.	25 » bleu.	» 50	» 10
47.	50 » gris brun . .	1ᶠ »	» »
48.	1 dinar violet	2ᶠ »	» 50

SEYCHELLES

POSSESSION ANGLAISE

Afrique, Sud Orient.

1890. *Petite effigie à gauche dans un cercle (Victoria Iʳᵉ), dentelés.*

N°ˢ			Neufs.	Oblitérés.
1.	2 c.	vert et rose. . .	» 15	» »
2.	4 »	rose et vert. . .	» 50	» »
3.	8 »	violet brun et bleu	» 50	» »
4.	10 »	bleu et bistre . .	» 60	» »
5.	13 »	gris et noir. . .	2ᶠ »	» »
6.	16 »	orange foncé et bl.	1ᶠ50	» »
7.	48 »	bistre jaune et vert	4ᶠ »	» »
8.	96 »	violet et rouge. .	7ᶠ »	» »

1893. *Idem, avec valeur en surcharge noire.*

13.	3 c. sur 4 c. rose et vert	» 40	» »
14.	12 » s. 16 orange et bleu	1ᶠ50	» »
15.	15 » s. 16 orange et bleu	2ᶠ »	» »
16.	45 » s. 48 c. jaune et vert	5ᶠ »	» »
17.	90 » s. 96 c. viol. et rouge	10ᶠ »	» »

1893. *Idem, sans surcharge.*

18.	3 c. violet br. et orange	» 20	» »
19.	12 » bist. olive et vert bl.	» 75	» »
20.	15 » vert jaune et violet.	1ᶠ »	» »
21.	45 » bistre et rose. . .	2ᶠ50	» »

SHANGHAI

PORT CHINOIS

Asie Orient

1865-66. *Dragon.*

1.	1 candareen bleu . .	» »	» »

N°ˢ				Neufs.	Oblitérés.
2.	2 candareens noir . . .			» »	» »

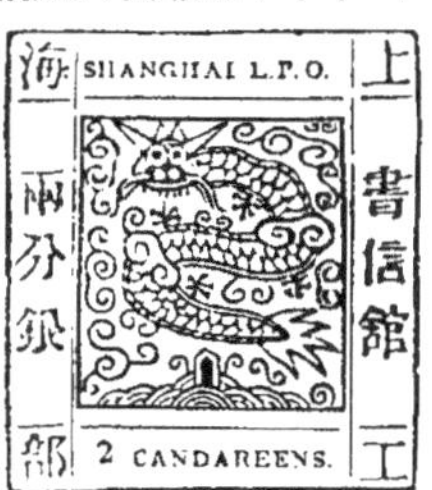

3.	3 candareens brun. . .		4ᶠ »	» »
4.	4 »	jaune . .	» »	» »
5.	6 »	brun . .	» »	» »
6.	8 »	vert . . .	4ᶠ »	» »
7.	12 »	brun rouge	» »	» »
8.	16 »	rouge . .	» »	» »
9.	2 »	noir . . .	» »	» »
10.	6 »	rouge . .	» »	» »

1866. *Dragon, cadres divers, dentelés.*

13.	2 cents	rose	» »	» »
14.	4 »	lilas	» »	» »
15.	8 »	bleu	» »	» »
16.	16 »	vert	» »	» »

1866. *Mêmes genres, dentelés.*

17.	1 candareen brun . .	1ᶠ »	» »
18.	3 »	jaune . .	» »	» »
19.	6 »	gris . . .	3ᶠ50	» »
20.	12 »	olive . .	» »	» »

1873-75. *Type 1866 avec I* CAND *en surcharge bleue, dentelés.*

21.	1 cand. sur 2, 4. 8 c.	3ᶠ »	» »
22.	3 » sur 2, 16 c. . .	» »	» »

1875. *Type 1866, dentelés.*

Nᵒˢ				Neufs.	Oblitérés.
25.	1 cand.	jaune s. jaune	» »	» »
26.	3 »	rose sur rose.	» »	» »
27.	1 »	jaune s. blanc	2ᶠ50	» »
28.	3 »	rose	» »	» »
29.	6 »	vert	» »	» »
30.	9 »	bleu	» »	» »
31.	12 »	bistre	» »	» »

1875. *Idem, avec 1* cand *en surcharge bleue.*

31a.	1 cand. sur 3, 6, 12 c.	» »	» »

1875. *Timbres en cours avec* lpo *en surcharge noire.*

32.	»	. . . .	» »	» »

1877. *Type 1866, dentelés.*

33.	20 cash	violet bleu . .	» »	» »
38.	20 »	lilas	» 60	» »
34.	40 »	rose	1ᶠ »	» »
35.	60 »	vert	» »	» »
36.	80 »	bleu	1ᶠ25	» »
37.	100 »	bistre	1ᶠ50	» »

1879. *Timbres de 1875 avec valeur en surcharge bleue.*

| 40. | 20 cash s. 40 c. rose. | 3ᶠ » | » » |
| 41. | 60 » » 80 ou 100 c. | » » | » » |

1885. *Type de 1866, dentelés.*

43.	20 cash	vert	» 35	» »
44.	60 »	violet	1ᶠ »	» »
45.	80 »	chair	1ᶠ25	» »
46.	100 »	jaune clair. .	1ᶠ50	» »

1886. *Idem, avec valeur en surcharge bleue.*

| 48. | 40 cash sur 80 c. chair. | 1ᶠ50 | » » |
| 49. | 60 » sur 100 c. jaune | 1ᶠ75 | » » |

Idem, sans surcharge.

| 50. | 40 cash brun rose . . | » » | » » |

1888. *Idem, surcharge bleue ou rouge.*

| 51. | 20 cash s. 40 c. et 80 c. | » 75 | » » |
| 52. | 40 » s. 100 c. jaune. | 1ᶠ25 | » » |

1888. *Idem, sans surcharge.*

53.	20 cash	gris	» 25	» »
54.	40 »	noir	» 50	» »
55.	60 »	rose	» 75	» »
56.	80 »	vert	1ᶠ »	» »
57.	100 »	bleu ciel . . .	1ᶠ25	» »

1889. *Idem, surcharge rouge.*

| 58. | 20 cash s. 80 c. et 100 c. | » » | » » |

1890. *Armes et dragons, inscriptions chinoises, dentelés.*

Nᵒˢ				Neufs.	Oblitérés.
60.	2 cents	brun	» 35	» »
61.	5 »	rose	» 75	» »
62.	10 »	noir	1ᶠ50	» »
63.	15 »	bleu	2ᶠ »	» »
64.	20 »	violet	2ᶠ50	» »

1892. *Idem, avec valeur en surcharge bleue.*

| 71a. | 2 cts. sur 5 c. rose. . | » » | » » |

1892. *Idem, sans surcharge.*

71.	2 cents	vert	» 35	» »
72.	5 »	rouge orange.	» 75	» »
73.	10 »	orange	1ᶠ50	» »
74.	15 »	violet	2ᶠ »	» »
75.	20 »	brun	2ᶠ50	» »

1893. *Idem, avec valeur en surcharge bleue.*

| 81. | ½ c. sur 15 c. violet. . | 1ᶠ50 | » » |
| 82. | 1 » sur 20 c. brun . . | 1ᶠ50 | » » |

1893. *Timbres de 1890-92, perforés verticalement dans le milieu, avec surcharge bleue ou rouge sur chaque moitié.*

| 83. | ½ c. sur 5 cents . . . . | » 50 | » » |
| 85. | 1 » sur 2 cents . . . . | » 75 | » » |

1893. *Armes, inscriptions en noir, dentelés.*

87.	½ cent	orange	» 10	» »
88.	1 »	brun clair . . .	» 15	» »
89.	2 »	rouge	» 30	» »
90.	5 »	bleu	» 60	» »

Nᵒˢ	Neufs.	Oblitérés.
91. 10 cents vert	1ᶠ25	» »
92. 15 » jaune.	1ᶠ75	» »
93. 20 » lilas	2ᶠ25	» »

1893. *Idem, avec surcharge transversale noire sur trois lignes 1843 — Jubilé — 1893 en gothique.*

113. ⅓ cent orange. . . .	»	»	»	»
114. 1 » brun clair . .	»	»	»	»
115. 2 » rouge	»	»	»	»
116. 5 » bleu. . . .	»	»	»	»
117. 10 » vert.	»	»	»	»
118. 15 » jaune . . .	»	»	»	»
119. 20 » lilas. . . .	»	»	»	»
La série des 7 timbres.	8ᶠ	»	»	»

1893. *Timbre jubilé. Mercure sur roue ailée, dentelé.*

120. 2 cents rouge et noir.   » 40   »   »

Timbres-taxe

1892. *Timbres-poste de 1890 avec* POSTAGE DUE *(en gothique) en surcharge noire ou rouge.*

66. 2 cents brun	» 50	» »
67. 5 » rose.	1ᶠ	» »
68. 10 » noir.	2ᶠ	» »
69. 15 » bleu.	2ᶠ50	» »
70. 20 » violet	3ᶠ	» »

1892. *Timbres-poste de 1892, même surcharge.*

76. 2 cents vert	» »	» »
77. 5 » rouge orange.	» »	» »
78. 10 » orange. . . .	1ᶠ50	» »
79. 15 » violet	2ᶠ »	» »
80. 20 » brun	2ᶠ50	» »

1893. *Chiffre, inscriptions en noir, dentelés.*

Nᵒˢ	Neufs.	Oblitérés.
94. ½ cent orange . . .	» 10	» »
95. 1 » brun clair . .	» 15	» »
96. 2 » rouge	» 30	» »
97. 5 » bleu.	» 60	» »
98. 10 » vert.	1ᶠ25	» »
99. 15 » jaune	2ᶠ	» »
100. 20 » lilas.	2ᶠ50	» »

SIAM

ROYAUME

Asie Sud

1883. *Effigie à gauche (Chulalon-Korn I), cadres divers, dentelés.*

1. ¹/₁₆ fuang bleu.	» 15	» »
2. ⅛ » carmin . . .	» 20	» »
3. ¼ » rouge. . . .	» 35	» »

4. 1 sig jaune	» 75	» »
5. 1 salung jaune foncé .	2ᶠ »	» »

1886. *Idem, avec surcharge rouge.*

8. 1 TICAL sur ¹/₁₆ f. bleu .	» »	» »
9. 1 Tical sur ¹/₁₆ f. bleu .	5ᶠ »	» »

1887. *Même effigie de face, caractères siamois et européens, dentelés.*

Nos				Neufs.		Oblitérés.	
10.	2 atts	vert et carmin .	»	25	»	20
11.	3 »	vert et bleu. . .	»	35	»	25
12.	4 »	vert et brun clair	»	50	»	30
13.	8 »	vert et jaune . .	1f	»	»	30
14.	12 »	lilas et carmin .	1f25	»	60
15.	24 »	lilas et bleu. . .	2f50	1f	»
16.	64 »	lilas et brun clair	6f	»	»	»

1889. *Timbre de 1883 avec surcharge noire en caractères siamois.*

19. 1 att s. ¼ fuang rouge   » 75   »   »

1890-93. *Type 1887, surcharge noire.*

20. 1 att sur 2 et 3 a. . . .   » 35   » 40
22. 2 » sur 3 a. vert et bleu   » 60   » 50
24. 4 » sur 24 a. lilas et bleu   » 75   »   »

1891. *Idem, sans surcharge.*

23. 1 att vert. . . . . . .   » 20   »   »

Banckok

1882. *Timbres de Malacca 1867-82 avec B en surcharge noire.*

1. 2 cents brun. . . . . .   » » » »
2. 4 » carmin. . . . .   » » » »
3. 6 » violet . . . . .   » » » »
4. 8 » orange. . . . .   » » » »
5. 10 » violet . . . . .   » » » »
6. 12 » bleu. . . . . .   » » » »
7. 24 » vert . . . . . .   » » » »
8. 96 » gris vert. . . .   » » » »

1883-85. *Idem.*

9. 2 c. surcharge sur 32. » » » »
10. 2 cents carmin . . . . » 35 » »
11. 4 » bistre. . . . . » 60 » »
12. 5 » bleu . . . . . » » » »
13. 12 » brun violet . . » » » »
14. 32 » orange . . . . » » » »

SIERRA-LEONE

POSSESSION ANGLAISE

Afrique Occident

1861. *Effigie à gauche (Victoria I), dentelé.*

Nos		Neufs.	Oblitérés.
1.	6 pence violet	» »	» »

1872. *Idem, dentelé.*

2. 6 pence violet vif . .   2f »   » 75

1872-77. *Effigie à gauche, dentelés.*

3. ½ penny bistre . . . .   » 60   » 60
4. 1 » rouge carmin   » 35   »   »
9. 3/2 » violet . . . .   1f50   »   »
5. 2 pence lilas. . . . .   1f25   »   »
6. 3 » orange. . . .   1f50   » 75
7. 4 » bleu. . . . .   2f50   1f »
8. 1 shill. vert. 3f50   2f50

1884-89. *Idem.*

14. ½ penny vert. . . . .   » 25   » 15
15. 1 » rose. . . . .   » 35   » 20
16. 2 pence bleu gris. . .   » 75   » 35
17. 4 » bistre . . . .   1f50   » 60
18. 6 » brun. . . . .   1f50   » 75
19. 1 shill. brun rouge. .   2f50   1f50

1891. *Idem, dentelé.*

20. 2½ pence bleu . . . .   » 60   » 25

1893. *Idem, avec valeur en surcharge noire.*

21. ½ p. sur 3/2 p. violet.   1f50   »   »

SIRMOOR

ÉTAT INDIEN

Asie Sud

1879-80. *Inscriptions, dentelés.*

1.   vert . . . .   1f » » »

N°°		Neufs.	Oblitérés.
2.	bleu	» 75	»

1885. *Effigie (rajah Shamsh u Pra-kash), dentelés.*

3.	3 pies brun	» 50	»	›
4.	6 » vert	» 35	»	»
5.	1 anna bleu	» 50	»	»
6.	2 » rose	1f »	»	»

1888. *Idem.*

| 7. | 3 pies orange. . . . . | » 25 | » | » |

Timbres de service

1890. *Timbres de 1885-88 avec* on s s s *en surcharge noire.*

| 8. | 3 pies orange . . . . | » 25 | » | » |
| | etc., etc. | | | |

SORUTH

ÉTAT INDIEN

Asie Sud

1877. *Inscriptions orientales.*

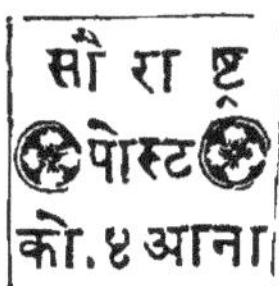

3.	rouge sur blanc	»	»	»	»
4.	noir sur azuré	»	»	»	»
5.	noir sur blanc	»	»	»	»
6.	noir sur jaunâtre . . .	»	»	»	»

1877. *Inscriptions orientales et euro-péennes, deux types.*

N°°		Neufs.	Oblitérés.
1.	1 anna vert	» 35	»	»
2.	4 » rouge	1f 50	»	»

1886. *Idem, dentelés.*

| 7. | 1 anna vert . . . . . | » 35 | » | » |
| 8. | 4 » rouge . . . . | 1f » | » | » |

STELLALAND

RÉPUBLIQUE

Afrique Sud

1884. *Armes, dentelés.*

1.	1 penny rouge. . . .	»	»	»	»
2.	3 pence jaune. . . .	1f 25	»	»	»
3.	4 » bleu	1f 50	»	»	»
4.	6 » violet	2f »	»	»	»
5.	1 shill. vert	»	»	»	»

SUÈDE

ROYAUME

Europe Nord, Occident

1855. *Couronne, armes, dentelés.*

| 1. | 3 skill. bco vert . . . . | » | » | » | » |
| 2. | 4 » bleu . . . . | 5f | » | » | 30 |

3.	4 skill. bco	bleu gris .	»	»	»	»
4.	6 »	gris . . .	»	»	»	»
5.	8 »	jaune . .	20ᶠ	»	5ᶠ	»
6.	24 »	rouge . .	»	»	30ᶠ	»

1856. *Poste locale de* **Stockholm,** *inscription, dentelé.*

7. noir . . . . 2ᶠ50   2ᶠ »

1858. *Type 1855, dentelés.*

8.	5 ore	vert	» 35	» 25
9.	5 »	vert jaune . . .	» 60	» 10
10.	9 »	violet	2ᶠ »	1ᶠ25
11.	12 »	bleu	» 75	» 10
12.	12 »	bleu ciel . . .	» »	» 25
13.	24 »	jaune clair . .	» »	» 25
14.	24 »	jaune foncé . .	1ᶠ25	» 15
15.	30 »	brun	1ᶠ50	» 10
16.	50 »	carmin	3ᶠ »	» 35

1862. *Poste locale de* **Stockholm,** *type 1856, dentelé.*

17. bistre . . . . 3ᶠ50 » ·

1862-66. *Lion et armes, chiffre, dentelés.*

18.	3 ore	bistre	» 40	» 15
19.	17 »	violet	1ᶠ50	1ᶠ25
20.	20 »	rouge	1ᶠ50	» 25

1872-78. *Chiffre, dentelés.*

21.	3 ore	bistre	» 15	» 05
58.	4 »	gris 1876. . .	» 15	» 05
22.	5 »	vert	» 20	» 05
23.	6 »	violet	» 50	» 10
23a.	6 »	lilas	» 35	» 05
23b.	6 »	gris	» »	» 25
24.	12 »	bleu	» 50	» 05
25.	20 »	rouge	» 75	» 10
26.	24 »	orange. . . .	1ᶠ »	» 10
26a.	24 »	jaune	» »	» 20
27.	30 »	brun	1ᶠ »	» 05
28.	50 »	carmin. . . .	1ᶠ50	» 05

Idem, armes au centre, deux couleurs.

| 29. | 1 riksd. | bleu et bistre | 3ᶠ50 | » 35 |
| 59. | 1 krona | *id.* 1878 . | 2ᶠ50 | » 10 |

1885. *Effigie à gauche (Oscar II), dentelé.*

69. 10 ore carmin . . . . » 50 » 05

1889. *Timbres de 1872 avec valeur en surcharge bleue.*

82. 10 ore s. 12 et 24 ore . » 50 » 35

1891. *Type 1872, chiffre, dentelé.*

92. 2 ore orange. . . . . » 25 » 15

1891. *Genre 1885, effigie, bien gravés, dentelés.*

N°				Neufs.	Oblitérés.
95.	5 ore	vert foncé . . .	» 15	» 10
96.	10 »	carmin	» 30	» 05
97.	20 »	bleu.	» 60	» 10
98.	30 »	brun	1f »	» 15
99.	50 »	gris	1f 50	» 15

1892. *Chiffre, cadre de couleur différente, dentelés.*

104.	1 ore	brun et bleu. .	» 10	» 05
105.	2 »	bleu et jaune .	» 10	» 05
106.	3 »	brun et jaune .	» 15	» 10
107.	4 »	rouge et bleu .	» 15	» 10

Timbres-taxe

1874. *Chiffre, dentelés.*

47.	1 ore	noir.	» 10	» 10
48.	3 »	rose.	» 15	» 10
49.	5 »	brun	» 20	» 15
50.	6 »	jaune	» 25	» 20
51.	12 »	rouge	» 40	» 15
52.	20 »	bleu.	» 50	» 25
53.	24 »	violet	» 75	» 50
54.	30 »	vert.	» 60	» 25
55.	50 »	bistre	» 75	» 25
56.	1 kr.	bleu et bistre .	1f »	» 40

Timbres de service

1874-85. *Armes, chiffres, dentelés.*

N°				Neufs.	Oblitérés.
36.	3 ore	bistre	» 15	» 15
57.	4 »	gris	» 15	» 10
37.	5 »	vert	» 20	» 15
38	6 »	violet	» 50	» 30
72.	10 »	carmin	» 35	» 10
39.	12 »	bleu	» 40	» 10
41.	20 »	rouge	» 60	» 15
42.	24 »	jaune	» 75	» 20
43.	30 »	brun	1f »	» 10
44.	50 »	carmin	1f 50	» 20
45.	1 kr.	bleu et bistre .	2f 50	» 15

1889. *Idem, avec valeur en surcharge bleue.*

84.	10 ore sur 12 et 24 o. .	1f »	» 50

1891-93. *Idem, sans surcharge.*

93.	2 ore	orange	» 10	» 10
94.	20 »	bleu	» »	» 10
109.	50 »	gris	» »	» 25

SUISSE

ZURICH

1843. *Chiffre, fond ligné rose.*

1.	4 rap.	noir	» »	» »
2.	6 »	noir	» »	» »

1849. *Oblong, croix et cor.*

| N^{os} | | Neufs. | Oblitérés. |

3. 2½ rap. rouge et noir   »   »   »   »

BALE

1845. *Colombe en relief.*

4. 2½ rp. rouge bleu noir.   »   »   »   »

GENÈVE

1843. *Armes, petit format, double.*

5. 5 & 5 c. noir sur vert.   »   »   »   »

1849. *Armes.*

7. 5 c. noir sur vert foncé   »   »   »   »
8. 5 » vert jaune . . .   »   »   »   »

Administration fédérale

1849. *Croix blanche sur rouge dans un cor.*

9. 4 c. noir . . . .   »   »   »   »
10. 5 » noir . . . .   »   »   »   »

1850. *Croix blanche sur rouge.*

| N^{os} | | Neufs. | Oblitérés. |

11. 2½ rp. POSTE LOCALE noir   »   »   »   »
12. 2½ rp. ORTS POST noir .   »   »   »   »

1850. *Idem,* RAYON I *ou* II.

13. 5 rp. noir sur bleu. .   »   »   5ᶠ »
14. 10 » noir s. jaune brun   »   »   1ᶠ »
15. 10 » noir sur jaune .   »   »   1ᶠ »

1851. *Même genre,* POSTE LOCALE.

16. 5 centimes noir . . .   »   »   »   »

1851. *Type 1850,* RAYON I *ou* III.

17. 5 rp. bleu sur blanc . 5ᶠ »   » 75
18. 15 cts rose   »   .   »   »   6ᶠ »
19. 15 rp. rose   »   .   »   »   1ᶠ »

1854-62. *Déesse de face assise, relief.*

20. 2 rappen gris. . . . .   3ᶠ »   3ᶠ »
21. 5 »   brun . . . .   1ᶠ »   » 25
22. 5 »   brun clair. .   »   »   » 35
23. 10 »   bleu . . . .   1ᶠ »   » 20
24. 10 »   bleu clair . .   »   »   » 25
25. 15 »   rose . . . .   1ᶠ »   » 20
26. 20 »   orange . . .   1ᶠ »   » 20
27. 40 »   vert . . . .   1ᶠ25 » 35
28. 40 »   vert clair . .   »   »   » 50
29. 1 fr.   gris violet. .   6ᶠ »   4ᶠ »

1862-63. *Déesse de profil assise, dentelés.*

30. 2 c. gris . . . . . .   » 15   » 10

Nos		Neufs.	Oblitérés.
31.	3 c. noir	» 25	» 20
32.	5 » brun	» 15	» 10
33.	5 » bistre	» 20	» 10
34.	10 » bleu pâle . . .	» 75	» 10
35.	10 » bleu	» 40	» 10
36.	20 » jaune	» 40	» 10
37.	30 » rouge	1f 50	» 35
38.	40 » vert	1f 25	» 25
39.	60 » bronzé	2f 50	2f »
40.	1 fr. doré	1f 50	» 15

1867-68. *Idem.*

41.	10 c. rose	» 20	» 05
44.	25 » vert	» 50	» 05
42.	30 » bleu	» 60	» 25
43.	50 » violet	» 80	» 10

1874-78. *Idem.*

74.	2 c. bistre jaune. . .	» 25	» 05
75.	2 » bistre	» 10	» 05
76.	15 » jaune 1875 . .	» 20	» »
79.	40 » gris 1878 . .	» 35	» »

1882. *Croix ou déesse, chiffre, dentelés.*

94.	2 c. bistre gris *croix*	» 05	» 05
95.	3 » gris	» 10	» »
96.	5 » carminé foncé .	» 10	» 05
97.	10 » rose.	» 15	» 05
98.	12 » bleu	» 20	» 10
99.	15 » jaune	» 35	» 10
100.	20 » orange *déesse* .	» 35	» 10
101.	25 » vert.	» 40	» 05
102.	40 » gris.	» 60	» 10
103.	50 » bleu.	» 75	» 10
104.	1 fr. carminé pâle .	1f 50	» 10

1890-92. *Mêmes types, dentelé.*

116.	15 c. violet	» 25	» 10
119.	30 » brun rouge . .	» 60	» 20
118.	3 fr. jaune brun . .	5f »	» 50

1870. *Timbres de franchise pour les militaires français.*

Militaires français
internés en Suisse.
Gratis.

60.	noir sur carmin . . .	» »	» »
61.	noir sur rose vif . . .	» »	» »

Timbres-taxe

1878-80. *Chiffre, cercle d'étoiles, dentelés.*

Nos		Neufs.	Oblitérés.
80.	1 bleu, *fond rayons*	» »	» 10
81.	2 bleu, *fond blanc* .	» 15	» 20
89.	3 bleu	» 20	» 10
82.	5 bleu	» »	» »
83.	10 bleu	» »	» 15
84.	20 bleu	» 75	» 10
86.	50 bleu	1f 25	» 20
87.	100 bleu	1f 75	» 40
88.	500 bleu	» »	» 75

1883-90. *Idem, dentelés.*

117.	3 vert et carmin. .	» »	» 10
107.	5 vert et carmin. .	» 35	» 25
108.	10 vert et carmin. .	» 50	» 15
109.	20 vert et carmin. .	» 75	» 15
110.	50 vert et carmin. .	1f 50	» 20
111.	100 vert et carmin. .	3f »	» 35
112.	500 vert et carmin. .	» »	» 50

Timbres-télégraphe

1868-77. *Croix, dentelés.*

77.	5 c. carmin et noir. .	» 15	» 10
78.	10 » carmin	» 25	» 10
50.	25 » carmin et gris .	» 25	» 15
51.	50 » carmin et bleu .	» 25	» 20
52.	1 fr. carmin et vert. .	» 35	» 25
53.	3 » carmin et or . .	» »	» »
54.	20 » carmin et rose. .	1f »	1f »
55.	3 » carmin et bistre .	» 50	» 50

Service particulier des hôtels
de montagnes

Rigi-Kaltbad

1866. *Fleurs.*

Nos		Neufs.	Oblitérés.
1.	carmin *dentelé*. . . .	» 75	» »
2.	carmin *non dentelé* .	» 75	» »

L'usage postal des timbres de Righi-Coulm, Rigi-Scheideck, Bel-Alp, Maderanerthal, etc., n'est pas prouvé.

SUNGEI-UJONG

ÉTAT MALAIS

Asie Sud

1880-82. *Timbre des Indes anglaises type 1858 ou de Malacca avec croissant, étoile et* s u, *ou timbre de Malacca ayant seulement* SUNGEI UJONG *ou seulement* s u *en surcharge noire* (*).

2. 2 cents brun . . . . . 1ᶠ » » »

1883-86. *Idem,* SUNGEI UJONG *en surcharge noire, diverses formes de caractères.*

7. 2 c. rose. . . . . . . » 50 » »

Il existe d'autres valeurs : 4, 8, 10 c.?

1891. *Tigre, dentelés.*

Nos				Neufs.	Oblitérés.
11.	1 cent	vert	» »	» »
12.	2 »	rose	» 25	» 20
13.	5 »	bleu	» »	» »

SURINAM

POSSESSION HOLLANDAISE

Amérique du Sud, Nord

1873-79. *Effigie à gauche (Guillaume III), dentelés.*

1.	2½ cent	carmin . . .	» 50	»	»
2.	3 »	vert	1ᶠ50	»	»
3.	5 »	violet. . . .	» 35	»	»
4.	10 »	bistre. . . .	» 75	» 30
5.	25 »	bleu	1ᶠ50	» 50
6.	50 »	brun jaune .	2ᶠ50	»	»
9.	2 gl 50 c.	bistre et vert.	12ᶠ »	»	»

1883-89. *Idem.*

13.	1 c.	gris lilas	» 15	»	»
14.	2 »	orange	» 20	»	».
15.	12½ »	gris bleu	1ᶠ »	»	»
24.	15 »	gris	1ᶠ »	»	»
25.	20 »	vert	1ᶠ50	»	»
26.	30 »	brun rouge . . .	1ᶠ75	»	»
27.	40 »	brun foncé . . .	2ᶠ50	»	»
28.	1 g.	gris et brun rouge	6ᶠ »	»	»

1890-93. *Chiffres, dentelés.*

Nos				Neufs.	Oblitérés.
37.	1	cent lilas gris. . .	» 10	»	»
46.	2	» brun.	» 15	»	»
47.	2½	» carmin. . . .	» 20	»	»
36.	3	» vert.	» 25	»	»
38.	5	» bleu.	» 30	»	20

1892. *Timbre de 1873, avec valeur en surcharge noire,*

40. 2½ c. s. 50 c. brun jaune » » 5f »

1892. *Composition typographique, dentelé.*

41. 2 ½ cent. noir et jaune » 40 » »

1893. *Effigie à droite de la reine Wilhelmine. dentelés.*

48.	10	cent bistre	» 50	»	»
49.	12½	» violet vif. . .	» 60	»	»
50.	15	» gris	» 75	»	»
51.	20	» vert	1f »	»	»
52.	25	» bleu.	1f 25	»	»
53.	30	» brun rouge. .	1f 50	»	»

Timbres-taxe

1886-89. *Inscriptions, valeur en noir, cadre couleur, dentelés.*

Nos				Neufs.	Oblitérés.
19.	2½	cent lilas.	» 50	»	»
20.	5	» lilas.	» 60	»	»
21.	10	» lilas.	1f »	»	»
22.	20	» lilas.	1f 25	»	»
23.	25	» lilas. . . .	1f 50	»	»
29.	30	» lilas.	2f »	»	»
30.	40	» lilas. . . .	2f 50	»	»
31.	50	» lilas.	3f »	»	»

1891. *Même genre, avec* CENT *au dessous du chiffre, dentelés.*

42.	2½	cent lilas.	» 25	»	20
43.	5	» lilas.	» 35	»	25
39.	10	» lilas.	» 60	»	»
44.	20	» lilas.	»	»	»
45.	25	» lilas.	»	»	»

SWAZIELAND

Afrique, Sud.

1889-90. *Timbres du Transvaal avec* SWAZIELAND *en surcharge noire.*

1.	½	penny gris.	» 25	»	»
2.	1	» carmin . . .	» 50	»	»
3.	2	pence jaune bistre .	» 75	»	»
4.	6	» bleu.	2f »	»	»
5.	1	shill. vert	3f 50	»	»
6.	2	sh. 6 p. jaune	8f »	»	»
7.	5	shill. vert bleu . .	15f »	»	»
8.	10	» brun	»	»	»

TABAGO

POSSESSION ANGLAISE

Amérique Centrale, Antilles

1879. *Effigie à gauche (Victoria I), sans le mot* POSTAGE, *dentelés.*

Nos			Neufs.		Oblitérés.	
1.	1 penny	rose	»	35	»	»
2.	3 pence	bleu	»	»	»	»
3.	6 »	vermillon . .	»	»	»	»
4.	1 shill.	vert	»	»	»	»
5.	5 »	gris noir . .	»	»	»	»
6.	1 pound	lilas	»	»	»	»

1881. *Idem, avec le mot* POSTAGE.

7.	½ penny	lilas brun . .	»	»	»	»
8.	1 »	rouge brun .	»	35	»	»
9.	4 pence	vert	»	»	»	»
10.	6 »	bistre . . .	»	»	»	»
11.	1 shill.	bistre jaune .	5f	»	»	»

1883. *Idem, avec surcharge noire.*

14.	2½ sur 6 p. bistre. . .		»	»	»	»

1883-93. *Idem, sans surcharge.*

19.	½ penny	vert.	»	15	»	»
20.	1 »	carmin . . .	»	25	» 20	
15.	2½ pence	bleu.	»	60	»	»
16.	4 »	gris bleu. . .	1f	»	»	»
21.	6 »	orange. . . .	1f50	»	»	»
21a.	1 shill.	bistre vert. .	2f50	»	»	»

1886-92. *Idem, avec surcharge noire.*

17.	½ penny sur divers. .		»	50	»	»
24.	1 » s. 2½ p. bleu.		2f50	»	»	
25.	2½ p. sur 4 p. gris bleu.		2f50	»	»	

TAHITI

POSSESSION FRANÇAISE

Océanie Polynésie

1882. *Timbre des Colonies françaises de 1877 avec valeur en surcharge noire.*

1.	25 sur 35 c. jaune. . .		»	»	»	»

1884. *Timbres de 1877 (groupe) ou 1882 (Déesse) avec* TAHITI *et valeur en surcharge noire.*

Nos		Neufs.		Oblitérés.	
2.	5 c. sur 20 c. (1882) . .	»	»	»	»
3.	10 c. sur 20 c. id.	»	»	»	»
4.	25 c. sur 1 fr. (1877) . .	»	»	»	»

1893. *Timbres de 1882 (Déesse), avec* TAHITI *en surcharge transversale noire.*

7.	5 cent.	vert	»	30	»	»
8.	10 »	noir sur violet	»	50	»	»
9.	15 »	bleu	»	»	»	»
10.	20 »	bistre sur vert	»	»	»	»
11.	25 »	noir sur rose.	»	»	»	»
12.	75 »	rose	»	»	»	»
13.	1 franc	olive.	»	»	»	»

TERRE-NEUVE

POSSESSION ANGLAISE

Amérique du Nord, Nord

1857. *Couronne ou fleurs, types divers.*

1.	1 p. brun rouge *carré*		»	»	»	»
2.	2 » rouge, *rectang,* .	20f	»	»	»

3.	3 p. vert, *triangul.* . .	3f	»	»	»
4.	4 » rouge, *rectang.* . .	»	»	»	»

Nos				Neufs.	Oblitérés.

5. 5 p. brun rouge *carré* 3f 50 » »
6. 6 » rouge, *rectang.* . » » » »
7. 6½ » rouge » » » » »
8. 8 » rouge » » » » »
9. 1 sh. rouge » » » » »

1862. *Mêmes types.*

10. 1 penny brun carminé 1f 50 » »
11. 2 pence carmin . . . » » » »
12. 4 » carmin . . . 2f 50 » »
13. 5 » brun carminé 3f 50 » »
14. 6 » carmin . . . 2f 50 » »
15. 6½ » carmin . . . 5f » » »
16. 8 ». carmin . . . 4f 50 » »
17. 1 shill. carmin . . . 4f » » »

1866-69. *Types divers, dentelés.*

18. 1 c. violet *P. de Galles* 1f 50 » »
19. 2 » vert *morue* . . . 1f 50 » »
20. 5 » brun *phoque* . . » » » »

21. 10 c. noir *P. de Galles* 1f 75 » »
22. 12 » chair *Victoria* . 2f 50 » »

23. 13 c. jaune *bateau* . . » » » »

Nos				Neufs.	Obliterés.

24. 24 c. bleu *Victoria* . . 3f 50 » »

25. 5 c. noir *type n° 20.* » » » »

1870-76. *Même genre.*

29. 1 c. lilas *n° 18 refait* 2f » » »
26. 3 » rouge *Victoria.* » » » »
27. 6 » carmin *id.* 1f 25 » »
28. 3 » bleu *id.* 1f » » 50
31. 5 » bleu *type n° 20.* 1f 50 1f »

1880. *Types 1866-70 refaits, les figures et les lettres sont plus grandes, dentelés.*

33. 1 cent lilas *Prince* . » 25 » »
34. 2 » vert *morue* . » 35 » »
35. 3 » bleu *Victoria* » 50 » 25
36. 5 » bleu *phoque.* » 60 » 30

1887-88. *Types divers, dentelés.*

39. ½ c. rouge *chien* . . . » 15 » »

Nos			Neufs.	Oblitérés.
40.	1 c. vert *P. de Galles*	» 15	»	»
42.	2 » orange *morue* .	» 25	»	»
43.	3 » brun *Victoria* .	» 50	» 25
41.	10 » noir *bateau*. . .	1ᶠ »	»	»

1890. *Petite effigie laurée à gauche, dentelé.*

50.   3 c. bleu noir. . . . . » 40   » 15

TIMOR

POSSESSION PORTUGAISE
Océanie Malaisie

1885. *Timbres de Macao avec* TIMOR *en surcharge noire.*

1.	5 reis	noir.	» 25	»	»
2.	10 »	vert. . . .	» 50	»	»
3.	20 »	carmin. . . .	» 50	»	»
4.	25 »	lilas.	» 35	»	»
5.	40 »	jaune	1ᶠ25	»	»
6.	50 »	bleu.	» 60	»	»
7.	80 »	gris.	1ᶠ25	»	»
8.	100 »	lilas clair . .	1ᶠ50	»	»
9.	200 »	orange. . . .	2ᶠ50	»	»
10.	300 »	brun clair . .	3ᶠ »	»	»

1887. *Effigie à gauche (don Luis I). relief, dentelés.*

11.   5 reis noir. . . . . . » 15   »   »

Nos			Neufs.	Oblitérés.
12.	10 reis vert.	» 25	»	»
13.	20 » rose.	» 35	»	»
14.	25 » lilas.	» 40	»	»
15.	40 » brun	» 60	»	»
16.	50 » bleu	» 75	»	»
17.	80 » gris.	1ᶠ »	»	»
18.	100 » brun rouge . .	1ᶠ25	»	»
19.	200 » violet.	2ᶠ50	»	»
20.	300 » orange	4ᶠ »	»	»

1892. *Timbres de Macao avec* TIMOR *et valeur en surcharge transversale noire.*

21.   2½ r. sur divers . . .   »   »   » 75

1893. *Inscriptions et chiffre (pour journaux), dentelé.*

24.   2½ reis brun. . . . . » 15   »   »

ILES TONGA

ROYAUME

Océanie Polynésie

1887. *Effigie à gauche (Georges 1ᵉʳ. Toubaou), dentelés.*

1.	1 penny carmin	» 35	»	»
2.	2 pence violet.	» 60	»	»
3.	6 » bleu	1ᶠ75	»	»
4.	1 shill. vert	3ᶠ »	»	»
	La série des 4 timbres. .	»	» 3ᶠ »

1892. *Idem, avec valeur en surcharge noire.*

5.	4 p. sur 1 p. carmin .	»	»	»	»
6.	8 » sur 2 p. violet. .	»	»	»	»
	La série des 2 timbres. .	4ᶠ »	»	»

1892. *Idem, avec étoile en surcharge noire dans deux angles.*

Nos		Neufs.	Oblitérés.
7.	1 penny carmin . . .	» »	» »
8.	2 pence violet	» »	» »

1892. *Idem, sans surcharge, dentelé.*

| 9. | 6 pence orange . . . | 1f50 | » » |

1893. *Armes aux 1 et 4 p., effigie de trois quarts à droite du roi Georges Ier aux autres valeurs, dentelés.*

14.	1 penny	rose	» 25	» »
15.	2	» noir	» 50	» »
16.	4	» brun rouge .	» »	» »
17.	8	» violet	» »	» »
18.	1 shill.	brun	» »	» »

1893. *Idem, avec valeur en surcharge noire.*

19.	½ p.	sur 1 p. bleu .	» »	» »
20.	2½ »	sur 2 » vert .	» »	» »
21.	5 »	sur 4 » jaune.	2f50	» »
22.	7½ »	sur 8 » rose .	3f50	» »

Timbres de service

1893. *Timbres de 1893 avec* G. F. B. *en surcharge rouge.*

23.	1 penny	bleu	» »	» »
24.	2	» bleu	» »	» »
25.	4	» bleu	» »	» »
26.	8	» bleu	» »	» »
27.	1 shill.	bleu	» »	» »

1893. *Idem, avec valeur en surcharge noire.*

28.	½ p.	sur 1 p. bleu .	» »	» »
29.	2½ »	sur 2 » bleu .	» »	» »
30.	5 »	sur 4 » bleu .	» »	» »
31.	7½ »	sur 8 » bleu .	» »	» »

TOSCANE

GRAND DUCHÉ

Europe Sud

1850. *Lion assis, couleur sur azuré.*

Nos			Neufs.	Oblitérés.
1.	1 quattr.	noir	» »	10f »
2.	1 soldo	jaune . . .	» »	» »
3.	2 soldi	brique . . .	» »	» »
4.	1 crazia	carmin . .	» »	1f »
5.	1 »	brun	» »	1f25
6.	2 crazie	bleu	» »	» 35
7.	4 »	vert	» »	» 35
8.	6 »	bleu foncé .	» »	» 75
9.	9 »	violet . . .	» »	2f »
10.	60 »	brique . . .	» »	» »

1856. *Idem, couleur sur blanc.*

12.	1 quattr.	noir	6f »	6f »
13.	1 soldo	jaune . . .	» »	» »
14.	1 crazia	carmin . .	6f »	1f50
15.	2 crazie	bleu	3f »	» 35
16.	4 »	vert	5f »	» 35
17.	6 »	bleu	5f »	» 75
18.	9 »	violet . . .	» »	» »

GOUVERNEMENT PROVISOIRE

1860. *Croix de Savoie.*

19.	1 centes.	violet . . .	5f »	2f50
20.	5 »	vert	6f »	1f50
21.	10 »	brun . . .	5f »	» 25
22.	20 »	bleu	6f »	» 75
23.	20 »	gris	6f »	1f25
24.	40 »	carmin . .	10f »	1f50
25.	80 »	chair . . .	» »	10f »
26.	3 lire it.	jaune . . .	» »	» »

Timbre pour journaux

1854. *Inscriptions, timbre à main, sur pelure.*

Nᵒˢ   Neufs. Oblitérés.
11. 2 soldi noir . . . . . 3ᶠ » » »

TRANSVAAL

RÉPUBLIQUE

Afrique Sud

1869. *Armes et drapeaux.*

3.	1 penny	carminé. . .	»	»	»	»
4.	3 pence	violet. . . .	»	»	»	»
5.	6 »	bleu	»	»	»	»
6.	1 shill.	vert	»	»	»	»

1869. *Idem, dentelés.*

7.	1 penny	rouge . . .	1ᶠ50	»	»	
8.	1 »	carmin . . .	»	»	»	»
9.	3 pence	violet. . . .	1ᶠ »	»	»	
10.	6 »	bleu	2ᶠ »	»	»	
11.	1 shill.	vert	3ᶠ »	»	»	

1870. *Idem, impression grossière, non dentelés.*

12.	1 penny	carminé. .	1ᶠ »	»	»	
12a.	1 »	rouge . . .	1ᶠ »	»	»	
12b.	3 pence	violet foncé	»	»	»	
13.	6 »	bleu. . . .	»	»	1ᶠ25	
14.	1 shill.	vert. . . .	»	»	»	

1870. *Idem, dentelés.*

15.	1 penny	carminé. .	1ᶠ25	»	»	
15a.	1 »	rouge . . .	»	»	»	
16.	6 pence	bleu. . . .	»	»	1ᶠ50	
17.	1 shill.	vert. . . .	»	»	»	
18.	1 penny	noir. . . .	1ᶠ »	»	» 50	

1877. *Type antérieur, avec* V R TRANS-VAAL *en surcharge noire, dentelés ou non.*

Nᵒˢ   Neufs. Oblitérés.

21.	1 penny	rouge s. blanc	»	»	»	»
22.	3 pence	violet	»	»	»	»
23.	6 »	bleu	»	»	»	»
24.	1 shill.	vert	»	»	»	»
25.	6 pence	bleu sur rose.	»	»	»	»

1877. *Idem, surcharge rouge.*

26.	3 pence	violet s. blanc	»	»	»	»
27.	6 »	bleu	»	»	»	»
28.	1 shill.	vert	»	»	»	»

1878-79. *Idem, surcharge noire* V R *droite ou penchée et* Transvaal, *dentelés ou non.*

29.	1 penny	rouge sur bleu.	»	»	» »
30.	1 »	rouge s. orange	1ᶠ50	1ᶠ50	
31.	3 pence	violet s. cham.	»	»	2ᶠ50
32.	3 »	violet s. vert. .	4ᶠ »	2ᶠ »	
33.	3 »	violet s. bleu. .	5ᶠ »	»	»
34.	6 »	bleu sur vert .	»	»	» »
35.	6 »	bleu sur bleu .	»	»	5ᶠ »
36.	6 »	id. sans surch.	3ᶠ »	»	»

1879-80. *Effigie à droite (Victoria I), dentelés.*

37.	½	penny	rouge . . .	»	»	» »
38.	1 »		rouge brun	» 35	»	»
39.	3 pence		lilas. . . .	1ᶠ »	» 50	
40.	4 »		vert jaune.	»	»	» »
41.	6 »		gris vert. .	1ᶠ75	» 50	
42.	1 shill.		vert. . . .	»	»	» »
43.	2 »		bleu. . . .	»	»	» »

1879. *Idem avec surcharge,* 1 penny *en divers caractères, sur le* 6 p. *gris vert.*

44.	1 p. noir s. gris vert .	»	»	» »
45.	1 p. rouge s. gris vert	»	»	» »

1882. *Idem,* EEN PENNY *en surcharge noire sur le* 4 p. *vert jaune.*

46.	1 p. noir s. vert jaune.	1ᶠ »	1ᶠ »

RÉPUBLIQUE

1883. *Type 1869, dentelés.*

Nos		Neufs.	Oblitérés.
47.	3 pence noir s. rose. .	1f 25	» 60
48.	3 » rouge s. blanc.	1f »	» 50

1885. *Armes, dentelés.*

50.	½	penny	gris. . . .	» 15	» 10
51.	1	»	carmin. .	» 25	» 10
52.	2	pence	brun . . .	» 50	» 25
53.	3	»	violet. . .	» 75	» 35
54.	4	»	gris vert .	1f »	» 35
55.	6	»	bleu . . .	1f 50	» 25
56.	1	shill.	vert . . .	2f 50	» 35
57.	2	sh. 6 p.	jaune. . .	» »	2f 50
58.	5	shill.	vert bleu .	» »	5f »
58a.	10	»	brun . . .	» »	8f »

1885. *Timbres de diverses émissions, avec surcharge verticale.*

59.	½ p.	noir s. 3 rouge *1883*	2f »	» »
60.	½ »	noir s. 1 vert *1869*	» »	» »
61.	½ »	rouge s. 6 p. *effigie.*	» »	» »
62	½ »	noir s. 3 p. viol. *1885*	1f 50	» »
63.	2 »	rouge s. 6 p. *effigie*	1f 50	» »

1887. *Timbre de 1885 avec valeur en surcharge noire.*

65.	2 d. sur 3 p. violet . .	1f »	» »

1887-92. *Idem, sans surcharge, dentelés.*

66.	2 pence jaune bistre.	» 50	» 10
68.	5 pounds vert	» »	» »

1893. *Idem, avec valeur en surcharge noire.*

Nos		Neufs.	Oblitérés.
69.	½ p. sur 2 p. bistre.	» 35	» »
70.	1 » sur 6 p. bleu .	1f »	» »
71.	2½ » sur 1 sh. vert .	2f 50	» »

1893. *Idem, sans surcharge.*

72.	2½ p. violet.	» 60	» »

TRAVANCORE

ÉTAT INDIEN

Asie Sud

1888. *Conque, dentelés.*

1.	1 chuckram	bleu . . .	» 35	» 15
2.	2 »	rouge . .	» 65	» »
3.	4 »	vert . . .	1f 25	» »

LA TRINITÉ

POSSESSION ANGLAISE

Amérique Centrale, Antilles

1851. *Déesse assise, papier bleui.*

1.	rouge carminé	25f »	» »
2.	brun carminé.	30f »	» »
3.	bleu.	35f »	» »
4.	brun violet.	35f »	» »

Idem, papier blanc.

5.	rouge carminé	» »	» »
6.	bleu.	» »	» »
7.	violet	30f »	» »
8.	noir violet.	» »	» »

1856. *Idem, copie inférieure, gravée.*

Nᵒˢ		Neufs.	Oblitérés.
9	bleu	» »	» »

1858. *Idem, très mauvais report lithographique.*

10.	rougeâtre	8ᶠ »	» »
11.	bleu gris	» »	» »

1859. *Idem, valeur indiquée.*

12.	4 pence violet gris . .	» »	» »
13.	6 » vert foncé . .	» »	» »
14.	1 shill. violet noir. .	40ᶠ »	» »

1863. *Idem, dentelés.*

15.	4 pence violet gris . .	» »	5ᶠ »
16.	6 » vert foncé. .	» »	» »
17.	1 shill. violet noir. .	» »	12ᶠ »

1863-69. *Type 1851, dentelés.*

18.	carminé	» »	1ᶠ »
19.	carmin rouge	» 75	» 35

1863-69. *Type 1859, dentelés.*

20.	4 pence violet	» »	1ᶠ »
21.	4 » lilas.	» »	2ᶠ »
22.	6 » vert	» »	1ᶠ25
23.	6 » vert jaune . .	3ᶠ »	» 60
24.	1 shill. violet vif . .	4ᶠ50	1ᶠ50
25.	1 » lilas.	3ᶠ50	1ᶠ50

1869. *Effigie à gauche (Victoria I), dentelé.*

26.	5 shill. carminé . . .	12ᶠ »	» »

1872. *Type 1859, dentelés.*

Nᵒˢ		Neufs.	Oblitérés.
29.	4 pence gris	1ᶠ50	» 35
30.	1 shill. jaune	» »	1ᶠ25

1879-82. *Types 1863-69, avec valeur en surcharge noire, dentelés.*

31.	HALF PENNY sur violet .	» 50	» »
36.	ONE PENNY sur carmin .	» 75	» 35
37.	1 d. *manuscrit à l'encre carmin sur 6 p.* vert	» 75	1ᶠ »

1883-88. *Effigie à gauche, dentelés.*

38.	½ penny vert . . .	» 15	» 10
39.	1 » rose . . .	» 25	» 10
40.	2½ pence bleu . . .	» 60	» 25
41.	4 » gris . . .	1ᶠ »	» 25
42.	6 » brun vert .	1ᶠ50	1ᶠ »
43.	1 shill. rouge orange	2ᶠ50	» »

Timbres pour lettres en retard

1869. *Tous les timbres de 1863-69 avec* TOO LATE *en surcharge noire ou rouge.*

27.	6 pence vert	» »	» »
28.	1 shill. lilas	» »	» »

Timbres-taxe

1885. *Chiffre, dentelés.*

54.	½ penny noir. . . .	» »	2ᶠ50
55.	1 » noir. . . .	» »	1ᶠ »
56.	2 pence noir. . . .	» »	1ᶠ25
57.	3 » noir. . . .	» »	» 75
58.	4 » noir. . . .	» »	» »

Nᵒˢ			Neufs.	Oblitérés.
59.	5 pence noir. . . .	»	»	1ᶠ25
60.	6 » noir. . . .	»	»	» »
61.	8 » noir. . . .	»	»	» »
62.	1 shill. noir. . . .	»	»	» »
	La série des 9 timbres. .	»	»	14ᶠ »

RÉGENCE DE TUNIS

Afrique Nord

1888. *Armes et trophée, dentelés.*

1.	1 c. noir sur bleu. . .	» 05	»	»
2.	2 » brun sur gris. . .	» 10	»	»
3.	5 » vert sur vert . . .	» 15	»	»
4.	15 » bleu sur azuré . .	» 40	» 05
5.	25 » noir sur rose. . .	» »	»	»
6.	40 » orange sur jaune.	1ᶠ »	» 50
7.	75 » carmin sur rose .	2ᶠ »	»	»
8.	5 fr. violet sur violet. .	12ᶠ »	»	»

1888-89. *Type refait, mieux gravés, chiffres plus gros, dentelés.*

15.	1 c. noir sur bleu. . .	» 05	» 05
16.	2 » brun sur gris. . .	» 10	» 10
17.	5 » vert sur vert. . .	» 10	» 05
18.	15 » bleu sur azuré . .	» 30	» 05
19.	25 » noir sur rose. . .	» 50	» 15
20.	40 » orange sur jaune.	» 75	»	»
21.	75 » carmin sur rose .	1ᶠ50	»	»
22.	1 fr. vert sur jaune . .	2ᶠ »	» 60
28.	5 » violet sur violet .	10ᶠ »	»	»

1893. *Idem.*

29.	10 c. noir sur violet. .	» 20	» 10
30.	15 » bleu *fond quadr.*	» **30**	» 10

Timbres-taxe

1888. *Timbres des deux émissions, avec* т *en points perforés, divers types.*

Nᵒˢ			Neufs.	Oblitérés.
1a.	1 c. 1ʳᵒ *emission* . .	» 10	»	»
15a.	1 » 2ᵉ *émission* . .	» 10	»	»

Il existe ainsi toutes les valeurs de 1 c. à 5 fr.

Ces timbres sont perforés par nous, avec des outils conformes à ceux des directeurs de poste.

ILES TURK

POSSESSION ANGLAISE

Amérique Centrale, Antilles

1863-80. *Effigie à gauche (Victoria I), dentelés.*

1.	1 penny carmin . .	2ᶠ »	»	»
2.	6 pence gris noir. .	» »	»	»
3.	1 shill. gris bleu. .	» »	»	»
4.	1 penny rouge *1880*	1ᶠ »	»	»
4a.	1 shill. lilas terne »	» »	»	»

1881. *Idem, avec valeur en surcharge noire.*

5.	½ sur 1 p. rouge . .	»	»	»	»
6.	½ » 6 » gris noir .	»	»	»	»
7.	½ » 1 sh. gris bleu .	»	»	»	»
8.	½ » 1 » lilas terne	»	»	»	»
9.	2½ » 6 p. gris noir.	»	»	»	»
10.	2½ » 1 sh. gris bleu.	»	»	»	»
11.	4 » 6 p. gris noir.	»	»	»	»
12.	4 » 1 sh lilas terne	»	»	»	»

1881. *Même effigie à gauche, dentelés.*

Nᵒˢ			Neufs.	Oblitérés.
13.	½ penny	vert . . .	» 15	» »
14.	2½ pence	brun rouge	1f 50	» »
15.	4 »	bleu . . .	» »	» »

1881. *Timbre de 1880 avec valeur en surcharge noire.*

16.	4 p. sur 1 p. rouge .	» »	» »

1885. *Type de 1881, dentelé.*

17.	4 pence gris bleu . . .	1f »	» 50

1881-88. *Type 1863, nouvelles nuances, dentelés.*

19.	1 penny carmin . . .	» 25	» »
20.	6 pence gris verdâtre.	» »	» »
21.	1 shill. gris bleu. . .	» »	» »
22.	1 » brun noir . .	2f 50	» »

1889. *Idem.*

23.	6 pence brun jaune . .	1f 50	» »

1889-93. *Timbres antérieurs avec valeur surcharge noire.*

28.	½ p. sur 4 p. gris bleu.	» »	» »
24.	1 » s. 2½ p. brun rouge	1f 25	» »

1893. *Idem, sans surcharge.*

27.	2½ pence bleu	» 60	» »

TURQUIE

EMPIRE

Europe Sud, Orient

1862. *Signature du Sultan, cadres divers, bord couleur au bas, papier pelure.*

1.	20 paras noir sur jaune	2f 50	1f 50

Nᵒˢ			Neufs.	Oblitérés.
2.	1 piastre	noir sur violet	2f 50	1f 25
3.	2 »	noir sur bleu.	2f 50	2f »
4.	5 »	noir sur carm.	4f »	» »

1864. *Idem, papier fort.*

5.	20 paras	noir s. jaune	2f »	1f 25
6.	1 piastre	noir s. violet	3f »	1f »

1864-67. *Etoile et croissant, inscriptions turques en surcharge noire, dentelés. Les timbres de 1867 ont les inscriptions noires plus petites; ce sont les numéros bis du catalogue.*

15.	10 paras	vert. . . .	1f »	» »
15b.	10 »	vert. . . .	» 25	» »
16.	20 »	jaune . . .	1f »	» »
17.	20 »	jaune foncé	» 60	» 50
17b.	20 »	jaune foncé	» 25	» »
18.	1 piastre	lilas. . . .	1f »	» 50
19.	1 »	violet . . .	1f »	» 25
19b.	1 »	violet . . .	» 25	» »
20.	2 »	bleu . . .	1f 25	» 25
20b.	2 »	bleu ciel .	» 25	» »
21.	5 »	carmin . .	1f 50	» 50
21b.	5 »	carmin . .	» 25	» »
22.	25 »	rouge . . .	» »	» »
22b.	25 »	rouge . . .	» »	» »

1868. *Idem, dentelés (petite dentelure régulière).*

28.	10 paras	lilas. . . .	» 50	» 15
28a.	10 »	lilas brun .	» »	» 20
29.	20 »	vert clair .	» 50	» 10
29a.	20 »	vert foncé.	» »	» 15
30.	1 piastre	jaune vif .	» 75	» 15
30a.	1 »	jaune foncé	» »	» 10
31.	2 »	rouge . . .	1f »	» 25
31a.	2 »	orange . .	» »	» 20
32.	5 »	bleu . . .	2f »	» 35
33.	25 »	chair . . .	20f »	» »

1870-74. *Timbres semblables à ceux de 1868, grosse dentelure irrégulière.*

34.	10 paras	bistre brun.	» 75	» 15
34a.	10 »	lilas brun .	» »	» 30
35.	20 »	vert. . . .	» »	» 15
38.	20 »	vert bleu .	1f »	» 30

Nᵒˢ				Neufs.	Oblitérés.
36.	1 piastre	jaune . . .	» 75	» 10
39.	2 »	rouge terne	» »	» 25
37.	5 . »	gris bleu .	» »	» 50
37a.	5 »	bleu . . .	» »	» 50
37b.	25 »	chair . . .	15ᶠ »	12ᶠ »
40.	10 p. gris bistre *dentelure régulière*		» »	» 20
41.	10 »	lilas *non dentelé*	» »	» »

1876. *Type 1864, inscriptions turques plus fournies et valeur en français en surcharge noire, dentelés.*

56.	¼ piastre	lilas. . . .	» »	» 15
57.	½ »	vert. . . .	» »	» 20
58.	1¼ »	rose. . . .	» »	» 25
59.	2 »	bistre . . .	1ᶠ »	» 25
60.	5 »	bleu. . . .	5ᶠ »	2ᶠ50

1876-80. *Idem, moins la surcharge française.*

61.	10 paras	violet . .	» 15	» 05
62a.	20 »	vert . . .	» 25	» 05
62.	1 piastre	jaune . .	» 50	» 05
62b.	2 »	chair pâle	» »	» 20
62d.	20 paras	gris *1882*.	» »	» 10

1876. *Croissant, inscriptions turques et françaises, dentelés.*

63.	10 paras	lilas et noir.	» 25	» 10
64.	20 »	vert et violet	» 25	» 10
65.	50 »	jaune et bleu	» 75	» 20
66.	2 piastres	chair et noir	1ᶠ50	» 35
67.	5 »	bleu et rouge	3ᶠ50	» 50
68.	25 »	rouge et lie de vin	12ᶠ »	» »

1880-84. *Idem, dentelés.*

Nᵒˢ				Neufs.	Oblitérés.
70.	5 paras	jaune et noir	» 20	» 10
70a.	10 »	vert et noir .	» 30	» 20
71.	20 »	carm. et noir	» 50	» 10
72.	1 piastres	bleu et noir.	» »	» 35
73.	1 piastre	bleu et noir.	» 50	» 25

1884. *Idem, dentelés.*

78.	10 pa.	vert et vert pâle.	» 15	» 10
79.	20 »	rose et rose pâle.	» 25	» 10
80.	1 pi.	bleu et bleu pâle.	» 50	» 10
81.	2 »	bistre et jaune .	1ᶠ »	» 25
82.	5 »	brun et bistre. .	2ᶠ50	» 50
83.	25 »	noir et gris. . .	» »	» »

1886-87. *Idem, dentelés.*

84.	5 pa.	violet et violet p.	» »	» »
85.	5 »	noir sur blanc. .	» 10	» 10
86.	2 pi.	orange s. azuré .	1ᶠ »	» 25
87.	5 »	vert s. azuré . .	2ᶠ50	» 50
88.	25 »	brun clair . . .	12ᶠ »	» »

1888. *Idem, dentelés.*

89.	5 pa.	vert et jaune. .	» 10	» 10
90.	2 pi.	lilas et bleu.. .	1ᶠ »	» 25
91.	5 »	brun et gris . .	2ᶠ50	» 50
92.	25 »	rose et jaune. .	» »	» »

1890. *Idem, dentelés.*

97.	10 pa.	vert et gris. .	» 15	» 10
98.	20 »	rose et gris. .	» 25	» 10
99.	1 pi.	bleu et gris. .	» 50	» 05
100.	2 »	jaune et gris .	1ᶠ »	» 25
101.	5 »	chair et gris .	2ᶠ50	» »

1891. *Timbres de 1890 avec* IMPRIMÉ *et caractères turcs en surcharge noire (pour imprimés).*

103.	10 paras	vert et gris	» »	» »
104.	20 »	rose et gris	» 50	» »
105.	1 piastre	bleu et gris	» »	» »
106.	2 »	jaune et gris	» »	» »
107.	5 »	chair et gris	» »	» »

1892. *Thougra et armes, inscriptions turques et françaises, dentelés.*

Nos			Neufs.	Oblitérés.
108.	10 paras	vert	» 15	» 05
109.	20 »	rose	» 25	» 10
110.	1 piastre bleu		» 50	» 05
111.	2 »	brun . . .	1ᶠ »	» 25
112.	5 »	violet. . . .	2ᶠ50	» »

1892. *Idem, avec surcharge noire* IMPRIMÉ *dans un cadre (pour journaux).*

113.	10 paras	vert	»	»	»	»
114.	20 »	rose	»	»	»	»
115.	1 piastre bleu		»	»	»	»
116.	2 »	brun. . . .	»	»	»	»
117.	5 »	violet. . . .	»	»	»	»

Nous n'avons pas catalogué des séries de timbres turcs avec diverses surcharges que nous ne considérons pas comme sérieuses : mont Athos, *triangle* — Poste de contrebande, *triangle et rectangle,* — et IMPRIMÉS, etc.

Timbres-taxe

1862. *Type des timbres de 1862, bord bleu, papier pelure.*

7.	20 paras	noir sur brun	2ᶠ50	2ᶠ »
8.	1 piastre	noir sur brun	3ᶠ »	2ᶠ »
9.	2 »	noir sur brun	» »	2ᶠ50
10.	5 »	noir sur brun	» »	» »

1862. *Idem.*

11.	20 paras	noir s. rougeât.	2ᶠ50	1ᶠ50
12.	1 piastre	noir s. rougeât.	» »	1ᶠ50
13.	2 »	noir s. rougeât.	4ᶠ »	» »
14.	5 »	noir s. rougeât.	5ᶠ »	3ᶠ »

1864-67. *Type des timbres de 1864, dentelés.*

Nos				Neufs.	Oblitérés.
23.	20 paras	brun . . .		1ᶠ50	» 75
23b.	20 »	brun clair .		» »	» »
24.	1 piastre	brun. . . .		» 75	» 50
24b.	1 »	brun clair .		» 25	» »
25.	2 »	brun . . .		1ᶠ25	» 50
25b.	2 »	brun clair .		» 25	» »
26.	5 »	brun . . .		2ᶠ50	» »
26b.	5 »	brun clair .		» 25	» »
27.	25 »	brun . . .		4ᶠ »	» »
27b.	25 »	brun clair .		» »	» »

1868. *Idem, bordure brun clair, petite dentelure régulière.*

42.	20 paras	brun	» 40	» 15
44.	1 piastre	brun	» 75	» 25
46.	2 »	brun	» »	» 25
48.	5 »	brun	» »	» »
50.	25 »	brun	30ᶠ »	» »

1870. *Idem, bordure brun foncé, grosse dentelure irrégulière.*

43.	20 paras	brun bistre.	» 50	» 15
45.	1 piastre	brun bistre.	» 75	» 15
47.	2 »	brun bistre.	» »	» 10
49.	5 »	brun bistre.	» »	» 50
49a.	25 »	brun bistre.	» »	» »

1888. *Type des timbres-poste de 1876, dentelés.*

93.	20 paras	noir.	» 40	» 35
94.	1 piastre	noir.	» 60	» 25
95.	2 »	noir.	1ᶠ25	» 50

1892. *Type des timbres-poste de 1892, dentelés.*

118.	20 paras	noir. . . .	» 40	» »
119.	1 piastre	noir. . . .	» 75	» »
120.	2 »	noir. . . .	1ᶠ50	» »

CONSTANTINOPLE

POSTE LOCALE. — ENTREPRISE LIANOS

1865. *Étoile et croissant, noir sur couleur, dentelés.*

1.	5 paras	bleu	» 25	» »
2.	20 »	vert	» 10	» »
3.	40 »	rose	» 20	» »

Timbre pour journaux

1865. *Inscriptions turques et françaises, timbre frappé à main.*

Nᵒˢ		Neufs.	Oblitérés.
4.	noir, rouge ou bleu .	» »	» »

Timbre-taxe

1866. *Inscriptions.*

5.	10 paras	noir sur jaune	» » » »
6.	20 »	» rose .	» » » »
7.	1 piastre	rouge s. blanc	» » » »
8.	2 »	bleu	1f50 » »

POSTE LOCALE OFFICIELLE

1873. *Timbres de 1870-74 avec surcharge ovale noire, bleue ou rouge,
dentelés.*

9.	10 paras	violet . . .	» » » 25
10.	10 »	bistre . . .	» » » »
11.	20 »	vert	» » » »
12.	1 piastre	jaune . . .	» » » »
9a.	10 paras	violet *non*	
		dentelé .	» » » »

1875. *Même type, surcharge ana-
logue ronde, entourée de points, imprimée bleue; dentelés.*

15.	10 paras	violet . . .	» » » 15
16.	20 »	vert	» » » »
17	1 piastre	jaune . . .	» » » 15

1876. *Timbres de 1876 (inscriptions
noires plus fournies) avec la surcharge bleue, ronde, entourée de
points.*

Nᵒˢ		Neufs.	Oblitérés.
20.	10 paras violet . . .	» »	» »
21.	20 » vert	» »	» »
22.	1 piastre jaune . . .	» »	» »

Timbres-taxe

1873. *Timbres-taxe de 1870 avec la
surcharge ovale.*

13.	20 paras	brun bistre .	» » » »
14.	1 piastre	brun bistre .	» » » »

KUSTENDJE & CZERNAVODA

ENTREPRISE PARTICULIÈRE

1867. *Croissant, montagnes et mer,
dentelé.*

1.	20 paras noir sur vert.	» 25	» 50

URUGUAY

RÉPUBLIQUE

Amérique du Sud, Orient

1856. *Soleil.*

1.	60 centavos	bleu . . .	» » » »
2.	80 »	vert . . .	» » » »
3.	1 real	rouge. . .	» » » »

1859. *Soleil, valeur indiquée deux
fois.*

4.	120 cent.	bleu	» » » »
5.	180 »	vert	» » » »
6.	240 »	rouge . . .	» » » »

1859. *Même genre, valeur indiquée une fois, chiffres maigres.*

Nos			Neufs.		Oblitérés.	
7.	60 centesim.	lilas . . .	»	»	»	»
8.	80 »	jaune . .	»	»	»	»
9.	100 »	carminé .	»	»	»	»
10.	120 »	bleu. . .	7f »		5f »	
11.	180 »	vert . . .	3f »		»	»
12.	240 »	rouge . .	5f »		»	»

1859. *Idem, chiffres gras.*

13.	60 centes.	violet . . .	4f »		2f »	
14.	60 »	lie de vin .	2f50		1f50	
15.	80 »	jaune . . .	»	»	»	»
16.	100 »	carmin . .	3f50		3f50	
17.	120 »	bleu. . . .	2f50		1f75	
18.	180 »	vert	»	»	»	»

1864. *Armes.*

19.	06 centesim.	carmin .	1f50		»	»
20.	06 »	rougeâtre	»	»	»	»
21.	08 «	vert . . .	»	»	»	»
22.	10 »	jaune . .	»	»	»	»
23.	12 »	bleu. . .	2f50		3f50	

1865. *Idem, avec chiffre de la valeur en surcharge noire, dans les angles inférieurs.*

24.	5 sur 12 c.	bleu . . .	»	»	»	»
25.	10 » 08 »	vert . . .	»	»	»	»
26.	15 » 10 »	jaune . .	»	»	»	»
27.	20 » 06 »	carmin .	2f »		»	»
28.	20 » 06 »	rougeâtre	»	»	»	»

1866. *Chiffre, armes, types divers.*

Nos			Neufs.		Oblitérés.	
31.	1 centesimo	noir. . .	» 50		»	»
32.	5 »	bleu. . .	» 75		» 50	
33.	10 »	vert . . .	1f25		» 75	
34.	15 »	jaune . .	2f »		1f »	
35.	20 »	rose. . .	3f »		1f25	

1872. *Idem, dentelés.*

40.	1 centesimo	noir. . .	1f »		»	»
41.	5 »	bleu. . .	» 60		» 25	
42.	10 »	vert . . .	1f25		» 50	
43.	15 »	jaune . .	2f »		» 75	
44.	20 »	rose. . .	2f50		» 75	

1877-79. *Chiffre, types divers, gravés, dentelés.*

47.	1 centesimo	brun rouge	» 25		» 20	
48.	5 »	vert . . .	» 50		» 10	
49.	10 »	rouge. . .	1f »		» 15	
50.	20 »	bistre. . .	2f »		» 35	

51.	50 centesim.	noir . . .	5f »		» 75	
52.	1 peso	bleu . . .	10f »		3f »	

1880. *Idem, copie lithographiée du 1 c., dentelé.*

53.	1 centesimo	brun . .	» 15		» 10	

1881. *Effigie de 3/4 à droite (J. Suarez), dentelé.*

Nos   Neufs. Oblitérés.
67.   7 centesimos bleu . .   1f50   »   »

1882. *Armes, millésime, nº d'ordre de 1 à 100, dentelés.*

68. 1 cent. vert *balances.*   » 25   »   »
69. 2   »   rose *montagne*   » 5C   »   »

1883-84. *Types divers, dentelés.*

71.   1 c. vert *armes* . . .   » 25   »   »
72.   2 » rouge *id.*   » 40   »   »

70. 5 c. bleu *Santos* . . .   1f50   »   »

Nos   Neufs. Oblitérés.
73. 10 c. brun *Artigas* . .   1f25   »   »

74.   5 c. bleu *soleil.* . . .   » 60   » 15

1883-84. *Timbres de 1877 et 1882, avec* PROVISORIO *et millésime en surcharge noire.*

83. 1883 sur 5 c. vert *nº* 48.   1f   »   » 75
84. 1884 sur 2 c. rose *nº* 69.   1f50   »   »
85. *id.* 1 c. s. 10 rouge *nº* 49.   » 50   » 35

1884. *Types divers, dentelés.*

86.   1 c. vert olive *chiffre.*   » 15   » 10
86a. 1 » vert gris » . . .   » »   » 10
87.   2 » rouge   » . . .   » 25   » 20
92.   5 » bleu   » . . .   » 60   » 15

88.   7 c. brun f. *Artigas* .   1f   »   » 60
89. 10 » brun *M. Santos* .   1f25   » 25

Nᵒˢ   Neufs. Oblitérés.

90. 20 c. lilas *chiffre* . . .   2ᶠ25   » 60

91. 25 c. violet *armoiries* .   »   »   »   »

1887. *Idem, chiffre, dentelés.*

95.   5 cent. violet *type nᵒ 92*   » 60   » 15
96. 10   »   violet vif . . .   2ᶠ50   1ᶠ50

1888. *Types de 1884, dentelés.*

97.   1 c. vert foncé. . . .   » 20   » 10
98.   2 » carmin . . . . .   » 30   » 15
99.   5 » bleu ciel . . . .   » 60   » 10
100.   7 » orange . . . . .   1ᶠ25   » 75
101. 10 » viol. noir *armes.*   1ᶠ25   » 25
102. 20 » bistre . . . . . .   2ᶠ25   » 60
103. 25 » rouge . . . . . .   3ᶠ »   » 75

1889. *Timbre de 1887, chiffre, avec*
Provisorio *en surcharge noire.*

105. 5 centavos violet. . .   1ᶠ »   » 50

1890. *Types divers, dentelés.*

Nᵒˢ   Neufs. Oblitérés.

106.   1 c. vertjaune, *armes*   » 15   » 10
107.   2 » rose, *chiffre* . .   » 25   » 15

108.   5 c. bleu, *armes* . .   » 60   » 10
109.   7 » brun, *chiffre* . .   1ᶠ »   » 50

110. 10 c. vert bleu, *armes*   1ᶠ25   » 20
111. 20 « orange, *chiffre* .   2ᶠ »   » 60

112. 25 c. br. rouge, *Justice*   2ᶠ50   » 75
113. 50 c. bleu clair, *Mer-*
     cure . . . . .   5ᶠ »   1ᶠ50

114.   1 peso violet, *armes.* 10ᶠ »   3ᶠ »

1891. *Timbres antérieurs avec* PROVI-SORIO *et millésime en surcharge rouge.*

Nᵒˢ		Neufs.	Oblitérés.

118. 1 cent. vert . . . . . » 50   » »
115. 5   »   violet, ... » »   » 50

1892. *Idem, en plus surcharge noire ou rouge.*

119. 1 c. sur 20 c. orange.   » »   » »
120. 5 » sur 7 c. brun .   » »   » 50

1892. *Armes, types divers, dentelés.*

121. 1 cent. vert . . . . » 15   » 10
122. 2   »   rose . . . . . » 25   » 15
123. 5   »   bleu . . . . » 50   » 10
124. 10 »   orange. . . 1ᶠ »   » 25

Timbres pour lettres en retard

1879. *Timbres en cours avec* FUERA DE HORA *en surcharge noire.*

54. 1 ou 5 c. . . . . » » » »

Timbres de service

1880. *Timbres en cours avec* OFFICIAL *en surcharge noire, bleue ou rouge.*

55. 1, 5, 10 ou 20 c . . . » » » 50

1889. *Timbres de 1888 avec* OFICIAL *en surcharge noire transversale.*

Toute la série . . . » » » »

1891. *Timbres de 1890 avec* OFICIAL *en surcharge noire.*

Toute la série . . . . » » » »

VAN DIEMEN ou TASMANIE

POSSESSION ANGLAISE

Océanie Australasie

1853. *Petite effigie à droite (Victoria I).*

Nᵒˢ			Neufs.	Oblitérés.

1. 1 penny bleu . . . . .   » » » »
2. 4 pence orange *octog.*   » » 5ᶠ »
3. 4   »   jaune *idem* .   » » » »

1858-60. *Effigie de 3/4 à gauche.*

4. 1 penny rouge brun .   1ᶠ50   » 75
5. 2 pence vert foncé . .   » »   5ᶠ »
6. 4   »   bleu . . . . .   » »   » 60
7. 4   »   bleu clair . .   2ᶠ »   » 60
8. 6   »   lilas *octogone*   » »   » »
8a. 6 »   gris *id.*   » »   » »
9. 6   »   violet *id.*   » »   1ᶠ »

10. 1 shill. rouge *octogone* 3ᶠ50   2ᶠ50
11. 1 penny carm. *rectang.* » »   » 75
12. 2 pence vert clair *id.*   » »   5ᶠ »

1864. *Mêmes types, dentelés.*

13. 1 penny rouge brun . 2ᶠ »   » 50
14. 1   »   carmin . . . 1ᶠ50   » 35

N°ˢ				Neufs.	Oblitérés.
15.	2 pence	vert	» »	»	»
16.	2 »	vert foncé .	» »	»	»
17.	4 »	bleu	» »	1ᶠ	»
18.	4 »	bleu clair. .	» »	1ᶠ	»
19.	6 »	violet . .	» »	» 75	
20.	6 »	lilas	» »	» 75	
21.	1 shill.	rouge. . . .	3ᶠ50	1ᶠ	»

1870-80. *Effigie à gauche, dentelés.*

22.	1 penny	carmin . . .	» 25	» 10
23.	1 »	rouge carminé	» 50	» 15
24.	2 pence	vert	» 50	» 10
25.	3 »	brun carminé	1ᶠ »	» 60
26.	3 »	brun	» »	» 60
27.	4 »	bleu.	» »	» »
31.	4 »	jaune	» »	» »
32.	8 »	lilas brun . .	2ᶠ »	» »
28.	9 »	bleu.	2ᶠ25	» »
29.	10 »	noir	2ᶠ50	» »
30.	5 shill.	violet	12ᶠ »	» »

1883. *Timbres fiscaux divers servant comme timbres-poste.*

37.	1 p. gris. *Ornithorhynque*	» »	» »
38.	6 » lilas. *idem.*	» »	1ᶠ »
	Etc., etc.		

1889. *Timbre de 1870 avec valeur en surcharge noire.*

39. Halfpenny s. 1 p. rose. 1ᶠ » » »

1889. *Idem, sans surcharge.*

40. ½ penny orange . . . » 35 » 25

1891. *Timbre de 1870 avec valeur en surcharge noire.*

41. 2½ p. sur 9 p. gris bleu 1ᶠ25 » »

1891. *Idem, sans surcharge.*

42. 4 pence bistre . . . . 2ᶠ » » »

1892. *Petite effigie à gauche, dentelés.*

N°ˢ				Neufs.	Oblitérés.
52.	½ p.	orange et violet.	» 15	» »
44.	2½ »	lilas	» 60	» »
45.	5 »	bleu et brun . .	1ᶠ25	» »
53.	6 »	violet et noir. .	1ᶠ50	» »
54.	1 sh.	rose et vert. . .	2ᶠ50	» »
55.	2 »	6 p. br. clair et bleu 6ᶠ »		» »
56.	10 »	violet et brun. .	23ᶠ »	» »

VÉNÉZUELA

RÉPUBLIQUE

Amérique du Sud, Nord

1859. *Armes.*

1.	½	real	jaune	» »	» 60
2.	½	»	orange . . .	» 35	» 35
3.	1	»	bleu.	» 35	» 50
4.	2	»	carminé . . .	» 35	» »

1861. *Armes.*

5.	¼	centavo	vert . . .	1ᶠ50	» »
6.	½	»	violet brun	1ᶠ »	» »
7.	1	»	brun . . .	1ᶠ50	» »

1863. *Aigle.*

8.	½	centavo	chair . . .	2ᶠ50	» »
9.	1	»	gris . . .	2ᶠ50	» »
10.	½	real	jaune. . .	» 75	» 35
11.	1	»	bleu . . .	1ᶠ50	» 75
12.	2	»	vert. . . .	2ᶠ »	» »

1866-67. *Armes.*

Nᵒˢ				Neufs.		Oblitérés.	
13.	⅟₂	centavo	vert . . .	»	»	»	»
14.	1	»	vert bleu .	»	»	»	»
15.	⅟₂	real	brun **carm.**	» 35		» 25	
16.	1	»	rouge . .	1ᶠ25		»	»
17.	2	»	jaune . .	2ᶠ50		»	»
18.	⅟₂	»	carm.*1870*	» 50		» 25	

1874. *Type 1866, deux inscriptions microscopiques en surcharge noire.*

24.	1 cent.	violet	1ᶠ	»	»	»
25.	2 »	vert	»	»	»	»
26.	⅟₂ real	carmin . . .	» 75		» 15	
27.	1 »	rouge	»	»	» 50	
28.	2 »	jaune	»	»	»	»

1879. *Effigie à droite (Bolivar), deux inscriptions microscopiques en surcharge noire.*

29.	1 centesimo	jaune . .	»	»	» 50
30.	1 »	jaune pâle	»	»	» 50
31.	5 »	jaune . .	»	»	» 15
32.	10 »	bleu. . .	»	»	» 25
33.	30 »	bleu. . .	»	»	»
34.	50 »	bleu. . .	»	»	»
35.	90 »	bleu. . .	»	»	»
36.	1 venezolano carmin .	»	»	»	»

1880. *Idem, sans surcharge, dentelés.*

39.	5 centimos	jaune. . .	» 25		» 10
40.	10 »	jaune. . .	» 40		» 25
41.	25 »	jaune. . .	» 75		» 10
42.	50 »	jaune. . .	1ᶠ25		» 25
43.	1 bolivar bleu . . .		2ᶠ50		» 75

1880. *Même effigie à gauche (pour l'extérieur), dentelés (**).*

Nᵒˢ				Neufs.		Oblitérés.	
47.	5	cents	bleu	» 20		» 20	
48.	10	»	rouge . . .	» 50		»	»
49.	10	»	rose	» 50		»	»
50.	25	»	jaune . . .	» 75		» 10	
51.	50	»	brun foncé .	1ᶠ25		» 40	
52.	1	bolivar	vert	2ᶠ50		1ᶠ	»

1882. *Même effigie à gauche (pour l'extérieur), cadres divers, gravés, dentelés.*

57.	5 centimos	bleu . . .	» 05		» 10
58.	10 »	brun rouge	» 05		» 20
59.	25 »	brun . . .	» 05		» 10
60.	50 »	vert . . .	» 05		» 40
61.	1 bolivar	violet. . .	» 15		» 75
	La collection des 5 timbres		» 30		» »

1882. *Même genre, effigie à droite (pour l'intérieur), gravés, dentelés.*

62.	5 centimos	vert . . .	» 05		» 05
63.	10 »	brun . . .	» 05		» 15
64.	25 »	orange . .	» 05		» 05
65.	50 »	bleu . . .	» 05		» 35
66.	1 bolivar	rouge . .	» 10		» 75
	La collection des 5 timbres		» 25		» »

* Nous ne cataloguons pas les fortes valeurs : 3 et 5 venezolanos de 1879, 2, 5 et 20 bolivares de 1880, n'ayant pas la preuve qu'ils ont un usage postal.

** Depuis 1880 deux séries de timbres sont simultanément en cours, l'une avec légende *Vénézuela* pour la correspondance étrangère, l'autre avec *Escuelas* pour l'intérieur de la république.

1887-88. *Types 1882 (pour l'extérieur), lithographiés, dentelés.*

Nos			Neufs.	Oblitérés.
73.	5 centimos	bleu . . .	» 25	» »
68.	25 »	brun . . .	» 50	» 15
74.	50 »	vert . . .	1f50	» »
75.	1 bolivar	violet. . .	3f »	» »

1887-88. *Types 1882 (pour l'intérieur), lithographiés, dentelés.*

69.	5 centimos	vert. . . .	» 15	» 10
70.	25 »	orange . .	» 50	» 25
76.	1 bolivar	rouge. . .	2f50	» »
77.	3 »	violet . . .	10f »	» »

1888-89. *Type de 1882, gravés (pour l'intérieur).*

78.	3 bolivares	violet. . .	» 25	» »
79.	10 »	brun . . .	» 75	» »
80.	20 »	lilas . . .	1f »	» »
	La collection des 3 timbres		1f75	» »

1893. *Timbres de 1882 (pour l'extérieur) avec armes et fond ligné en surcharge rouge ou noire.*

81.	5 centimos	bleu. . . .	» 05	» »
82.	10 »	brun rouge.	» 10	» »
83.	25 »	brun . . .	» 10	» »
84.	50 »	vert. . . .	» 20	» »
85.	1 bolivar	violet . . .	» 50	» »
	La collection des 5 timbres		» 80	» »

1893. *Idem (pour l'intérieur) même surcharge.*

86.	5 centimos	vert. . . .	» 05	» »
87.	10 »	brun . . .	» 05	» »
88.	25 »	orange . .	» 25	» »
89.	50 »	bleu. . . .	» 25	» »
90.	1 bolivar	rouge . . .	1f »	» »
91.	3 »	violet . . .	2f »	» »
92.	10 »	brun . . .	5f »	» »
93.	20 »	lilas. . . .	2f50	» »
	La collection 4 t. nos 86 à 89		» 50	» »
	La collection 4 t. nos 90 à 93		10f »	» »

1893. *Effigie de Bolivar à droite,* CORREOS, *rectangulaires, dentelés (pour l'extérieur).*

Nos			Neufs.	Oblitérés.
95.	5 centimos	brun rouge	» 15	» »
96.	10 »	bleu. . . .	» 25	» »
97.	25 »	violet . . .	» 50	» »
98.	50 »	brun violet.	1f »	» »
99.	1 bolivar	vert. . . .	2f »	» »

1893. *Même effigie à gauche,* INSTRUCCION, *ovale, dentelés (pour l'intérieur).*

100.	5 centimos	gris . . .	» 15	» »
101.	10 »	vert . . .	» 25	» »
102.	25 »	bleu . . .	» 50	» »
103.	50 »	orange. .	1f »	» »
104.	1 bolivar	violet brun	2f »	» 35

1893. *Timbre-jubilé, débarquement de Christophe Colomb sur la Terreferme, dentelé.*

94.	25 centimos lilas . . .	» 75	» 50

VICTORIA

POSSESSION ANGLAISE

Océanie Australasie

1850. *Reine de face à mi-corps (Victoria I).*

1.	1 penny	rose	» »	» »
2.	1 »	chair	» »	5f »

Nos			Neufs.	Oblitérés.
3.	2 pence	bistre . . .	» »	7f »
4.	2 »	gris cendré .	» »	» »
5	3 »	bleu	» »	2f50

1852. *Reine sur un trône.*

6. 2 pence brun *gravé* . » » » »
7. 2 » brun lilas *li-thographié* » » 5f »

1854. *Effigie à gauche.*

8. 6 pence jaune. . . . » » 1f50

1854. *Même effigie, octogone.*

9. 1 shill. bleu . . . . . » » 5f »

1854-55. *Même effigie*

10. 1 shill. rose et bleu *registered* . » » » »
11. 6 pence violet et vert *too late* . . » » » »

1856. *Genre 1852, reine sur un trône.*

12. 1 penny vert. . . . . » » 8f »

1858. *Type du 6 p. 1854.*

Nos			Neufs.	Oblitérés.
13.	2 shill. vert		» »	» »

1859. *Même effigie, attributs aux angles.*

14. 1 penny vert . . . . » » 5f »
15. 2 pence violet . . . » » » »
16. 2 » lilas . . . . » » » »
17. 4 » rose . . . . » » 2f50
18. 4 » rouge . . . » » 2f50

1861. *Type 1850, reine à mi-corps, dentelés.*

19. 1 penny rose . . . . » » » »
20. 1 » rougeâtre. . » » » »
21. 3 pence bleu . . . . » » .» »

1861. *Types 1854-58, dentelés.*

22. 6 pence jaune . . . » » » »
23. 1 shill. bleu . . . . » » 3f »
24. 2 » vert . . . . » » 5f »

1861. *Type 1856, reine sur un trône, dentelé.*

26. 6 pence bleu . . . . » » 2f »

1861. *Type 1859, effigie à gauche, attributs aux angles, dentelés.*

27. 1 penny vert . . . . » » 2f50
28. 2 pence violet . . . » » 1f50
29. 2 » lilas . . . . » » 1f50
30. 4 » rose . . . . » » 1f50

1861-62. *Même genre, ornements aux angles, dentelés.*

Nᵒˢ			Neufs.	Oblitérés.
31.	3 pence	bleu	» »	2ᶠ »
32.	4 »	rose	» »	1ᶠ »
33.	6 »	jaune . .	» »	» »
34.	6 »	noir	» »	2ᶠ »

1862. *Types divers, dentelés.*

35	1 p.	vert *sans ornem.*	2ᶠ50	1ᶠ50
36.	6 »	noir *type 1854* .	» »	10ᶠ »
37.	6 »	noir *type 1861-62*		
		grands caract.	» »	1ᶠ »

1863-65. *Même effigie laurée, dans un rond, dentelés.*

38.	1 penny	vert.	» 50	» 20
39.	2 pence	violet. . . .	» 75	» 20
40.	4 »	rose	» »	» 20
41.	8 »	jaune. . . .	» »	» »

1864-68. *Types divers, dentelés.*

42.	2 sh. bl. s. vert *typ 1858*		» »	2ᶠ »
43.	3 p. carminé *typ 1861*		» »	» »
44.	6 » bleu *même genre*		2ᶠ »	» 15
45.	3 » violet		» »	» »

46.	10 p. gris	» »	» »
47.	10 » brun s. chair *id.*	3ᶠ »	1ᶠ »

Nᵒˢ		Neufs.	Oblitérés.
48.	1 sh. bleu s. bleu *octog.* »	»	1ᶠ25

1868. *Même genre, dentelés.*

49.	5 sh. bleu sur jaune . .	» »	» »
50.	5 » rouge et bleu s. bl.	» »	3ᶠ »

1869-70. *Types divers, dentelés.*

51.	3 p. jaune *type nᵒ 45*	1ᶠ50	» 50

54.	2 p. violet *1870* . . .	» 75	» 10

1871. *Timbre de 1866 nᵒ 47, avec valeur en surcharge bleue.*

55.	9 p. s. 10 p. brun chair	» »	3ᶠ »

1873. *Timbre de 1863 nᵒ 38, avec valeur en surcharge rouge.*

57.	½ rouge sur 1 p. vert.	1ᶠ »	» »

1873-76. *Types divers, dentelés.*

56.	9 p. br. rouge s. chair.	» »	3ᶠ »
60.	2 » violet	» »	» 10
61.	½ » rose	» 25	» 15

Nos		Neufs.	Oblitérés.

62. 1 p. vert sur blanc . » 25 » 10

63. 1 sh. bleu sur bleu . 3f 50 » 35

1876. *Timbre de 1873, n° 56, avec valeur en surcharge bleue.*

64. 8 d. sur 9 p. brun rouge » » 5f »

1877. *Timbre de 1863, n° 41, dentelé.*

66. 8 p. brun rouge s. chair » » 1f 50

1878. *Timbres de 1874-75 sur papier teinté, dentelés.*

70. ½ p. rose s. rose n° 61 » » » »
67. 1 » vert s. jaune n° 62 » » » »
68. 2 » violet s. vert n° 60 » » » »
68a. 2 » violet s. chair id. » » » »

1881. *Genre du n° 62, dentelé.*

71. 2 shill. bleu s. verdâtre » » » »

1881. *Même effigie, dentelés.*

72. 2 pence brun clair . » 50 » 10
73. 4 » rose .... 1f » » 25

1883. *Idem.*

77. 1 penny vert..... » » » 20
78. 2 pence lilas type n° 72 » 50 » 20

1883. *Timbres fiscaux divers servant comme timbres-poste.*

82. 1 p. bistre S. duty . . » » » 50
83. 1 ou 5 sh. » .. » » 1f 25

1885-86. *Timbres antérieurs, avec* STAMP DUTY *en surcharge noire.*

Nos		Neufs.	Oblitérés.

101. 3 p. jaune n° 51 du cat. » » » »
102. 4 » rose n° 73 » 3f » » »
91. 1 sh. bleu s. bl. n° 63 » » » »
92. 2 » bleu s. vert n° 71 » » » »

1885-86. *Même effigie à gauche, inscription :* STAMP DUTY, *dentelés.*

84. ½ penny rose ...... » 20 » 15
85. 1 » vert..... » 35 » 20
86. 2 pence violet .... » 50 » 15
87. 3 » bistre .... » 75 » 35
88. 4 » carminé ... 1f » » 25
89. 6 » bleu...... 1f 50 » 35
90. 8 » rose...... 2f » » »
99. 1 shill. bleu s. jaune . » » » »
100. 2 » vert s. vert .. 5f » » 75

1886. *Idem, types divers, dentelés.*

109. ½ penny lilas.... » 35 » 30
110. 1 » vert.... » 25 » 10

111. 6 pence bleu ciel .. 1f 50 » 25

1887. *Idem, fond ligné pour les 2 p. et 4 p., dentelés.*

Nᵒˢ		Neufs.	Oblitérés.
118.	½ p. rose, *nᵒ 109 du cat.*	» 25	» 10
120.	2 » lilas, *nᵒ 86 refait.*	» »	» 10
116.	4 » rose, *nᵒ 88* »	1ᶠ »	» 20

117. 1 sh. lilas brun . . . .   2ᶠ50   » 25

1890. *Types divers, dentelés.*

126.   1 p. br. rouge, *effigie*   » 25   » 10
127.   18 p. bleu clair, *déesse.*   » »   » »
128.   18 » rouge, *déesse* . .   4ᶠ »   » »

1891. *Effigie à gauche, cadres divers, dentelés.*

139. 2½ p. rouge brun sur
       jaune . . . .   » 60   » 15
140. 5   » brun sur blanc   1ᶠ25   » 35

1893. *Type 1873, dentelé.*

150. 9 pence vert . . . . .   2ᶠ »   » »

Timbres-taxe

1890-91. *Gros chiffre dans un octogone, inscriptions, dentelés.*

Nᵒˢ			Neufs.	Oblitérés.
141.	½ p.	bleu et rouge br.	» 25	» »
132.	1 »	bl. et rouge brun	» 40	» »
133.	2 »	bl. et rouge brun	» 75	» »
134.	4 »	bl. et rouge brun	1ᶠ50	» »
135.	5 »	bl. et rouge brun	1ᶠ75	» »
136.	6 »	bl. et rouge brun	2ᶠ »	» »
137.	10 »	bl. et rouge brun	2ᶠ75	» »
138.	1 sh.	bl. et rouge brun	3ᶠ50	» »
142.	2 »	bleu et rouge br.	6ᶠ »	» »
143.	5 »	bleu et rouge br.	15ᶠ »	» »

ILES VIERGES

POSSESSION ANGLAISE

Amérique Centrale, Antilles

1866-67. *Vierge aux lampes ou madone, types divers, dentelés.*

1.   1 penny vert . . . . .   5ᶠ »   » »
2.   6 pence rose . . . . .   » »   » »
3.   4   »   carminé brun   8ᶠ »   » »

4.   1 shill.   noir & carmin   » »   » »
5.   1   »   id. *large bord*   » »   » »

1880. *Effigie à gauche (Victoria I), dentelés.*

N⁰ˢ		Neufs.	Oblitérés.

6.	1 penny vert	»	»	»	»
7.	2½ pence brun rouge.	»	»	»	»

1883-84. *Idem, dentelés.*

9.	½ penny jaune. . . .	»	»	»	»
10.	½ » vert.	» 50	»	»	
11.	1 » rose	» 75	»	»	
12.	2½ pence bleu	1ᶠ50	»	»	

1887-89. *Types de 1866-67, dentelés.*

18.	1 penny carmin . . .	1ᶠ	»	»	»
13.	4 pence rouge brun .	5ᶠ	»	»	»
15.	6 » violet. . . .	6ᶠ	»	»	»
19.	1 shill. . brun clair. .	8ᶠ	»	»	»

1888. *Idem, avec valeur en surcharge violette.*

16.	4 D. s. 1 sh. noir et carmin t. n⁰ 5 . .	»	»	»	»

WADHWAN

ÉTAT INDIEN

Asie Sud

1888. *Armes, dentelé.*

1.	½ pice noir	» 25	»	»

Cercle de **WENDEN** (Livonie)

Russie

1862. *Ornements.*

N⁰ˢ		Neufs. Oblitérés
1.	bleu *rond*	» 35 »

1862. *Inscriptions noires sur fond burelé, Briefmarke, etc.*

2.	noir et rose	»	»	»	»

1863. *Idem, Packenmarke, etc. (pour paquets).*

3.	noir et vert . . .	»	»	»	»

1863. *Ovale vert, cadre perlé.*

4.	rose et vert	3ᶠ	»	»	»

1864. *Idem, griffon dans l'ovale.*

5.	rose et vert	»	»	»	»

1871. *Genre 1863 mieux dessiné, cadre guilloché.*

6.	rose et vert	»	»	»	»

1872. *Même genre, bras armé, dentelé.*

7.	rouge et vert . . .	»	»	»	»

1875. *Même genre, cadre vert, fond ligné, valeur aux angles, dentelé.*

8.	2 kop. vert et rouge .	» 50	»	»

1878. *Même genre, cadre vert, fond blanc, valeur en lettres en bas, dentelé.*

N◦◦		Neufs.	Oblitérés.

9. 2 kop. vert et rouge . » » » 50

1880. *Idem.*

10. 2 kop. gris et rouge . » 25 » »

WURTEMBERG

ROYAUME

Europe Centre

1851. *Chiffre noir sur couleur.*

1.	1 kr.	fauve	»	»	1f	»
2.	3 »	jaune	3f	»	»	15
3.	3 »	jaune foncé . .	»	»	»	»
4.	6 »	vert.	»	»	»	25
5.	9 »	rose.	»	»	»	35
6.	18 »	violet	»	»	»	»

1857. *Armes, relief.*

8.	1 kr.	brun	»	»	1f50
9.	3 »	jaune	»	»	» 10
10.	6 »	vert	»	»	» 75
11.	9 »	carmin	»	»	» 75
12.	18 »	bleu.	»	»	» »

1859. *Idem, dentelés.*

13.	1 kr.	brun	»	»	1f »
14.	1 »	brun noir . . .	»	»	» »
15.	3 »	jaune	»	»	» 10
16.	6 »	vert.	4f	»	» 40
17.	9 »	carmin	»	»	» 60
18.	9 »	lie de vin . . .	»	»	» »
19.	18 »	bleu.	»	»	» »

1862-66. *Idem.*

20.	1 kr.	vert.	1f	»	» 25
21.	1 »	vert clair . . .	»	»	» 25
22.	3 »	carmin	» 75		» 10
23.	6 »	bleu.	1f50		» 35
24.	9 »	brun clair . . .	»	»	» 50
25.	9 »	brun	»	»	» 75
26.	9 »	brun noir . . .	»	»	1f25
27.	18 »	jaune	»	»	» »
39.	7 »	bleu *1867* . . .	»	»	» »

1868-73. *Chiffre, dentelés.*

N◦◦			Neufs.	Oblitérés.
40.	1 kr.	vert	» 30	» 10
41.	2 »	orange	» 75	» »
42.	3 »	rose.	» 50	» 05
43.	7 »	bleu.	1f »	» 25
44.	9 »	bistre	» »	» 35
45.	14 »	jaune	2f »	» 40

1873. *Type 1857, armes, relief.*

63. 70 kr. lilas. . . . . . . » » » »

1875. *Chiffre, dentelés.*

67.	3 pfennig	vert. . . .	» 10	» 05
68.	5 »	lilas. . . .	» 15	» 05
69.	10 »	rose. . . .	» 25	» 05
70.	20 »	bleu. . . .	» 50	» 05
71.	25 »	bistre . . .	» 75	» 10
72.	50 »	gris	» »	» 30
73.	2 mark	jaune . . .	» »	» »

1878-81. *Idem.*

106.	50 pf.	gris vert . . .	1f50	» 10
107.	2 mark	rouge s. jaune	» »	» »
108.	5 »	bleu pâle et noir	» »	3f »

1883. *Idem.*

121. 2 mark jaune et noir. » » » 35

1890. *Idem.*

130.	3 pfennig	brun . . .	» 10	» 10
131.	5 »	vert . . .	» 15	» 10
132.	25 »	orange . .	» 60	» 25
133.	50 »	brun rouge	1f25	» 10

Timbres de service

1875. *Chiffre, dentelés.*

Nos				Neufs.	Oblitérés.
77.	5 pf.	violet	» 40	» 20
78.	10 »	rouge	» 50	» 25

1881-82. *Inscriptions, dentelés.*

109.	3	pf.	vert	» 75	» 35
110.	5	»	violet . . .	» 50	» 20
111.	10	»	rose	» 50	» 15
112.	20	»	bleu	» 75	» 15
113.	25	»	brun	1f »	» 20
114.	50	»	vert terne .	» »	» »
115.	1 mark		jaune . . .	» »	» »

1890. *Type 1875, dentelé.*

134.	5 pfennig vert . . .	» »	» 20

1890. *Type 1881, dentelés.*

135.	3 pfennig	brun . . .	» »	» 35
136.	5 »	vert . . .	» »	» 20
137.	25 »	orange . .	» »	» 20
138.	50 »	brun rouge	» »	» »
139.	1 mark	violet . .	» »	» »

Timbres de retour

1857. *Armes.*

7.	noir	» »	» »

Même genre, dentelé.

28.	noir	» »	» »

1875. *Armes, dentelés.*

Nos		Neufs. Oblitérés.
92.	noir	» » » »

Timbres - télégraphe

1875-76. *Inscriptions, chiffre et valeur en surcharge noire pour les pfennig et bleue pour les mark, dentelés.*

80.	20	pf.	brun	» 75	» »
81.	25	»	violet . . .	1f »	» »
82.	35	»	vert jaune .	» »	» »
83.	40	»	bistre . . .	1f 50	» »
84.	50	»	carmin . . .	2f »	» 75
85.	80	»	bleu	» »	» »
85a.	80	»	vert jaune .	4f »	» »
86.	1 mark		vert	» »	1f 25
87.	2	»	jaune . . .	» »	» »
88.	4	»	bleu clair .	» »	» »
89.	10	»	rouge pâle .	» »	» »
90.	5	pf.	gris *1876* . .	» 25	» »
91.	10	»	bleu » . .	» 50	» »

ZOULOULAND

POSSESSION ANGLAISE

Afrique Sud

1888. *Timbre de Natal de 1880 avec* ZULULAND *en surcharge noire.*

1.	½ penny vert	» 75	» »

1888. *Timbres de la Grande-Bretagne de 1887, avec même surcharge.*

Nos		Neufs.	Oblitérés.
2.	½ penny rouge brun. .	» 25	» »
3.	1 » violet	» 40	» »
4.	2 pence vert et rouge.	» 75	» »
5.	3 » brun s. jaune.	1f25	» »

Nos		Neufs.	Oblitérés.
6.	4 pence vert et brun .	1f50	» »
7.	6 » brun s. rouge.	2f	» » »

1891. *Timbre fiscal de Natal avec surcharge noire* ZULULAND, *servant comme timbre-poste.*

9. 1 penny violet. . . . . » 50 » »

1891-92. *Timbres de Grande-Bretagne, même surcharge.*

			Neufs.	Oblitérés.
10.	2½ pence violet sur bleu.	1f	» »	»
11.	5 » violet et bleu.	»	» »	»
12.	9 » violet et bleu.	3f	» »	»
13.	1 shill. vert	3f 50	» »	
14.	5 » rose	15f	» »	

Paris. — E. KAPP, imprimeur, 83, rue du Bac.

ARMORIAL UNIVERSEL
Par ARTHUR MAURY

Cette nouvelle série de **Quatre-vingt-douze Armoiries** ou emblèmes des principaux pays du globe, n'est pas, comme d'habitude, une copie d'ouvrages antérieurs plus ou moins erronés et incomplets : chaque blason a été contrôlé sérieusement dans les chancelleries, les collections de monnaies, de sceaux, etc.

Ces armoiries forment une magnifique feuille imprimée en couleurs héraldiques or et argent (45 c. sur 56) ; elles peuvent être conservées telles quelles ou découpées et collées en regard de chaque page dans les Albums de timbres ; elles correspondent aux indications de l'Album universel.

DRAPEAUX NATIONAUX
Par ARTHUR MAURY

Magnifique feuille contenant **Cinquante-quatre** drapeaux nationaux modernes des principaux pays du globe ; comme l'Armorial universel, cette Collection a été composée d'après des documents authentiques et récents : nous affirmons que tous les ouvrages que nous avons pu consulter, soit chez des éditeurs, soit dans les Bibliothèques, y compris le Recueil officiel anglais, contiennent sur les Drapeaux des pays hors d'Europe, les erreurs les plus extraordinaires constamment recopiées.

Notre collection de drapeaux forme une belle planche semblable à l'Armorial, c'est le complément obligé de toute collection de timbres-poste.

Nos feuilles d'Armoiries et de Drapeaux figurent au Louvre, dans l'une des salles du Musée de Marine ; elles ont été acquises aussi par un grand nombre de Musées scolaires et de Musées de Villes.

RUSSIE
EMPIRE

SPÉCIMEN des ARMOIRIES imprimées EN COULEURS HÉRALDIQUES or et argent

PRIX de la FEUILLE COMPLÈTE de **92** Armoiries **1ᶠ75** (Port : 0, 05)

Arthur MAURY, éditeur, 6, Bᵈ Montmartre, PARIS
Vente en gros avec remise de 25 0/0

PERSE

SPÉCIMEN des DRAPEAUX IMPRIMÉS dans les Couleurs NATIONALES

PRIX de la FEUILLE COMPLÈTE de **54** drapeaux **1ᶠ50** (Port : 0,05)

Arthur MAURY, éditeur, 6, Bᵈ Montmartre, PARIS
Vente en gros avec remise de 25 0/0

Vue de la Maison **MAURY**, 6, Boulevard Montmartre, **PARIS.**